教育部中外语言交流合作中心 2022 年度《国际中文教育中文水平等级标准》
教学资源建设项目（项目编号：YHJC22WT004）

（修订版）

国际中文教师汉字教学手册

Guoji Zhongwen Jiaoshi Hanzi Jiaoxue Shouce

初等 Elementary

王秀荣 编著

HANDBOOK ON CHARACTERS TEACHING FOR INTERNATIONAL CHINESE TEACHERS (Revised Edition)

中国教育出版传媒集团
高等教育出版社·北京

图书在版编目（CIP）数据

国际中文教师汉字教学手册．初等 / 王秀荣编著．
修订版．-- 北京 ：高等教育出版社，2025．2．-- ISBN
978-7-04-062861-6

Ⅰ．H195.4

中国国家版本馆 CIP 数据核字第 20240H31A7 号

策划编辑 李 玮　　责任编辑 李 玮 陆姗娜　　插图绘制 霍 苗 乔 剑　　插图选配 陆姗娜
封面设计 马天驰　　版式设计 马 云　　责任校对 李欣欣　　责任印制 赵义民

出版发行 高等教育出版社
社 址 北京市西城区德外大街 4 号
邮政编码 100120
印 刷 三河市春园印刷有限公司
开 本 889mm × 1194mm 1/16
印 张 20.75
字 数 595 千字
购书热线 010-58581118
咨询电话 400-810-0598
网 址 https://www.hep.com.cn
http://morefunchinese.hep.com.cn
网上订购 https://mall.hep.com.cn
版 次 2017 年 7 月第 1 版
2025 年 2 月第 2 版
印 次 2025 年 2 月第 1 次印刷
定 价 128.00 元

物 料 号 62861-00

前　言

本书是在《国际汉语教师汉字教学手册》基础上，对照《国际中文教育中文水平等级标准》修订而成的，是教育部中外语言交流合作中心2022年度《国际中文教育中文水平等级标准》教学资源项目（项目编号：YHJC22WT004）的成果之一。

《国际汉语教师汉字教学手册》是高等教育出版社于2009年策划出版的“国际汉语教师课堂教学资源丛书”中的一本。这套丛书真正从使用者角度出发，为使用者量身定做，兼具普适性与实用性，剔除了高深的理论，减少了艰涩的专业术语，用通俗简洁的方式，为一线教师甄选国际中文教学必要的知识、有效的策略、易操作的方法和实用的资源，方便一线教师随时查阅教学相关知识点、直接复印教学活动页，为教学尽可能地提供便利，一经出版就受到了老师们的欢迎，常被选作国际中文教师和志愿者培训的教材。

汉字有悠久的历史，是中华民族智慧的结晶，它不仅是汉语的载体，也蕴含着璀璨的中国古代文化。汉字以其独特的魅力吸引着世界各国喜爱中国历史和文化的朋友，但是，由于汉字与其他语言文字存在着很大的差异，很多不了解汉字的人认为“汉字难，所以汉语难”，汉字教学因此成为国际中文教学领域关注的焦点和亟待突破的瓶颈。增强汉字教学的趣味性、改进汉字教学的效果一直是国际中文教师努力的方向。

《国际汉语教师汉字教学手册》就是以编写“从教学实际出发，能够让海内外汉语教师上手就用的，系统、全面的汉字教学资源”为目标，边研究边写作，历时五年完成编写的，其中的多数汉字教学活动都是作者原创或者精选改编的。

本次修订在以下几方面作了调整：

第一，缩减篇幅。原书大部分篇幅用于逐一讲解汉字，按照汉字教学规律，对2 500个常用汉字进行分类介绍，使得整本书过于“厚重”。本册图书将讲解的汉字范围定位在《国际中文教育中文水平等级标准》的900个初等汉字，篇幅减少，内容更为精炼。

第二，增强针对性。汉字教学一般都集中在初级阶段，2 500个常用汉字对初级阶段学习者来说，有些冗余，很多汉字在这个阶段接触不到，教学中也用不到。本次修订根据需要将2 500个常用汉字按照等级进行了重新分类，本书主要选取初等汉字进行介绍，这样更为简洁，同时也能满足初级阶段的教学需求。

第三，调整各章节比重。修订后，汉字基本知识的介绍、汉字练习活动设计与汉字讲解的内容比例更均衡。

本书的对象

本书为广大国际中文教师和有志于从事国际中文教学工作的读者而编写，适用对象为海内外国际中文教师、中文教师志愿者，以及国际中文教育专业的本科生和硕士研究生；适用范围为专业课教学、职业培训或自学。

本书的结构

本书共分为六章。第一章是“汉字与汉字教学”，这部分的主要内容是普及汉字基础知识，介绍汉字的基本教学方法，解释简明扼要，使读者能够在最短的时间内对汉字和汉字教学有一个整体把握。

前言

第二至五章分别是“笔画与笔顺”“形象识字教学”“部件分类教学”与“其他”,这些章节对初等汉字进行了细致的分类，并提供了等级、字音、字义、笔画、笔顺、字源、字谜、图片、古汉字等资源和素材，每部分给出教学提示和建议，指导教师进行汉字教学。

第六章是“汉字练习与活动”，提供了70个汉字练习与活动，供教师借鉴使用，教师可利用其增强汉字教学的趣味性，改善汉字教学的效果。

本书的特色

1. 理念的创新性

本书试图将实用性和创新性结合起来，通过新颖的体例和人性化的设计为国际中文教师提供方便实用的汉字教学资源。在汉字知识展示、汉字认读和抄写模式等方面，本书也作了新的尝试，提供了大量生动有趣的游戏和活动，特别设计了与思维游戏和智力活动相结合的汉字练习模式。

2. 资料的丰富性

本书提供了所有初等汉字的等级、字音、字源、笔顺、类推识字、组词，并为部分汉字提供了古字形、图片、形近字和字谜等资源。书中包含大量与汉字教学有关的练习与活动，还提供了约70张可供教师直接复印使用的教学活动页。

3. 教学的可操作性

本书中的汉字练习与活动都经过精挑细选，可操作性强，部分活动提供“活动DIY”页，方便教师根据教学内容自行调整练习内容，鼓励教师创新活动形式。

感谢

本书能够修订再版要感谢高等教育出版社项目团队的领导和各位编辑，他们的专业、认真和努力让这套丛书有机会以新的面貌再次呈现在国际中文教师的视野里，以适应新形势、新情况、新发展。

同时再次感谢为原书出版付出巨大努力的高等教育出版社的各位编辑和编写团队的各位成员，他们指导搭建了本书的框架，认真整理和审订了本书内容，使本书的体例和版面焕然一新，也使本书在课堂教学中更加实用。

以此次修订为契机，重读这本书，为本书纠结、争论、研究、摸爬滚打的日日夜夜再次浮现眼前，也再次感叹丛书选题和立意的前瞻性，丛书内容的实用性和可操作性。为能够参与这套丛书的写作感到无比的荣幸，也希望这本书的修订再版能够更好地为海内外的国际中文教师和志愿者提供具体而实用的帮助。

作者

2024年5月

目录

目　录

使用说明

● 本书的第二至五章包含了约900个《国际中文教育中文水平等级标准》的初等汉字。您可以使用检字表对汉字进行检索。

书中为每个汉字都标注了拼音。

从教学角度出发，书中给出了部分和字义联系比较紧密的古字形。这些古字形为甲骨文、金文或小篆，教师在教学中可以选择使用。

针对便于形象识字教学的汉字，书中给出了相关图片。

书中给出了部分汉字的英文释义。

书中提供了每个汉字的笔顺。

书中列出了有关汉字的繁体字，方便教师进行对照。

miàn

9画

面 face [麵]

等　级　初等一级

字　源　“面”古字形像人的面部轮廓，中间是眼睛。“麵”本义是粉末，简化时用“面”。

类推识字　腼缅

形 近 字　两 西 酉

组　词　面包 面包车 面对 面粉 面积 面巾纸 面临 面膜 面目 面前 面色 面食 面试 面熟 面条 面向 面子 ‖ 侧面 当面 地面 方面 局面 片面 平面 前/后/左/右/上/下/里/外面 全面 水面 体面 药面儿 一方面 正/反面 ‖ 面不改色 面面俱到 面目全非 面无人色 四面八方

字　谜　一根木棍，吊个方箱，一把梯子，搭在中央。/此字不难猜，而且不分开。

字源部分有选择性地对古今字形、字的本义及字义的发展进行解读。

书中提供了每个汉字在《国际中文教育中文水平等级标准》中的相应等级，比如“面”字为初等一级汉字，手写图标表示该字为初等手写汉字。

“类推识字”部分列出了包含该汉字或该汉字某部件的汉字。在实际教学中，教师可以利用这部分资源以旧带新，提高学生的识字效率，帮助学生扩大识字量。教师还可以据此素材设计练习，比如“描出汉字共同的部分”等。

方便教师进行对比教学，帮助学生分辨、学习形近字。

书中列举了包含该汉字的常用词语，按照汉字在前、汉字在后、专有名词、成语或俗语的顺序进行分组排列，每组词语按照音序进行排列。多音字按照读音分别列出词语。在实际教学中，教师要注意选择适合教学难度的词语辅助汉字教学。

书中为部分汉字提供了字谜。在实际教学中，教师要根据学生的汉语和认知水平灵活利用这些字谜，比如可以将字谜翻译成学生的母语，或将字谜改造成连线题、选择题等。

● 本书的第四章第二节主要根据义符为汉字进行归类。

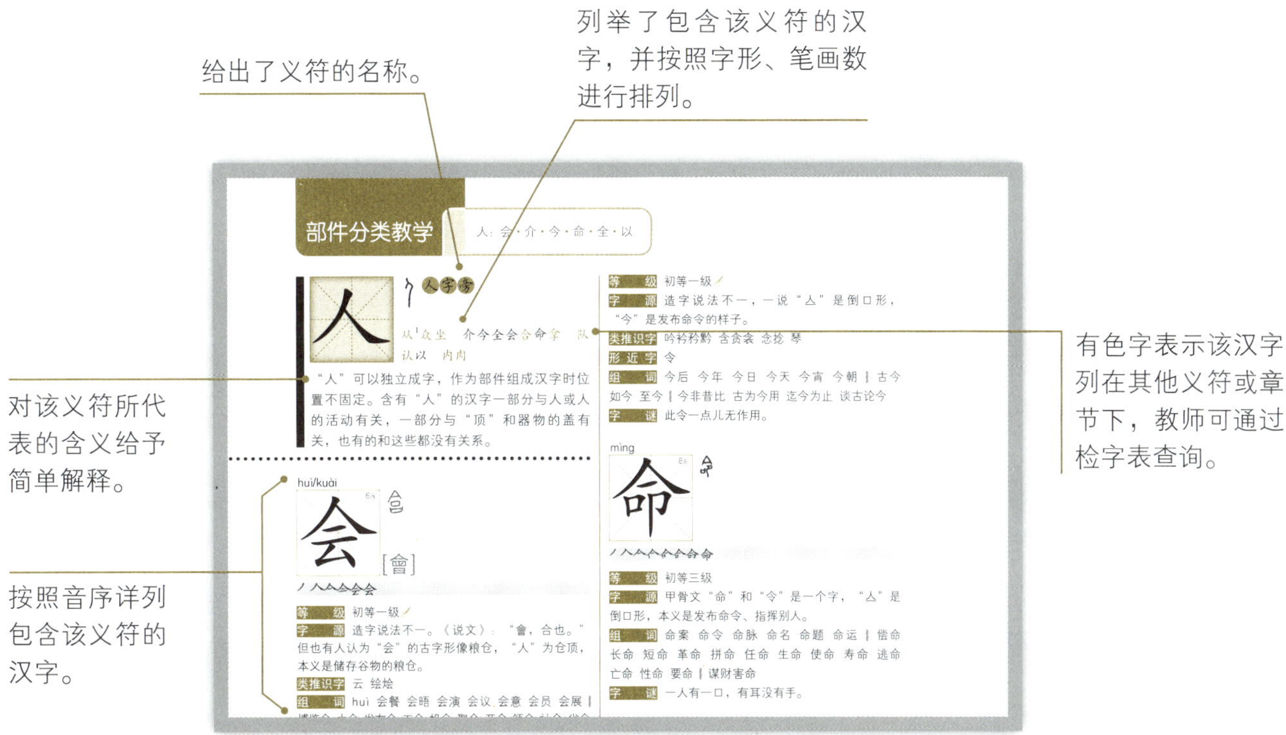

● 本书的第四章第三节主要根据声符为汉字进行归类。

列举出了包含该声符的汉字，并按照字音进行排列。

有色字表示该汉字在其他章节已经进行了解释，教师可通过检字表查询。

按照音序详列包含该声符的汉字。

带*字表示该字为包含了该声符的非初等汉字。

部分汉字简化后声符的字形发生了变化，书中给出了相应的繁体字，便于教师对照。

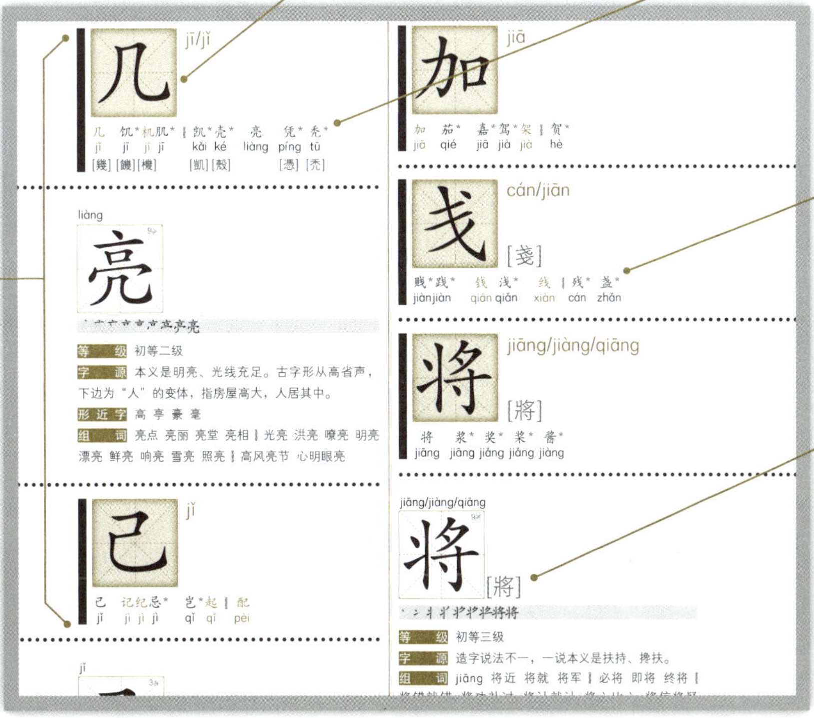

几 jī/jǐ

加 jiā

liàng 亮

等级 初等二级

字源 本义是明亮、光线充足。古字形从高省声，下边为“人”的变体，指房屋高大，人居其中。

形近字 高 亭 豪 毫

组词 亮点 亮丽 亮堂 亮相 | 光亮 洪亮 嘹亮 明亮 漂亮 鲜亮 响亮 雪亮 照亮 | 高风亮节 心明眼亮

戋 cán/jiān [戔]

将 jiāng/jiàng/qiāng [將]

己 jǐ

jiāng/jiàng/qiāng 将 [將]

等级 初等三级

字源 造字说法不一，一说本义是扶持、搀扶。

使用说明

● 本书中提供了大量可供教师直接复印使用的教学资源，相关页面均用 COPY PAGE 标记。复印页包含阅读、测试、描红、趣味汉字练习等各种形式的内容，教师在实际教学中可根据学生的具体情况灵活选择和利用。

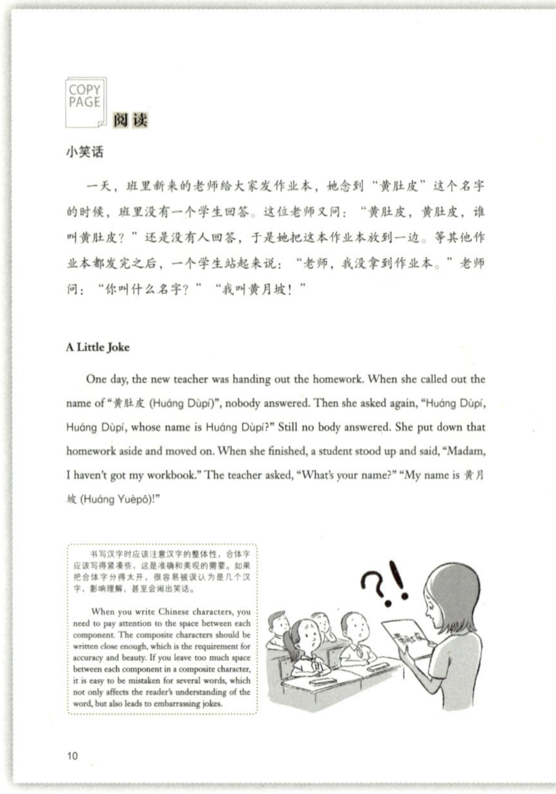

COPY PAGE **阅读**

小笑话

一天，班里新来的老师给大家发作业本，她念到"黄肚皮"这个名字的时候，班里没有一个学生回答。这位老师又问："黄肚皮，黄肚皮，谁叫黄肚皮？"还是没有人回答，于是她把这本作业本放到一边。等其他作业本都发完之后，一个学生站起来说："老师，我没拿到作业本。"老师问："你叫什么名字？""我叫黄月坡！"

A Little Joke

One day, the new teacher was handing out the homework. When she called out the name of "黄肚皮 (Huáng Dùpí)", nobody answered. Then she asked again, "Huáng Dùpí, Huáng Dùpí, whose name is Huáng Dùpí?" Still no body answered. She put down that homework aside and moved on. When she finished, a student stood up and said, "Madam, I haven't got my workbook." The teacher asked, "What's your name?" "My name is 黄月坡 (Huáng Yuèpō)!"

书写汉字时应该注意汉字的整体性，合体字应该写得紧凑些，这是准确和美观的需要。如果把合体字分得太开，很容易被误认为是几个汉字，影响理解，甚至会闹出笑话。

When you write Chinese characters, you need to pay attention to the space between each component. The composite characters should be written close enough, which is the requirement for accuracy and beauty. If you leave too much space between each component in a composite character, it is easy to be mistaken for several words, which not only affects the reader's understanding of the word, but also leads to embarrassing jokes.

10

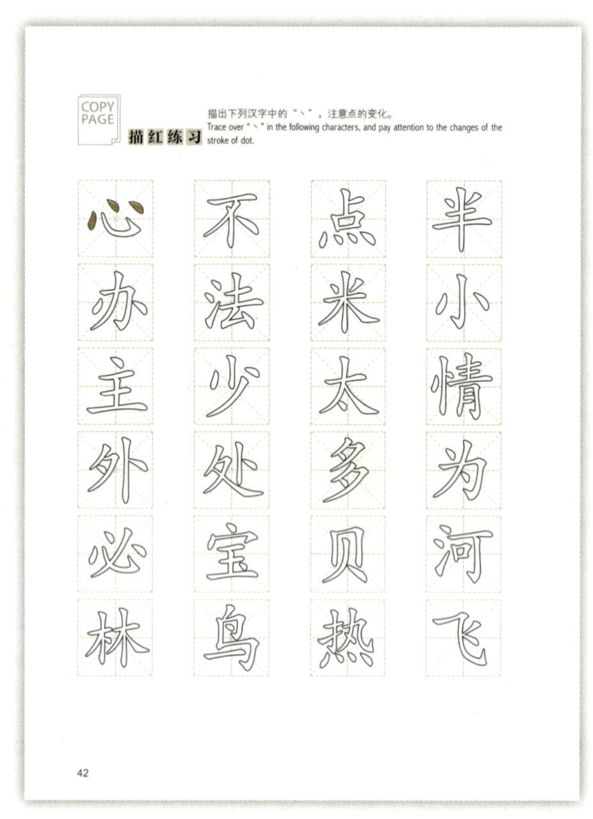

COPY PAGE **描红练习**

描出下列汉字中的"丶"，注意点的变化。

Trace over "丶" in the following characters, and pay attention to the changes of the stroke of dot.

心 不 点 半
办 法 米 小
主 少 太 情
外 处 多 为
必 宝 贝 河
林 鸟 热 飞

42

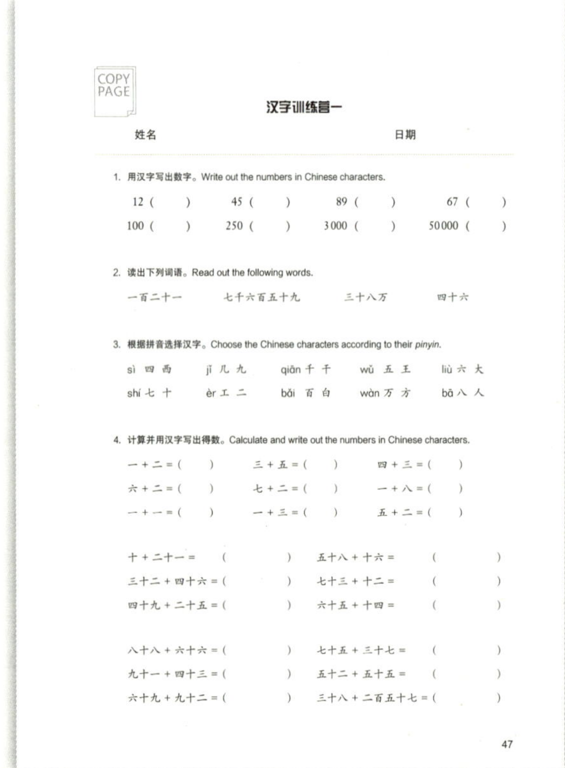

COPY PAGE

汉字训练营一

姓名　　　　日期

1. 用汉字写出数字。Write out the numbers in Chinese characters.

12 (　)　45 (　)　89 (　)　67 (　)
100 (　)　250 (　)　3 000 (　)　50 000 (　)

2. 读出下列词语。Read out the following words.

一百二十一　七千六百五十九　三十八万　四十六

3. 根据拼音选择汉字。Choose the Chinese characters according to their *pinyin*.

sì 四 西　jǐ 几 九　qiān 千 干　wǔ 五 王　liù 六 大
shí 七 十　èr 工 二　bǎi 百 白　wàn 万 方　bā 八 人

4. 计算并用汉字写出得数。Calculate and write out the numbers in Chinese characters.

一＋二＝(　)　三＋五＝(　)　四＋三＝(　)
六＋二＝(　)　七＋二＝(　)　一＋八＝(　)
一＋一＝(　)　一＋三＝(　)　五＋二＝(　)

十＋二十一＝(　)　五十八＋十六＝(　)
三十二＋四十六＝(　)　七十三＋十二＝(　)
四十九＋二十五＝(　)　六十五＋十四＝(　)

八十八＋六十六＝(　)　七十五＋三十七＝(　)
九十一＋四十三＝(　)　五十二＋五十五＝(　)
六十九＋九十二＝(　)　三十八＋二百五十七＝(　)

47

COPY PAGE **23** 连连看 观察类 | 象形字

你能通过字形猜出下列汉字的意思吗？试着将它们和对应的意思连线。

Can you figure out the meanings of the following Chinese characters through their shapes? Try to match the characters and their definitions.

门　瓜　网　云　火　井　日　月　田

sun　fire　moon　field　cloud　net　well　door　melon

253

1 汉字与汉字教学

第1节 汉字的基本知识

一 关于汉字

hàn

zì

- 与字母文字不同，汉字是方块形的。
- 大多数汉字是形音义的结合体。每个汉字都有一个独特的形体，它的意义往往与形体有一定的相关性；每个汉字都有一个读音；多数汉字有一定的意义。
- 到底有多少个汉字并不重要，重要的是我们要学习多少个汉字。一般来说，通用汉字有5 000—8 000个，常用汉字大概有3 500个。统计表明，掌握了约1 000个高频字就可以阅读一般书报90%的内容。外国学生在基础阶段学会1 000个左右的高频字并不是遥不可及的目标。

二 汉字的产生

象形、指事、会意、形声被认为是四种造字法，和转注、假借两种用字法统称为“六书”。

象形字

造字之初，人们用简单的线条描画事物大概的样子，从而产生了象形字。

指事字

世界上能够被描画出来的事物有限，为了表达抽象的概念，人们就直接用符号或在象形字上加符号的方法表达意义，形成了指事字。

在“木”字下面加一横，表示树根，最重要的部分。

在“木”字上面加一横，表示树梢，不重要的部分。

在“女（𠨰）”字上加两点，指示女性的乳房，表示母亲。

会意字

人们把不同的部件按照意思的相关性组合起来表达整体意义，形成了会意字。

一个人靠在树上，表示休息。

一个人跟着另一个人，表示跟随。

手放在眼睛上，表示向远处看。

形声字

形声字由表示意义范畴的形旁和具有表音功能的声旁组成，在汉字中占大多数。由于选材范围、研究标准、研究方法不同，对于现代汉字中形旁表意和声旁表音能力的说法不太一致，但是总体来说，形旁的表意能力要优于声旁的表音能力。在现代汉字中，能够有效表示汉字意义范畴的形旁约占全部形旁的80%以上，而能够准确或近似地表示汉字读音的声旁大约只占全部声旁的40%[1]。

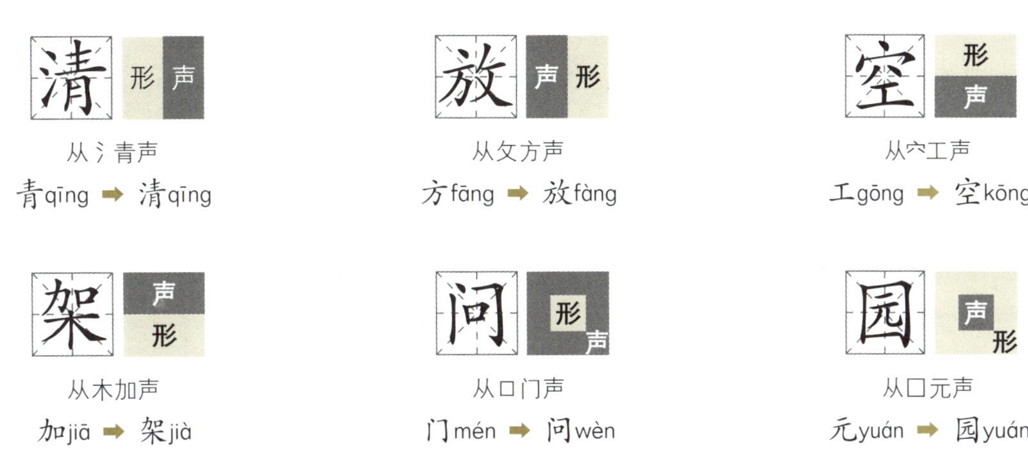

教学建议

- 造字法属于文字学知识，是教师需要了解的内容，并不是教学的重点。教师可以通过一些具体的汉字，特别是象形字，帮助学生们产生对汉字学习的兴趣。
- 有些汉字的造字法对学生记忆汉字的形、音、义有帮助，教师可以介绍给学生，但切不可逢字就讲造字法。

[1] 相关数据参见李燕, 康加深, 魏励等. 现代汉语形声字研究[J]. 语言文字应用, 1992, (01).

阅读

汉字的故事

传说，汉字是中国古代一个叫仓颉（cāng jié）的人创造的。仓颉有四只眼睛，非常聪明。一次，有一个人根据一种动物的脚印说出了动物的名称。仓颉看到了这件事，他想，如果把事物特征描画出来不就可以记录事物了吗？于是他仔细观察，画出了“日、月、山、水、人、木”等图形，造出了许多象形字，从此就有了汉字。

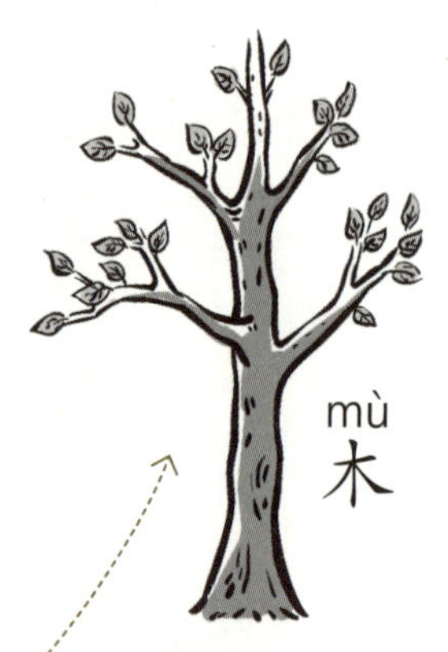

不过，有些东西很抽象，不容易描画。于是人们又想了别的办法，比如在“木”下边加一个短横（本），表示这是树根，是最重要的部分；又如把“人”字和“木”字写在一起（休），是一个人靠在一棵树上，表示休息的意思；再如在“木”的左边加上“氵（水）”（沐），表示与水有关，而“木”表示声音，这样就有了形声字。形声字出现后，人们能造出来的字就越来越多了。

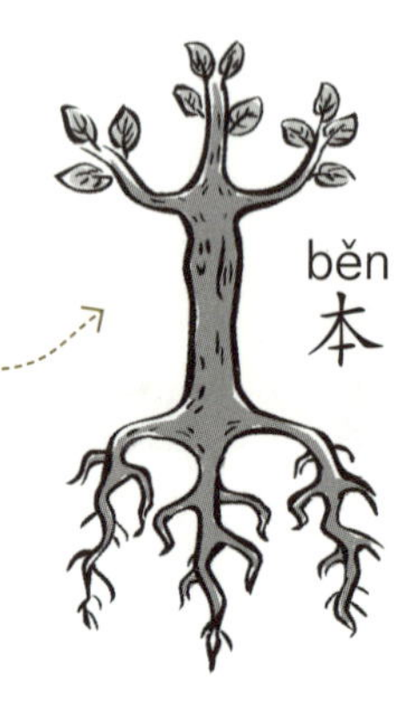

阅读

The Story of Chinese Characters

A person named "Cang Jie" in ancient China, according to the legend, created the Chinese characters. He was very smart and had four eyes. One day, a person spoke out an animal's name based on its footprints and Cang Jie noticed it. He thought if he could describe a thing by drawing its features, he would then record that thing. Therefore, he drew the pictures of "日 (rì, sun), 月 (yuè, moon), 山 (shān, mountain), 水 (shuǐ, water), 人 (rén, person), and 木 (mù, tree)", creating many pictographs, thus the Chinese characters came into being.

However, some of the things are very abstract and difficult to draw, so people thought of other ways to create characters. For example, it became "本 (běn, root)" to add another short stroke under the character "木 (mù, tree)", which means the most important part. For another example, it became "休 (xiū, rest)" to put the "人 (rén, person)" next to a "木 (mù, tree)", which means a person leaning against a tree to take a break. It became "沐 (mù, shower)" to add the radical of three drops "氵(水, shuǐ water)" to the left of the "木 (mù, tree)". The "木" on the right, on the other hand, indicates the sound. Thus, more and more characters were able to be coined.

三 独体字与合体字

独体字只有一个不易拆分的、完整的、独立的部分。象形字和指事字多为独体字。合体字由两个或两个以上部件构成。会意字和形声字都是合体字。合体字占汉字的绝大多数，有上下、左右、包围、半包围等结构。

独体字

教学建议

- 在教学中介绍独体字和合体字的知识可以帮助学生强化部件的概念。
- 独体字和合体字的展示和介绍可以用很直观的方式进行，比如卡片法：将独体字写在一张卡片上；将合体字的每个部件分别写在卡片上，拼合起来构成合体字。
- 有些汉字的归属是有争议的，在相关的教学活动和练习中可以回避这些汉字，或采用有利于教学和学生理解的方法。

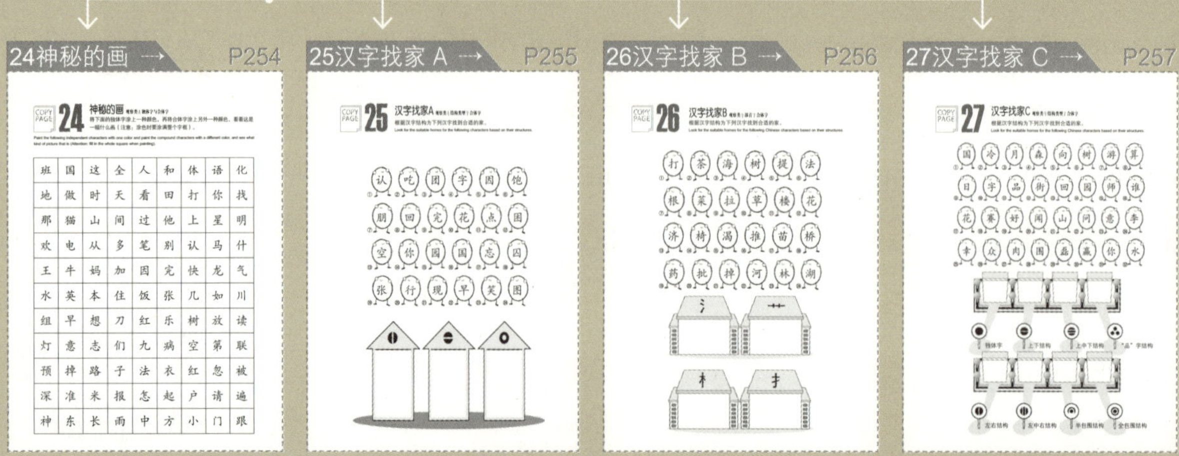

合体字的结构

结构			例字
左右结构	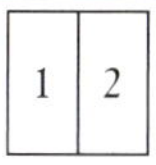	1 2	的 村 认 他 冷 刻 卧
	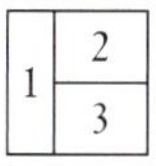	1 2 3	鞋 得 侣
	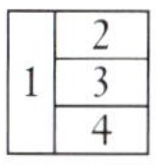	1 2 3 4	漫 慢 摸
	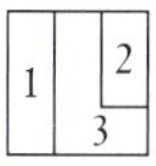	1 2 3	随 腿 健 挺
	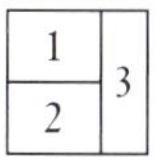	1 2 3	封 故 别 都
	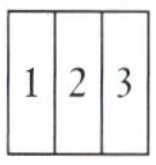	1 2 3	做 谢 树
	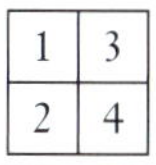	1 2 3 4	能 解
上下结构	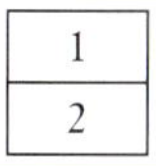	1 2	盘 者 昌 家 第 感 盛
	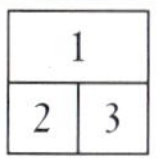	1 2 3	药 花 品 森 众
	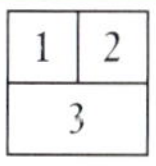	1 2 3	想 楚 热 哭
	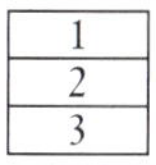	1 2 3	参 草 意 器
包围结构	两面包围	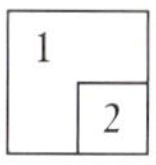 1 2	应 厅 房 庆
		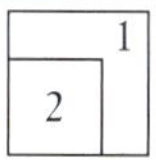 1 2	习 可 句 司
		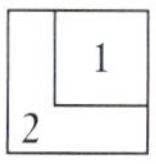 1 2	这 边 建 远
		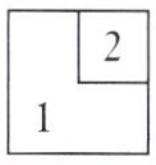 1 2	赶 起 爬
	三面包围	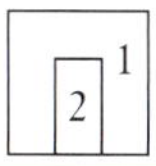 1 2	同 间 风 问 周
		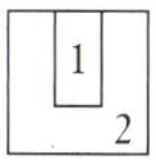 1 2	凶 画
		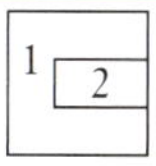 1 2	医 区 叵
	全包围	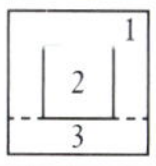 1 2 3	国 回 园

注：本表的数字序号也表示部件书写的先后次序。

阅读

小笑话

一天，班里新来的老师给大家发作业本，她念到“黄肚皮”这个名字的时候，班里没有一个学生回答。这位老师又问：“黄肚皮，黄肚皮，谁叫黄肚皮？”还是没有人回答，于是她把这本作业本放到一边。等其他作业本都发完之后，一个学生站起来说：“老师，我没拿到作业本。”老师问：“你叫什么名字？”“我叫黄月坡！”

A Little Joke

One day, the new teacher was handing out the homework. When she called out the name of “黄肚皮 (Huáng Dùpí)”, nobody answered. Then she asked again, “Huáng Dùpí, Huáng Dùpí, whose name is Huáng Dùpí?” Still no body answered. She put down that homework aside and moved on. When she finished, a student stood up and said, “Madam, I haven’t got my workbook.” The teacher asked, “What’s your name?” “My name is 黄月坡 (Huáng Yuèpō)!”

书写汉字时应该注意汉字的整体性，合体字应该写得紧凑些，这是准确和美观的需要。如果把合体字分得太开，很容易被误认为是几个汉字，影响理解，甚至会闹出笑话。

When you write Chinese characters, you need to pay attention to the space between each component. The composite characters should be written close enough, which is the requirement for accuracy and beauty. If you leave too much space between each component in a composite character, it is easy to be mistaken for several words, which not only affects the reader’s understanding of the word, but also leads to embarrassing jokes.

四 汉字的构成

组成汉字的结构单位有部件和笔画。

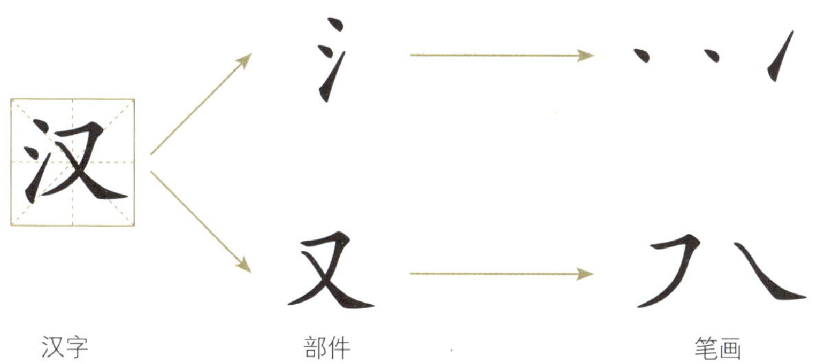

部件：由笔画构成，包括成字部件（如“木”）和不成字部件（如“扌”）。合体字是由部件构成的，学习合体字时养成分析部件的习惯有利于认识汉字结构，举一反三，帮助记忆（如“很=彳+艮，银=钅+艮”）。

笔画：是构成汉字的最小零件。汉字的基本笔画有六种，另有三种基本笔形以及由基本笔画和基本笔形衍生出的若干复合笔画。

六种基本笔画

名　称	书写方向	书写要点	变形笔画	例　字
横	一→	从左到右，平直，右侧稍高	横	一 三 丰
			短横	上 二 王
竖	丨↓	从上到下，垂直	竖	巾 十 个
			短竖	归 止 占
撇	↙丿	从上到左下，运笔由重到轻	撇	人 全 木
			平撇	禾 千 反
			竖撇	开 师 川
捺	㇏↘	从上到右下，运笔由重到轻	捺	八 木 会
			平捺	建 这 之
点	丶↘	运笔由轻到重，顿笔	右点	主 江 买
			左点	小 少 心
			长点	外 头 六
提	㇀↗	从左下到右上，运笔由重到轻		我 地 冷

三种基本笔形

名　称	笔形特点	例
折	两种基本笔画连接处形成的折角，通常为直角或锐角。	㇕ ㇗ ㇜
钩	形状如钩，有多种方向；在某一笔画即将结束时，运笔由重到轻迅速提起。	㇖ ㇚ ㇈ ㇃
弯	弯曲圆滑，无棱角，注意与“折”区别。	㇄ ㇁

注意：三种基本笔形不是独立的笔画，只能和基本笔画一起组合成复合笔画。

复合笔画

	名　称	笔　画	例　字		名　称	笔　画	例　字
1	横钩	㇖	宁 买 写	14	竖提	㇙	很 长 以
2	横撇	㇇	水 多 又	15	竖折	㇗	山 世 巨
3	横折	㇕	口 五 四	16	竖弯	㇄	四 西 酉
4	横折折	㇅	凹	17	竖钩	㇚	小 寸 水
5	横折提	㇊	认 识 语	18	竖弯钩	㇟	儿 七 毛
6	横折弯	㇍	沿 没 朵	19	竖折撇	㇞	专 砖 传
7	横折钩	㇆	门 书 习	20	竖折折	㇞	鼎
8	横折弯钩	㇈	九 几 乞	21	竖折折钩	㇉	马 弟 与
9	横撇弯钩	㇌	阳 那 都	22	撇点	㇛	女 好 妈
10	横折折撇	㇋	建 及 廷	23	撇折	㇜	云 么 台
11	横折折折	㇎	凸	24	弯钩	㇁	家 猫 狗
12	横折折折钩	㇡	奶 仍 乃	25	斜钩	㇂	代 找 民
13	横斜钩	㇠	飞 气 凤	26	卧钩	㇃	心 必 思

注意：“㇂（斜钩）”和“㇃（卧钩）”其实都是“弯+钩”，但是它们又有不同，所以用不同的名字进行区别。

COPY PAGE

练习 说一说下列复合笔画的名称。

Try to tell the names of the following compound strokes.

除斜钩（㇂）、横斜钩（⺄）和卧钩（㇃）以外，复合笔画都是由六种基本笔画和三种基本笔形组合而成的，只要按照书写顺序逐一说出基本笔画和基本笔形的名称即可，不必死记硬背。

Except for the slant line and a hook ㇂ and the horizontal and slant line with a hook ⺄ and the lying hook ㇃, the compound strokes are made of six basic strokes and three basic stroke shapes. As long as you can speak out the names of these basic strokes and shapes one by one in order, you do not have to memorize them by rote memory.

汉字笔画的书写变化

汉字是方块字，当本身是独体字的成字部件和其他部件组合在一起构成合体字时，部件的形状和其中的笔画可能会发生一定的变形，以保持合体字的方正。

- 横：最后一笔是横的部件，写在字的左边或左下方时，横常写作“㇀”。

  子—孩 立—站 耳—职 工—式 止—此 牛—物

  马—骑 鱼—鲜 土—地 车—辆 王—现 革—鞋

- 捺：包含捺的部件（多为最后一笔），写在字的左边时，捺常写作“、”。

  人—从 又—难 令—领 木—校 米—精

  束—嗽 禾—和 火—灯 矢—短

  在半包围结构的汉字中，有时捺要拉长。

  是—题 走—起 爪—爬 夂—处

- 竖钩：包含竖钩的部件，下面还有笔画或部件时竖钩常写作“丨”。

  小—少 可—哥

  包含竖钩的部件写在字的左边或左上方时，竖钩常写作“丿”。

  手—拜 手—看

教学建议

- 笔画和部件的概念是很重要的，特别是针对非汉字文化圈的学生，教师一定要在学生学习汉字的初级阶段帮助他们打好基础。
- 汉字笔画在具体汉字中有一定的变形，复合笔画的种类也比较多，在教学中不必一次性全部教授给学生，可以和具体的汉字教学结合起来进行。

五 汉字的书写顺序

写汉字要按照一定的顺序，先写哪笔、后写哪笔是有规定的，这就是笔顺。按照笔顺书写汉字能有效提高书写速度，使汉字美观大方，而且还能帮助记忆。

基本笔顺

	规则		例字
基本规则	先横后竖		十 土 丰
	先撇后捺		人 大 文
	从上到下		二 三 旦
	从左到右		川 州 师
	先外后内		月 间 风
	先外后内再封口		日 回 国
	先中间后两边		小 水 业
补充规定	带点的字	点在正上或左上先写	主 头 义
		点在右上后写	书 我 找
		点在里面后写	叉 勺 雨
		例外	丹 鸟 夜
	两面包围的字	右上包围，先外后内	习 司 句
		左上包围，先外后内	房 厅 庆
		左下包围，先内后外	远 进 建
		例外	赶 起 爬
	三面包围的字	开口在上，先内后外	山 凶 画
		开口在下，先外后内	月 向 同
		开口在右，先上后内再左下	医 区 叵

注意：绝大多数汉字都是从左上角开始，到右下角结束，但也有少数例外，如“女”（𡿨 𡚨 女）、“万”（一 丂 万）。

除了“一、二、三、十”等少数汉字以外，一个汉字往往需要连续运用两种或两种以上的笔顺规则，这就要考虑到笔画之间的关系。笔画有相离、相接、相交三种关系，不同情况会用到不同的笔顺规则，基本情况如下：

笔画关系	基本规则	例 字
相离 相接	上→下	二三 丁了工
	左→右	川儿心州
	撇→捺	八 人入
相交	横→竖→撇→捺	十七丰 义文 刀丈大夫

多数汉字综合运用了两种或两种以上的组合方式，如：

笔画关系	例 字
相离、相交	义、太、头
相离、相接	么、以、记
相交、相接	开、天、千
相离、相接、相交	什、区、块

为书写方便，受笔势的影响，一些笔画相似的汉字笔顺不同。

例字	笔顺	说 明
力	ㄱ力	钩向内，指向撇的起点。
九	丿九	钩向外，不指向撇的起点。

注意：“匕、九、丸、万、及、乃、门、女、与、为、长、瓦、戈、火、可、与、义”等汉字的笔顺易出错。

教学建议

- 在讲解汉字笔顺时，要简明地告诉学生，正确的书写顺序能够帮助他们将汉字写得又快又美观。
- 切勿将汉字的书写顺序知识一下子都教授给学生，这些内容可以和具体的汉字教学结合起来进行。

28汉字归类 → P258

第2节 汉字教学

一 汉字教学与教材

面对不同的教材，教师首先要了解所使用教材的汉字处理原则，然后根据实际情况合理安排汉字教学。在拿到教材以后，教师要认真翻阅，并关注下列问题：

1 教材中有没有汉字学习的预备课？

如果教材没有这样的部分，教师就要在适当的时候给学生补充汉字的基本知识，如基本笔画、汉字结构等。

2 教材的每一课里有没有汉字板块？

如果有汉字板块，教师可以直接使用教材里提供的材料和练习，遵循教材的编写思路，保证教学的完整性和连贯性。当然，教师也可以根据教学课时和学生情况适当增减汉字教学内容。

如果没有汉字板块，教师可以根据学生情况、教材内容和教学目标做一个整体的汉字教学规划，明确在每个学期、每个月、每个星期、每个课时都教哪些汉字、按什么顺序教、用什么方法教。

3 教材里的汉字处理原则是什么？

有些教材的汉字处理原则是汉字与生词相关联，学哪些生词就写哪些汉字，基本上是认读与认写同步。这样处理带来的问题是汉字教学无法做到由易到难，缺乏系统性和科学性。在这种情况下，教师可以根据实际情况适当调整汉字教学顺序和教学内容。

有些教材的汉字处理原则是汉字与生词无关，汉字板块相对独立，即按照一定的汉字教学规律进行编排。这样处理带来的问题是汉字教学跟当课主要的教学内容无关，增加了学生的学习负担，而且有的教师和学生认为不会写生词就不算是真正掌握了生词。在这种情况下，教师要根据教学要求、教学目标和教学情况灵活地调整汉字教学内容。

4 教材里有没有汉字的配套练习？

教材里的大多数练习都离不开写汉字，即使教材有专门的汉字配套练习，也通常是描红、抄写等传统练习形式。为了增加汉字教学的趣味性，激发学生对汉字的兴趣，教师应该多动脑筋，根据教学对象的年龄和汉语水平设计新颖而有挑战性的汉字练习。本书就提供了一些实用而有趣的汉字活动和游戏供教师选择。

二 汉字教学原则

1 匹配性

● 教学目标与教学对象的匹配

通常情况下，笔画多的汉字区别度大，易认不易写；笔画少的汉字区别度小，易写不易认。一方面，不同年龄、不同国别的学习者对汉字的认知能力不同；另一方面，学习目的不同，汉字学习目标也不同。因此，汉字教学目标要与教学对象相匹配，要考虑到教学对象的年龄、国别、学习目的等因素。一般来说，对于零起点学生，汉字教学要以认读为主，多认少写，书写的时候要尽量选择笔画少的、最常用的汉字；等学生逐渐熟悉了汉字的形体结构和基本的笔画笔顺以后，可以增加认字和写字的数量，逐步达到认读和认写同步。

● 教学目标与教学内容的匹配

在世界范围内，由于教学环境和教学对象的复杂性，汉语教学情况和教学内容千差万别，汉字教学目标自然也各不相同。教师要根据所在学区、学校与班级的总体教学目标对教材中出现的汉字进行取舍，并尽量按照一定的汉字规律组织教学。

2 趣味性

很多人觉得汉语难学，主要是认为汉字太难。传统的汉字教学方法以反复的机械性练写为主，汉字教学缺乏趣味性，从而使学习者产生畏难情绪。无论是汉字的展示、解释还是练习、游戏等，都要注意花样翻新。有人认为，趣味性是儿童学习的专利，成人不用讲究趣味性。实际上，趣味性对成人同样重要，只是表现形式不同而已。如果能将汉字的文化性和知识性通过生动有趣的方式展现出来，你就会成为深受学生喜爱的教师。

3 系统性

教师在教汉字之前要充分了解教材和教学对象，明确教学目标，并以此为基础制订科学合理的教学计划，具体做法是把一个学期或者一个学年内要教的汉字进行整理归纳，分出类别。如：独体字、合体字，象形字、指事字、会意字、形声字，形近字，有相同部件的字，等等。教学前要做到心中有数，教学的过程中则要注意前后关联，有规律、成系统地进行教学。

三 汉字教学方法

汉字包括形、音、义三个方面，汉字教学的主要任务是让学生建立形、音、义之间的联系，也就是知道某个汉字是什么意思（建立形与义之间的联系）、怎么读（建立形与音之间的联系）、怎么写（记住字形）。

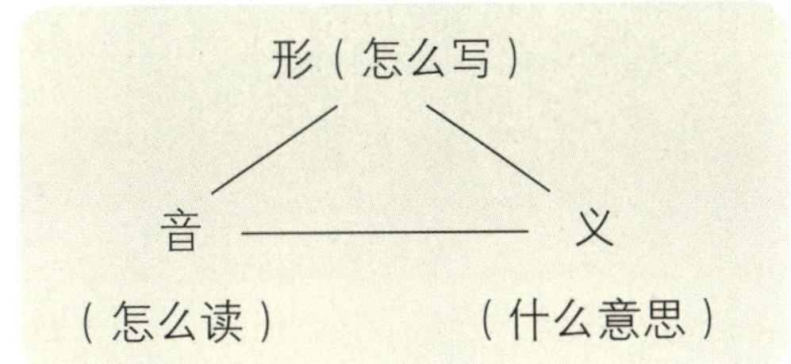

1 展示汉字的方法

在目前的教育技术条件下，汉字教学可以利用的介质主要有卡片、黑板/白板、电子课件等。教师可以通过这些介质展示汉字的笔画、笔顺、古字形、对应字义的实景照片、图画、拼音、翻译等，同时组织相关的练习、活动和游戏。

❶

◎ 优点：小巧灵活，一次制作、多次使用；能借助它和学生展开面对面的互动。

⊙ 缺点：卡片数量多时不便于查找；不方便动态地展示笔画顺序。

制作卡片的时候，最好能够一张卡片对应一个内容。这样方便组织连线、抢拍卡片等活动，也避免学生把注意力放在非教学目标上。有的教师想教学生识读汉字，但是却将拼音和汉字写在卡片的同一面上，导致学生过分依赖拼音，减少了对汉字的关注。

❷ 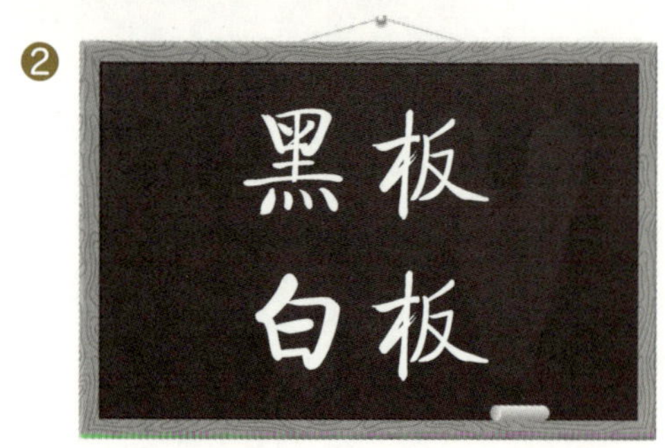

◎ 优点：根据需要随时书写，随写随擦，可以让学生直观地了解书写过程。

⊙ 缺点：书写要花费一定的时间，特别是笔画多的汉字，学生等待的时间比较长。

板书方法 1

上课前把目标汉字写在画有田字格或米字格的黑板/白板上。

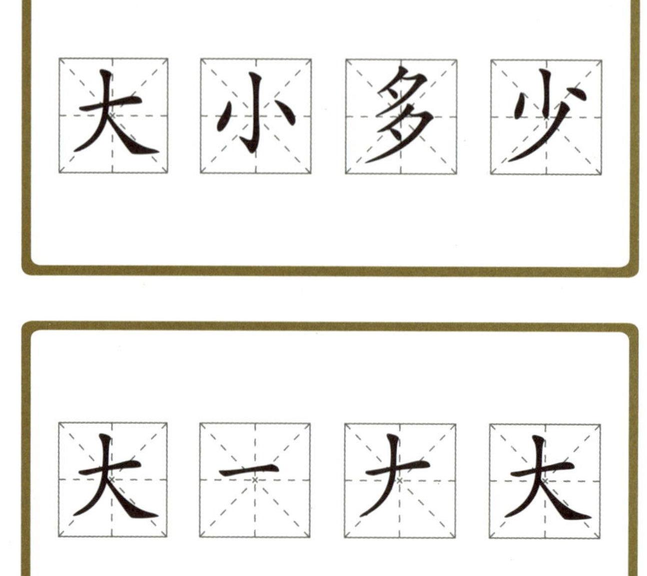

板书方法 2

上课时现场板书，教师可以一边写一边说笔画名称，如“横，撇，捺——大”；也可以一边写一边数笔画数，如“1，2，3——大”。

❶ 展示汉字时尽量使用田字格或米字格，以巩固学生对汉字结构的认识。
❷ 同类汉字（比如结构相同的汉字）尽量放在一起板书。
❸ 进行现场板书时要一笔一画地进行书写，带领学生一起熟悉书写过程。
❹ 在展示时要特别注意结构和笔顺易出错的汉字。

③ **电子课件**

◎ 优点：提前制作，使用方便；可以展示较为复杂的内容，进行较为复杂的设计；能制作动态效果，组织一些汉字活动，如找汉字、汉字速记等活动都可以通过电子课件设计实现，学生喜欢，教学效果好。

⊙ 缺点：制作和设计费时费力，对教学设备有要求；播放时有一定的顺序，在某些方面不太灵活；教师在播放电子课件时容易忽视对学生的关注。

静态展示

利用电子课件静态展示单个汉字时，方法和卡片法基本相同。不过，在展示合体字的部件结构时，电子课件更灵活、更有优势。

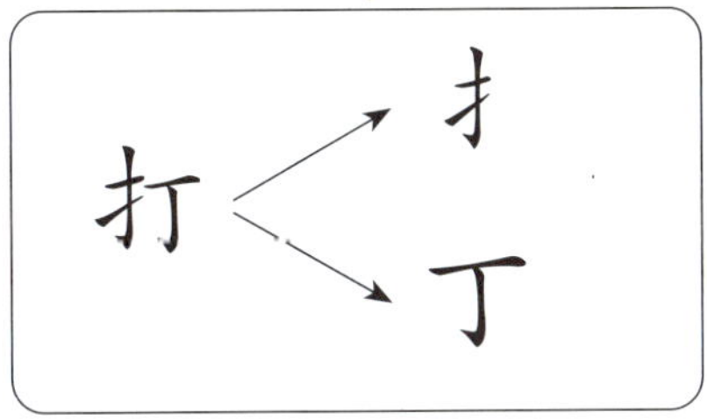

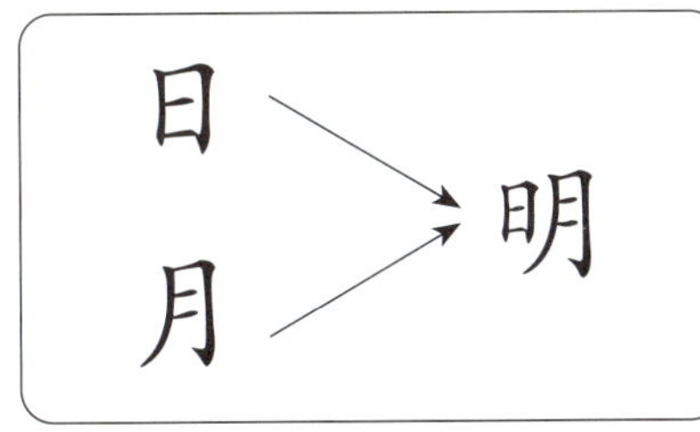

动态展示

动态展示可以分步或连续地展示汉字的笔画笔顺。

（http://morefunchinese.hep.com.cn/tool/card）

PPT的背景要尽量简单，每面不要放太多汉字，如无特殊需要和设计，字体和颜色不宜太多、太复杂。

2 教汉字的方法

❶ 教字音

● 一般汉字

可以用直接领读汉字、展示拼音的方式让学生认读。

● 形声字

可以借助声符的帮助，让学生较快地掌握字音。比如，学生已经学过“方fāng”，当学到“放fàng”的时候，可以提示学生把“放”拆分成“方”和“攵”两个部件，让学生猜猜“放”的读音，并提示学生“方”和“放”声调不同。

❷ 教字义

汉语中字与词的关系比较复杂，主要分为三种情况：（1）一个字就是一个词，如“日、月”等，字义就是词义；（2）两个或两个以上的字组成一个词，如“明天、光明、明白”等，其中的单个汉字通常有多个义项，和其他汉字组合成词后意义才会明确；（3）单个汉字无意义或意义与词义无关，如“咖啡、巧克力”等。

一个字就是一个词

● 实物法

在对表示具体事物名称的汉字进行教学时，可以直接利用身边的实物解释字义，如“桌、椅、墙、杯、书”等。

● 动作法

此方法适用于解释表示动作的汉字，如“跳、抱、吃”等。

● 图片法

此方法适用于象形字，如“手、刀”等，指事字，如“本、末”等，一部分会意字，如“休、看”等，以及其他适合用图片展现的汉字，如“跑、狗、碗”等。

● 翻译法

翻译法就是用学生的母语翻译目标汉字，如“住—live”，不过这种方法要谨慎使用。一是因为多数教材的生词表已经有翻译；二是翻译往往并不能准确地表现字义，反而可能造成误解。因此，跟词语的教学一样，汉字的意义也要放到语境当中去解释，即用字组成词或句子，让学生理解它的意思和用法。

现代汉语中双音节词占多数，所以对于多数汉字，进行逐字解释有一定的困难，也没有必要。有的学者重视单个汉字意义的讲解，是因为这些单个汉字的意义通常跟词义有关，了解字义有助于了解词义。但是，要讲哪些汉字的哪些意思，还是要慎重选择的。

两个或两个以上汉字组成一个词

● 咖啡　巧克力

给出词义，适当进行字音和字形的分析和识记练习即可。

● 今天

先给出词义，学习整个词，然后可以根据情况补充“天”的字义。

（1）天空。人头上的是“天”，即：天=一+大（双脚叉开、双臂张开的正面人形）。补充这个义项有助于记忆字形，而且这个义项是常用义。

（2）日、一昼夜。汉语教材里一般都会出现“明天、昨天”等词语，教给学生这个意义可以帮助学生理解相关词语的构成形式。

● 商店　花园

如果学生处于初级阶段，掌握词汇不多，只要解释词义即可。

如果学生已经有一定的词汇量，可以引导学生进行词语扩展，复习旧知，强化词义的理解，如“商店”扩展为“商人”“商场”“书店”“饭店”，“花园”扩展为“果园”“动物园”等。

需要注意的是，扩展要适度，尽量在学生学过的汉字和词语里选择。如果超出学生的知识范围，就会增加学生的记忆负担，反而得不偿失。

❸ 教字形

字形是汉字教学的重点和难点，汉字教学的主要目标就是帮助学生建立形与音、形与义之间的联系，让学生记住并学会书写汉字。对于字形教学而言，进行恰当的讲解、分析、归纳，开展有趣的活动都是非常重要的。

● 图示法

有些汉字与事物的形状比较相近，利用图示法可以帮助学生掌握字形、记住字义。

● 部件解析法

有些汉字的意义是由构字部件的意义组合而成的。

 用手（又）拿敌人的耳朵。

 手放在眼睛（目）上看。

 人的话（言）是值得信任的。

 小土是“尘”。

有些汉字是由表示声音和表示意义的部件构成的。

 水清，从氵青声。“氵”旁的字多与水有关。

 流放，从攵方声。“攵”旁的字多与拿着棍棒一类器械打击有关。

● 动作法

有些笔画和结构简单的汉字可以用动作表现出来。

● 联想法

使用联想法时，可以以字源为依据，也可以随意发挥，只要联想对学生记忆字形有帮助就可以。

“串”字像一个肉串。

“员”字像一个人。

“雨”字像窗户上落下的雨。

“丽”字像两扇窗户，想看美丽的风景需要推开窗户，可以把两点想象成推窗的手。

妹

“妹”字的“丿”和“丶”像妹妹的裙子。

“爽”字像一个人买了很多东西，很高兴的样子。

联想是很个性化的，跟文化背景和生活经验有关。教师也可以发挥学生的想象力，让他们自己描述对汉字的印象，以激发学生学习汉字的兴趣。需要注意的是，不是每个汉字都适合用联想法，教师要综合考虑字形、字义、字源等方面的因素，选择合适的汉字进行联想。

- 字形关联法

如果学生已经学过一些部件相同或是形体相近的汉字，在接触新汉字时就可以和旧字进行比较、归纳或类推。

- 部件类推法

汉字数量众多，但是构成汉字的常用部件是有限的，将学过的汉字部件与新学的汉字建立联系，可以帮助学生快速地记忆字形。

在汉语学习初级阶段，对于学生来说，“艮”不是常用汉字。因此适合将“很”作为一个整体进行识记和书写。学习“跟”或“银（银行）”时，可以把“很、跟、银”三个字进行分解（很=彳+艮，跟=⻊+艮，银=钅+艮），通过对比帮助学生识记。

“隹”虽然不常用，但作为部件常出现在一些常用汉字里，如“谁、难、准、堆、推、集、售”等。

有些汉字部件是表示声音的，但是由于语音的发展，准确表音的部件并不多。因此，教师要提醒学生，可以用这种方法推知汉字的大概读音，但准确的读音还是要通过查字典等方式确认。

有些汉字部件是表示意义类别的，但是由于汉字的发展变化，很多汉字现在的意义跟部件所表示的意义已经没有什么联系了，教师在解释和归纳此类汉字时要多加注意。

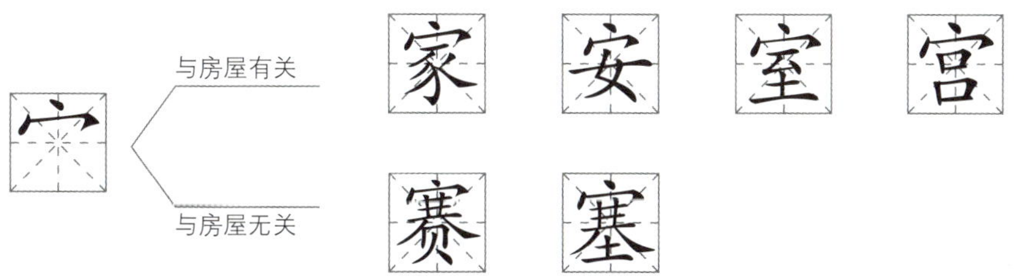

有些汉字部件既可以表示声音，也可以表示意义。

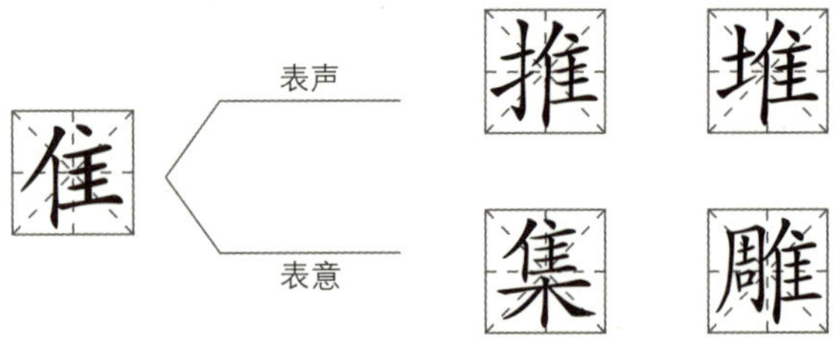

有些汉字部件经过发展变化，现在既不表示声音，也不表示意义了。此类汉字也可以类推，即把这些汉字拆分成部件，让学生找出学过的部件。这样就由整字记忆变成部件记忆，可以在一定程度上减轻记忆的负担。

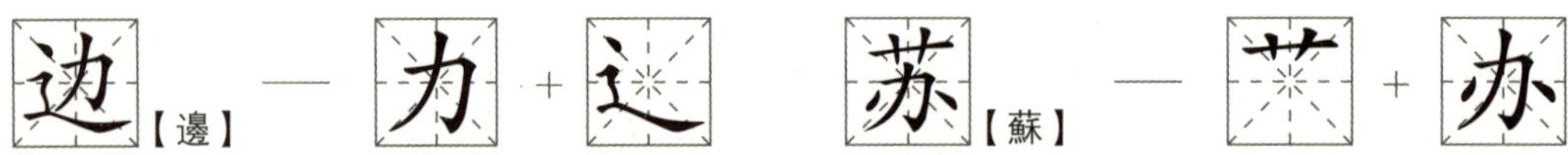

④ 练汉字的方法

汉字教学中教师的“讲”是相当有限的，对于那些已经变成纯符号、缺乏理据或没有必要讲解理据的汉字，或是无法让人产生什么有趣的联想的汉字，要记住并正确书写就必须靠“练”。只有通过各种练习方法不断巩固，学生才能掌握越来越多的汉字，因此“练”是学习和掌握汉字必不可少的一个环节。

目前教学中常用的练习方法主要有：建立音形义联系的练习，如看拼音写汉字、看汉字写拼音、读汉字、听写等；掌握字形的练习，如描红、抄写、写出汉字的笔顺、补出缺失的笔画、改错字、把汉字分解成部件、把部件组合成汉字、写出相同声旁或形旁的字等；掌握字形和字义的练习，如教师把一段话剪切、打乱次序之后让学生重新排序等。

以上这些练习在教学中的重要作用不容忽视，但是仅靠这些练习形式是无法完全满足汉字教学需要的。随着教学的发展和教学理念的不断更新，国际中文教学越来越重视趣味性，越来越提倡寓教于乐，这对教师提出了更高的要求。教师除了要了解汉字的基本知识之外，还要在教学形式上多下工夫，增加练习的趣味性、互动性。

本书第六章提供了一些汉字练习的方法，其中有一些传统练习方法，也有一些经过改进或创新的练习模式，供教师参考。

汉字教学小贴士

❶ 用汉字装饰教室

教师可以用汉字作为装饰教室的元素，比如将汉字做成剪纸，或将彩纸贴在空心字内。这些工作可以由教师独立准备，也可以让学生在课上或课下共同参与。

教师可以定期更换用于装饰教室的汉字，还可以给这些汉字编号，在课堂上利用它们组织游戏和活动。比如，教师读汉字，学生说出编号；或者教师说编号，学生读出汉字。

❷ 临时汉语名字

根据学生数量制作汉字名字卡片（可以是一个字，也可以是一个词）。在汉语课上，可以要求学生把汉字名字卡片放在桌子上的显著位置，教师提问和学生相互间称呼都要用这些临时的汉字名字。一段时间以后，如果学生记住了这些汉字，教师可以换一批新的汉字卡片。

❸ 用汉字分组

在学校里，很多活动都需要分组进行，这时教师就可以利用汉字进行分组，同时巩固汉字的学习。

方法1：发给每个学生一个汉字部件卡片，如果学生手中的部件可以和其他学生的部件拼成一个完整的汉字，他们就分在一组。

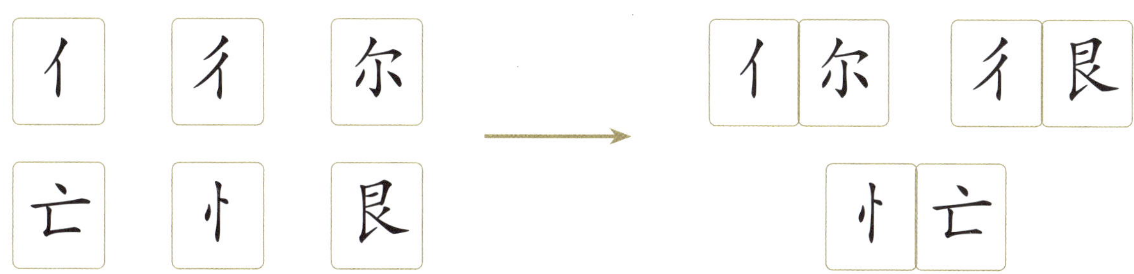

方法2：发给每个学生一个汉字卡片，如果学生手中的汉字可以和其他学生的汉字组成一个词，他们就分在一组。

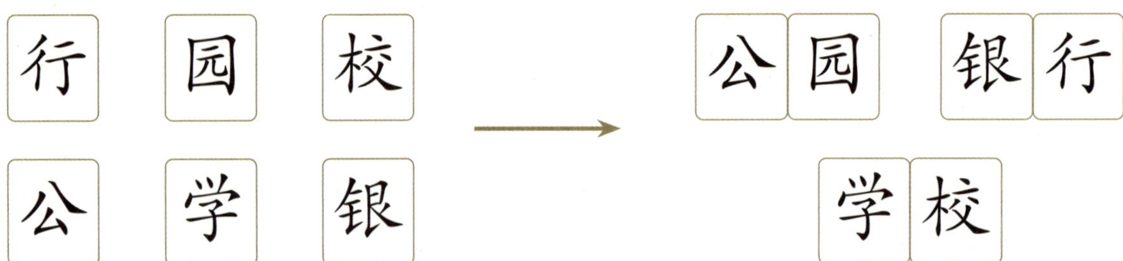

方法3：发给每个学生一个汉字卡片，如果学生手中的汉字和其他学生的汉字有相同的部件，他们就分在一组。

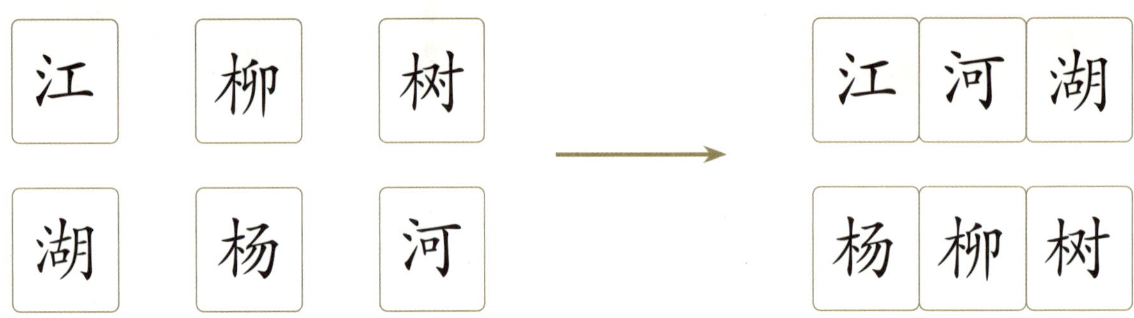

❹ 进行汉字介绍或评选活动

教师可以发挥学生的主动性和积极性，在汉语课安排“今天我当汉字老师”的活动，让学生轮流向全班学生介绍一个汉字。教师也可以定期组织有关汉字的评选活动，比如让学生选出“我们组/班最喜欢的汉字”，并让学生说说理由。

❺ 将汉字教学与书法教学相结合

有些学生对写汉字不感兴趣，但是对中国书法感兴趣。将书法教学融入汉字教学中，可以帮助学生提升学习汉字的兴趣。毛笔这种特殊的书写工具也能给学生带来一定的新奇感受。除毛笔之外，教师也可以使用一种介于毛笔和钢笔之间的“软头笔”，它使用方便，很受学生欢迎。

教师可以根据学生的学习阶段和程度，循序渐进地安排书法教学的内容，如从简单的笔画和独体字练起，逐渐过渡到独字作品、双字词作品、成语作品和名言诗句作品的临写。

在汉语教学的初级阶段，由于学生掌握的汉字数量和汉字知识有限，教师可以安排一些趣味书法活动，如可以进行甲骨文、金文、小篆等字体的书写。

笔画与笔顺

第1节 基本笔画、笔顺与数字

基本笔画、笔形		例字
横	→	一 二 三
竖	→	十
撇	→	千
捺	→	八
点	→	六
提	→	兆
折	→	五 百
钩	→	七 万 亿
弯	→	四 九 几

基本笔顺

先横后竖

先撇后捺

从上到下

从左到右

先外后内再封口

教学建议

- 教师应从基本笔画入手，逐步开展汉字教学。在这一章里，本书提供了一种教学思路，那就是将笔画和一些常用汉字结合起来进行教学。比起孤立地教基本笔画，这种方法会收到更好的教学效果。
- 教师要帮助学生从基本笔画的学习开始养成良好的书写习惯，掌握书写的规律。如果在汉字学习的初级阶段放松对学生的要求，学生看似轻松，却会缺乏后劲，随着学生学习汉字数量的不断增多，学习压力也会越来越大，学生反而更容易放弃。

29汉字数独 → P259

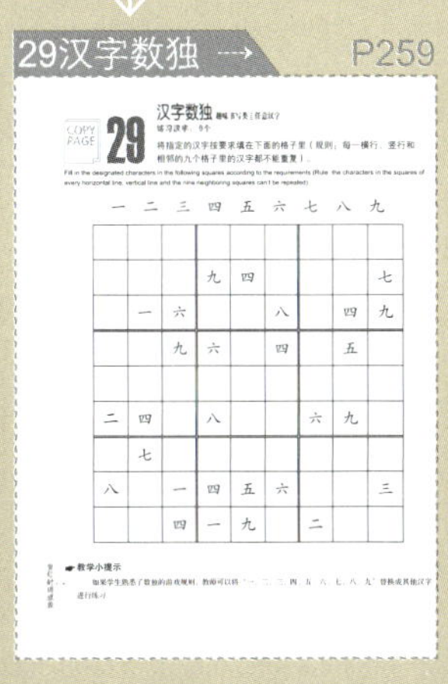

教学步骤示范

直接教学法⬇横竖撇捺点

准备卡片

● 笔画卡片一套

● 汉字卡片一套

师：（逐一展示笔画卡片，领读笔画名称）**横 竖 撇 捺 点。**

生：横 竖 撇 捺 点。

师：（把笔画卡片贴在黑板上，用手指逐个描画这些笔画，动作要慢）**横 竖 撇 捺 点。**

生：横 竖 撇 捺 点。

师：（背对学生，示意学生跟随教师抬起手臂，用手在空中写基本笔画，动作要尽量夸张）**横 竖 撇 捺 点。**

生：（跟读，并一起做动作）横 竖 撇 捺 点。

师：（用手在空中写“横”）**这是……？**

生：这是横。

师：（用手在空中写“撇”）**这是……？**

生：这是撇。

……

师：现在我说，你们写。横——

生：（用手在空中写“横”）

……

师：（逐个出示“一、二、三”的汉字卡片，同时用手在空中书写这几个汉字）**一 二 三。**

生：一 二 三。

师：（把卡片贴在黑板上，给出拼音，并领读）**一 二 三。**

生：（跟读）一 二 三。

……

师：（拿“六”的汉字卡片走到一个学生面前）**横。**

生1：（用手在卡片上找到并画出横）横。

师：（拿“十”的汉字卡片走到另一个学生面前）**竖。**

生2：（用手在卡片上找到并画出竖）竖。

……

（学生掌握这几个汉字以后）

师：（出示“一”的汉字卡片，一边在空中写一边说）**横 一。**

生：横——一。

师：（出示“二”的汉字卡片，一边在空中写一边说）**横横 二。**

生：横——横——二。

师：（出示卡片“三”，示意学生说）

生：横——横——横——三。

……

师：（根据学生数量复印本书38页—42页的描红练习，让学生描出指定的笔画）

卡片游戏法⬇横竖撇捺点

准备卡片

- 笔画卡片一套

- 汉字卡片一套

- 标记出重点笔画的汉字卡片一套

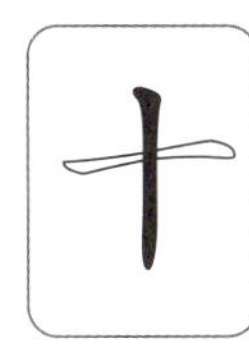
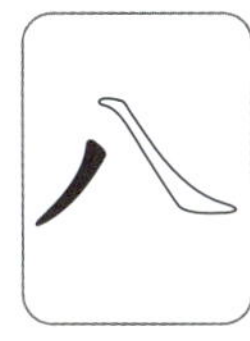
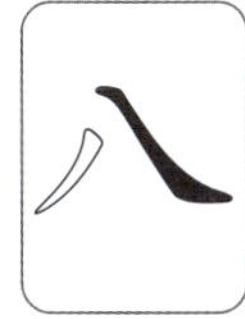
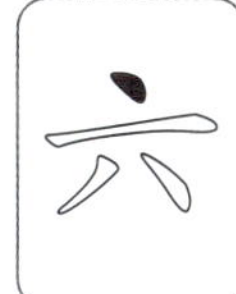

- 空白小卡片或小纸片（每个学生五张）

师：今天我们学习汉字的笔画。（一边展示笔画卡片，一边领读）**横 竖 撇 捺 点。**
生：横 竖 撇 捺 点。
师：（用点读、齐读各种方式帮助学生巩固）

师：（展示“一”的笔画卡片）**这是……？**
生：这是横。
师：（学生读完以后将卡片贴在黑板上，并用手指描画该笔画，带领学生学习书写）
师：（展示“丶”的笔画卡片）**这是……？**
生：这是点。
师：（学生读完以后将卡片贴在黑板上，并用手指描画该笔画，带领学生学习书写）
……

师：（展示“一”的汉字卡片，一边用手在空中写一边说）**一，横，一。**
师：（展示“二”的汉字卡片，一边用手在空中写一边说）**二，横 横，二。**
师：（展示“三”的汉字卡片，一边用手在空中写一边说）**三，横 横 横，三。**
师：（展示“十”的汉字卡片，一边用手在空中写一边说）**十，横 竖，十。**
……

师：（发给每个学生五张空白小纸片，让学生在纸片上依次写出“一、丨、丿、㇏、丶”，教师巡视指导）
师：横。
生：（迅速举起“一”的卡片）横。
师：撇。
生：（迅速举起“丿”的卡片）撇。
……
师：（可以将全班学生分成两组，比比哪组反应快）

师：（用手在空中写“横”）
生：（迅速举起“一”的卡片）横。
师：（用手在空中写“竖”）
生：（迅速举起“丨”的卡片）竖。
……

师：（展示标记了重点笔画的“六”的汉字卡片）。
生：（迅速举起“丶”的卡片）点。
师：对！（带领学生一起在空中将“六”写一遍。）
师：（展示标记了重点笔画的“十”的汉字卡片）。
生：（迅速举起“丨”的卡片）竖。
师：对！（带领学生一起在空中将“十”写一遍。）
……

一 横

书写要点：从左到右，要写得平，右侧略高。

yī

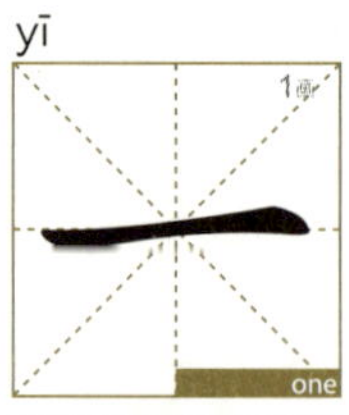

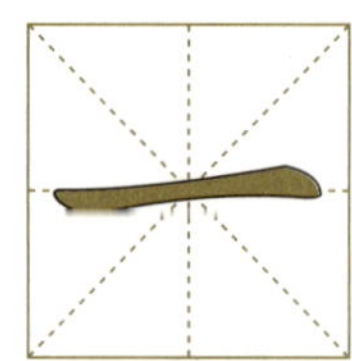

一

等　级 初等一级

字　源 古代先民画一横表示一桩事物。

组　词 一般 一半 一辈子 一边 一次 一旦 一点 一定 一度 一方面 一个 一共 一会儿 一家 一块 一流 一起 一切 一身 一生 一声 一手 一味 一下 一些 一样 一直 一致 | 差一点 初一 单一 第一 进一步 统一 万一 唯一 之一 专一 | 五一节 | 一成不变 一帆风顺 一干二净 一见如故 一马当先 一目了然 一年一度 一清二楚 一事无成 一丝不挂 一往无前 一无所有 一心一意 一言不发 一言一行 一朝一夕 百里挑一 表里如一 大吃一惊 独一无二 多此一举 会心一笑 举一反三 略知一二 年复一年 数一数二 说一不二 摇身一变

字　谜 人有它（变）大，天没它（变）大。

扩展知识 “一”在中国人的观念中有“最大”的意思，“一把手”是公司、政府等部门的最主要的领导；“一”也有“专一”的意思，如“一心一意”。人们有时会用汉字的形状来描述与之类似的事物，如：这些人一字排开。

èr

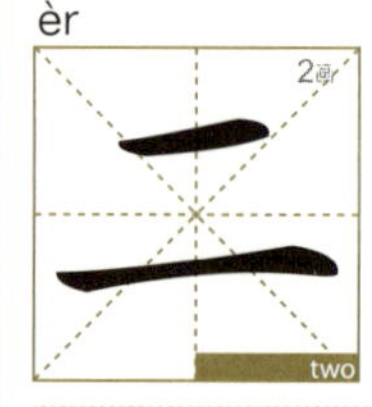

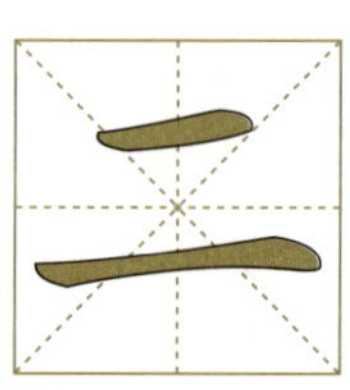

一二

等　级 初等一级

字　源 古代先民画两横表示两桩事物。

书写要点 从上到下，上横略短。

类推识字 仁 元示

组　词 二胡 二流 二声 二手 二线 | 第二 | 二战 | 二话不说 独一无二 接二连三 略知一二 三心二意 说一不二 一分为二 一干二净 一清二白

字　谜 夫人何处去。/天上有，地下无；云中有，风中无；工人有，农民无；老三有，老四无。

扩展知识 “二”常常表示“有分歧”，所以有“有二心、三心二意”这样的表达。

sān

3
three

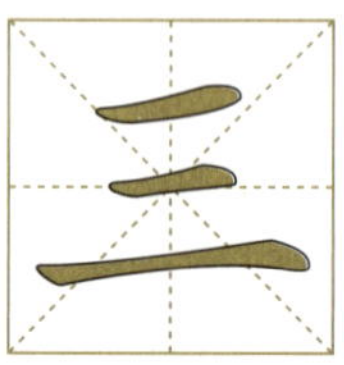

一二三

等　级 初等一级

字　源 古代先民画三横表示三桩事物。

类推识字 仨 叁

组　词 三轮车 三明治 三围 三维 | 第三 再三 | 三八节 三国 | 三思而后行 三心二意 三言两语 半夜三更 不三不四 丢三落四 隔三差五 接二连三 举一反三 五大三粗 一问三不知 朝三暮四

字　谜 一减一不是零。/头尾都是一，身腰都是一，听来都是一，其实不是一。/春日人不见。

扩展知识 “三”常常表示“多”，所以“三思”不是想三次，而是想很多次的意思。

 竖

书写要点：从上到下，要写得直。

shí

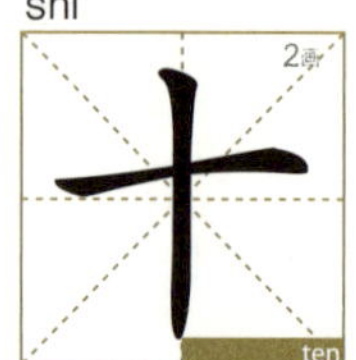

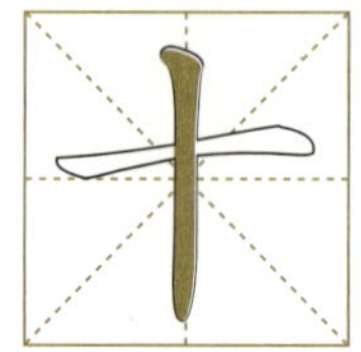

一十

等　　级 初等一级

字　　源 金文中的“⫯”像古人结绳记事时用一个结表示“十”，后来篆文中的点变成了横。

书写要点 先横后竖。

类推识字 计什汁叶针

组　　词 十分　十足　十字架　十字路口　十字绣 | 十拿九稳　十全十美　十万火急　十有八九　五光十色　一五一十

字　　谜 增一笔，大一百倍；减一笔，少九成。/田无边。/早日回归。

扩展知识 在古代，人们认为“十”中的“一”表示东西，“丨”代表南北，交叉后为东西南北中央几个方向都完备了，因此“十”有完备、完满的意思，如“十全十美”。人们有时会用汉字的形状来描述与之类似的事物。

十字路口

十字架

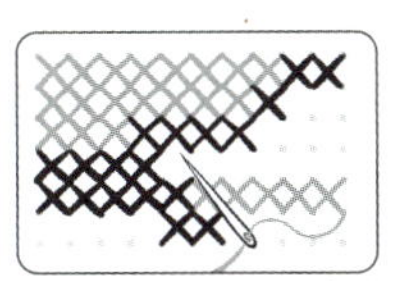
十字绣

撇

书写要点：从右上到左下，运笔由重到轻。

qiān

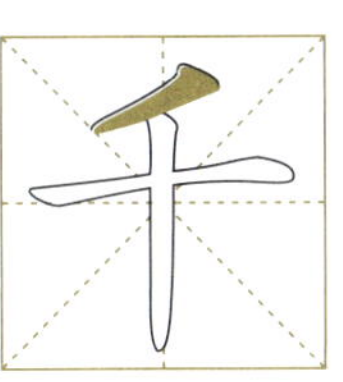

一 二 千

等　　级 初等二级

字　　源 本义是十个一百。“韆”只用于“鞦（秋）韆”，简化时用“千”。

书写要点 “千”中的撇略短，略平。

类推识字 纤歼　迁　舌

形 近 字 干　于

组　　词 千金　千克　千里　千里眼　千米　千万 | 老千　秋千 | 千变万化　千差万别　千方百计　千辛万苦　千真万确　万水千山　万紫千红　一落千丈　一诺千金　一日千里

字　　谜 禾苗长得倒很好，只是无人来照料。/舌头。

捺

书写要点：从左上到右下，运笔由重到轻。

bā

八 eight

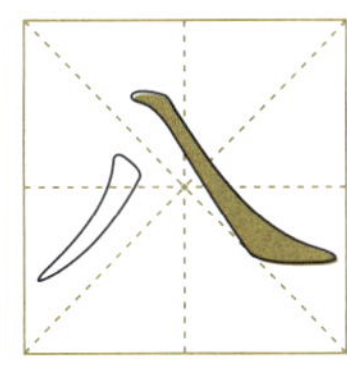

丿 八

等　　级 初等一级

字　　源 古字形用两画分别相背表示分开，本义为分开，假借为数词。

书写要点 先撇后捺，从左到右，笔画相离。

类推识字 扒趴叭

形 近 字 人　入

组　　词 八方　八卦　八字脚 | 丑八怪 | 三八节 | 八九不离十　八面玲珑　胡说八道　乱七八糟　七上八下　五花八门

字　　谜 摘去穷帽子，拔掉穷根子。

扩展知识 人们有时会用汉字的形状来描述与之类似的事物。

八字胡

八字眉

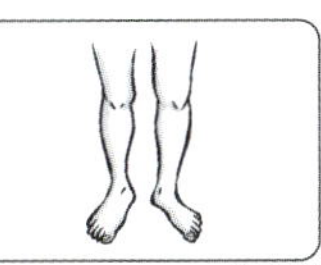
八字脚

点

书写要点：顿笔，运笔由轻到重。

liù

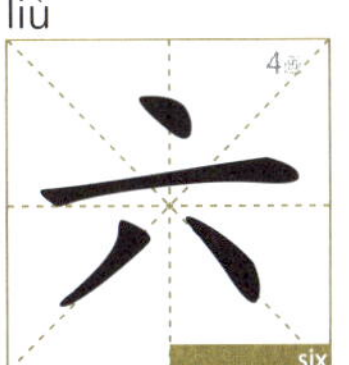

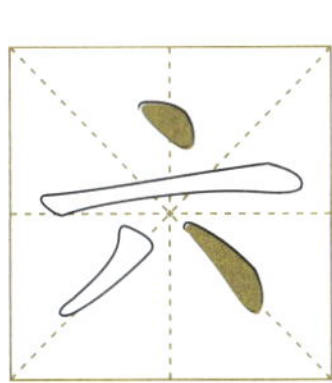

丶 亠 六 六

等　　级 初等一级

字　　源 古字形像结构简易的棚舍，本义为草舍，假借为数词。

书写要点 从上到下，从左到右，注意运笔方向，注意两个点的书写有所不同。

组　　词 六一节 | 六六大顺　五颜六色

提

书写要点：从左下向右上，运笔由重到轻。
注意与横和撇的区别。

zhào

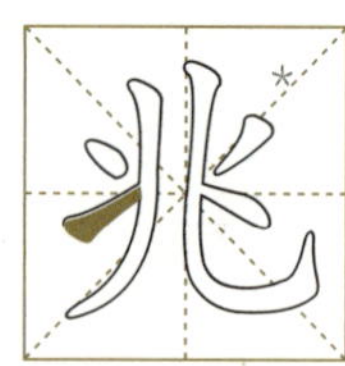

丿 丬 㐅 兆兆兆

字　源　古字形像古人占卜时灼烧龟甲或兽骨时出现的裂纹，本义是卜兆。

类推识字　挑姚桃眺跳 逃 窕

组　词　兆头 | 前兆 先兆 预兆 征兆 | 不祥之兆

折

书写要点：棱角分明，注意与“弯”的区别。

wǔ

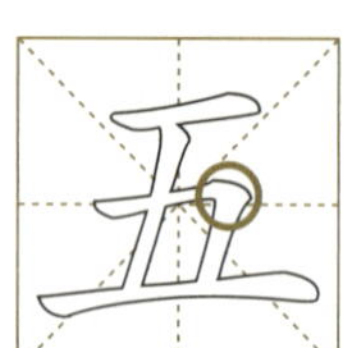

一 丆 五 五

等　级　初等一级

字　源　古字形像两物交错的样子，本义是纵横交错。假借为数词。

书写要点　中间的竖要向左倾斜。

类推识字　伍 吾悟语捂梧 衙

组　词　五星级 五指 五洲 五官 五线谱 | 二百五 | 五星红旗 五一节 | 五大三粗 五光十色 五湖四海 五花八门 五体投地 五颜六色 隔三差五 伸手不见五指 四分五裂 一五一十

字　谜　与人为伍。

bǎi

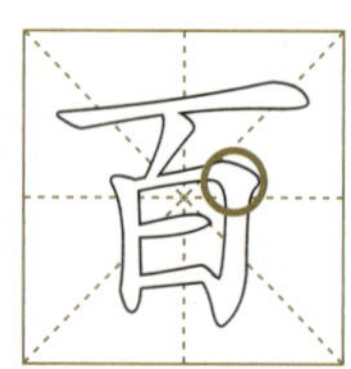

一 丆 丆 百 百 百

等　级　初等一级

字　源　造字说法不一，一说从一白声，本义为数词。

类推识字　陌 佰宿缩

形 近 字　白 自

组　词　百宝箱 百合 百货 百科 百年 百万 百姓 | 一百 | 百家姓 | 百发百中 百感交集 百花齐放 百里挑一 百年不遇 百无聊赖 漏洞百出 千方百计 千奇百怪 一呼百应

字　谜　一片白茫茫。

钩

书写要点：末笔快速转弯提笔，形如钩状。

qī

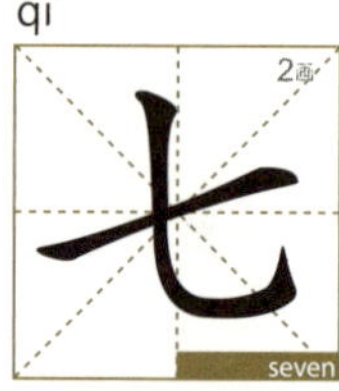

一 七

等　级　初等一级

字　源　本义为切断，假借为数词。

书写要点　先写横，横要向右上倾斜。

类推识字　柒 切彻沏砌窃

组　词　七夕节 | 七拼八凑 七窍生烟 七手八脚 七嘴八舌

字　谜　十字尾巴弯弯，算算数字少三。/虚心。

yì

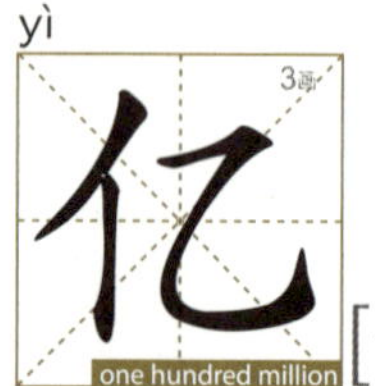
[億]
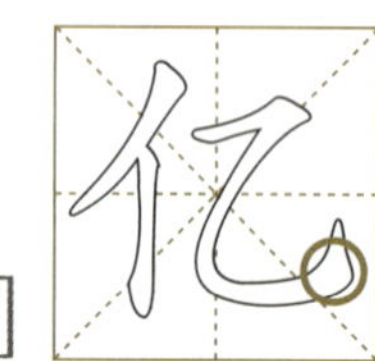

丿 亻 亿

等　级　初等二级

字　源　本义为满，引申为数词。

书写要点　这是一个合体字，从左到右书写，“亻”和“乙”两个部件不能离得太远，要保持字的方正。

类推识字　乙 忆 艺 亻部（107页）

形 近 字　仇

组　词　亿万 | 一/十/百/千/万亿

wàn

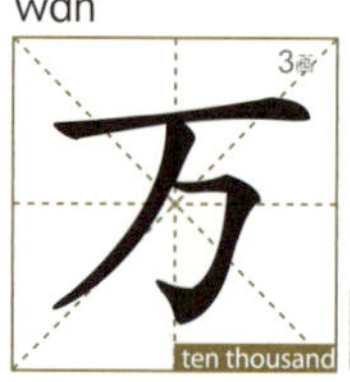
[萬]
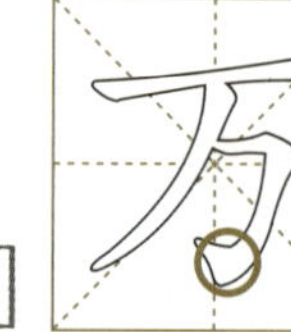

一 丆 万

等　级　初等二级

字　源　古字形像蝎子。假借为数词。

书写要点　注意撇是最后一笔。

类推识字　迈 厉

形 近 字　方

组　词　万能 万岁 万万 万一 | 一/十/百/千万 | 万不得已 万事如意 万水千山 万无一失 万众一心 万紫千红 千差万别 千山万水 千辛万苦 千言万语 千真万确 十万火急 数以万计

字　谜　下方。/数数算算不止几千，再添一点，它就不圆。

[1] 添加*表示该字不是《国际中文教育中文水平等级标准》的初等汉字。

㇄ 弯

书写要点：圆转，无棱角，注意与“折”的区别。

sì

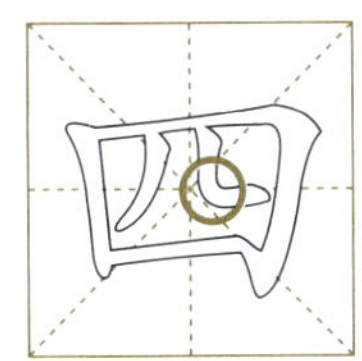

丨 ㄇ 㓁 四 四

等　级 初等一级

字　源 甲骨文像四根算筹的形状，本义为数词。

书写要点 全包围结构的字要先外后内再封口。

形 近 字 西

组　词 四边 四处 四方 四海 四季 四邻 | 第四 | 四面八方 四面楚歌 四平八稳 四舍五入 四四方方 四通八达 低三下四

字　谜 一院很方正，周围不透风，里边无他人，孤儿在其中。/这张嘴巴真正大，满嘴长个八字牙。

jī/jǐ

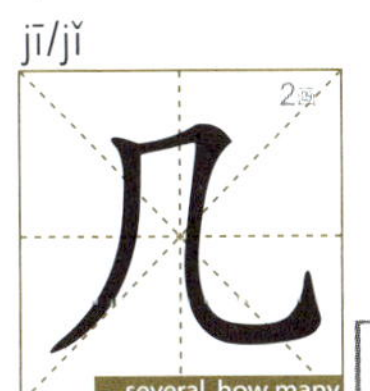

[幾]

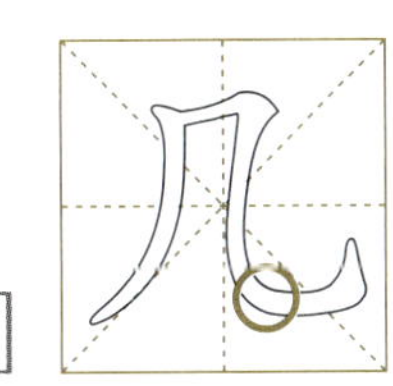

丿 几

等　级 初等一级

字　源 “几”像古人席地而坐时倚靠的器具，本义读jī，是一种古代家具。“幾”本义读jī，细微之义，假借为副词，相当于“几乎”“差不多”；又读jǐ，假借为数词，用于询问数目的多少。简化时用“几”。

书写要点 先写撇，注意与“九”的写法区别。

类推识字 讥叽机肌

形 近 字 九 儿

组　词 jī 几乎 | 茶几 ▌jǐ 几何 几时 | 几次三番 几经周折 相差无几

字　谜 凤头虎尾。

jiǔ

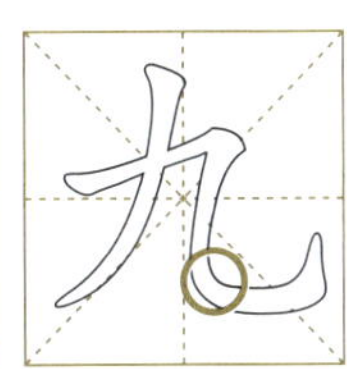

丿 九

等　级 初等一级

字　源 造字说法不一，假借为数词。

书写要点 先写撇。

类推识字 仇轨 杂 究

形 近 字 几 丸

组　词 九州 | 九牛一毛 九死一生 九霄云外

字　谜 旭日不出。

关于数字的文化

汉语中汉字很多，可是能使用的音节却有限，因此汉语中有大量的音近或音同的字。不同汉字的读音相似或相同，会让人产生某种联想。久而久之，有的数字就有了独特有趣的含义。由于“四 sì”和“死 sǐ”音近，很多中国人都避讳这个数字，车牌号、手机号等号码都尽量挑选不带“4”的，有些大楼里用“3A”代表楼层“4”。相反，由于“八”和“发”、“六”和“溜（顺溜）”、“九”和“久”谐音，“8、6、9”等数字就受到了大家的青睐。

假借

在造字之初，人们希望通过描画事物的形状来造字，但是很多东西和概念很难描画，于是就借用已有的汉字来表达。表示数字概念的“四、五、六、七、八、九、百、千、万”等汉字使用的都是这种方法，所以说假借是用字法，而非造字法，用这种方法并不产生新的字。

描红练习

描出下列汉字中的“一”，注意横的变化。

Trace over “—” in the following characters, and pay attention to the changes of the horizontal stroke.

十	土	王	干
木	丰	厂	大
天	上	千	六
林	天	文	交
元	来	江	下
主	平	井	在

进行此练习时注意，最好不要选择带有复合笔画的汉字，如“口”，避免学生把“横折”这样的笔画分成两笔。

COPY PAGE

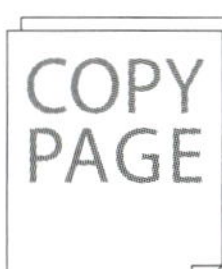

描红练习

描出下列汉字中的“丨”，注意竖的变化。

Trace over “丨” in the following characters, and pay attention to the changes of the vertical stroke.

土	王	干	木
左	丰	上	千
开	午	牛	川
下	羊	禾	车
斤	井	在	工
个	不	任	业

进行此练习时注意，最好不要选择带有复合笔画的汉字，如“口”，避免学生把“横折”这样的笔画分成两笔。

COPY PAGE

描红练习

描出下列汉字中的“丿”，注意撇的变化。

Trace over “丿” in the following characters, and pay attention to the changes of the left-falling stroke.

COPY PAGE

描红练习

描出下列汉字中的“㇏”，注意捺的变化。

Trace over “㇏” in the following characters, and pay attention to the changes of the stroke of right-falling stroke.

COPY PAGE

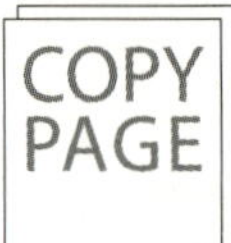

描红练习

描出下列汉字中的“丶”，注意点的变化。

Trace over “丶” in the following characters, and pay attention to the changes of the stroke of dot.

心	不	点	半
办	法	米	小
主	少	太	情
外	处	多	为
必	宝	贝	河
林	鸟	热	飞

COPY PAGE

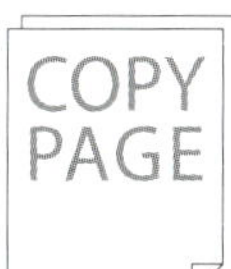

描红练习

描出下列汉字中的“㇀”，注意提的变化。

Trace over “㇀” in the following characters, and pay attention to the changes of the rising stroke.

我	找	地	冷
河	打	北	轻
理	骑	红	孩
此	物	助	锣
蛇	踢	场	牧
绿	球	辆	渴

COPY PAGE

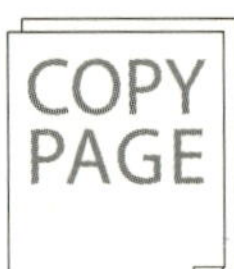

描红练习

圈出下列汉字中的折，注意折的变化。

Circle the stroke of turning in the following characters, and pay attention to its changes.

口	点	山	公
发	车	日	中
目	印	给	朋
飞	风	马	奶
船	专	九	识
及	朵	与	么

COPY PAGE

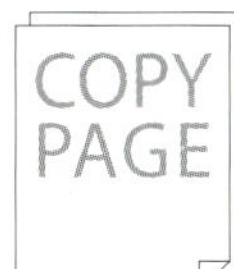

描红练习 圈出下列汉字中的钩，注意钩的变化。

Circle the stroke of hook in the following characters, and pay attention to its changes.

心	办	家	马
老	民	飞	我
也	宝	民	尤
低	考	都	乃
几	亿	圈	试
小	别	化	张

COPY PAGE

描红练习

圈出下列汉字中的弯，注意弯的变化。
Circle the stroke of curve in the following characters, and pay attention to its changes.

汉字训练营一

姓名 日期

1. 用汉字写出数字。Write out the numbers in Chinese characters.

12 (　　) 45 (　　) 89 (　　) 67 (　　)

100 (　　) 250 (　　) 3 000 (　　) 50 000 (　　)

2. 读出下列词语。Read out the following words.

一百二十一　七千六百五十九　三十八万　四十六

3. 根据拼音选择汉字。Choose the Chinese characters according to their *pinyin*.

sì 四 西　jǐ 几 九　qiān 千 干　wǔ 五 王　liù 六 大

shí 七 十　èr 工 二　bǎi 百 白　wàn 万 方　bā 八 人

4. 计算并用汉字写出得数。Calculate and write out the numbers in Chinese characters.

一 + 二 = (　　)　三 + 五 = (　　)　四 + 三 = (　　)

六 + 二 = (　　)　七 + 二 = (　　)　一 + 八 = (　　)

一 + 一 = (　　)　一 + 三 = (　　)　五 + 二 = (　　)

十 + 二十一 = (　　)　五十八 + 十六 = (　　)

三十二 + 四十六 = (　　)　七十三 + 十二 = (　　)

四十九 + 二十五 = (　　)　六十五 + 十四 = (　　)

八十八 + 六十六 = (　　)　七十五 + 三十七 = (　　)

九十一 + 四十三 = (　　)　五十二 + 五十五 = (　　)

六十九 + 九十二 = (　　)　三十八 + 二百五十七 = (　　)

5. 数数看，下面表格中有几个不同的汉字，它们各出现了几次，把汉字抄写在下面的格子里并注明出现次数。Count how many Chinese characters there are in the following form, and the frequency of their appearances. Copy the characters in the following squares and note the number of their occurrences.

几	七	八	九	七	百	千	五	三	千
二	一	几	五	亿	二	四	百	五	六
亿	八	九	十	万	三	几	百	十	亿
八	一	亿	万	七	十	五	六	万	五
六	万	八	九	十	八	九	几	二	五
六	四	百	四	八	九	八	九	亿	八
九	六	百	二	万	一	四	千	一	二
百	一	几	八	九	十	几	一	六	七
一	二	百	四	十	八	亿	千	五	六
七	三	四	万	十	几	二	四	七	十

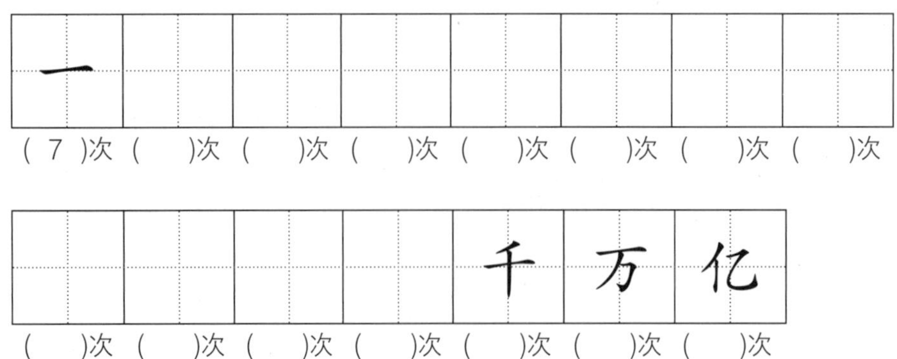

第2节 基本笔画、笔顺与方位

shǎng/shàng

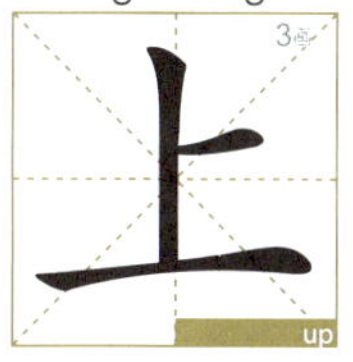

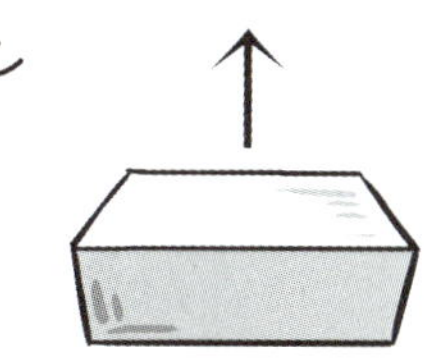

丨 ⺊ 上

等　级 初等一级

字　源 古字形下面的长线表示基线，上面的短横表示位置所在。

书写要点 第二笔是一个短横。

类推识字 让

形 近 字 下 工 土

组　词 shǎng 上声 ▌shàng 上班 上半年 上报 上边 上辈子 上场 上乘 上传 上当 上等 上帝 上钩 上火 上级 上课 上来 上身 上升 上市 上述 上午 上相 上心 上学 上衣 上瘾 上映 上游 上涨 上周 ▌地上 加上 马上 山上 身上 实际上 事实上 书上 手上 思想上 谈不上 头上 晚上 网上 往上 心上人 以上 占上风 早上 ▌上海 ▌上上下下 不上不下 高高在上 浑身上下 锦上添花 七上八下 雪上加霜 一拥而上 蒸蒸日上

xià

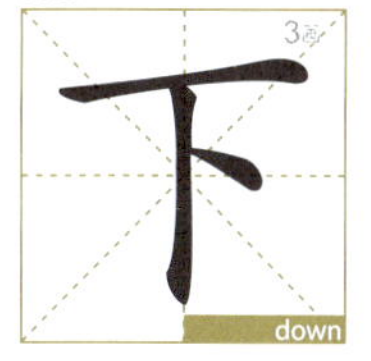

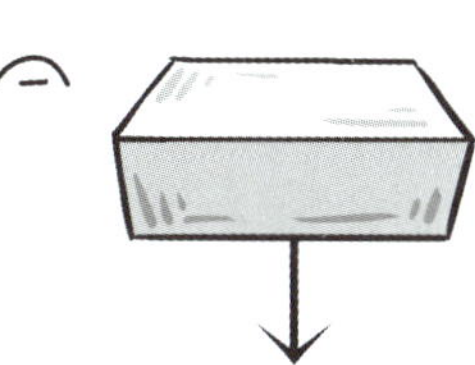

一 丅 下

等　级 初等一级

字　源 古字形上面的长线表示基线，下面的短横表示位置所在。

书写要点 第三笔是一个点。

类推识字 吓虾

形 近 字 上 不

组　词 下巴 下边 下辈子 下场 下车 下船 下达 下跌 下滑 下级 下降 下课 下来 下流 下去 下手 下属 下台 下调 下午 下线 下旬 下载 ▌地下室 两下子 留下 拿下 取下 脱下 一下 以下 ▌不耻下问 不相上下 甘拜下风 落井下石 七上八下 上上下下

字　谜 掐掉虾头。

zuǒ

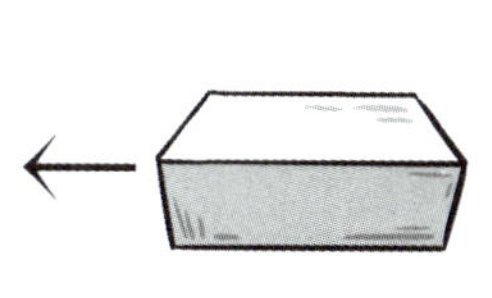

一 ナ 𠂇 左 左

等　级 初等一级

字　源 从𠂇（一只手）从工。造字说法不一。一说是“佐”的本字，本义是帮助；一说本义是左边。

类推识字 佐 友右有灰

形 近 字 在

组　词 左边 左面 左手 左翼 左右 ▌靠左 往左 向左 ▌左邻右舍 左思右想 左右为难 旁门左道

字　谜 一个工人怪又怪，十字帽儿歪斜戴。

yòu

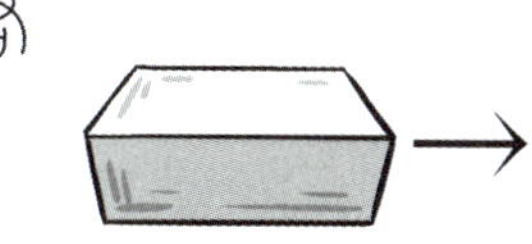

一 ナ 𠂇 右 右

等　级 初等一级

字　源 从又（一只手）从口。造字说法不一。一说是“祐”的本字，本义是求神保佑；一说本义是右边。

类推识字 佑 友左有灰

形 近 字 石

组　词 右边 右面 右手 右翼 ▌靠右 往右 向右 左右 座右铭 ▌左邻右舍 左思右想 左右为难

字　谜 石头露头。

qián

丶 丷 䒑 产 前 前 前 前 前

等　级 初等一级

字　源 造字说法不一。一说是船向前进，一说是“剪”的本字。

类推识字 剪煎 箭

组　词 前辈 前边 前程 前方 前锋 前夫/妻 前进 前景 前科 前门 前面 前年 前期 前提 前途 前往 前奏 ▌超前 此前 从前 当前 空前 面前 目前 年前 生前

日前 提前 先前 以前 之前 | 前车之鉴 前所未有 名列前茅 史无前例 瞻前顾后

字　谜 剪刀丢了。

hòu

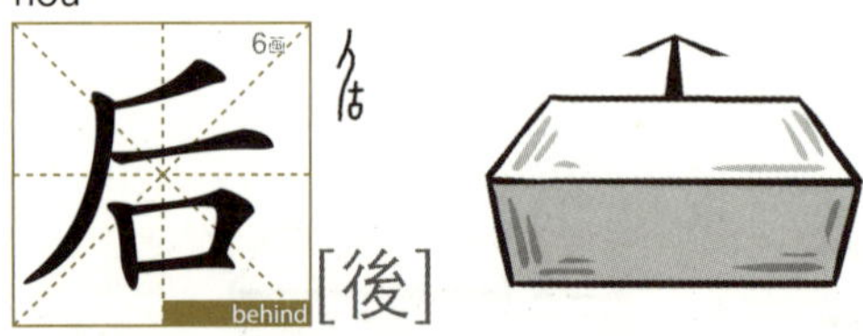

一厂厂斤斤后后

等　级 初等一级

字　源 “后”的本义是生育，也指君主、君主之妻；“後”的本义是落后、在后面，用于“先后、子孙后代”，简化时用“后”。

书写提示 第一笔横撇和第二笔竖撇相连不相交。

类推识字 垢

形 近 字 石 舌

组　词 后背 后边 后代 后果 后悔 后来 后妈（走）后门 后面 后台 后续 后遗症 | 背后 此后 读后感 皇后 今后 脚后跟 落后 幕后 然后 随后 先后 以后 之后 最后 | 后发制人 后顾之忧 后会有期 后来居上 后起之秀 茶余饭后 前因后果 争先恐后

zhōng/zhòng

丨 口口中

等　级 初等一级

字　源 古字形像旗杆上飘着旗子，中间一竖表示中央。

类推识字 仲冲种肿钟 忠盅 衷

形 近 字 申

组　词 zhōng 中断 中间 中介 中立 中午 中心 中性 中学 中雪/雨 中旬 中年 中年人 中央 中药 中止 | 当中 高中 集中 空中 空中小姐 其中 手中 眼中钉 意中人 之中 | 中国 中国队 中国人 中秋 中秋节 中亚 | 急中生智 乐在其中 美中不足 目中无人 如日中天 无中生有 雪中送炭 ▌zhòng 看中 相中 选中 中意 中毒 中奖 | 百发百中

字　谜 一串少一半。/不上不下，不左不右，不前不后，一直一口。/嘴（口）里有根棍，正倒都一样。

dōng

一𠂇车东东

等　级 初等一级

字　源 造字说法不一。一说像两端捆好的口袋，即“东西”的“东”；一说是太阳升起还没高过树梢，表示日出的方向。

类推识字 冻栋陈

形 近 字 车

组　词 东边 东道主 东方 东风 东面 东门 东西 | 房东 股东 做东 | 东亚 广东 山东 | 东倒西歪 东张西望

nán

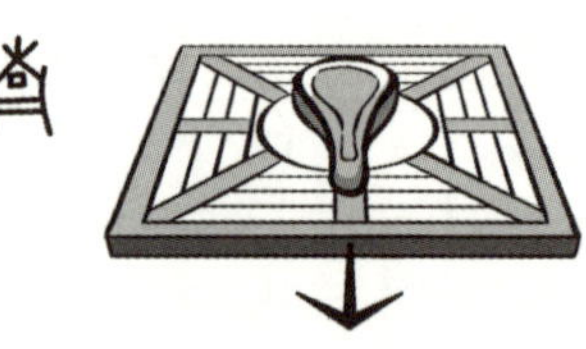

一十𠂇冇冇冇南南南

等　级 初等一级

字　源 古字形像少数民族乐器，指南方音乐。

组　词 南方 南瓜 南极 南门 南面 | 南非 海南 河南 湖南 济南 云南 越南 | 南辕北辙 天南地北 走南闯北

xī

西

6

west

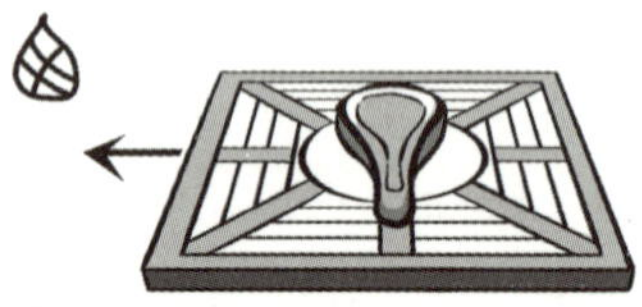

一𠂆丙丙西西

等　级 初等一级

字　源 是“栖”的本字，像鸟巢，意为鸟在树上栖息，鸟回巢的时候正是夕阳“西”下。

类推识字 洒哂栖牺晒

形 近 字 四 酉

组　词 西边 西北 西部 西餐 西方 西瓜 西红柿 西门 西装 | 广西 江西 山西 陕西 | 东倒西歪 东张西望 夕阳西下

běi

北

5

north

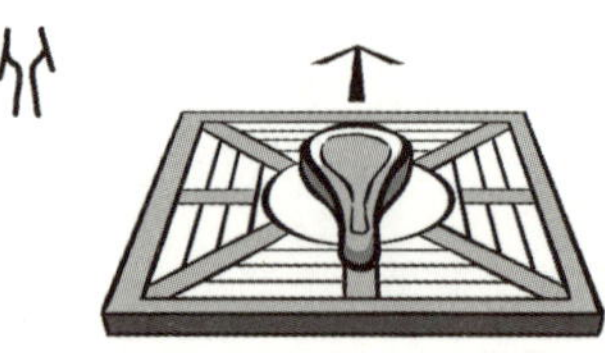

丨 丬 丬 北北

等　级 初等一级

字　源 古字形像背靠背的两个人，有违背、相背的意思，后假借为方位。

书写提示 第三笔是提。

类推识字 背

形 近 字 比 此

组　词 北边 北极 北门 北面 北上 北纬 | 北欧 北京 河北 湖北 陕北 | 南辕北辙 天南地北 南征北战

字　谜 反比。/两人背对背。

lǐ

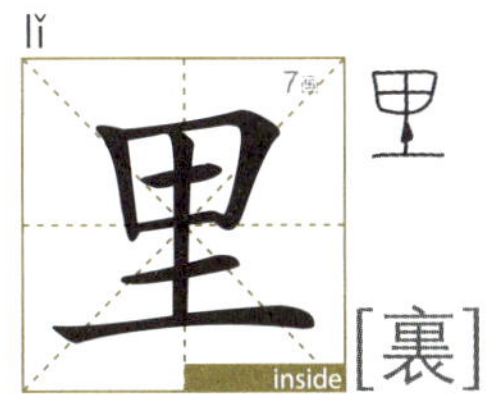

[裏]

丨 冂 日 日 甲 甲 里

等　　级 初等一级

字　　源 人类生活离不开农田和土地，“里”的本义是“居住的地方”，所以有“乡里”的意思，这个意义现在比较少用。“裏”的本义是衣、被等的里层，指里面，简化时用“里”。

书写提示 中间的竖是上下贯穿的。

类推识字 埋狸理鲤 童 厘

形 近 字 果

组　　词 里边 里程 里脊 里面 里头 里子 | 背地里 公里 家里 那里 千里 水里 私下里 万里 屋里 心里 心里话 这里 | 死里逃生 千里迢迢 万里无云 稀里糊涂 字里行间

字　　谜 没土埋。

nèi

丨 冂 内 内

等　　级 初等三级

字　　源 本义是进入。

书写提示 先写外边，后写里边的“人”。

类推识字 呐纳钠　柄

形 近 字 肉 闪

组　　词 内部 内地 内涵 内行 内奸 内疚 内科 内幕 内容 内向 内心 内衣/裤 内在 内战 | 国内 年内 以内 院内 在内 | 内外交困 外柔内刚

字　　谜 多一人有肉吃。

wài

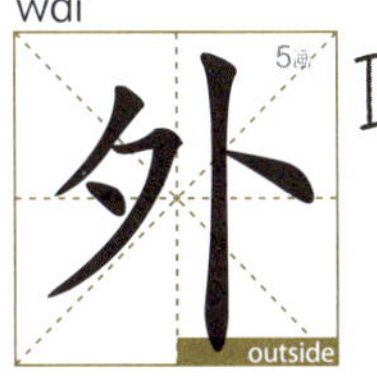

丿 ク 夕 夕 外

等　　级 初等一级

字　　源 造字说法不一，一说“夕”是晚上，晚上占卜即过了占卜的时间。

类推识字 卜仆扑朴补 赴 夕部（144页）

形 近 字 处

组　　词 外币 外表 外宾 外埠 外出 外地 外国 外交 外教 外卖 外贸 外婆 外甥 外孙 外星人 外向 | 此外 格外 国外 海外 画外音 局外人 例外 另外 意外 之外 | 古今中外 节外生枝 拒之门外 里应外合 言外之意

zhēng/zhèng

一 丅 下 正 正

等　　级 初等一级

字　　源 古字形上为城邑下为人脚，本义是正对着城邑进发。

书写提示 注意横和竖的长短和比例。

类推识字 证怔 征惩 政 歪整 焉 症

形 近 字 止

组　　词 zhēng 正月 ‖ zhèng 正版 正比 正步 正餐 正常 正当 正点 正方形 正好 正面 正品 正确 正式 正是 正义 正在 正直 正宗 | 纯正 端正 反正 改正 更正 公正 纠正 修正 真正 | 不务正业 不正之风 改邪归正 光明正大 名正言顺 歪打正着 一本正经

字　　谜 证人不说话。/横竖在“工”中。

fǎn

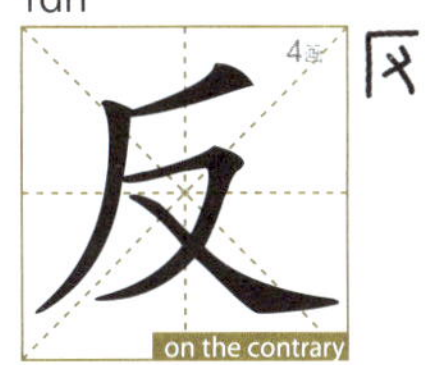

一 厂 万 反

等　　级 初等三级

字　　源 本义是（将物体）翻转过来。

类推识字 阪扳饭板贩版畈皈舨 返

形 近 字 友

组　　词 反常 反对 反而 反复 反感 反抗 反馈 反射 反弹 反胃 反问 反应 反义词 反映 | 唱反调 策反 违反 相反 造反 | 反败为胜 反客为主 一反常态

字　　谜 又加了两撇。

fāng

丶 亠 方 方

等　　级 初等一级

字　　源 造字说法不一。一说像并列的船，一说是起土的锸，一说是被械系之人。

书写提示 先写横折弯钩，再写撇。

类推识字 方部（183页）

形 近 字 万

组　　词 方案 方便 方便面 方法 方面 方式 方位 方向 方向盘 方言 方针 ‖ 北方 长/正方形 大方 地方 东方 对方 官方 警方 立方 南方 男/女方 平方米 双方 西方 一方面 ‖ 落落大方 四面八方 贻笑大方

字　　谜 一万点。

xiàng

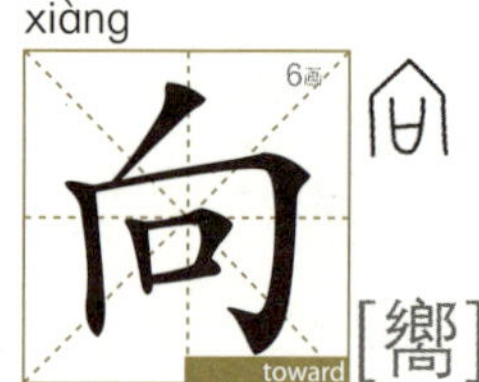

丿 亻 冂 向 向 向

等　　级 初等二级

字　　源 "向"本义是朝北的窗户，引申为方向、朝向。"嚮"本义是趋向、朝向，简化时用"向"。

类推识字 响晌

组　　词 向导 向来 向里 向外 向往 向心力 ‖ 朝向 导向 方向 风向 偏向 倾向 意向 指向 志向 ‖ 奋发向上 欣欣向荣 晕头转向

COPY PAGE

描红练习 描出下列汉字的指定笔画，并说说是第几笔。Find out and trace the designated stroke, and say which order of the stroke it is.

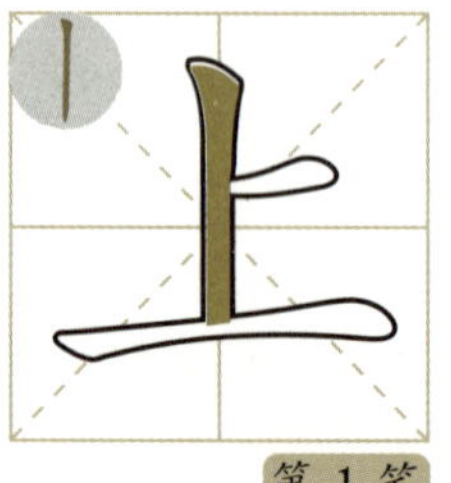

第 1 笔

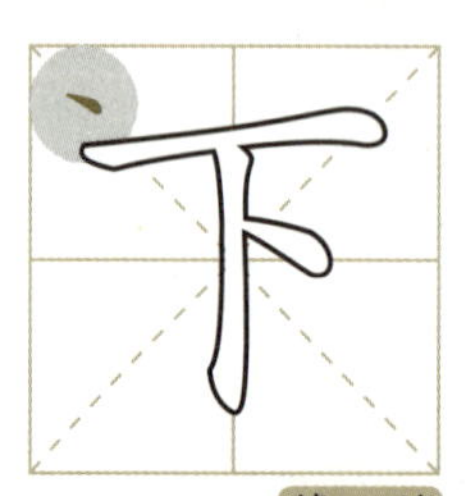

第　笔

第　笔

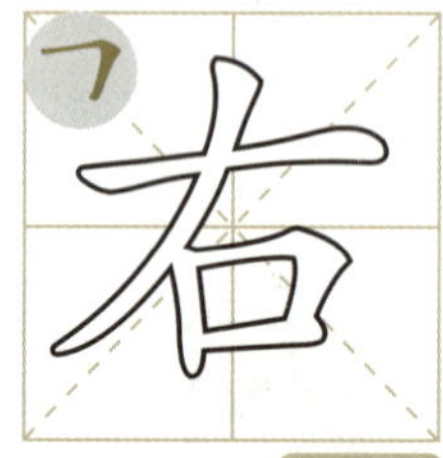

第　笔

第　笔

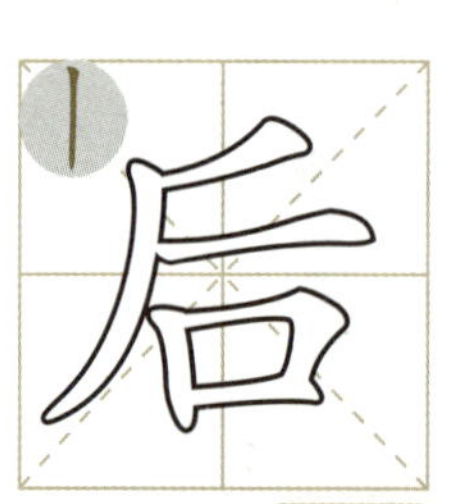

第　笔

第　笔

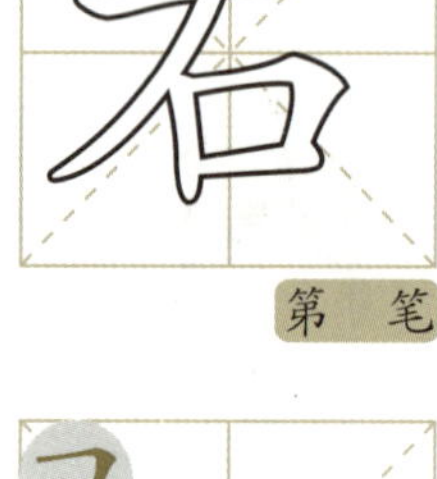

第　笔

第　笔

第　笔

第　笔

第　笔

第　笔

南

第　笔

第　笔

第　笔

描红练习

描出下列汉字的指定笔画。

Find out and trace the designated stroke for the following characters according to the stroke orders.

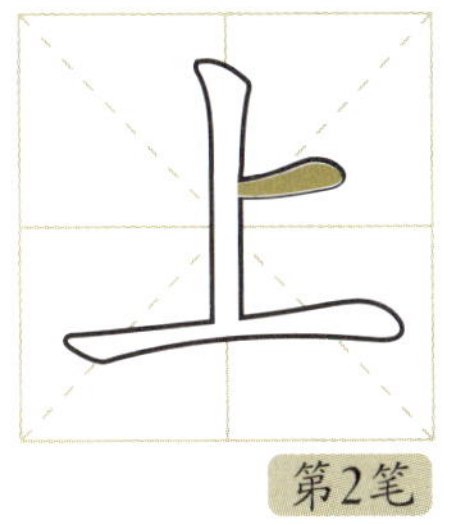

第2笔

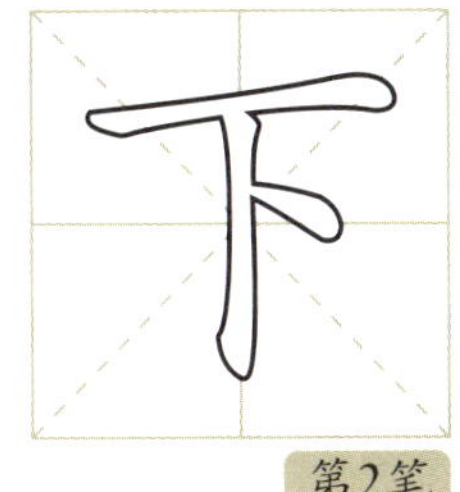

第2笔

第3笔

第5笔

第5笔

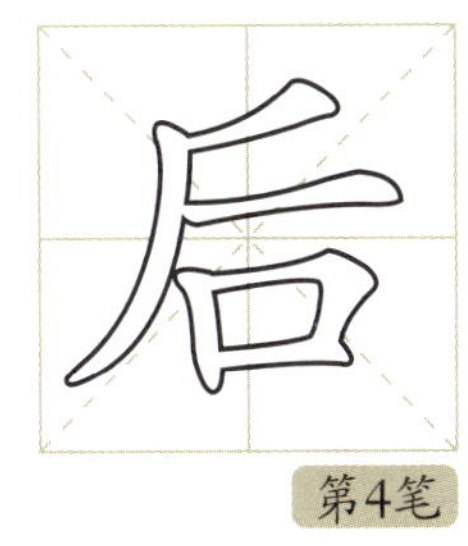

第4笔

第3笔

第4笔

第1笔

第1笔

第2笔

第3笔

第3笔

第9笔

第4笔

第4笔

第3笔

第4笔

汉字训练营二

姓名　　　　　　　　　　　　　　　　　　日期

1. 看图写汉字。Write down the Chinese characters based on the pictures.

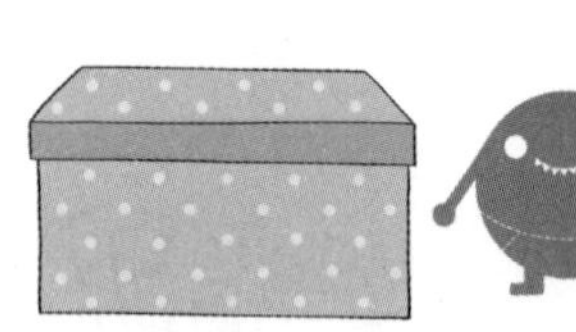

右

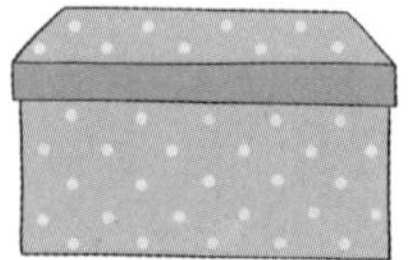

左

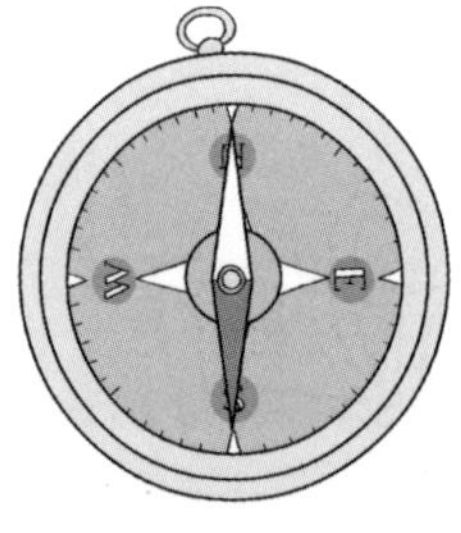

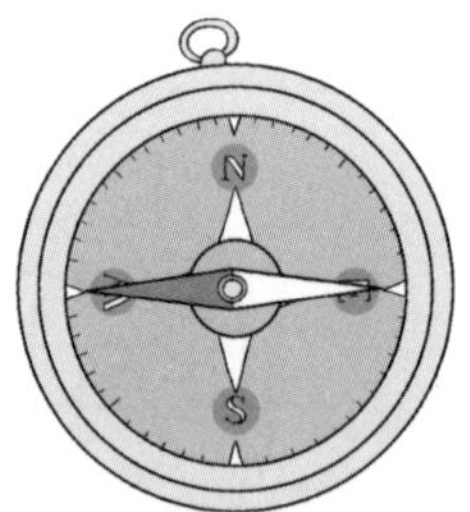

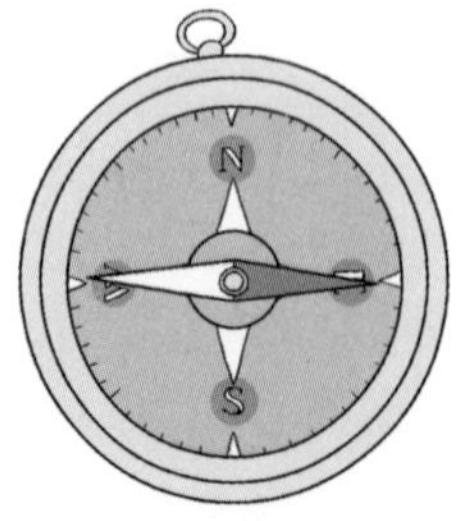

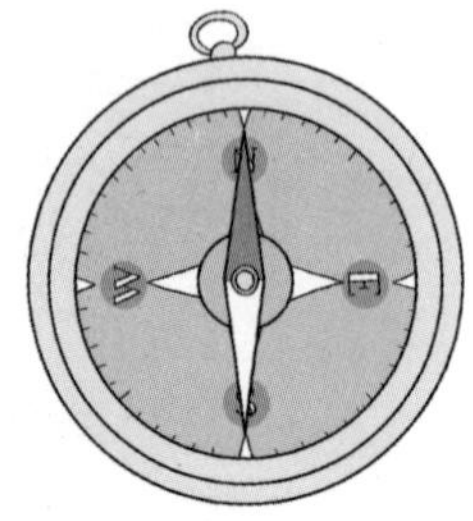

2. 数数看，下面表格中有几个不同的汉字，它们各出现了几次，把汉字抄写在下面的格子里并注明出现次数。Count how many Chinese characters there are in the following form, and the frequency of their appearances. Copy the characters in the following squares and note the number of their occurrences.

后	外	内	后	里	前	正	反	方	正
方	向	外	中	后	后	前	后	外	内
方	里	正	向	外	正	反	方	向	外
反	方	向	反	方	反	前	方	里	正
中	里	反	方	反	内	正	反	方	向
中	后	里	前	里	内	里	中	里	反
后	反	方	向	前	方	内	中	后	里
中	里	向	反	方	中	前	后	反	方
里	外	向	前	后	前	后	中	里	向
正	向	外	内	正	正	中	里	外	向

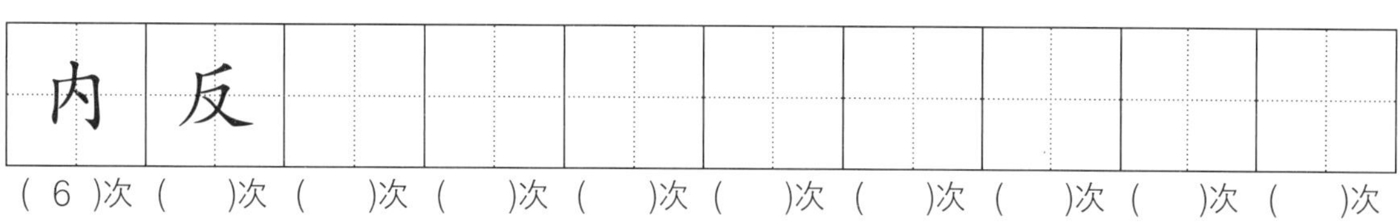

(6)次 (　)次 (　)次 (　)次 (　)次 (　)次 (　)次 (　)次 (　)次 (　)次

3. 从入口“东”开始，到出口“北”结束，按照方格内的方向提示画出路线。Start from the entrance “东” to the exit “东”, and find the route quickly according to the clew given in the blanks.

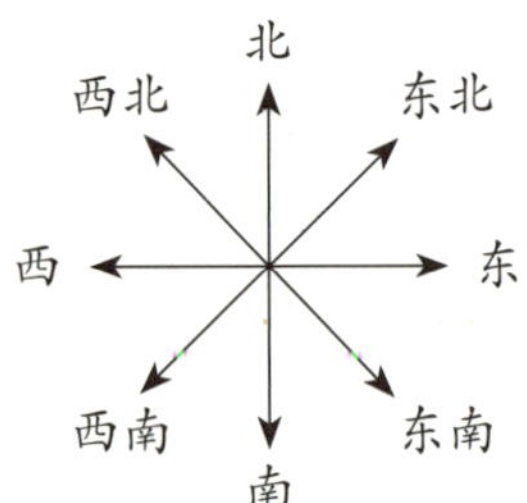

出口（北）

南	东	北	西	北	西	西南	西北	东	东北
西南	西北	南	北	北	东	东南	东北	西南	北
北	东	东北	东南	东北	南	东	西南	西北	南
西南	西北	东	西北	南	西南	西	西南	西北	东
东南	东北	南	北	西	北	西北	东南	东北	西南
南	东	西南	北	东南	东北	西南	西北	南	东
北	东	东南	东	南	东南	东北	北	东	东南
南	东	东北	西	东南	东	北	东南	东北	南
东南	东北	南	北	东	东	北	西南	西北	东南
南	东	东北	东南	东北	西南	北	东	东南	东

入口（东）

形象识字教学

教学建议

- 本章汉字多为象形字，教师可以借助图片和古文字来展示此类汉字的字义并解析字形。

  有些汉字的字形和事物很相近，学生看图就可以清楚地了解字义并记住字形。

  有些图片非常形象，可以帮助学生了解字义并区别字形。

因为乌鸦是黑色的，看不见眼睛，所以“乌”没有“丶”。

  有些汉字的形体发生了变化，但是借助古字形可以帮助学生更清楚地了解字义。

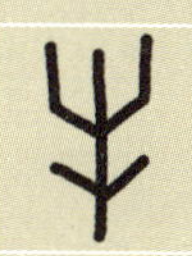

- 象形字的教学可以激发学生学习汉字的兴趣，教师在教学时应尽量避免枯燥的讲解，多使用启发、提问的方式。如学“山”字时可以先展示山的图片，然后给出几个不同的汉字，问问学生，哪个是“山”字，让学生在汉字学习中获得更大的信心。

教学步骤示范

直接教学法 ⬇ 山

准备卡片和笔画

- 制作两种尺寸较大的卡片

卡片A（两份）

卡片B

- 将其中的一张卡片A剪裁成三个笔画，在每个笔画后面贴上双面胶。

师：（出示卡片B）这是——山，一起读，（示意大家齐读）**山。**

生：山。

师：（将卡片B贴在黑板上，依图片中山的形状，按照笔画顺序描画出“山”）**山。**

生：山。

师：（出示卡片A）**山。**

生：山。

师：（拿卡片A随机走到学生面前）**山。**

生1：山。

生2：山。

……

师：（拿起剪好的笔画“丨”贴在卡片A上，然后把剩下的两个笔画“𠃊”和“丨”交给一个学生，示意学生将笔画贴在卡片A上）**山。**

生：山。

师：（带领学生举起手臂，伸出食指）**跟我写，1（写“丨”）——2（写“𠃊”）——3（写“丨”），山。**

生：1（写“丨”）——2（写“𠃊”）——3（写“丨”），山。

- 在实际教学中，教师也可以先展示汉字，再展示图片。
- 教师可以参照第二章描红练习的思路设计活动页，比如让学生描出一组汉字（如“岩”“岭”等）中的“山”。
- 在带领学生一起书写汉字时，教师可以说出笔画名称如“竖、竖折、竖”，但不必强求学生会说笔画名称。

卡片游戏法 ⬇ 日月云雨

准备卡片

卡片A

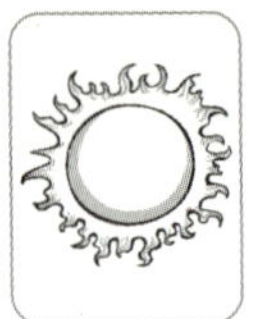

卡片B

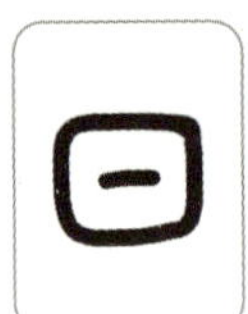

卡片C

活动一（卡片A一套，卡片B、C若干套）

1. 将卡片A都贴在黑板上，将卡片B和C发给学生（保证每个学生一张卡片，卡片可以有重复），让学生把手中的卡片贴在与卡片A对应的图片下面。
2. 贴完之后，教师跟学生一起检查确认，然后逐个领读，再让学生单个读，注意纠正发音。教师任意指汉字卡片，找学生读，检查记忆情况。

活动二（卡片A一套，卡片C每个学生一套）

先用卡片A和卡片C带领学生熟读汉字。然后发给每个学生一套卡片C，教师随机指或出示卡片A，学生找到并举起相应的汉字卡片，然后齐读该汉字。

活动三（卡片A、B、C若干套）

先用卡片A和卡片C带领学生熟读汉字。然后将卡片A、B、C混放并打乱顺序，发给每个学生一张卡片，让学生根据卡片内容找到对应的“朋友”，如拿“云”“ ”“ ”卡片的学生在一起。

动物及相关

niú

丿 𠂉 𠂊 牛

等　级 初等一级

字　源 古字形像长着角的牛头的正面形状。

类推识字 牛部（177页）

形近字 午 生

组　词 牛犊 牛黄 牛角 牛奶 牛皮 牛肉 牛仔 牛仔裤 | 吹牛 斗牛 黄牛 母牛 奶牛 牵牛花 水牛 蜗牛 犀牛 | 金牛座 | 对牛弹琴 多如牛毛 九牛一毛

字　谜 老朱丢人了。

lóng

[龍]

一 ナ 九 龙 龙

等　级 初等三级

字　源 人们想象中的善于变化、能行云布雨的神异动物，是力量的象征，古代龙的图案为皇帝和皇家专用。

类推识字 陇拢咙胧眬 垄聋袭 茏宠笼 庞

形近字 尤

组　词 龙船 龙灯 龙井 龙卷风 龙门 龙头 龙王 龙虾 龙须面 龙舟 | 霸王龙 蛟龙 恐龙 水龙头 | 龙飞凤舞 龙马精神 龙腾虎跃 车水马龙 画龙点睛 来龙去脉 生龙活虎 望子成龙 卧虎藏龙

mǎ

[馬]

㇆ 马 马

等　级 初等一级

字　源 古字形像马形。

类推识字 马部（167页）

形近字 乌 鸟

组　词 马车 马达 马大哈 马虎 马拉松 马路（拍）马屁 马上 马术 马桶 马戏 | 河马 骏马 木马 野马 | 马不停蹄 马到成功 老马识途 万马奔腾 一马当先 一马平川 蛛丝马迹 走马观花

字　谜 一拐一拐又一拐，上下一起扣起来，来了一口它就问，来了两口骂出来。/累坏了的骡子。

yáng

羊 6 sheep

丶 丷 䒑 兰 兰 羊

等　级 初等三级

字　源 古字形像羊头的正面形状。

类推识字 佯详徉洋样祥群鲜 翔 养 姜美 氧痒 漾

形近字 单 丰

组　词 羊羔 羊毛 羊皮 羊皮卷 羊绒 羊肉 羊肉串 | 羚羊 绵羊 山羊 替罪羊 | 羊肠小道 羊毛出在羊身上 亡羊补牢

字　谜 三丫头。/有木就变样。

tā

丶 丶 宀 它 它

等　级 初等二级

字　源 甲骨文象蛇形，本义是蛇。

类推识字 佗陀蛇驼鸵舵

组　词 它们 | 其它

字　谜 鸵鸟不见了。

yú

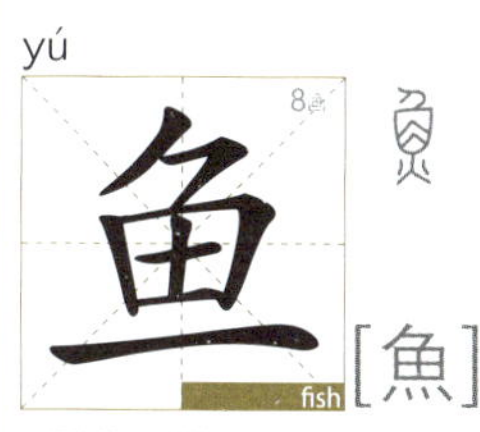
[魚]

丿 ⺈ 𠂊 各 鱼 鱼 鱼 鱼

等　级 初等二级

字　源 古字形像鱼形。

类推识字 渔 鲜鲇鲸鲤鳍 鲁 鲨

形近字 龟 角

组　词 鱼翅 鱼刺 鱼肉 鱼头 鱼尾 鱼尾纹 | 钓鱼 鳄鱼 金鱼 金枪鱼 烤鱼 鲤鱼 鳗鱼 鲨鱼 养鱼 鱿鱼 炒鱿鱼 | 鱼龙混杂 鱼目混珠 如鱼得水

字　谜 临水而渔。

xiàng

等　级 初等三级

字　源 古字形像大象形。

类推识字 像橡

组　词 象棋 象形 象形字 象牙 象牙塔 象征 | 抽象 大象 对象 假象 气象 现象 形象 印象 | 盲人摸象 气象万千 万象更新

字　谜 兔头猪身，鼻子一根，这是什么，请你辨认。

niǎo

[鳥]

等　级 初等二级

字　源 古字形像鸟形。

类推识字 鸣鸡鸭鹅鹊鹤 莺

形近字 马 乌 岛

组　词 鸟叫 鸟瞰 鸟鸣 | 布谷鸟 蜂鸟 鸵鸟 养鸟 啄木鸟 | 鸟语花香 惊弓之鸟 小鸟依人 一石二鸟

字　谜 鹅把我丢了。

jiǎo/jué

等　级 初等二级

字　源 古字形像兽角。

类推识字 确 触解 蟹

形近字 龟 鱼 甬 用

组　词 jiǎo 角度 角落 角膜 | 豆角 号角 口角 鹿角 牛角 三角形 三角恋 死角 | 凤毛麟角 钩心斗角 角 天涯海角 崭露头角 ‖ jué 角色 角逐 | 配角 主角

máo

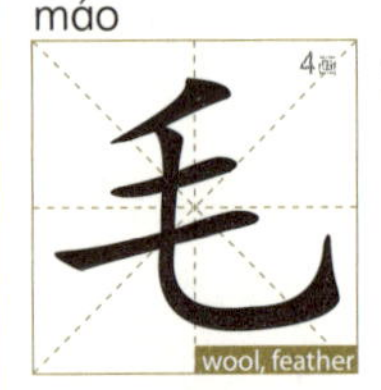

等　级 初等一级

字　源 古字形像人或动物的毛发之形。

类推识字 牦耗 毡毯 笔尾毫

形近字 手

组　词 毛笔 毛病 毛豆 毛发 毛巾 毛驴 毛毛雨 毛线 | 鹅毛 汗毛 眉毛 牛毛 皮毛 羊毛 羽毛 羽毛球 | 毛手毛脚 不毛之地 黄毛丫头 鸡毛蒜皮 一毛不拔

字　谜 反手。

pí

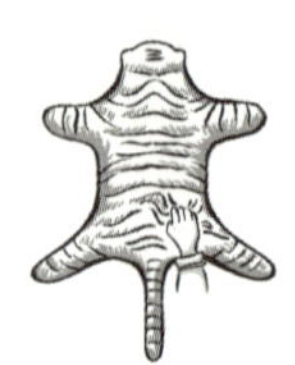

等　级 初等三级

字　源 古字形像用手剥去兽皮。

类推识字 波陂坡披彼玻破皱被跛 颇 疲 菠 婆 簸

形近字 支 庆

组　词 皮包 皮草 皮带 皮肤 皮革 皮毛 皮实 皮鞋 皮影戏 | 豆腐皮 虎皮 赖皮 牛皮 泼皮 蛇皮 调皮 头皮 头皮屑 橡皮

fēi

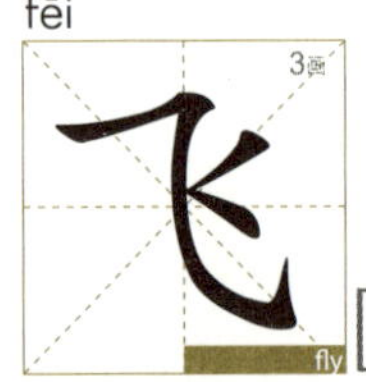

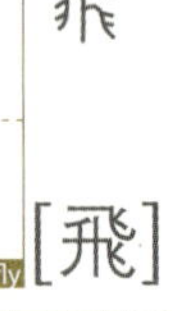

[飛]

等　级 初等一级

字　源 古字形像鸟展翅奋飞的样子。

组　词 飞驰 飞船 飞碟 飞机 飞快 飞鸟 飞翔 飞行 飞行员 | 放飞 起飞 | 飞黄腾达 飞来横祸 飞沙走石 飞扬跋扈 笨鸟先飞 插翅难飞 鸡飞狗跳 眉飞色舞 神采飞扬 突飞猛进 远走高飞

汉字训练营三

姓名　　　　　　　　　　　　日期

1. 连线。Look and match.

2. 数数看，下面表格中有几个不同的汉字，它们各出现了几次，把汉字抄写在下面的格子里并注明出现次数。Count how many Chinese characters there are in the following form, and the frequency of their appearances. Copy the characters in the following squares and note the number of their occurrences.

牛	角	牛	龙	角	角	鸟	皮	马	羊
鱼	羊	象	鱼	象	象	飞	毛	象	羊
龙	鱼	鱼	毛	皮	鸟	龙	飞	马	象
角	牛	马	飞	毛	鸟	羊	皮	龙	飞
鱼	象	羊	皮	龙	角	牛	龙	角	鸟
毛	皮	角	牛	龙	马	羊	角	鸟	角
鸟	羊	皮	龙	飞	马	象	羊	鱼	羊
角	牛	龙	角	鸟	象	角	牛	龙	鱼
马	羊	角	鸟	角	马	羊	龙	角	牛
马	象	羊	鱼	羊	羊	飞	龙	鱼	象

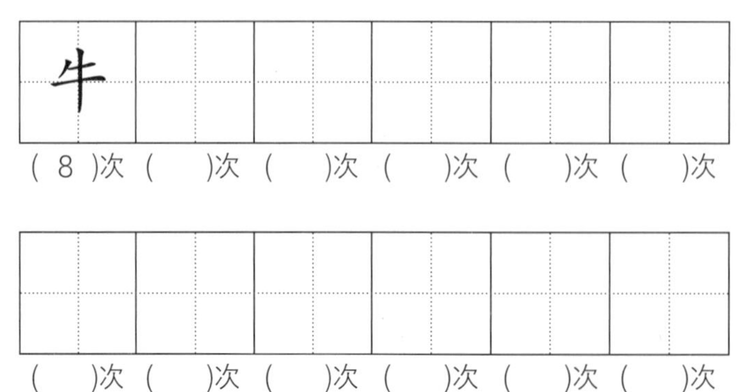

3. 看图填字，学成语。Fill in the words based on the pictures, and learn the idioms.

 形容声势浩大或场面热烈。	Ten thousands horses galloping  Describing a grand scene or a bustling field.
 原形容古代画家作画时的神妙。比喻写文章或说话时在关键地方加上精辟的词句，使内容更加生动传神。	Dotting the eyes after painting a dragon  Describing the magic touch by the ancient artists, and those who make an article or speech more vivid and convincing by adding the precise and witty words to the key part of it.
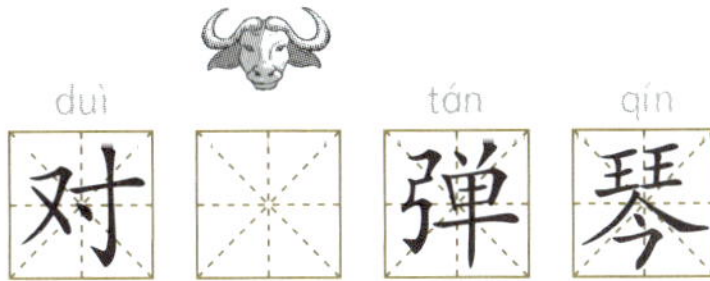 比喻对不懂道理的人讲道理，对外行人说内行话。现在也用来讥笑说话的人不看对象。	Playing a harp to a cow  Referring to reasoning to an unreasonable person, or saying a jargon to an outsider. It is used now to mock a person who speaks to person without taking that person's line of job into consideration.
 比喻得到跟自己十分投合的人或对自己很合适的环境。	Like a fish in the water 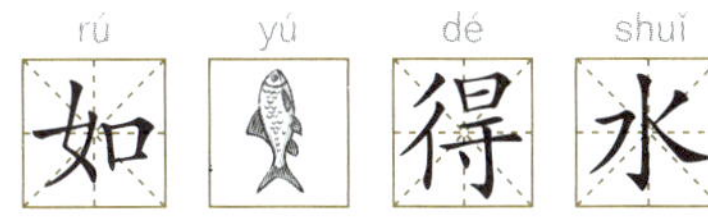 Meaning that someone finds a person who gets along well with him or an environment very suitable to him.

生活：衣食住行

yī

丶亠ナオ衣衣

等　级　初等一级

字　源　古字形像有领有袖、衣襟左右交叉的衣服。

类推识字　衣部（198页）

形 近 字　农 布 表

组　词　衣服　衣柜　衣帽间　衣裳　衣物 | 穿衣镜　大衣　风衣　挂衣钩　救生衣　毛衣　内/外衣　上衣　睡衣　洗衣店　洗衣机　雨衣 | 衣冠禽兽　衣锦还乡　白衣天使　丰衣足食　天衣无缝

biǎo

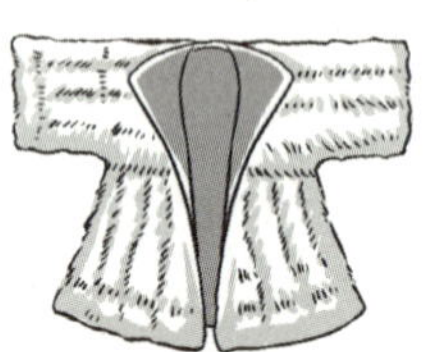

一 = ≠ 丰 主 夫 表 表

等　级　初等二级

字　源　“表”的古字形像皮子在里毛在外的衣服。“錶”本义是较小的计时器，简化作“表”。

形 近 字　农 布

组　词　表白　表达　表弟　表格　表决　表面　表明　表情　表示　表率　表态　表现　表象　表演 | 代表　发表　计划表　日程表　手表　图表　外表　值班表　钟表 | 表里如一　一表人才

bù

一ナ大右布

等　级　初等三级

字　源　棉麻织物的通称，从巾父声。

类推识字　怖 希

形 近 字　币

组　词　布局　布料　布匹　布置 | 遍布　发布　发布会　分布　公布　抹布　麻布　棉布　幕布　尿布　瀑布　散布　宣布　织布　桌布 | 开诚布公　任人摆布　星罗棋布

shí

丿人人今今今食食食

等　级　初等二级

字　源　古字形像有盖子的、盛满食物的容器，本义是饭食、可以吃的食物，引申指吃。

类推识字　狼浪娘琅锒粮酿踉　朗　郎廊榔　餐

组　词　食量　食品　食谱　食堂　食物　食言　食盐　食欲　食指 | 绝食　粮食　零食　素食　挑食　甜食　饮食　主食 | 寝食不安　衣食住行　自食其果　自食其力

mǐ

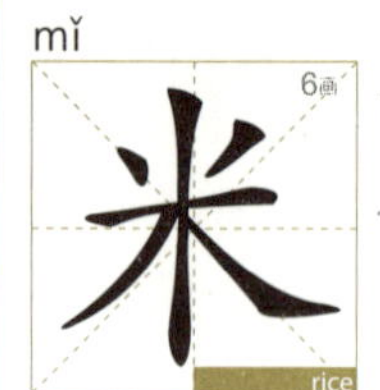

丶丷丷半米米

等　级　初等一级

字　源　古字形像一粒粒的米。

类推识字　米部（199页）

形 近 字　来 未

组　词　米醋　米饭　米酒　米粒　米线 | 大米　分米　毫米　厘米　平方米　小米　玉米

字　谜　一到就来。/上八不像八，下八才是八，十字当中站，生命须靠它。

ròu

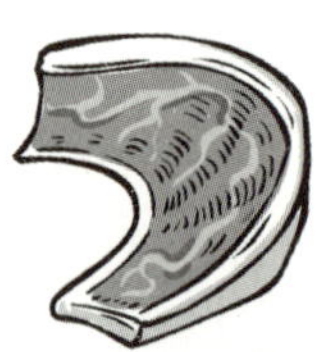

丨冂内内肉肉

等　级　初等一级

字　源　古字形像切成大块的肉。

形 近 字　内 丙 网

组　词　肉酱　肉麻　肉食　肉体　肉馅 | 果肉　肌肉　鸡肉　烤肉　苦肉计　牛肉　五花肉　羊肉　猪肉 | 骨肉相连　酒肉朋友　皮肉之苦　心惊肉跳

字　谜　一人在内。

guǒ

果 8画 fruit

丶 口 曰 日 旦 早 果 果

等　级 初等一级

字　源 古字形像树上长满果实的样子。

类推识字 倮课猓棵稞裸 颗 窠裹

形 近 字 里 呆

组　词 果断 果酱 果然 果实 果真 果汁 | 成果 后果 结果 苹果 如果 水果 效果 | 前因后果 自食其果

字　谜 田边栽树。/太阳（日）挂在树顶上。

mén

丨 丨 门

等　级 初等一级

字　源 古字形像两扇门。

类推识字 门部（147页）

组　词 门第 门户 门禁 门槛 门框 门口 门牌 门票 门前 门外 门卫 门诊 | 部门 车门 出门 防盗门（走）后门 家门 开/关门 冷/热门 敲门 窍门 上门 嗓门 射门 专门 | 澳门 天安门 | 门当户对 门可罗雀 门庭若市 班门弄斧 开门见山 旁门左道 五花八门

字　谜 闻不用耳。/有口就问。

háng/xíng

丿 彡 彳 彳 彳 行

等　级 初等一级

字　源 古字形像十字路口，是“道路”的意思，读háng。在道路上走叫“行”，读xíng。

类推识字 街衔

组　词 háng 行列 行情 行业 | 内/外行 排行 排行榜 同行 银行 在行 | 字里行间 ‖ xíng 行动 行李 行人 行为 行星 行政 | 不行 步行 出行 发行 飞行 飞行员 航行 进行 举行 可行 流行 旅行 旅行社 履行 强行 品行 平行 盛行 实行 试行 通行 通行证 游行 运行 执行 自行 自行车 罪行 | 寸步难行 横行霸道 见机行事 量力而行 一言一行 一意孤行 衣食住行

字　谜 清除街心积土。/街头街尾。

chē/jū

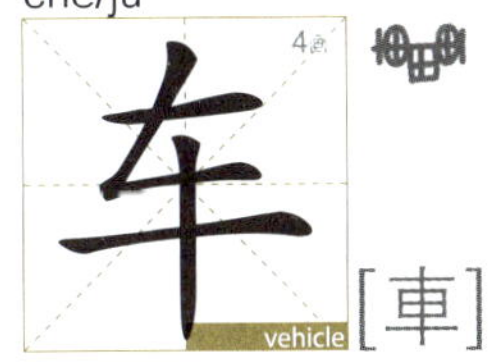

一 𠂉 𠂉 车

等　级 初等一级

字　源 古字形像车轮、车轴和车厢齐备的车子形状。

类推识字 车部（172页）

形 近 字 东

组　词 chē 车窗 车祸 车库 车辆 车轮 车票 车门 车厢 车型 车位 | 出租车 搭车 打车 堵车 火车 轿车 救护车 开车 摩托车 汽车 公共汽车 刹车 上/下车 停车 停车场 | 车水马龙 前车之鉴

阅读

小故事

有一年的春节前夕，清代书画家、文学家郑板桥(zhèngbǎnqiáo)出去办事，路过一家人的门前，看见门上贴着一副对联。

上联写着：二三四五。

下联写着：六七八九。

郑板桥读后，马上回家拿了一些粮食和衣服给那家人送去。那家人收到了郑板桥送来的东西，十分感谢他。

郑板桥是怎么知道这家人缺少粮食和衣服的呢？

秘密就在对联里，对联中没有“一”和“十”，显示这家人的处境是：缺一（衣）少十（食）。

A Little Story

On a New Year's Eve, Zheng Banqiao, the painter and writer of the Qing Dynasty, went out on a business trip. When he passed a door of a household, he saw a couplet on the door.

It says on the right side of the door: “二三四五 (two, three, four, and five).”

On the left, it says: “六七八九 (six, seven, eight and nine).”

Zheng Banqiao immediately returned home and brought some food and clothes to that family after reading. The family received the donations and felt very thankful.

How could Zheng Banqiao know that the family needed food and clothes?

The secret lies in the couplet. There are no “one” (一 shares the same pronunciation with 衣, which means clothes) and “ten” (十 shares the same pronunciation with 食, which means food) in it, which shows the family's situation of lacking clothes and food.

生活：工具与文化

wǎng

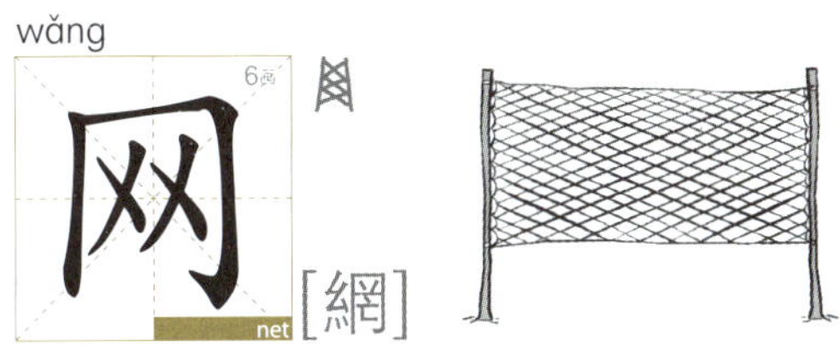

[網]

丨 冂 冂 冈 网 网

等　级 初等一级

字　源 古字形像渔网形。

形 近 字 肉 两

组　词 网罗 网络 网民 网球 网线 网友 网站 网址 | 互联网 上网 渔网 蜘蛛网 | 网开一面 天罗地网

dāo

フ 刀

等　级 初等三级

字　源 古字形像有刀把的刀的形状。

类推识字 刂部（112页）

形 近 字 力 刃

组　词 刀疤 刀具 刀口 刀片 刀刃 刀伤 刀子 | 菜刀 钢刀 剪刀 军刀 水果刀 铅笔刀 | 拔刀相助 一刀两断

字　谜 力不足。

jīn

ノ 厂 斤 斤

等　级 初等二级

字　源 古字形像斧子形。

类推识字 斤部（180页）

形 近 字 斥

组　词 斤两 | 公斤 千斤顶 市斤 | 斤斤计较 半斤八两 运斤成风

字　谜 独具匠心。

gōng

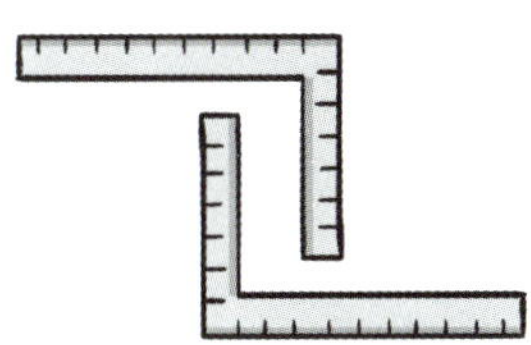

一 丅 工

等　级 初等一级

字　源 古字形像一种工具，后来指拿工具干活的人等。

类推识字 扛江红杠肛虹缸 功攻项 巩恐筑 汞贡 空控腔 鸿

形 近 字 干 土 王 二

组　词 工厂 工程 工地 工夫 工匠 工具 工人 工业 工资 工作 | 罢工 电工 分工 竣工 临时工 人工 施工 手工 特工 完工 员工 职工 做工 | 鬼斧神工 偷工减料 异曲同工

字　谜 功力不足。

shēng

ノ 二 千 升

等　级 初等三级

字　源 本义是量具，十升为一斗。

形 近 字 千 开 天 并

组　词 升高 升官 升华 升级 升迁 升温 升学 升值 | 公升 毫升 回升 上升 提升 直升机 | 歌舞升平 旭日东升

lè/yuè

[樂]

一 匚 乐 乐 乐

等　级 初等二级

字　源 本义是乐器，有音乐yuè、快乐lè的意思。

类推识字 砾烁

形 近 字 东

组　词 lè 乐观 乐趣 乐天 乐意 乐园 游乐园 | 安乐死 欢乐 俱乐部 苦乐 可乐 快乐 取乐 享乐 娱乐 | 乐不可支 乐极生悲 乐在其中 吃喝玩乐 其乐无穷 天伦之乐 喜怒哀乐 喜闻乐见 知足常乐 ‖ yuè 乐队 乐感 乐谱 乐器 乐曲 乐团 | 民乐 声乐 摇滚乐 音乐 音乐会 奏乐

字　谜 远看像颗牙，样子生得怪，上边歪又斜，下边多一点。/清除砾石。

lì

ㄱ力

等　级 初等二级

字　源 本义是耒，耕地的农具。象形字，甲骨文象犁地的耒形。“力”是汉字部首之一。

类推识字 力旁字（122页）

组　词 力道 力度 力量 力气 力学 力作 ‖ 暴力 财力 吃力 出力 大力 得力 电力 定力 动力 费力 风力 浮力 活力 火力 精力 苦力 拉力 劳力 马力 内力 能力 努力 魄力 气力 潜力 热力 人力 省力 实力 视力 水力 体力 听力 外力 无力 武力 压力 眼力 毅力 引力 用力 有力 张力 智力 重力 阻力 ‖ 感染力 购买力 记忆力 向心力 ‖ 力不从心 力不能及 力大无穷 力所不及 力所能及 力挽狂澜 力争上游 力排众议 尽力而为 精力充沛 量力而行 全力以赴 心力交瘁 自力更生 精疲力尽 身强力壮 身体力行 势均力敌 不遗余力 苍白无力 回天无力 竭尽全力 尽心竭力 年富力强 齐心协力 无能为力 有气无力 有心无力 自不量力 自食其力

字　谜 前功尽弃/刀出鞘/不积点滴无作为/加工成功/加劲劳动，各个有份

diǎn

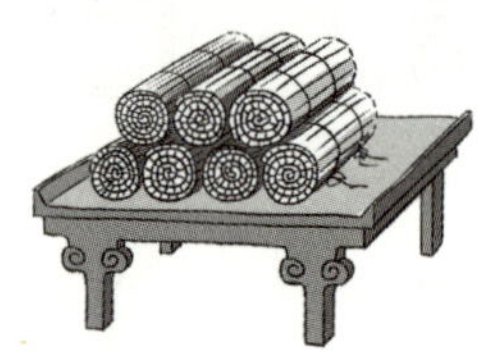

丨 冂 冃 巾 曲 典 典 典

等　级 初等二级

字　源 古字形像书册放在“几”上，表示重要的文献或书籍。

类推识字 碘

组　词 典当 典范 典故 典籍 典礼 典型 典雅 ‖ 词典 古典 经典 庆典 盛典 字典 ‖ 引经据典

字　谜 一字生得妙，头上两只角，腰里六个口，底下八字脚。

shì

一 二 亍 亓 示

等　级 初等二级

字　源 古字形像祭祀鬼神的供桌。

类推识字 示部（185页）

组　词 示范 示例 示威 示意 示众 ‖ 暗示 表示 告示 启示 请示 提示 显示 展示 指示 ‖ 不甘示弱

COPY PAGE

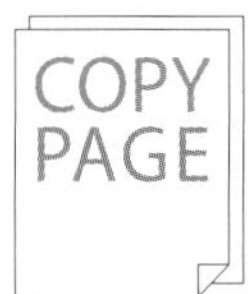

汉字训练营四

姓名　　　　　　　　　　　　　　　　　　　　　　日期

仔细观察图片，看看有哪些内容可以用你学过的汉字写出来。Look carefully at the picture and see which content you can write out in the Chinese characters you've learned before.

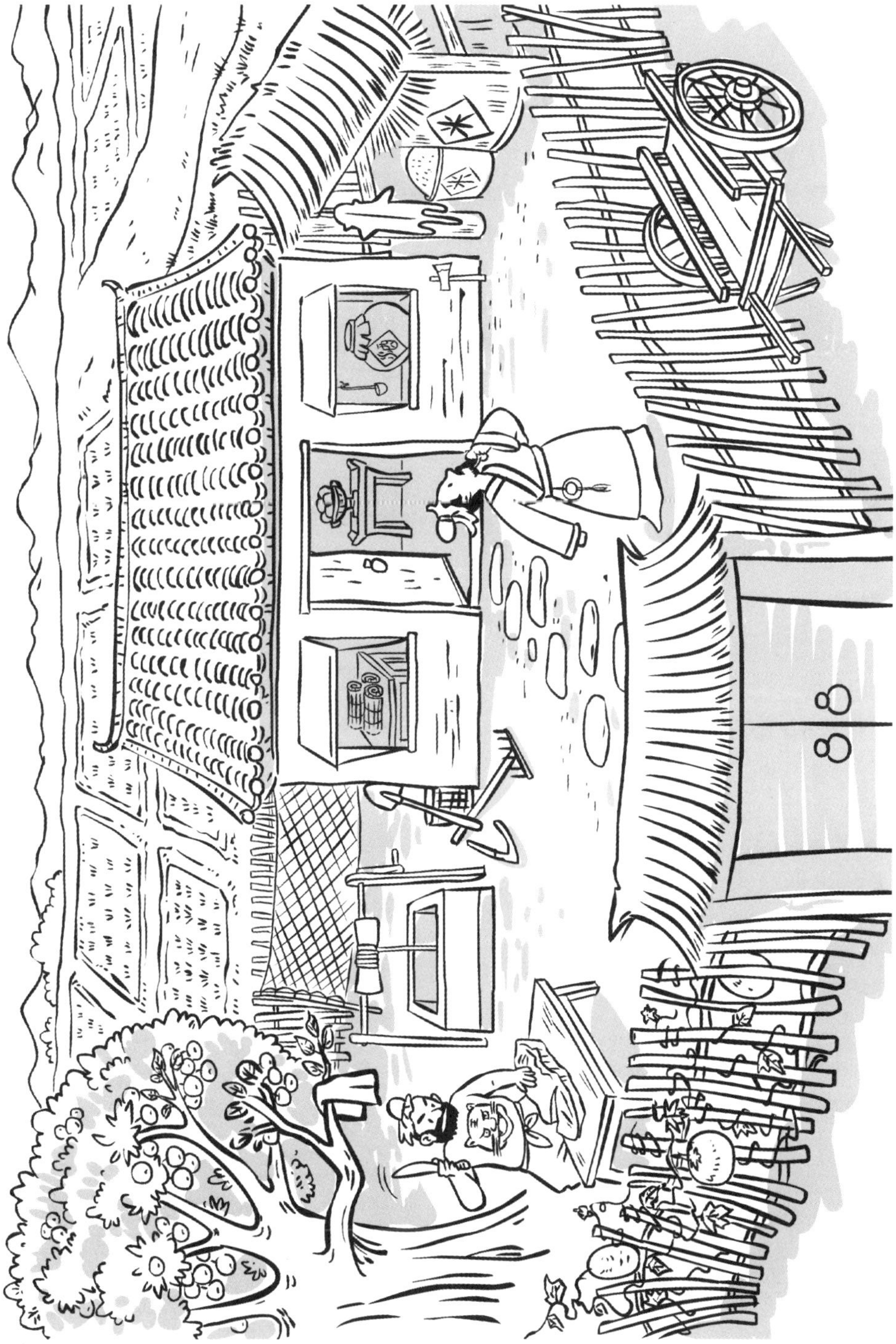

人及相关

rén

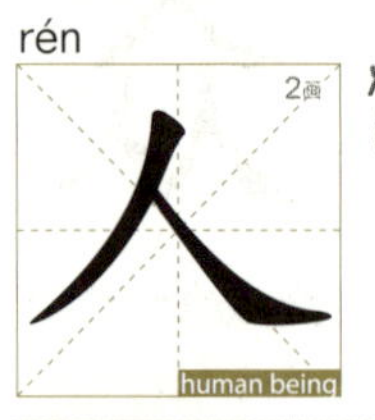

丿人

等 级 初等一级

字 源 古字形像侧立的人形。

类推识字 人部（106页）

形近字 人 大 个 入 八

组 词 人才 人工 人家 人口 人类 人们 人民 人民币 人群 人生 人士 人数 人物 人员 | 别人 病人 残疾人 敌人 丢人 发言人 法人 夫人 负责人 个人 工人 家人 客人 老人 领导人 迷人 男人 女人 私人 嫌疑人 有人 主持人 | 人丁兴旺 出人头地 耐人寻味 深入人心 无人问津 引人入胜 引人注目

字 谜 天上无二。/你有他有我没有，茶有花有草没有。/春无三日晴。

fū

一 二 夫 夫

等 级 初等三级

字 源 古字形像正面直立人形，头上束发加簪，指成年男子。

类推识字 肤扶 芙

形近字 天 大 关 未

组 词 夫妇 夫妻 夫人 | 大夫 功夫 姐/妹/姑/姨夫 匹夫 丈夫 农夫 渔夫 | 夫唱妇随 相夫教子

字 谜 二人顶破天。

nǚ

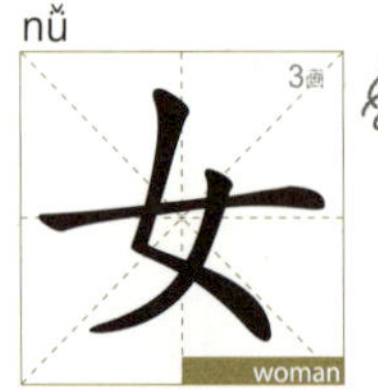

く 女 女

等 级 初等一级

字 源 古字形像两手交叉于胸前、跪坐在地上的女人形象。

类推识字 女部（162页）

组 词 女儿 女工 女孩 女权 女人 女士 女性 女婿 女（朋）友 女子 | 妇女 闺女 少女 淑女 孙女 侄女 | 儿女情长 郎才女貌

字 谜 如出一口。/要西去。

ér

丿 儿

等 级 初等一级

字 源 古字形像大头的小孩。

形近字 几 凡 九

组 词 儿女 儿童 儿戏 儿子 | 女儿 婴儿 | 正儿八经

zǐ

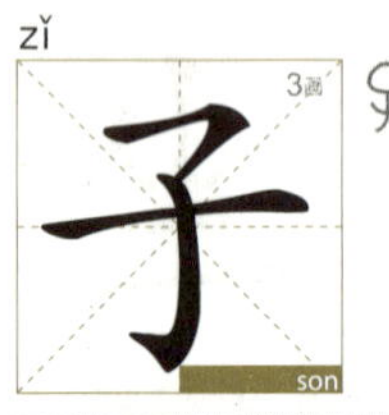

乛 了 子

等 级 初等一级

字 源 古字形像襁褓中两臂张开的婴儿，本义指幼小的儿女，现专指儿子。

类推识字 子部（162页）

形近字 孑 孓 了

组 词 子弹 子弟 子宫 子公司 子女 子孙 子夜 | 才子 虫子 袋子 电子 独生子 儿子 房子 分子 瓜子 孩子 精子 镜子 句子 帽子 面子 命根子 母子 男子 女子 脑子 盘子 胖子 瓶子 妻子 棋子 裙子 日子 嫂子 绳子 柿子 瘦子 孙子 袜子 王子 屋子 样子 叶子 一下子 椅子 影子 种子 竹子 桌子 | 孔子 孟子

字 谜 没有字头。

fù

丿 八 父 父

等 级 初等三级

字 源 造字说法不一。一说像手拿石斧干活的男子，一说像父亲拿着棍棒训诫子女的形象。

类推识字 斧爹爸爷

组　　词 父爱 父辈 父老乡亲 父母 父亲 父子 ▎伯父 姑父 继父 教父 养父 祖父

字　　谜 斧头。

mǔ

乚 ㄩ 母 母 母

等　　级 初等三级

字　　源 两点代表乳房，本义是母亲。

类推识字 拇姆

形 近 字 每

组　　词 母爱 母鸡 母牛 母亲 母系 母性 ▎姑母 航空母舰 舅母 师母 水母 姨母 岳母 字母 祖母

lǎo

一 十 土 耂 耂 老

等　　级 初等一级

字　　源 古字形像拄着拐杖的老人形象。

类推识字 姥

形 近 字 考

组　　词 老板 老伴 老成 老大 老道 老公 老虎 老化 老家 老旧 老年 老婆 老气 老人 老师 老实 老式 老天爷 老头 老翁 老爷 老鹰 老者 ▎法老 古老 衰老 ▎圣诞老人 月老 ▎老当益壮 老谋深算 老生常谈 老态龙钟 白头偕老 长生不老

cháng/zhǎng

丿 𠂉 七 长

等　　级 初等二级

字　　源 古字形像拄着拐杖的长发老人形象，本义是年老发长。

类推识字 帐账胀 张涨

组　　词 cháng 长处 长度 长短 长发 长假 长年 长期 长舌 长寿 长途 长远 ▎漫长 擅长 特长 延长 专长 ▎长城 长春 长江 ▎长篇大论 长生不老 好景不长 三长两短 天长日久 问长问短 扬长避短 一技之长 意味深长 ▎zhǎng 长辈 长大 长官 长孙 长相 长子 长者 ▎部长 成长 董事长 家长 局长 年长 市长 校长 兄长 增长 ▎拔苗助长 土生土长

字　　谜 老张丢了弓。

mín

𠃌 𠃌 巳 巳 民

等　　级 初等三级

字　　源 本义是古代奴隶，被刺瞎眼睛以防止他们反抗。

类推识字 岷眠

组　　词 民办 民兵 民法 民房 民工 民间 民警 民情 民事 民生 民营 民政 民众 民主 民族 ▎村民 居民 农民 贫民 平民 人民 市民 选民 移民 ▎人民币 ▎民不聊生

lì

丶 亠 亠 亣 立

等　　级 初等三级

字　　源 古字形像一个人两腿分开在地上站着。

类推识字 位垃拉泣粒 站 啦 笠

组　　词 立场 立冬 立法 立方米 立即 立交桥 立刻 立体 立志 立足 ▎成立 创立 独立 对立 公立 孤立 建立 确立 设立 树立 中立 ▎顶天立地 立竿见影 亭亭玉立 坐立不安

字　　谜 人不在其位。/一点一横短，两点一横长，你若猜不着，请你站一旁。/暗无天日。

jiāo

丶 亠 亠 六 ⺍ 交

等　　级 初等二级

字　　源 古字形像人的两腿交叉在一起。

类推识字 佼咬狡饺绞校较胶跤 郊效

形近字 文

组　词 交叉 交代 交互 交换 交际 交接 交流 交纳 交配 交涉 交通 交往 交易 | 成交 公交 公交车 世交 外交 忘年交 杂交 | 百感交集 不可开交 风雨交加 交头接耳

字　谜 有口就咬。/六个都不对。

wén

丶 亠 ナ 文

等　级 初等一级

字　源 古字形像身上刺有花纹的人形。

类推识字 纹坟蚊 雯 紊吝

形近字 丈 大 叉

组　词 文笔 文采 文化 文静 文件 文盲 文明 文凭 文身 文物 文学 文献 文雅 文艺 文章 文字 | 古文 课文 论文 散文 斯文 天文 语文 | 甲骨文 英/法/德/意大利/日/中文 | 大有文章 身无分文 一文不值

wáng

一 二 干 王

等　级 初等二级

字　源 造字说法不一。一说像一个人头顶天脚踩地，直立的形状，一说为执法刑具。

类推识字 王部（167页）

形近字 主 玉 工

组　词 王朝 王储 王法 王妃 王宫 王冠 王国 王后 王牌 王爷 王子 | 大王 国王 女王 亲王 姓王

字　谜 一加一不等于二。/一去就干。/主意虽然少一点，权利一点也不减。

wǔ

丿 𠂉 𠂉 𠂉 𠂉 無 無 無 舞 舞 舞 舞 舞 舞

等　级 初等三级

字　源 古字形像双手拿着毛饰的人在舞蹈的形象，下面是双脚。

组　词 舞弊 舞蹈 舞会 舞曲 舞狮 舞厅 舞台 | 芭蕾舞 歌舞 交际舞 街舞 爵士舞 跳舞 | 舞刀弄枪 舞文弄墨

tiān

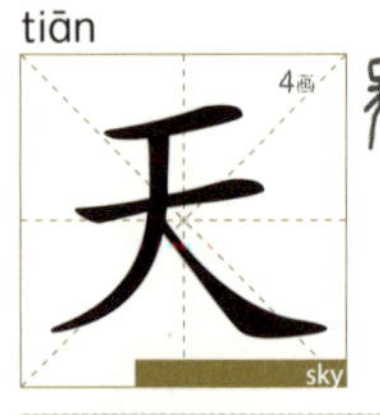

一 二 于 天

等　级 初等一级

字　源 正面人形"大"上加一横，表示人的头，引申为人头顶的天空。

类推识字 吞蚕 添舔

形近字 夫 大 关 太 犬 夭

组　词 天地 天鹅 天赋 天机 天空 天平 天气 天然 天色 天生 天使 天堂 天文 天意 天灾 | 当天 后天 改天 今天 每天 明天 前天 晴天 上天 阴天 雨天 昨天 | 天津 天坛 | 天寒地冻 天花乱坠 天经地义 天长地久 光天化日 惊天动地 巧夺天工 异想天开

字　谜 人工合成。

yuán

一 二 テ 元

等　级 初等一级

字　源 古字形像侧立的人形，上面两横指示人的头。

类推识字 玩 院皖 顽 完 远 园

形近字 无

组　词 元气 元帅 元首 元素 元凶 元月 | 单元 多元 公元 状元 | 元旦 元宵 韩元 美元 欧元 日元

字　谜 公园广阔，一望无边。/夫人不在儿顶着。/远走高飞。

dà

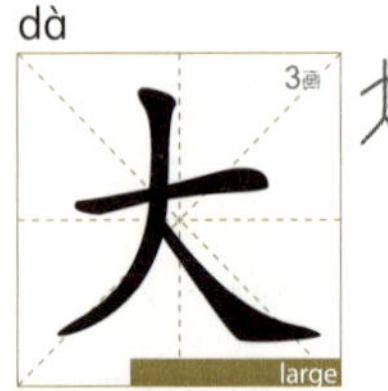

一 ナ 大

等　级 初等一级

字　　源 古字形像正面站立、两臂张开的人形。
类推识字 驮 达 庆 奋夺夸奔 美尖
形 近 字 天 太 犬 夫 人
组　　词 大半 大部分 大臣 大方 大幅 大会 大概 大家 大力 大量 大龄 大陆 大脑 大厦 大事 大体 大小 大笑 大型 大学 大学生 大约 大专 大众 | 广大 加大 巨大 扩大 强大 特大 伟大 重大 | 澳大利亚 意大利 | 大材小用 大动干戈 大名鼎鼎 大失所望 大势所趋 光明正大 恍然大悟 皆大欢喜
字　　谜 一人。

补充知识

简化字

简化字特指《汉字简化方案》和《简化字总表》里的简体字，是由政府公布推行的、规范化的简体字。1986年10月10日国家语言文字工作委员会重新发布的《简化字总表》有简化字2235 个。

汉字简化主要采取省略部件（如“开〈開〉”），改造字形（如“伞〈傘〉、贝〈貝〉、网〈網〉、乐〈樂〉”）等方式。

简化字到底好不好，一直有争议。汉字简化中的确存在一些问题：如部分汉字简化后的字形表音功能丧失或削弱，如“邓（鄧）、灯（燈）”等；由于草书楷化，使汉字体系增加了一些新的部件，如“头、乐、书”等；采用简化偏旁进行类推简化不彻底，如“蘭、瀾、揀、煉、練”原来声符都是“柬”，简化时“柬、阑、澜”等字形中“柬”的形体没有变化，“拣、炼、练”发生变化，让这组汉字失去了联系，同时简化后的“拣、炼、练”中的部件和“东”很容易混淆，给汉字书写和记忆造成了麻烦；音同或音近替代，会增加多义字和多音字的数量，如“后”和“後”本来不是一个意思，分别用于“皇后”和“後来”，简化采用同音替代，“后”就成了多义字；“几”和“幾”分别用于“茶几jī”和“幾jǐ个”，简化后“几”成了多音多义字。

但是汉字简化也有很多优点：减少了汉字的笔画；减少了通用汉字的数量；很多简化字的字形在表音和表意方面优于原来的繁体字。如“伞、网、灭、尘”等字表意性加强；“补、钟、园”等字表音准确度达到100%；很多简化后的汉字理据性加强，如“云、舍”等字是后来由于假借和引申，另造的字形，现在简化后的字形是它们造字之初的字形。因此我们应该客观评价简化字，不应人云亦云。

另外，简化字和繁体字之间并不是简单的一对一的关系，随意进行繁简转换，会闹出笑话。如“恭喜发财”不应写成“恭喜髮財”，“發財”的“發”和“头髮”的“髮”原本是两个字，简化时合并简化为 “发”。在中国大陆简化字作为规范字形推广，标准明确，除了在特殊场合，如古籍整理、书法创作等情况以外，我们只要按照现行的标准书写规范的简化字就行了。但是在中国大陆以外却常常有简化字和繁体字并用的情况，因此在教学中常常会遇到简繁转换的问题，这就要求教师要了解简化字和繁体字之间的关系，避免出现转换错误。

人体

shēn

等　　级 初等一级

字　　源 造字说法不一。一说像大腹便便的男子侧面，是有地位、受人尊敬的人的形象，即“身份”的“身”；一说像怀孕的女人侧立的形象，即“身孕、身子”的“身”。

类推识字 身部（201页）

组　　词 身边 身份 身份证 身高 身旁 身上 身世 身手 身体 身心 身影 身孕 | 本身 车身 船身 亲身 热身 人身 自身 | 身不由己 身体力行 身无分文 大显身手 奋不顾身 以身作则

xīn

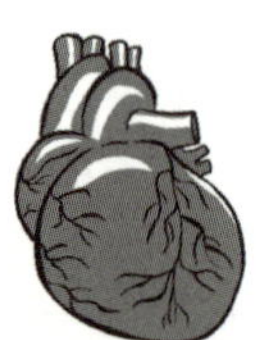

等　　级 初等二级

字　　源 古字形像心脏的形状。

类推识字 心部（152页）

组　　词 心爱 心肠 心得 心地 心腹 心机 心急 心结 心里 心理 心灵 心目中 心情 心事 心思 心态 心疼 心胸 心眼儿 心意 心脏 | 爱心 变心 操心 粗心 成心 放心 寒心 好心 核心 黑心 狠心 恒心 花心 欢心 灰心 决心 开心 良心 热心 忍心 伤心 上心 省心 谈心 痛心 细心 小心 信心 虚心 野心 用心 中心 衷心 重心 专心 | 心不在焉 心甘情愿 心狠手辣 心慌意乱 心宽体胖 心旷神怡 心平气和 心有余悸 心直口快

字　　谜 必有一失。

shǒu

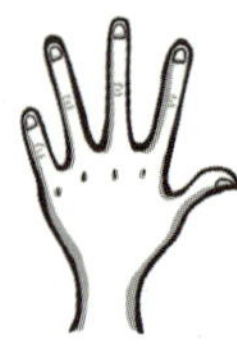

等　　级 初等一级

字　　源 古字形像一只手五指张开的形状。

类推识字 手部（127页）

形 近 字 毛

组　　词 手臂 手表 手册 手电 手段 手工 手机 手脚 手巾 手帕 手枪 手软 手术 手套 手头 手腕 手写 手续 手艺 手语 手掌 手指 手中 手足 | 把手 罢手 打手 动手 毒手 对手 放手 分手 高手 好手 棘手 刽子手 老手 拿手 能手 扒手 枪手 强手 抢手 亲手 人手 杀手 收手 顺手 随手 停手 新手 凶手 选手 一把手 乐手 位手 助手 转手 着手 | 手舞足蹈 爱不释手 眼疾手快

字　　谜 拿下。

yòu

等　　级 初等二级

字　　源 古字形像一只右手张开向上的形状。

类推识字 又部（124页）

形 近 字 叉 夕

组　　词 又快又好 又香又脆

字　　谜 加一寸不错，添一口不乐。

zú

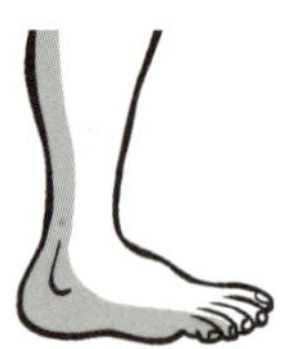

等　　级 初等三级

字　　源 古字形像脚的样子，上面是脚腕，下面是脚面和脚趾。

类推识字 足部（200页）

形 近 字 是 走

组　　词 足够 足迹 足球 足下 足以 足浴 | 不足 充足 鼎足 富足 满足 失足 | 丰衣足食 画蛇添足 举足轻重 手舞足蹈 微不足道

字　　谜 吴头楚尾。/伸手必被捉。

fā/fà

[發]
[髮]

等级 初等二级

字源 “发财”的“发”（發）和“头发”的“发”（髮）原本不是一个字。发（發），从弓，癹声，本义放箭；发（髮）本义是头发，简化时使用了同一个字形。

类推识字 泼拨 废

组词 fā 发表 发布 发布会 发出 发愁 发达 发呆 发电 发动机 发抖 发放 发福 发挥 发火 发觉 发掘 发落 发霉 发明 发怒 发票 发起 发散 发生 发烧 发射 发生 发誓 发送 发现 发泄 发行 发言 发言人 发扬 发音 发育 发源 发展 发作 | 爆发 出发 奋发 焕发 激发 揭发 开发 开发商 启发 沙发 研发 引发 蒸发 | 一触即发 ‖ fà 发胶 发廊 发妻 发卡 发小 发型 发指 | 白发 掉发 假发 理发 毛发 染发 烫发 头发 | 千钧一发

字谜 泼水。

shǒu

等级 初等三级

字源 古字形像头的形状。

类推识字 道

组词 首创 首都 首付 首富 首脑 首饰 首位 首席 首先 首相 首选 首要 首长 | 元首 自首 | 群龙无首 罪魁祸首

tóu/tou

等级 初等二级

字源 “头”是一个简化字，繁体字从页豆声，是形声字。

类推识字 买实卖

组词 tóu 头等 头顶 头发 头骨 头号 头领 头目 头脑 头皮 头疼 头衔 头绪 | 笔头 床头 带头 分头 尽头 开头 磕头 口头 码头 平头 手头 水龙头 剃头 源头 | 头头是道 彻头彻尾 出人头地 从头做起 当头一棒 改头换面 没头没脑 品头论足 千头万绪 ‖ tou 后头 看头 苦头 里头 零头 馒头 苗头 木头 念头 前头 上头 舌头 石头 甜头 外头 下头 丫头 枕头 准头

字谜 一点一点大，人人都有它。/买卖实在。

miàn

等级 初等一级

字源 “面”古字形像人的面部轮廓，中间是眼睛。“麵”本义是粉末，简化时用“面”。

类推识字 腼缅

形近字 两 西 酉

组词 面包 面包车 面对 面粉 面积 面巾纸 面临 面膜 面目 面前 面色 面食 面试 面熟 面条 面向 面子 | 侧面 当面 地面 方面 局面 片面 平面 前/后/左/右/上/下/里/外面 全面 水面 体面 药面儿 一方面 正/反面 | 面不改色 面面俱到 面目全非 面无人色 四面八方

字谜 一根木棍，吊个方箱，一把梯子，搭在中央。/此字不难猜，而且不分开。

mù

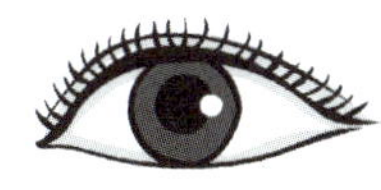

等级 初等二级

字源 古字形像人眼形。

类推识字 目部（187页）

形近字 且 耳

组词 目标 目测 目的 目光 目录 目前 目送 | 耳目 节目 科目 盲目 名目 题目 头目 项目 | 目瞪口呆 目光短浅 目中无人 刮目相看 鼠目寸光 一目了然 一目十行 有目共睹

字谜 三口重叠，不是品字。/泪干了。

zì

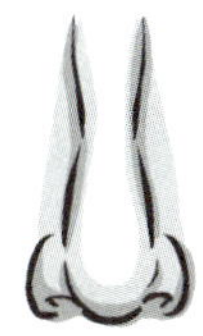

等级 初等二级

字源 “自”是“鼻”的本字，像鼻子的形状，中国人说自己时常常指着自己的鼻子，所以这个字后来当“自己”讲。表达“鼻子”的意思则加“畀”变成形声字“鼻”。

类推识字 咱 鼻

形近字 目 白 百

组 词 自卑 自从 自动 自发 自费 自负 自古 自豪 自己 自尽 自觉 自来水 自律 自强 自然 自杀 自身 自我 自习 自信 自行车 自学 自由 自愿 自制 自主 自尊 | 独自 各自 来自 亲自 选自 源自 | 自力更生 自欺欺人 自言自语 自怨自艾 自作聪明 自作自受

字 谜 鼻头。

kǒu

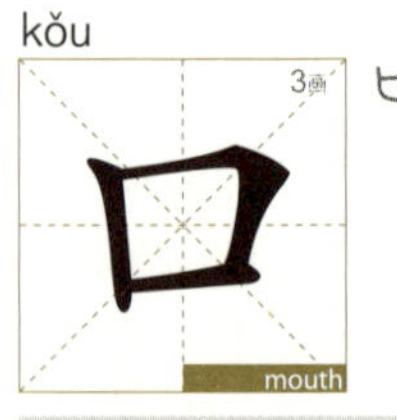

丨 冂 口

等 级 初等一级

字 源 古字形像人张开的嘴，本义是指人的嘴巴。由此引申指称人的数量单位，如“三口之家”。“口”也泛指进出的通道，如“出口、入口”等。

类推识字 口部（133页）

形近字 日

组 词 口碑 口袋 口红 口气 口腔 口味 口译 口音 口语 | 出口 窗口 港口 户口 借口 进口 可口 门口 缺口 人口 入口 伤口 突破口 胃口 | 口口声声 口若悬河 出口成章 守口如瓶 脱口而出 心服口服 心直口快 哑口无言 一口咬定

字 谜 只少两点。

yán

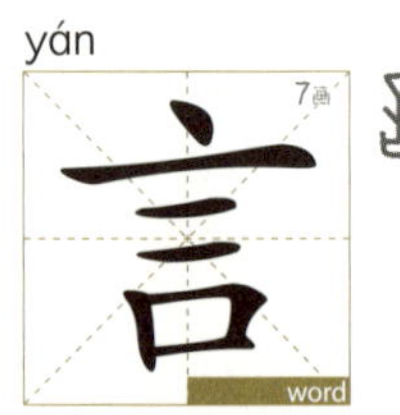

丶 亠 亠 亠 亠 言 言

等 级 初等二级

字 源 嘴里伸出的舌头上加了一横，表示是从这里发出声音。

类推识字 言部（116页）

组 词 言辞 言论 言行 言语 | 谗言 传言 断言 对……而言 发言 方言 格言 谎言 流言 留言 名言 诺言 誓言 文言 序言 谣言 引言 语言 预言 怨言 箴言 | 言传身教 言归正传 言听计从 言外之意

字 谜 信无人收。

yè

一 丆 丆 丙 页 页

等 级 初等一级

字 源 本义是头，甲骨文象突出了头部的人形。

类推识字 页字旁（194页）

组 词 页码 页面 页心 | 白页 插页 扉页 画页 黄页 活页 网页 主页

字 谜 抛头颅。

zhí

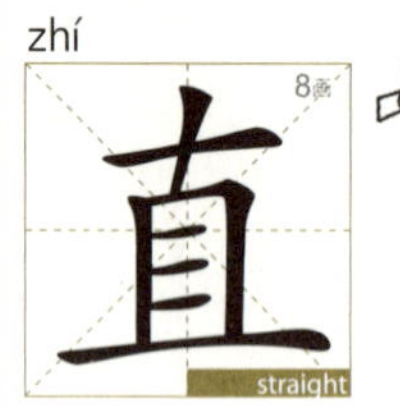

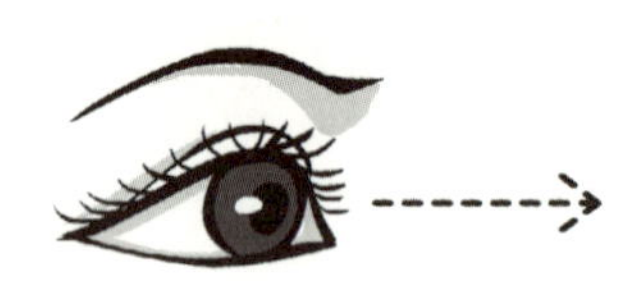

一 十 冂 冇 冇 有 有 直

等 级 初等二级

字 源 本义是目光直视。

类推识字 值植殖 置 真

形近字 真

组 词 直播 直达 直到 直角 直接 直觉 直面 直率 直线 | 笔直 垂直 简直 僵直 径直 一直 正直 | 单刀直入 理直气壮 是非曲直 一往直前

“自”和“鼻”

“自”的本义是“鼻子”，在甲骨文和金文中，“自”的写法都很像人的鼻子。古人觉得，鼻子在面部的中央，因此非常重要，只有鼻子才可以代替自己。因此，“自”有了“自己”的意思，成了第一人称代词。到现在为止，不少中国人说到“我”的时候还喜欢指着自己的鼻子。

“自”的这个意思后来被广泛运用，人们表达“鼻子”的意思时，就在“自”下面加了一个声符“畀”，形成了一个新字“鼻”。从此，“自”和“鼻”两个汉字就有了分工，各指各的意思。因为“自”的引申义有“从”的意思，再引申为“开始”的意思，所以“鼻”也有“创始、开始”的意思，于是就有了“鼻祖”这个词。

汉字训练营五

姓名　　　　　　　　　　　　　　　　日期

看图选汉字。Look at the picture and choose the corresponding Chinese characters.

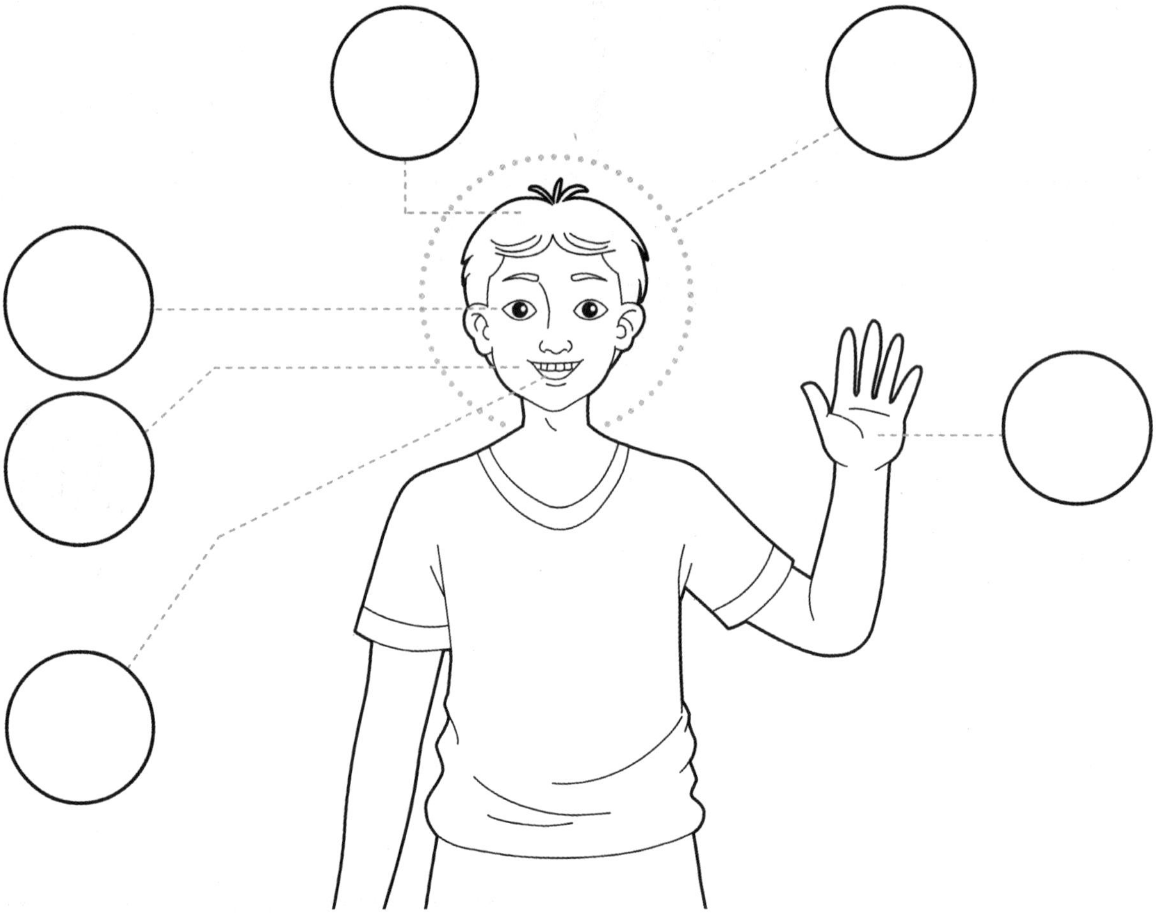

A. 口　　B. 目　　C. 手　　D. 头　　E. 面　　F. 发

自然

jīn

丿 人 亼 今 全 全 金 金

等　　级 初等三级

字　　源 土中埋藏的金属。有人认为从土金声，它的本义不单指黄金，而是金属的通称。在所有的金属中，黄金是最珍贵的。今天我们也将货币称为金，如“现金、基金、奖金、美金”等。

类推识字 金部（189页）

形 近 字 全

组　　词 金额 金奖 金牌 金钱 金融 金属 金鱼 金子 | 罚金 黄金 基金 奖金 奖学金 礼金 千金 赎金 违约金 现金 押金 养老金 郁金香 资金 | 美金 | 金碧辉煌 金玉良言 挥金如土 拾金不昧 一掷千金 纸醉金迷

字　　谜 值钱不值钱，全在这两点。/有个人姓王，他有两块糖。

mù

一 十 才 木

等　　级 初等三级

字　　源 古字形像有枝叶和树根的树的形状。

类推识字 木部（169页）

形 近 字 本 米 术 水

组　　词 木材 木耳 木瓜 木工 木匠 木头 木鱼 | 独木桥 树木 土木 啄木鸟 | 草木皆兵 呆若木鸡 麻木不仁 入木三分 移花接木 缘木求鱼

字　　谜 八十。

shuǐ

亅 刁 水 水

等　　级 初等一级

字　　源 古字形像弯曲的水流。

类推识字 水部（147页）

形 近 字 木

组　　词 水彩 水彩笔 水产 水果 水货 水利 水面 水母 水泥 水牛 水平 水银 | 淡水 防水 海水 汗水 洪水 喝水 开水 苦水 矿泉水 露水 泪水 墨水 汽水 潜水 潜水员 泉水 跳水 下水道 油水 脏水 | 泼水节 | 水到渠成 水落石出 水土不服 水涨船高 杯水车薪 背水一战 车水马龙 千山万水 如鱼得水 山穷水尽

字　　谜 泉下。/加两点就结冰。

huǒ

丶 丷 ⺍ 火

等　　级 初等一级

字　　源 古字形像燃烧的火焰之形。

类推识字 火部（183页）

形 近 字 灭

组　　词 火柴 火车 火锅 火花 火箭 火炬 火炉 火苗 火热 火山 火腿 火焰 火药 火灾 | 打火机 发火 肝火 过火 红火 军火 恼火 灭火器 怒火 起火 上火 萤火虫 着火 | 火冒三丈 火上浇油 热火朝天 如火如荼 引火烧身

字　　谜 两点有人来。

tǔ

一 十 土

等　　级 初等三级

字　　源 古字形像地上的土块之形。

类推识字 土部（125页）

形 近 字 工 王 干 士

组　　词 土地 土豆 土匪 土话 土木 土壤 土著 | 本土 尘土 出土 故土 国土 乐土 领土 泥土 热土 水土 | 土星 | 土崩瓦解 土生土长 灰头土脸 卷土重来 面如土色

字　　谜 没人坐。/走在上边，坐在下边，挂在右边，埋在左边。

rì

丨 冂 月 日

等　级 初等一级

字　源 古字形像太阳的形状。

类推识字 日部（173页）

形 近 字 白 目 旦

组　词 日报 日常 日程 日出 日光 日记 日渐 日历 日落 日期 日前 日食 日益 日用品 日子 | 当日 吉日 忌日 假日 节日 今日 近日 落日 明日 生日 昔日 昨日 | 日本 日语 | 日积月累 日久生情 日久天长 日新月异 来日方长 夜以继日 与日俱增 指日可待

字　谜 四去八进一。/左右两座山，山尖对山尖，白天看得到，夜间不见面。/这个汉字真有趣，写时方看时圆，增一横看得见，减一横吃得甜。/看时圆，写时方，寒时短，热时长。/早上。

yuè

丿 几 月 月

等　级 初等一级

字　源 古字形像弯月形。

类推识字 月部（180页）

组　词 月饼 月底 月份 月光 月光族 月老 月亮 月食 月子 | 包月 蜜月 明月 岁月 正月 | 风花雪月 花好月圆 花前月下 花容月貌

字　谜 朋友半边不见了。/肩上有背上有，腿上脚上都有，头上无面上无，耳上眼上都无。

xīng

丨 冂 日 日 旦 早 旱 星 星

等　级 初等一级

字　源 象形兼形声，甲骨文像群星形，本义是星星。

类推识字 猩惺腥醒

组　词 星空 星期 星象 星星 星座 | 歌星 红星 巨星 零星 克星 明星 球星 五角星 五星级 笑星 | 金星 水星 五星红旗 | 星罗棋布 大步流星 福星高照 披星戴月 众星捧月

guāng

丨 丨 丬 业 光 光

等　级 初等三级

字　源 古字形像人头顶有一团火，有太阳光、灯光的意思。

类推识字 恍 晃幌

组　词 光彩 光棍 光滑 光亮 光芒 光明 光荣 光头 光线 光学 光阴 | 吃光 耳光 反光 风光 花光 日光 闪光 星光 阳光 荧光 用光 月光 月光族 烛光 | 光彩照人 光明正大 光天化日 光阴似箭 发扬光大 目光短浅 五光十色 一扫而光

yún

一 二 云 云

等　级 初等二级

字　源 古字形像上面有云层、下面云气缭绕的样子。

类推识字 坛耘酝 动魂 芸 层运

组　词 云彩 云朵 云端 云集 云团 | 白云 多云 风云 风云人物 乌云 疑云 | 云消雾散 平步青云 烟消云散

字　谜 走运。/运动会里少不了，跳舞场上看不着。

yǔ

一 丆 门 币 雨 雨 雨 雨

等　级 初等一级

字　源 古字形像雨点儿下落的样子。

类推识字 雨部（201页）

形 近 字 两 而

组　词 雨点 雨季 雨具 雨伞 雨水 雨天 雨衣 | 暴雨

大/中/小雨　风雨　毛毛雨　下雨 ‖ 暴风骤雨　风吹雨打　风调雨顺　风雨交加　风雨无阻　未雨绸缪

字　谜 零头。

fēng

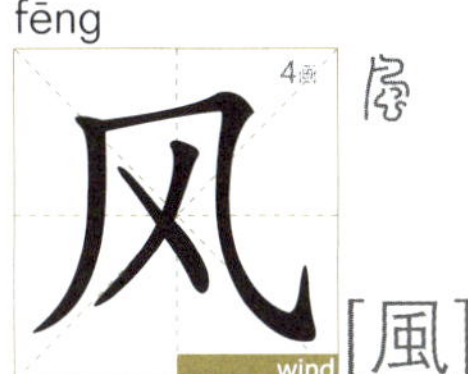

丿 几 风 风

等　级 初等一级

字　源 风无形，甲骨文借用“凤”，小篆从虫凡声，古人说“云从龙，风从虎”，虎又叫“大虫”，所以从“虫”是有一定道理的。

类推识字 讽枫飒飘　疯　飚

形 近 字 凡　凤

组　词 风暴　风波　风采　风车　风度　风干　风格　风光　风景　风铃　风气　风情　风扇　风湿　风水　风俗　风险　风向　风行　风衣　风云　风雨　风筝 ‖ 采风　出风头　东/南/西/北风　刮风　海风　寒风　飓风　狂风　龙卷风　麻风病　清风　威风　微风　中zhòng风　作风 ‖ 风吹草动　风和日丽　风花雪月　风平浪静　风声鹤唳　风烛残年　一帆风顺

qì

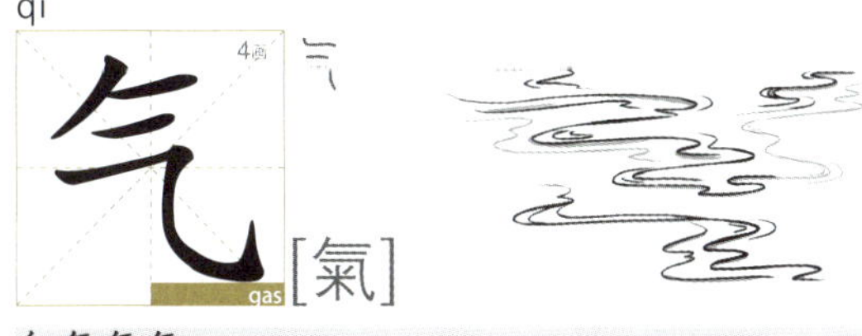

丿 𠂉 ⺈ 气

等　级 初等一级

字　源 古字形像云气缭绕、层层相叠升腾的样子。

类推识字 汽　氧氮氯

形 近 字 乞

组　词 气氛　气概　气魄　气球　气色　气势　气味　气温　气象　气质 ‖ 大气　底气　风气　福气　（不）服气　骨气　（不）景气　口气　客气　冷气　名气　脾气　人气　生气　士气　淘气　叹气　天气　透气　小气　香气　氧气　勇气　运气　朝zhāo气 ‖ 气喘吁吁　气度不凡　气急败坏　忍气吞声　心平气和　扬眉吐气　一鼓作气　一气呵成　意气风发　有气无力　趾高气扬

diàn

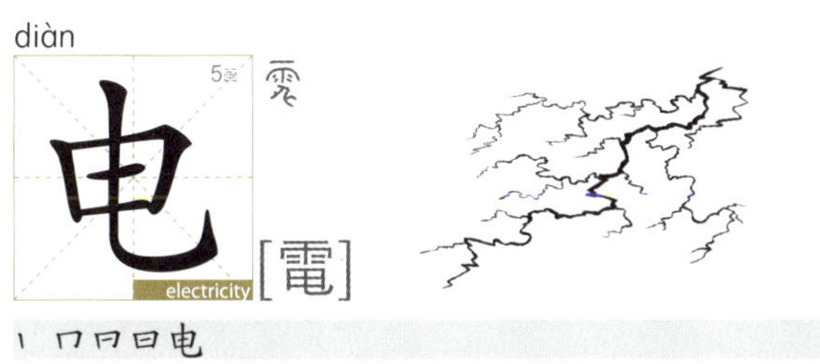

丨 冂 日 日 电

等　级 初等一级

字　源 古字形像雨中闪电之形。

形 近 字 申　由　甩

组　词 电池　电话　电力　电量　电脑　电器　电扇　电视　电视剧　电线　电信　电影　电子 ‖ 充电　发电　家电　雷电　闪电　停电　邮电

字　谜 由下右转弯。

shān

丨 山 山

等　级 初等一级

字　源 古字形像起伏的山形。

类推识字 山部（140页）

组　词 山村　山峰　山谷　山河　山洪　山脉　山坡　山水　山崖　山楂　山寨　山庄 ‖ 冰山　大山　高山　假山　矿山　青山　雪山 ‖ 山东　山西　华山　泰山　中山装 ‖ 山穷水尽　东山再起　开门见山　千山万水　人山人海　调虎离山

字　谜 一岁除夕。/岸上。

shí

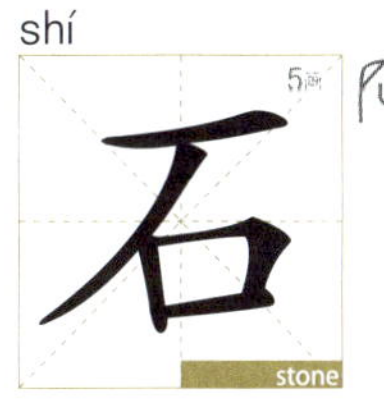

一 丆 不 石 石

等　级 初等三级

字　源 古字形像山崖下的石块。

类推识字 石部（186页）

形 近 字 右　后

组　词 石碑　石匠　石块　石榴　石头　石油　石子 ‖ 宝石　化石　矿石　岩石　玉石　钻石 ‖ 石沉大海　石破天惊　点石成金　水滴石穿　水落石出　铁石心肠　一石二鸟

字　谜 右不出头。

běn

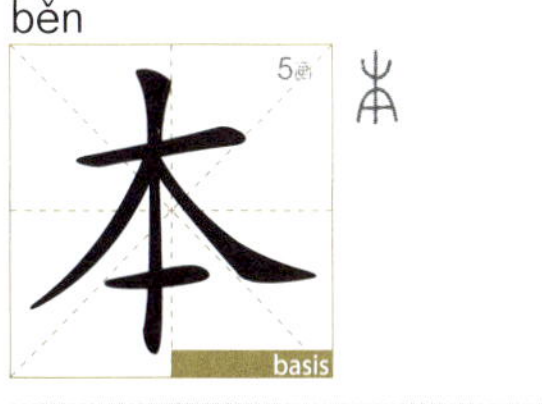

一 十 才 木 本

等　级 初等一级

字　源 “木”的下边加一横，表示这是树根，因此“本”有根本的意思。

类推识字 笨 体
形近字 木
组 词 本次 本届 本科 本来 本能 本人 本身 本事 本土 本性 本月/周 本子 | 版本 笔记本 标本 成本 根本 基本 剧本 书本 忘本 资本 | 日本 | 本末倒置 本性难移 变本加厉 一本正经

mò

一 二 十 才 末

等 级 初等二级
字 源 “木”的上边加一横，表示这是树梢，因此“末”有最后的意思。
类推识字 抹沫袜 茉
形近字 木 未 来
组 词 末代 末路 末年 末期 末日 末梢 末尾 | 芥末 始末 期末 月末 周末 | 生旦净末丑 | 穷途末路 舍本逐末 细枝末节

shēng

丿 𠂉 𠂊 牛 生

等 级 初等一级
字 源 古字形像草木从土地中生出的样子，本义是草木生长，引申为出生、产生、生存、生命等。
类推识字 性姓牲胜 笙 甥 星猩惺腥醒
形近字 牛 主
组 词 生病 生菜 生产 生辰 生成 生词 生动 生父/母 生根 生光 生还 生活 生机 生计 生姜 生理 生命 生怕 生平 生气 生日 生事 生死 生态 生物 生肖 生效 生性 生涯 生意 生硬 生育 生源 生长 生殖 | 诞生 谋生 丧生 卫生 先生 写生 新生 学生 养生 野生 众生 | 生拉硬扯 生老病死 生离死别 生灵涂炭 生死存亡 妙笔生花 惹是生非

其他

piān/piàn

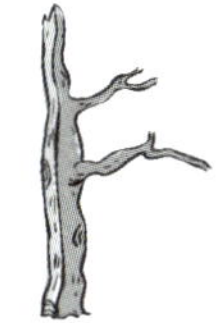

丿 丿' 片 片

等　　级　初等二级

字　　源　古字形像木头剖成两半，本义是分开，引申为薄片等。

类推识字　牌牍

组　　词　piān（拍）片子　唱片儿　相片儿　影片儿 ‖ piàn　片酬　片段　片刻　片面 | 卡片　名片　图片　纸片　制片 | 片甲不留　只言片语

xiǎo

亅 小 小

等　　级　初等一级

字　　源　用三个小点表示形状不大，本义是微小。

类推识字　尖尘　孙

形 近 字　少

组　　词　小班　小辈　小便　小菜　小抄　小炒　小丑　小儿　小贩　小费　小腹　小姑子　小孩　小号　小伙　小姐　小舅子　小康　小考　小两口　小麦　小卖部　小米　小名　小票　小品　小气　小巧　小区　小人　小时　小数　小说　小腿　小写　小心　小型　小学　小学生　小姨　小雨　小资 | 矮小　丑小鸭　大小　胆小　胆小鬼　短小　发小　开小差　渺小　瘦小　缩小　细小　幼小 | 小菜一碟　小题大做　小心翼翼　非同小可　老大不小　没大没小　因小失大

bái

丿 亻 白 白 白

等　　级　初等一级

字　　源　古字形像白米粒，本义是白色。

类推识字　伯拍帕泊怕珀柏舶　啪　魄　碧　迫　百

形 近 字　日　百

组　　词　白白　白班　白菜　白痴　白发　白净　白开水　白领　白旗　白人　白色　白糖　白天　白眼 | 表白　独白　对白　黑白　洁白　开场白　空白　清白　雪白 | 白日做梦　白手起家　白头偕老　不白之冤　苍白无力　一清二白　一穷二白　真相大白

huí

丨 冂 冂 冋 冋 回

等　　级　初等一级

字　　源　古字形像水流回旋的样子，引申为旋转、迂回、返回等。

类推识字　徊

组　　词　回报　回避　回答　回复　回顾　回归　回合　回击　回家　回绝　回扣　回馈　回来　回暖　回去　回升　回首　回头　回味　回想　回信　回忆　回应 | 返回　来回　收回　挽回　迂回 | 回味无穷　回心转意　荡气回肠　起死回生　不堪回首　峰回路转

部件分类教学

第1节 类推识字1

教学建议

- 本节汉字多为会意字，对此类汉字而言，字源以及部件与部件之间的组合关系能够帮助教师很好地说明字义。
- 有些汉字在造字之初就使用了会意法，有些汉字简化的时候使用了会意法。对于后者，除非特别需要，教师不必追溯和解释汉字简化之前的构造和意义。
- 比起教师单向的讲解，启发、引导、提问的方式是更受学生欢迎的，教师应采用各种方法让学生自己发现此类汉字造字的规律，加深对字形的认知。
- 在教学中，究竟要成组处理此类汉字还是遇字就进行讲解和练习，要看具体的教学计划和分配给汉字教学的时间。

COPY PAGE

练习 将下列图片和汉字连线，试着说说汉字的意思。
Match the pictures with the characters, and try to tell the meaning of each character.

把汉字和相应的意义连起来。

Match Chinese characters with corresponding meanings.

- forest

- crowd; many

- double

- destroy

- disaster

ān

等级 初等二级

字源 女人在房中，表示安定、安宁。

类推识字 宀部（156页） 女部（162页） 按 案

组词 安定 安顿 安抚 安检 安静 安乐死 安眠药 安宁 安排 安全 安全带 安慰 安稳 安详 安心 安逸 安置 安装 | 保安 不安 公安 平安 晚安 姓安 早安 治安 | 安徽 安理会 西安 天安门 | 安分守己 安家落户 安居乐业 国泰民安 一路平安 转危为安 坐卧不安

字谜 来日设宴。

bàn

等级 初等一级

字源 从八从牛，牛分成两半，本义是二分之一。

类推识字 伴拌绊胖畔 判叛

形近字 平 来

组词 半价 半空 半路 半票 半数 半天 半夜 半圆 | 两半 上半年 一半 | 半途而废

字谜 有人作伴。

bǎo

等级 初等三级

字源 古字形像人背着孩子的形状，本义是抚养、保育。

类推识字 亻部（107页） 呆

形近字 促

组词 保安 保镖 保持 保存 保管 保护 保健 保洁 保洁员 保龄球 保留 保密 保姆 保暖 保全 保湿 保守 保送 保卫 保温 保鲜 保险 保修 保养 保佑 保育 保障 保证 保重 保准 | 担保 环保 难保 确保 投保 作保 | 保加利亚 | 朝不保夕

字谜 一人发呆。

bǐ

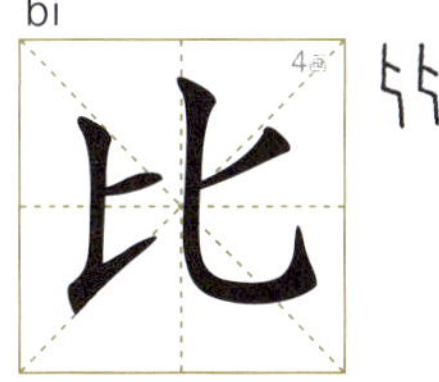

等级 初等一级

字源 古字形像两人并列而行，本义是并列、排列。

类推识字 批纰枇 毕毙毙 琵 庇屁

形近字 北 此

组词 比方 比分 比较 比例 比拼 比如 比赛 比试 比武 比喻 比重 | 对比 反比 类比 排比 评比 同比 无比 相比 正比 | 哥伦比亚 丘比特 | 比肩接踵 比翼双飞

bǐ

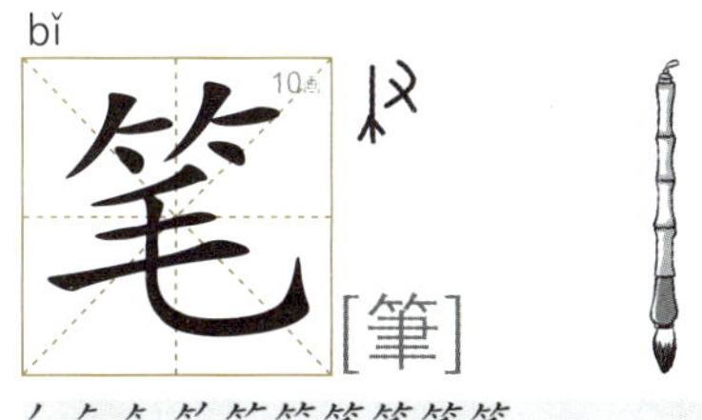

等级 初等二级

字源 古字形像人手握毛笔的形状。简化后的汉字上边是竹了，下边是动物的毛，像毛笔之形。

类推识字 𥫗部（196页）毛 牦耗 毡毯 尾毫

组词 笔画 笔记 笔记本 笔尖 笔墨 笔试 笔者 笔直 | 败笔 代笔 粉笔 钢笔 绝笔 毛笔 铅笔 亲笔 签字笔 水彩笔 一笔钱 圆珠笔

字谜 毛竹虽然矮又细，能画画来能写字。

bìng

等级 初等三级

字源 古字形像两个人并排而立的样子，本义是并列，引申为合并，也多作副词。

类推识字 拼饼姘 瓶 迸屏

形近字 井 亚

组词 并存 并发（症） 并非 并立 并列 并且 并线 并行 并用 并重 | 归并 合并 兼并 吞并 | 并驾齐驱 并行不悖 齐头并进

bù

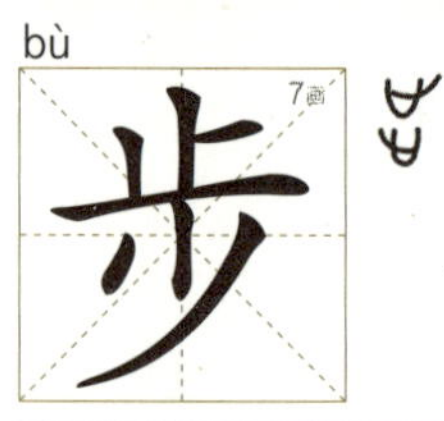

等　级 初等三级

字　源 古字形像两只脚一前一后，本义是行走，引申为两脚之间的距离、追随、步伐等。

类推识字 涉 频

形 近 字 走

组　词 步调 步伐 步枪 步入 步行 步骤 步子 | 初步 地步 进步 进一步 留步 跑步 起步 让步 散步 徒步 退步 正步 逐步 | 固步自封 平步青云 一步登天

字　谜 干涉。

cǎi

等　级 初等三级

字　起 古字形像一只手采摘树上的果实或树叶。

类推识字 彩 睬踩 菜

形 近 字 来 朵

组　词 采访 采风 采购 采光 采集 采矿 采纳 采取 采用 采摘 | 风采 开采 神采 文采 | 兴高采烈 无精打采

cháo/zhāo

等　级 初等三级

字　源 古字形像太阳已经从草丛中升起、月亮还没有落下，本义是早上。

类推识字 月部（180页） 潮 嘲

组　词 cháo 朝代 朝见 朝廷 朝圣 朝向 朝阳 | 唐朝 王朝 | 改朝换代 ▌zhāo 朝气 朝霞 朝夕 朝阳 | 今朝 明朝 | 朝不保夕 朝发夕至 朝令夕改 朝秦暮楚 朝气蓬勃 朝三暮四 朝思暮想

字　谜 十月十日。/退潮。/十字对十字，太阳对月亮。/左看二十日，右看三十天。/十个太阳，十个月亮，一起出来，正是早上。

chóng/zhòng

等　级 初等一级

字　源 古字形像人背着包很吃力。

形 近 字 里 垂

组　词 chóng 重唱 重叠 重逢 重复 重合 重婚 重建 重生 重新 重现 重奏 重组 | 重庆 重阳节 | 卷土重来 心事重重 ▌zhòng 重大 重点 重量 重视 重心 重要 | 保重 比重 沉重 隆重 慎重 体重 严重 郑重 注重 庄重 着重 尊重 | 举重若轻 举足轻重 忍辱负重 任重道远 郑重其事

字　谜 千里。

扩展知识 用“重”字可以做拆字练习，它包含着许多汉字，如“日、千、十、里、田、土、申”等。

chū

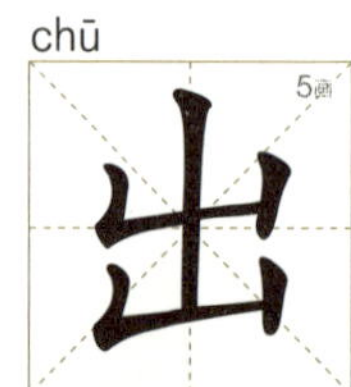

等　级 初等一级

字　源 “出”从止，像人从屋中走出。“齣”用于“一齣（出）戏”，简化时用“出”。

类推识字 拙咄础 茁

组　词 出版 出差 出场 出动 出发 出国 出家 出口 出来 出炉 出路 出卖 出门 出面 出名 出气 出去 出色 出身 出神 出生 出售 出台 出息 出席 出现 出演 出洋相 出租 出租车 | 超出 发出 付出 杰出 日出 提出 突出 推出 退出 演出 支出 指出 | 出类拔萃 出其不意 出生入死 层出不穷 足不出户

字　谜 一山又一山。/一山更比一山高。

chū

初

等　级 初等三级

字　源 从衣从刀，用刀裁衣是制衣的开始，本义是开始。

类推识字 礻部（198页）
形 近 字 切
组　　词 初步 初等 初稿 初级 初恋 初期 初始 初中 初中生 | 当初 年初 起初 月初 最初 | 初试锋芒 悔不当初

chuī

丨 ㄇ 口 口′ 吵 吹 吹

等　　级 初等二级
字　　源 从口从欠，本义是张嘴吹气、打哈欠。
类推识字 口部（133页） 次欢坎饮炊砍软歉 嵌
组　　词 吹风机 吹牛 吹捧 吹嘘 吹奏 | 鼓吹 自吹 | 吹灰之力 吹毛求疵 风吹日晒 自吹自擂

cǐ
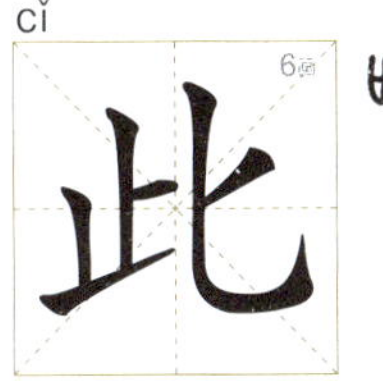
丨 卜 IŁ 止 止′ 此

等　　级 初等三级
字　　源 从止从人，本义指人停下来站立的地方，引申为这、这里、这个，还可以表示较近的时间、地点或较近的程度。
类推识字 止 扯址趾耻 步齿 企 柴紫些 雌
形 近 字 比 北
组　　词 此次 此地 此后 此刻 此前 此时 此外 | 彼此 从此 据此 如此 为此 因此 | 此起彼伏 岂有此理
字　　谜 少一些再少一些。/打柴不见木。

cóng

[從]
丿 人 从 从

等　　级 初等一级
字　　源 一个人跟着一个人，表示跟随。
类推识字 丛 纵枞 丛耸 众
组　　词 从此 从而 从军 从来 从命 从前 从容 从事 从头 从小 从业 从众 | 服从 跟从 盲从 屈从 侍从 顺从 随从 听从 无从 依从 自从 | 从长计议 从容不迫
字　　谜 人人平等。/减去一个，孤单一人，加上一人，成伙成群。

dào

丶 丷 䒑 䒑 产 斉 首 首 首 首道 道道

等　　级 初等一级
字　　源 从辵从首，表示人所经过的路，本义是道路。
类推识字 辶部（157页） 首
组　　词 道别 道德 道贺 道具 道理 道路 道歉 道谢 | 霸道 报道 茶道 赤道 大道 打交道 东道主 地道 公道 轨道 航道 街道 难道 频道 渠道 人道 隧道 铁道 通道 味道 知道 | 道教 道士 | 道听途说 安贫乐道 大逆不道 分道扬镳 胡说八道 任重道远 微不足道 仙风道骨

duō

丿 ク タ 多 多 多

等　　级 初等一级
字　　源 “夕”是古字“肉”的变体，两块肉叠在一起，表示数量多。
类推识字 侈哆移够 爹
组　　词 多次 多亏 多么 多年 多情 多少 多事 多余 多元 多元化 多云 多嘴 | 差不多 顶多 很多 许多 众多 | 多愁善感 多此一举 多多益善 见多识广
字　　谜 一夜又一夜。

fēn/fèn

丿 八 今 分

等　　级 初等一级
字　　源 用刀把东西切成两半。
类推识字 份扮吩纷盼粉 颁 芬 氛 贫岔忿盆
形 近 字 公
组　　词 fēn 分辨 分别 分布 分寸 分工 分公司 分红 分解 分界 分居 分离 分裂 分泌 分明 分配 分歧 分散 分手 分数 分析 分享 分针（十/百/千/万）分之一 分支 分钟 分子 | 百分比 百分点 比分 部分 大部分 得分 划分 区分 十分 万分 | 难舍难分 ‖ fèn 分量

分内 分外（知识/积极）分子 | 成分 充分 处分 过分 水分

字　谜 这份无人领。/着手装扮。

fǒu/pǐ

一ア不不不否否

等　级 初等三级

字　源 从不从口，是否定的意思。

类推识字 口部（133页） 不 坏怀环杯 还

形 近 字 杏

组　词 fǒu 否定 否决 否认 否则 | 可否 能否 是否 | 矢口否认 ▌pǐ 臧否 | 否极泰来

fù

ノイ仁付付

等　级 初等三级

字　源 表示用手拿东西给人，本义是给予。

类推识字 亻部（107页） 寸 讨对村时肘衬射 守导 过

组　词 付出 付款 付清 付账 | 对付 托付 应付 预付 支付 | 付诸东流 付之一炬 付之一笑

字　谜 时到日落人方回。

fù

[負]

ノ勹⺈⺈负负

等　级 初等三级

字　源 从人从贝，“贝”是古代钱币，人守着钱币就不缺乏，所以有依仗的意思，后引申为担当、承担任务/责任、违背等。

类推识字 贝部（176页）

形 近 字 角

组　词 负担 负面 负伤 负数 负心 负责 负责人 负债 负重 负罪 | 抱负 背负 担负 辜负 欺负 胜负 正负 自负 | 负荆请罪 忘恩负义

gōng

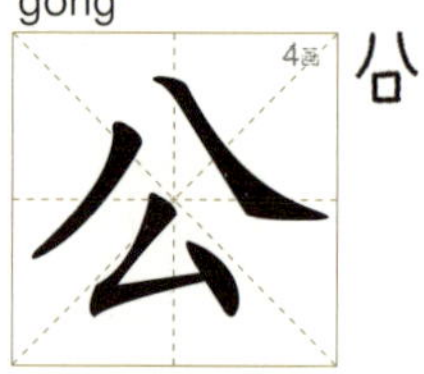

ノ八公公

等　级 初等二级

字　源 “八”有违背的意思，“厶”是“私”的意思，与“私”相违背就是“公”。

类推识字 讼松蚣 颂 瓮 翁嗡

形 近 字 么 会 分

组　词 公安 公安局 公布 公道 公告 公共 公共汽车 公关 公交(车) 公斤 公开 公款 公里 公路 公民 公婆 公平 公然 公认 公式 公司 公务 公寓 公元 公园 公众 公正 公证 公主 | 办公 办公室 老公 外公 | 公而忘私 公私分明 大公无私 假公济私 开诚布公

字　谜 分头下去。

hǎo/hào

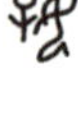

ㄑ女女好好好

等　级 初等一级

字　源 造字说法不一。一说是妈妈和孩子在一起，一说是女人有了孩子是好事。

类推识字 女部（162页） 子部（162页）

组　词 hǎo 好吃 好处 好多 好感 好喝 好话 好久 好评 好人 好事 好受 好听 好玩 好像 好运 好转 | 不好 不好意思 良好 幸好 友好 正好 只好 最好 做好 | 花好月圆 恰到好处 ▌hào 好客 好奇 好胜 | 爱好 嗜好 喜好 | 好为人师 叶公好龙

字　谜 男女平等。/有儿有女。

hé

[閤]

ノ人亼亼合合

等　级 初等二级

字　源 古字形像器盖合拢的样子，本义是相合、关闭。

类推识字 拾哈洽恰给蛤 盒拿 答 鸽 塔搭瘩

形 近 字 全

组　　词 合抱 合并 合成 合法 合格 合乎 合伙 合金 合理 合力 合身 合适 合算 合同 合影 合资 合作 ‖ 场合 凑合 符合 混合 集合 结合 联合 磨合 配合 巧合 融合 适合 综合 组合 ‖ 合肥 联合国 ‖ 天作之合

字　　谜 拿不出手。/人要同心。/去一人还有一口，去一口还有一人。

huà

丿 亻 亻 化

等　　级 初等三级

字　　源 古字形像一正一反两个人形，表示颠倒变化，本义是变化。

类推识字 亻部（107页） 靴 花 货 华哗桦

组　　词 化肥 化解 化石 化学 化验 化妆 ‖ 变化 淡化 多元化 恶化 二氧化碳 火化 简化 进化 老化 绿化 美化 融化 文化 消化 现代化 造化 ‖ 出神入化 千变万化 潜移默化

字　　谜 花草凋零。/华北。

jí

丿 乃 及

等　　级 初等三级

字　　源 从又从人，古字形像一只手即将抓到一个人，表示赶上、追上、到的意思。

类推识字 圾吸汲级极

形 近 字 乃

组　　词 及格 及其 及时 及早 ‖ 波及 等不及 顾及 来得/不及 普及 涉及 殃及 以及 ‖ 力所能及 迫不及待 望尘莫及

字　　谜 有口就吸。

jí

丿 亻 亻 亻 亻 亻 什 隹 隹 隹 隼 集 集

等　　级 初等三级

字　　源 从隹从木，本义是鸟在树上栖息，引申为聚集等。

类推识字 隹 准谁难堆推唯帷淮惟维椎雄雅锥稚雏 售雇 崔催摧 雁 木部（169页）

组　　词 集成 集合 集会 集市 集体 集团 集邮 集中 ‖ 采集 赶集 汇集 密集 诗集 收集 文集 云集 ‖ 集思广益

jì

丶 讠 讠 计

等　　级 初等二级

字　　源 从言从十，口中出声数数，本义是计算。

类推识字 讠部（116页） 什汁针

组　　词 计程车 计划 计较 计谋 计算 计算机 ‖ 共计 估计 诡计 伙计 会kuài计 累计 设计 算计 体温计 统计 预计 ‖ 从长计议 千方百计

字　　谜 说了十句话。

jì/xì

一 ㄥ 幺 幺 玄 系 系

等　　级 初等一级

字　　源 古字形像手拿着成束的丝线，本义是接续，引申为继承、继续。

类推识字 糸部（164页）

组　　词 jì 系领带 系鞋带 ‖ xì 系列 系统 ‖ 关系 联系 没关系 体系

字　　谜 上白下紫。

jiā

丶 丶 宀 宀 宁 穿 穷 家 家 家

等　　级 初等一级

字　　源 房子里有“豕”（猪），表示定居，引申为家庭、人家等。

类推识字 宀部（156页） 嫁稼

组　　词 家常 家电 家伙 家教 家境 家具 家里 家禽 家人 家属 家庭 家务 家乡 家长 家族 | 厂家 出家 大家 东家 独家 国家 行家 回家 科学家 老家 人家 艺术家 专家 作家 | 道家 法家 墨家 儒家 阴阳家 | 家常便饭 家喻户晓 百家争鸣 一家之言

字　　谜 女儿出嫁。

jiān/jiàn

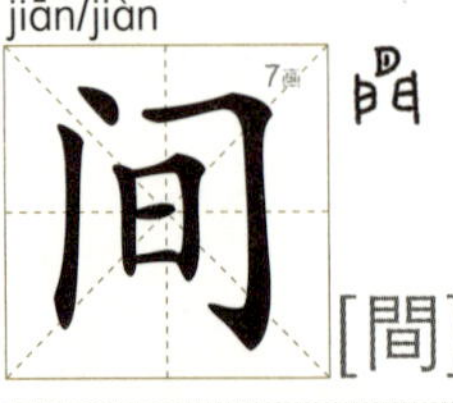

[間]

丶 丨 门 门 问 间 间

等　　级 初等一级

字　　源 古字形从门从月，晚上门关着，从门缝中能看到月光，本义是门缝，引申为中间、间隙。

类推识字 门部（147页） 日部（173页）

形 近 字 问

组　　词 jiān 间距 | 房间 空间 民间 期间 人间 时间 卫生间 洗手间 之间 中间 ▌ jiàn 间谍 间断 间隔 间接 间隙 间歇 | 亲密无间 挑拨离间

字　　谜 开门日正中。/削竹简。

jiàn

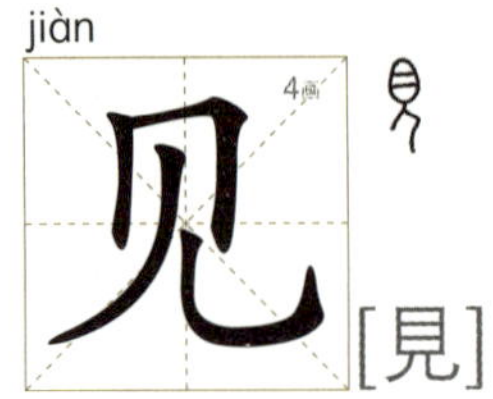

[見]

丨 冂 贝 见

等　　级 初等一级

字　　源 古字形中"目"是眼睛，"儿"是人，表示人眼所见。

类推识字 观现砚视舰 觉

形 近 字 贝

组　　词 见报 见到 见地 见解 见谅 见面 见识 见闻 见证 | 不见 罕见 看见 可见 碰见 偏见 意见 再见 | 见多识广 见利忘义 见异思迁 见义勇为 各抒己见 喜闻乐见 相形见绌

字　　谜 此砚不是石头料。

jiàn

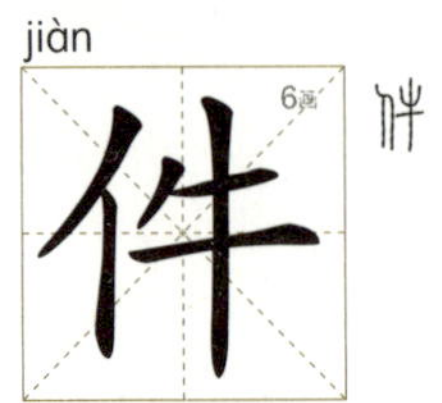

丿 亻 亻 仁 仁 件

等　　级 初等二级

字　　源 表示分割牛，每人一份。

类推识字 亻部（107页） 牛部（177页）

组　　词 案件 附件 稿件 零件 软件 事件 条件 文件 硬件 （电子）邮件 证件

字　　谜 一人一头牛。/一边四条腿，一边两条腿，两条腿的会说话，四条腿的会耕田。

jiě/xiè

丿 ⺈ ⺈ 角 角 角 角 角' 角' 角' 解 解 解

等　　级 初等三级

字　　源 古字形像用刀切割牛角，后泛指剖开、分解。

类推识字 角 触 嘴 蟹

组　　词 jiě 解除 解答 解放 解雇 解决 解渴 解密 解剖 解散 解释 解说 解体 解脱 解析 | 辩解 分解 和解 缓解 见解 理解 谅解 了解 溶解 调解 瓦解 误解 | 迎刃而解 ▌ xiè 浑身解数

jù

丨 冂 冂 月 目 且 具 具

等　　级 初等三级

字　　源 双手举鼎，因此有搬弄、备办、器具的意思。

类推识字 俱惧 飓

形 近 字 真

组　　词 具备 具体 具有 | 餐具 刀具 道具 工具 家具 玩具 文具

字　　谜 与人俱来。/飓风已过。

kǎ/qiǎ

卡

丨 卜 上 卡 卡

等　　级 初等二级

字　　源 不上不下，卡在中间。

组　　词 kǎ 卡车 卡片 卡通 | 磁卡 贺卡 刷卡 信用卡

银行卡 ‖ 卡拉OK 卡路里 ■ qiǎ 卡壳 卡子 ‖ 发卡 关卡 哨卡

字　　谜 上在上边，下在下边。/上下一条心。

kāi

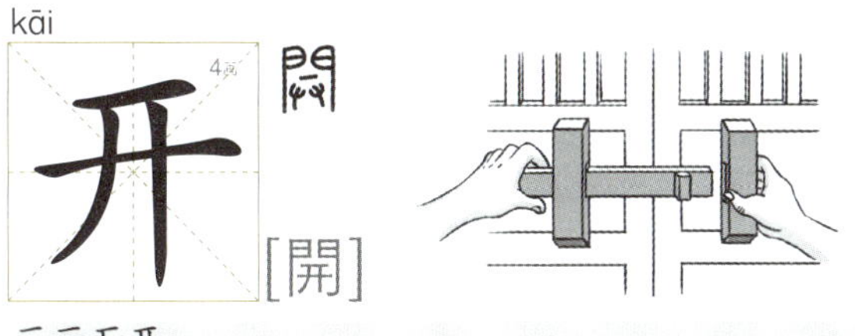

等　　级 初等一级

字　　源 古字形像双手打开门栓的形状，简化字去掉“门”字，但是“手”和“门栓”还保留着。

类推识字 形 研 刑型 荆

形 近 字 井 升 卉

组　　词 开采 开车 开除 开刀 开导 开动 开端 开发 开发商 开放 开关 开花 开会 开朗 开门 开明 开幕 开幕式 开辟 开枪 开始 开水 开头 开拓 开玩笑 开心 开学 开业 开展 开支 ‖ 避开 敞开 打开 躲开 分开 公开 揭开 离开 闪开 盛开 想开 展开 召开 走开 ‖ 开门见山 别开生面 继往开来 异想天开

字　　谜 并无两点。

kān/kàn

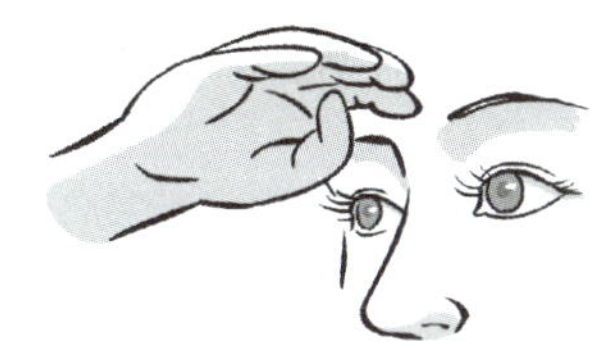

等　　级 初等一级

字　　源 手搭在眼睛上向远方看。

类推识字 目部（187页）

形 近 字 着 盾

组　　词 kān 看管 看护 看家 看家狗 看门 看守 看守所 ■ kàn 看病 看不起 看待 看到 看法 看好 看见看来 看轻 看上 看书 看望 看中 ‖ 高看 观看 好/难看（从……）来看 照看

字　　谜 以手遮目。/手高眼低。

lì

等　　级 初等二级

字　　源 “禾”是庄稼，“刂”是“刀”的变体，可以割庄稼的刀是锋利的。

类推识字 禾部（190页） 刂部（112页）

形 近 字 刊

组　　词 利弊 利害 利率 利润 利息 利益 利用 ‖ 便利 锋利 福利 流利 权利 胜利 水利 顺利 盈利 有利（于） 专利 ‖ 比利时 意大利 ‖ 急功近利 见利忘义

字　　谜 拿刀收禾苗。

měi

等　　级 初等三级

字　　源 头上佩戴羽毛、兽角等装饰物，本义是美丽。

类推识字 大 驮 达 尖 庆 奋夺夸奔 美

形 近 字 关 养 羊

组　　词 美称 美观 美好 美丽 美满 美妙 美容 美术 ‖ 媲美 凄美 审美 完美 选美 优美 赞美 ‖ 美元 美洲 ‖ 美轮美奂 物美价廉

字　　谜 八大王集合。/羊头扯到狗头上，除却一点好像样。

míng

等　　级 初等一级

字　　源 “夕”是晚上，“口”是嘴，夜晚见面看不清，要互相报上姓名。

类推识字 夕部（144页） 口部（133页）

形 近 字 各

组　　词 名称 名词 名次 名单 名额 名牌 名片 名声 名医 名义 名誉 名著 名字 ‖ 报名 大名 命名 排名 小名 有名 知名 著名 ‖ 名副其实 名胜古迹 举世闻名 莫名其妙 实至名归

字　　谜 一口咬住多半截。/一字人人有，黄昏才开口。/多一半要一口。

míng

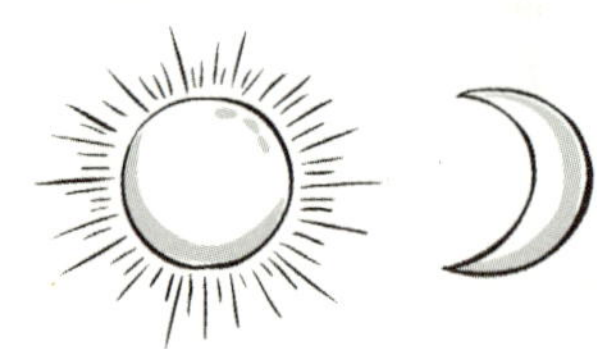

丨 冂 月 日 明 明明明

等级 初等一级

字源 “日”和“月”给人带来光明。

类推识字 日部（173页） 月部（180页）

形近字 朋

组词 明白 明亮 明明 明年 明确 明天 明显 明信片 明星 明智丨表明 聪明 发明 分明 高明 光明 开明 声明 说明 透明 文明 鲜明 英明 证明丨明目张胆 自知之明

字谜 太阳西边下，月儿东边挂。/一月一日非今天。/一个白天跑，一个夜里行，两个碰了面，才能看得清。/一阴一阳，一短一长，一昼一夜，合为一双。

ná

丿 人 𠆢 合 合 合 合 拿 拿 拿

等级 初等一级

字源 拿东西的动作是把“手”“合”起来。

类推识字 合 拾哈洽恰给蛤 盒 答 鸽 塔搭瘩 手部（127页）

组词 拿来 拿捏 拿手 拿下 拿主意丨缉拿 擒拿 桑拿 推拿丨十拿九稳

字谜 一人一张口，口下长只手。/鼓掌。

nán

丨 冂 日 田 田 男 男

等级 初等一级

字源 用“力”耕种“田”地，因从事农业劳作的多为男子，所以表示男子。

类推识字 田部（188页） 力部（122页）

组词 男孩 男人 男生 男声 男士 男性 男友 男子 男子汉丨肌肉男 少男 型男

字谜 上边留一半，下边加一半。/半富半穷。

nián

丿 𠂉 𠂉 乍 乍 年

等级 初等一级

字源 本义是谷物成熟丰收。会意兼形声。甲骨文从人从禾，人亦声。

组词 年初 年代 年底 年度 年份 年糕 年关 年号 年华 年画 年货 年级 年老 年龄 年末 年轻 年少 年岁 年头 年尾 年终丨拜年 常年 成年 当年 丰年 过年 后年 荒年 今年 来年 老年 每年 明年 暮年 青年 少年 童年 晚年 新年 幼年 早年 中年 壮年丨贺年卡 更年期丨年复一年 年富力强 年近古稀 年久失修 年老体弱 年轻力壮 年少无知 百年大业 百年好合 成年累月 猴年马月 忘年之交 一年半载 一年四季 少年老成 豆蔻年华 度日如年 虚度年华 而立之年 似水流年 遗臭万年 有生之年

字谜 好像是午后一点。

nín

丿 亻 亻 仵 竹 价 你 你 您 您 您

等级 初等一级

字源 “你”加“心”表示敬称。

类推识字 心部（152页） 你

组词 您好

字谜 一心跟你学。/心上只有你。/你是有心人。/你多心了。

nòng

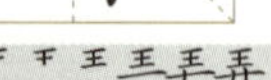

等级 初等二级

字源 双手拿着玉把玩，引申为游戏、做事情等。

类推识字 王部（167页）

形近字 卉

组词 弄潮儿 弄权丨嘲弄 糊弄 玩弄 戏弄 捉弄丨弄假成真 弄巧成拙 弄虚作假

pǐn

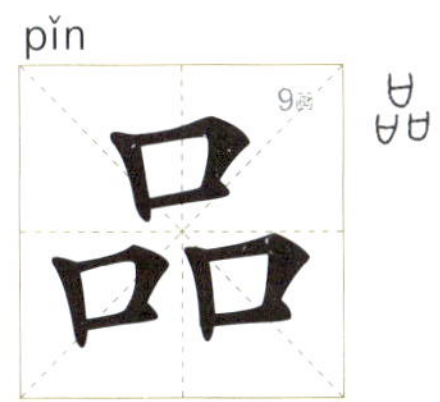

丨 ㄇ 口 ㄇ 吕 吕 吕 品 品

等　级 初等三级

字　源 “口”表示盛东西的器皿，三个口表示器皿种类很多。

形近字 晶

组　词 品尝 品德 品格 品牌 品位 品味 品行 品质 品种 | 产品 次品 毒品 工艺品 极品 日用品 商品 食品 样品 作品 | 品头论足

字　谜 一家有三口，地位不平等，两口脚下站，一口在山顶。/吕添了一口。

qǔ

一 丅 丌 F 冃 耳 取 取

等　级 初等二级

字　源 用右手取俘虏的左耳，以记录战功，后泛指获取。

类推识字 耳部（193页） 又部（124页） 趣 最

组　词 取代 取得 取缔 取决 取舍 取胜 取向 取消 取笑 | 采取 获取 可取 录取 窃取 摄取 吸取 选取 争取 | 无理取闹

字　谜 联欢之前。

qù

一 十 土 去 去

等　级 初等一级

字　源 古字形上面是行走的人形，下面的“口”象征家门口，表示离开。

类推识字 法 劫 却脚

形近字 丢

组　词 去除 去处 去路 去年 去声 去世 | 不去 出去 过去 来去 上去 失去 下去 | 来龙去脉 来去匆匆 死去活来

字　谜 添上一撇全没（丢）。

rú

ㄑ 女 女 如 如 如

等　级 初等二级

字　源 古代女子要服从出自丈夫之“口”的话。

类推识字 女部（162页） 口部（133页） 絮

组　词 如此 如果 如何 如今 | 比如 不如 假如 例如 譬如 犹如 | 如胶似漆 称心如意 一如既往

字　谜 女人的嘴巴。

shè

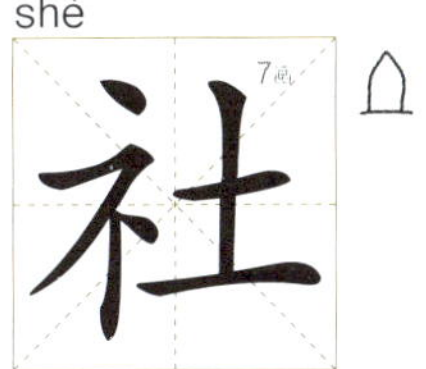

丶 ㇇ 礻 礻 礻 社 社

等　级 初等三级

部　首 礻

字　源 甲骨文作土，象原始的祭社形，本义:土地神。象形兼会意。从示从土。社土同字。

类推识字 土 吐肚杜灶 礻旁字（185页）

组　词 社会 社稷 社论 社区 | 报社 茶社 公社 诗社 旅社 | 出版社

字　谜 视而不见，埋没里边。/幸福在前。

shì

丨 ㄇ 日 日 旦 早 早 昰 是

等　级 初等一级

字　源 从日从止（脚），以日为正，本义是正、直，引申为正确、对。

类推识字 日部（173页） 提堤 题匙

形近字 足

组　词 是非 是否 | 但是 而是 凡是 更是 还是 就是 可是 要是 于是 正是 只是 总是 | 实事求是 明辨是非

字　谜 有手就提。

shòu

等　级 初等二级

字　源 古字形像两只手传递东西的样子。

类推识字 又部（124页） 授

形近字 爱

组　词 受得/不了 受到 受害 受苦 受累 受气 受伤 受益 受灾 | 承受 感受 接受 难受 忍受 享受 遭受

字　谜 似爱不是爱，有又不是友。

shù

等　级 初等三级

字　源 古字形像用绳子捆绑树木的形状，本义是捆绑、束缚。

类推识字 敕整 辣 敕嗽漱 嫩 赖懒 喇 速

形近字 柬

组　词 束缚 | 花束 结束 拘束 约束 装束 | 束手就擒 束手无策

字　谜 一人在中间。/一木口中栽，非困也非呆，你若猜作杏，还没猜出来。

shuāng

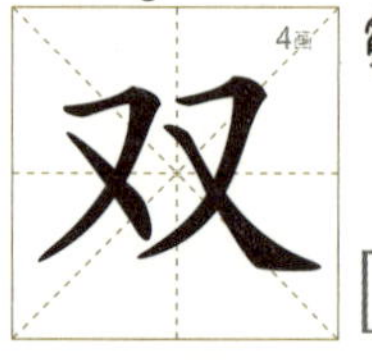

[雙]

等　级 初等三级

字　源 古字形像一只手抓住两只鸟，意思是成双成对。今字为简化字形，“又”是右手，两只手在一起就是一“双”手，泛指成双的东西。

类推识字 又部（124页）

组　词 双胞胎 双边 双重chóng 双层 双方 双簧 双赢 双语 | 成双 无双 | 成双成对 举世无双

字　谜 又一对。/又在左边，又在右边，只要成对，绝不单干。

shuì

等　级 初等一级

字　源 眼睑下垂，表示要睡觉。

类推识字 目部（187页） 垂 陲捶唾棰锤

形近字 唾

组　词 睡觉 睡梦 睡眠 睡衣 | 瞌睡 贪睡 午睡

tǐ

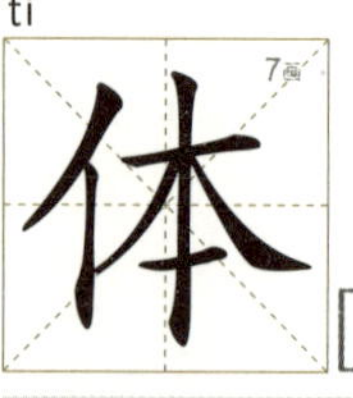

[體]

等　级 初等一级

字　源 今字为简化字形，身体是人（亻）之“本”。

类推识字 亻部（107页） 本 笨

形近字 休

组　词 体操 体罚 体会 体积 体力 体谅 体面 体魄 体贴 体温 体系 体现 体验 体育 体质 体制 体重zhòng | 大体 繁体字 个体 固体 集体 解体 具体 立体 媒体 身体 尸体 团体 物体 液体 整体 总体

字　谜 一去休矣。/一休。

tián

等　级 初等三级

字　源 从舌从甘，本义是味道甘美。

类推识字 甘 柑钳酣

组　词 甜点 甜瓜 甜美 甜蜜 甜食 甜头 | 甘甜 酸甜 香甜 嘴甜 | 甜言蜜语

wàng

等　级　初等一级

字　源　“亡”是死亡、消失，往事在“心”中消失，就是遗忘。

类推识字　亡 忙虻 氓 妄盲 芒茫 望 心部（152页）

组　词　忘掉 忘记 忘情 忘我 忘形 | 备忘录 健忘 难忘 遗忘

wàng 

等　级　初等三级

部　首　月

字　源　本义是站在土堆上举目向远处看，远望。会意。甲骨文从臣（象眼睛），从壬（象一个人站在土堆上）。

类推识字　亡 忙虻 氓 忘妄盲 芒茫 望

组　词　望月 望远镜 | 巴望 拜望 观望 厚望 绝望 看望 渴望 名望 声望 失望 盼望 期望 守望 探望 希望 仰望 欲望 愿望 展望 张望 指望 | 望尘莫及 望穿秋水 望而却步 望而生畏 望风而逃 望文生义 望眼欲穿 望洋兴叹 望子成龙 守望相助 一望无际 众望所归 德高望重 喜出望外 不负众望 大失所望 东张西望

wǔ 

等　级　初等三级

字　源　从止（脚）从戈（武器），本义是拿着武器征战。

组　词　武打 武断 武功 武将 武力 武林 武器 武术 武侠 武装 | 动武 威武 习武 | 武汉 | 穷兵黩武 耀武扬威

xiān

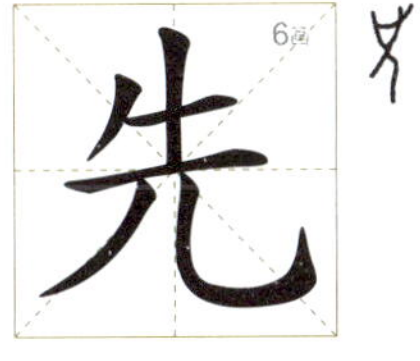

等　级　初等一级

字　源　上“止”下“儿”（人），“止”在“人”前，表示先行的意思。

类推识字　洗 宪 选

组　词　先后 先进 先前 先人 先生 先行 先祖 | 领先 事先 首先 率先 优先 预先 原先 祖先 | 争先恐后

字　谜　干洗。

xiāng/xiàng

等　级　初等二级

部　首　木

字　源　本义是察看，仔细看。会意。从目，从木。

类推识字　湘 想 箱霜 厢 木旁字（169页） 目旁字（187页）

组　词　xiāng 相爱 相伴 相比 相处 相当 相对 相反 相仿 相逢 相符 相关 相互 相会 相见 相近 相聚 相距 相连 相配 相认 相识 相似 相思 想通 相同 相像 相信 相应 相遇 相知 | 互相 | 相对论 | 相安无事 相差无几 相持不下 相见恨晚 相敬如宾 相得益彰 相辅相成 相亲相爱 相濡以沫 相提并论 相形见绌 不相上下 大相径庭 交相辉映 自相残杀 自相矛盾 拔刀相助 奔走相告 代代相传 唇齿相依 臭味相投 唇齿相依 短兵相接 肝胆相照 骨肉相连 旗鼓相当 刮目相看 和睦相处 鸡犬相闻 教学相长 面面相觑 萍水相逢 旗鼓相当 气味相投 守望相助 实不相瞒 似曾相识 素不相识 同病相怜 息息相关 狭路相逢 心心相印 形影相随 意气相投 鹬蚌相争 朝夕相处 针锋相对 | xiàng 相貌 相片儿 | 本相 变相 吃相 亮相 洋相 照相 真相 | 照相机 | 相机行事

字　谜　没有用心想。/到桥头，泪水流。

xiě/xuè

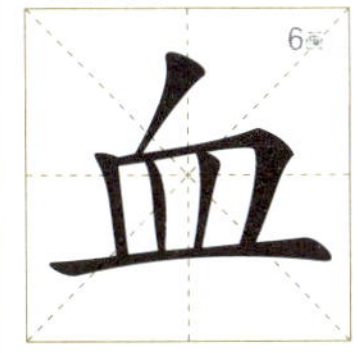

等　级　初等三级

字　源　从皿，像器皿中有血滴的样子。本义是祭祀用的牲畜的血，引申为血液等。

类推识字　恤

形 近 字 皿

组　　词 xiě [口语，多单用] 血淋淋 ‖ 流了一点儿血 ‖ xuè 血本 血泊 血仇 血管 血汗 血泪 血脉 血统 血腥 血型 血压 血液 血缘 ‖ 充血 出血 热血 失血 鲜血 心血 ‖ 血本无归 狗血喷头

xìn

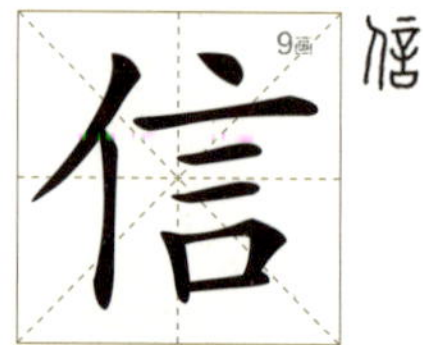

丿 亻 亻 仁 仨 信 信 信 信

等　　级 初等二级

字　　源 人说出的话应该真实、诚实，引申为信任、相信等。

类推识字 亻部（107页） 言部（116页）

组　　词 信封 信奉 信服 信号 信件 信赖 信念 信任 信使 信条 信徒 信息 信箱 信心 信仰 信用 信用卡 信誉 ‖ 诚信 电信 短信 回信 可信 来信 迷信 明信片 亲信 轻信 确信 守信 书信 通信 威信 相信 写信 自信 ‖ 信口开河 信誓旦旦 信以为真

xiū

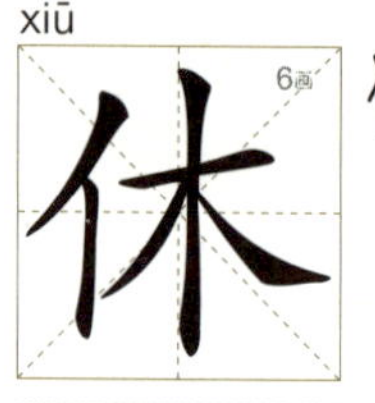

丿 亻 仁 什 付 休

等　　级 初等一级

字　　源 人（亻）靠在树（木）上休息。

类推识字 亻部（107页） 木部（169页）

形 近 字 体

组　　词 休假 休克 休眠 休息 休闲 休想 休学 休养 休战 ‖ 倒dǎo休 退休 午休 ‖ 争论不休

字　　谜 十八人。

xū

丿 彡 彡 纟 纡 纩 须 须 须

等　　级 初等二级

字　　源 古字形像人脸上长胡须的样子，本义是胡须，假借为必须、应当。另造“鬚”字表胡须义，简化后都用“须”。

类推识字 页部（194页） 杉衫形 彩影

组　　词 须眉 须知 ‖ 必须 胡须

yáng

阝 阝 阝 阳 阳 阳

等　　级 初等二级

字　　源 本义是山的南面、水的北面，即有阳光照射的一面。

类推识字 阝部（121页） 日部（173页）

形 近 字 阴

组　　词 阳光 阳历 阳面 阳伞 阳台 ‖ 朝cháo/zhāo阳 太阳 太阳镜 太阳伞 夕阳 向阳 阴阳 ‖ 重阳节

字　　谜 日挂耳。/半阴半晴。/稀奇又古怪，日字长出耳朵来。

yǎng

丶 丷 䒑 䒑 兰 差 美 养 养

等　　级 初等二级

字　　源 本义是饲养。会意。从食从羊。

类推识字 羊 洋佯详徉样祥群鲜 翔 姜 氧痒 漾

组　　词 养病 养成 养分 养老 养育 养子 ‖ 养父母 ‖ 保养 抱养 供养 寄养 教养 抚养 培养 认养 赡养 收养 饲养 素养 喂养 休养 修养 营养 滋养 ‖ 养虎为患 养家糊口 养精蓄锐 养老送终 休养生息

字　　谜 一只羊羔没有尾，仔细看看四条腿。

yīn

阝 阝 阝 阴 阴 阴

等　　级 初等二级

字　　源 本义指山的北面、水的南面，即背着太阳的一面。

类推识字 阝部（121页） 月部（180页）

形近字 阳 朋 明

组　词 阴暗 阴沉 阴历 阴凉 阴面 阴谋 阴天 阴险 阴阳 阴影 阴云 | 光阴 树阴 | 阴差阳错 阴阳怪气 光阴似箭

yǒu

一ナ方友

等　级 初等一级

字　源 "ナ"和"又"都是手，两只手握在一起，表示友好。

类推识字 左右有灰 又部（124页）

形近字 发 麦

组　词 友爱 友邦 友好 友情 友善 友谊 | 笔友 好友 交友 男/女友 朋友 亲友 网友 校友 | 狐朋狗友 良师益友

字　谜 一横又一撇，都是好亲朋。/有头没尾。

yǒu

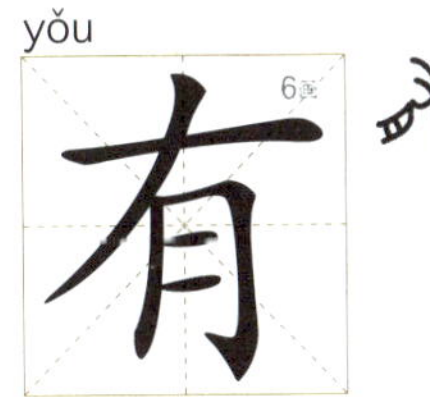

一ナ才有有有

等　级 初等一级

字　源 "ナ"是一只手，"月"古字同"肉"，一只手拿着一块肉，表示拥有。

类推识字 左右友灰 又部（124页）

组　词 有碍 有偿 有待 有的 有的是 有底 有点儿 有方 有感 有关 有机 有劲 有救 有力 有利（于） 有名 有谱儿 有趣 有人 有时 有数 有损 有戏 有限 有效 有些 有心 有心人 有望 有氧（运动）有益 有意 有意思 有缘 有种 有罪 | 持有 富有 共有 固有 还有 含有 具有 没有 所有 拥有 占有 只有 | 有板有眼 有备无患 有鼻子有眼儿 有的放矢 有过之而无不及 有口皆碑 有口无心 有两下子 有名无实 有目共睹 有生之年 有声有色 有识之士 有始有终 有恃无恐 有条不紊 有头有脸 有言在先 有眼不识泰山 有眼无珠 有朝一日 别有洞天 别有用心 绰绰有余 各有所长 津津有味 井井有条 据为己有 绝无仅有 可有可无 念念有词 岂有此理 前所未有 情有独钟 情有可原 煞有介事 善有善报，恶有恶报 事业有成 一无所有

字　谜 月在半天挂。

zhān/zhàn

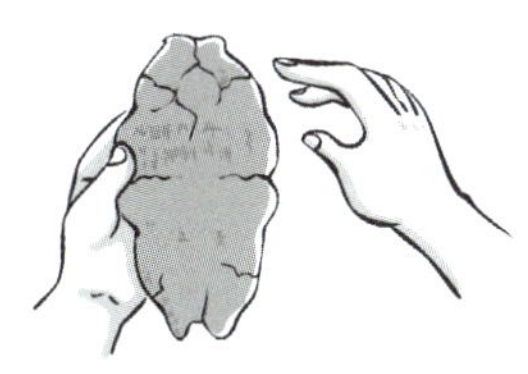

丨卜卜占占

等　级 初等二级

字　源 从卜从口，"卜"是龟甲上的裂纹，"口"是询问或解说，古人用龟甲上的裂纹推知事情的吉凶，为占卜之意。

类推识字 帖沾玷贴钻站粘黏 店掂惦 战 点 毡

形近字 古

组　词 zhān 占卜 | zhàn 占据 占领 占线 占用 占有 占座 | 霸占 独占 攻占 抢占 | 独占鳌头

字　谜 点缺点。/加上四点成了一点。

zhēng

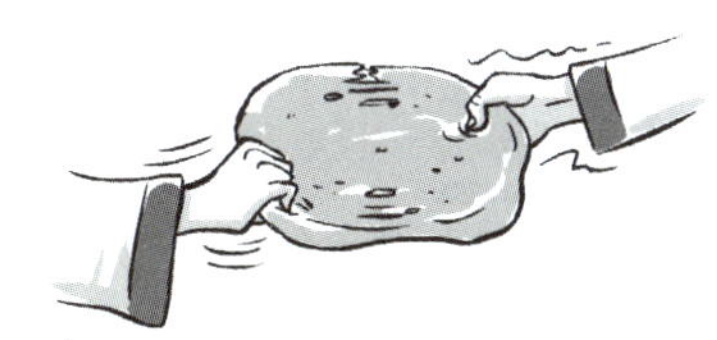

ノ ク 亇 刍 刍 争

等　级 初等二级

字　源 古字形像两手共抢一物的形状，有抢夺、争取、争斗、竞争的意思。

类推识字 净挣峥狰琤睁铮静 筝

组　词 争端 争夺 争论 争取 争气 争议 | 斗争 力争 竞争 战争 | 争强好胜 争先恐后 只争朝夕

字　谜 有眼就睁。/有手就挣。

zhì

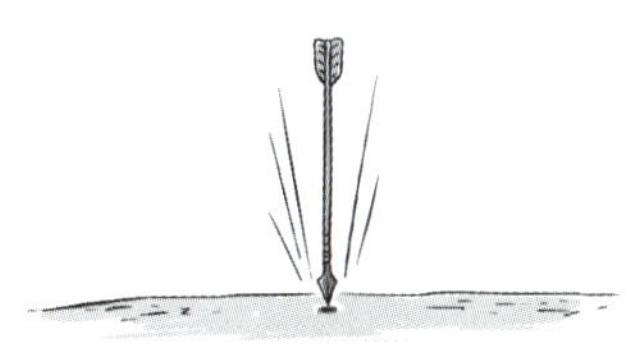

一 エ エ 즈 至 至

等　级 初等三级

字　源 古字形像"矢"射落地面之形，本义是到、到达。

类推识字 致 到倒 侄 室窒 屋握

组　词 至爱 至今 至少 至于 | 截至 甚至 以至 | 从头至尾 如获至宝 无微不至 自始至终

字　谜 上头去下头，下头去上头。/上面减去十，下面加十一。/片刻即到。

zhòng

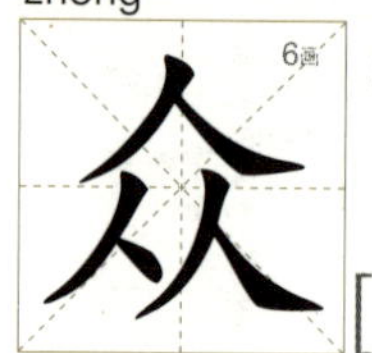

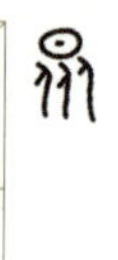

[衆]

丿 人 个 仌 仒 众

等　级 初等三级

字　源 三个人，表示人多。古字形像许多人在太阳底下劳动。

类推识字 从 纵枞 丛耸

组　词 众多 众人 众生 | 大众 公众 观众 民众 群众 听众 | 众口难调 众所周知 不负众望 哗众取宠 万众一心 兴师动众 与众不同

字　谜 一人比二人高。/一字六笔无横无竖，同心同德力大无穷。

zì

丶 丶 宀 宀 字 字

等　级 初等一级

字　源 表示在房屋内生孩子，本义是生育。

类推识字 宀部（156页） 子部（162页）

形 近 字 学 宇

组　词 字典 字符 字画 字迹 字谜 字面 字母 字幕 字体 字帖 | 八字胡 八字脚 赤字 打字 丁字路口 繁体字 汉字 简化字 名字 签字 十字架 十字路口 数字 写字 | 金字塔 | 字里行间 咬文嚼字

zǒu

一 十 土 丰 丰 走 走

等　级 初等一级

字　源 本义是奔跑，古字形上边像人挥动臂膀迈开大步的形象，下面加“止”突出跑的意味。

类推识字 走部（199页） 陡徒 赵赴赶起趁越超趟趋趣

形 近 字 步

组　词 走动 走火 走廊 走漏 走私 走势 走运 | 奔走 拐走 溜走 慢走 送走 逃走 行走 | 走马观花 走投无路 飞禽走兽 铤而走险 一走了之

字　谜 徒弟走了两人。

zuò

丿 人 从 从 丛 坐 坐

等　级 初等一级

字　源 古字形像两人坐在土堆上。

类推识字 挫 座

组　词 坐标 坐落 坐下 | 乘坐 打坐 就坐 请坐 | 坐吃山空 坐井观天 坐享其成 坐以待毙

字　谜 两人在土地上。

第2节 类推识字2

汉字中有些部件表示一定的意义，由该部件组成的字常常跟某类事物有关，如含有“亻”的汉字通常与人或人的活动有关。教师了解和熟悉这些部件的相关知识可以帮助学生记忆字形、理解字义。尤其是在汉字学习的初期，教师要逐渐培养学生对汉字部件的意识，并尽可能地让学生了解有些部件表示意义，有些部件则表示声音。

本节列出了一些常见的义符（其中有一些部件既能表示声音、又能表示意义），并把大部分常用字和一部分次常用字按照义符进行了整理和归纳。由于汉字的演变，很多汉字的字形、字义都发生了变化，尽管包含某一义符，但是字义已经和该义符没有关系了。对于这种情况，我们在书中尽量给予说明。

教学步骤示例

直接教学法 ↓ 女字旁

1. 学生学习了“妈、姐、妹、奶”等字以后，教师可以把这些汉字同时展示出来，引导学生将汉字分解成部件并找出规律。
2. 教师可以先给出示范，如“妈=女+马”，随后请学生完成其他汉字的拆分，如：
   姐=（　）+（　）　　妹=（　）+（　）　　奶=（　）+（　）
3. 和学生一起找出规律：这些字都有“女”，都指女性亲属。
4. 总结：女字旁的字多和女人有关。随后可以根据情况扩展一些汉字，如“姑、姥”等。
5. 练习：描出下列汉字的女字旁，并按照结构给下列汉字归类。

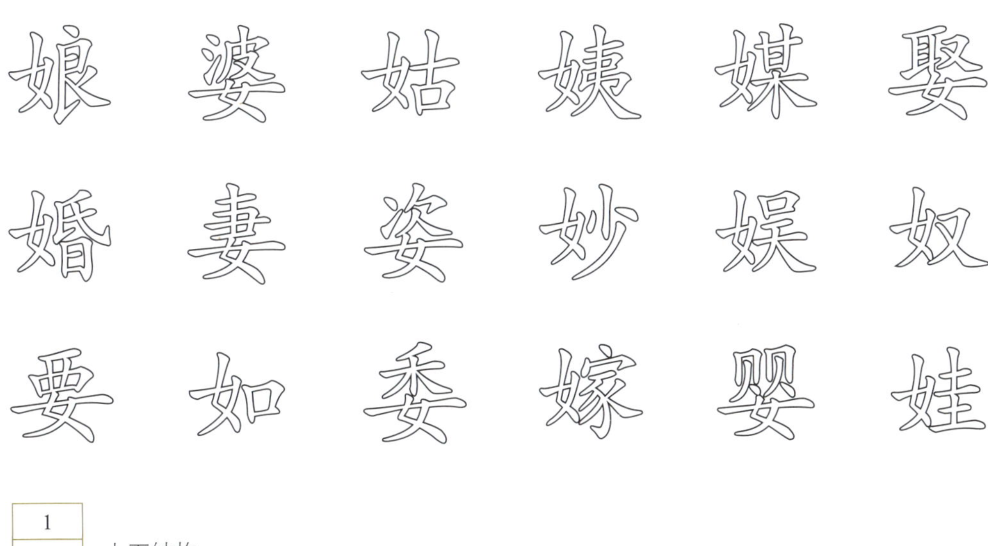

1
2

上下结构：____________________

1	2

左右结构：____________________

从[1]众坐　介今全会合命拿　队
认以　内肉

“人”可以独立成字，作为部件组成汉字时位置不固定。含有“人”的汉字一部分与人或人的活动有关，一部分与“顶”和器物的盖有关，也有的和这些都没有关系。

huì/kuài

[會]

丿人亼会会会

等　级　初等一级

字　源　造字说法不一。《说文》：“會，合也。”但也有人认为“会”的古字形像粮仓，“人”为仓顶，本义是储存谷物的粮仓。

类推识字　云　绘烩

组　词　huì　会餐　会晤　会演　会议　会意　会员　会展 | 博览会　大会　发布会　工会　机会　聚会　开会　领会　社会　省会　体会　晚会　委员会　舞会　误会　协会　宴会　一会儿　约会 | 奥运会　残奥会　社会主义 | 聚精会神 ‖ kuài　会计 | 财会

字　谜　人在云上边。

jiè

丿人𠆢介

等　级　初等一级

字　源　造字说法不一，一说像穿铠甲的人形。

类推识字　价阶　界芥　尬

组　词　介词　介入　介绍　介意　介质 | 媒介　中介　中介公司

jīn

丿人亼今

等　级　初等一级

字　源　造字说法不一，一说“亼”是倒口形，“今”是发布命令的样子。

类推识字　吟衿矜黔　含贪衾　念捻　琴

形 近 字　令

组　词　今后　今年　今日　今天　今宵　今朝 | 古今　如今　至今 | 今非昔比　古为今用　迄今为止　谈古论今

字　谜　此令一点儿无作用。

mìng

丿人亼亼合合合命

等　级　初等三级

字　源　甲骨文“命”和“令”是一个字，“亼”是倒口形，本义是发布命令、指挥别人。

组　词　命案　命令　命脉　命名　命题　命运 | 偿命　长命　短命　革命　拼命　任命　生命　使命　寿命　逃命　亡命　性命　要命 | 谋财害命

字　谜　一人有一口，有耳没有手。

quán

丿人亼亼全全

等　级　初等二级

字　源　造字说法不一。一说像一套完整的玉饰形，一说是纯玉。

类推识字　拴栓诠　痊

形 近 字　金

组　词　全班　全部　全场　全程　全国　全款　全力　全面　全球　全省　全市　全天　全新 | 安全　不全　大全　健全　完全　周全 | 全力以赴　顾全大局　竭尽全力　面目全非

字　谜　老王寄人篱下。/点点成金。

yǐ

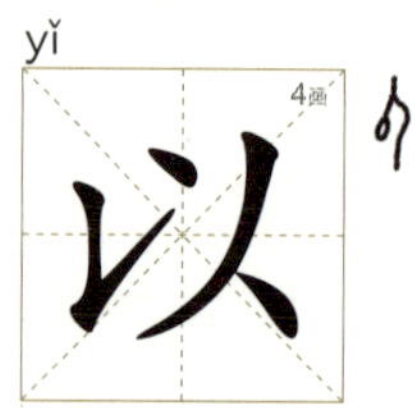

𠄌 𠃊 𠃊丶 以

[1] 有色字表示该汉字列在其他义符或章节下，教师可通过检字表查询。

等　　级 初等二级

字　　源 造字说法不一。一说像头朝下的胎儿，一说像农具。

类推识字 似拟

组　　词 以便 以后 以及 以来 以免 以内 以前 以上 以往 以为 以下 以至 以致 | 可以 难以 所以 予以 足以 | 以色列 | 以偏概全 全力以赴 自以为是

字　　谜 与人相似。

单人旁

什化仍仅他们付代优传休伟件任伤价份似你作低住体何但位使例保信便健修借倒值候做停假像华

单人旁也叫单立人，写在字的左边，含有“亻”的字多与人或人的活动有关。

---

biàn/pián

9画

丿亻亻亻亻亻何便便

等　　级 初等二级

字　　源 造字说法不一，一说是妥帖、安适的意思。

类推识字 鞭

形 近 字 使

组　　词 biàn 便当 便道 便饭 便服 便利 便利店 便门 便条 便于 | 不便 大/小便 方便 即便 轻便 顺便 随便 以便 ‖ pián 便宜 | 大腹便便

字　　谜 有人更好。

chuán/zhuàn

6画 [傳]

丿亻亻仁传传

等　　级 初等三级

字　　源 造字说法不一，一说是一方交给另一方的意思，读chuán。

类推识字 专 砖转

组　　词 chuán 传播 传唱 传达 传单 传导 传递 传教 传染 传说 传授 传统 传闻 传阅 传真 传真机 | 流传 家传 宣传 谣传 遗传 祖传 | 言传身教 ‖ zhuàn 传记 | 自传

字　　谜 专与人作对。

dài

5画

丿亻仁代代

等　　级 初等三级

字　　源 本义是替换。

类推识字 贷袋

形 近 字 伐

组　　词 代办 代表 代沟 代购 代价 代课 代理 代替 代言 | 朝cháo代 当代 古代 后代 交代 近代 历代 年代 时代 世代 替代 现代 指代 | 改朝换代 新陈代谢

字　　谜 不见岱山。

dàn

7画

丿亻亻们们但但

等　　级 初等二级

字　　源 本义是人袒露上身，“旦”表示露出。

类推识字 旦 担胆坦 查昼

组　　词 但凡 但是 | 不但 非但

字　　谜 一人一日。

dǎo/dào

10画

丿亻亻亻亻任侄侄倒倒

等　　级 初等二级

字　　源 本义读dǎo，是人倒下的意思。

类推识字 至 侄 到致 室窒 屋握

组　　词 dǎo 倒班 倒闭 倒车[1] 倒换 倒霉 倒手 倒台 倒腾 倒头 倒胃口 倒休 倒牙 | 颠倒 倾倒 推倒 | 倒买倒卖 翻江倒海 ‖ dào 倒插门 倒茶 倒车[2] 倒刺 倒挂 倒计时 倒垃圾 倒流 倒是 倒数shǔ 倒退 倒贴 倒叙 倒影 倒栽葱 倒置 倒装 | 反倒 喝倒彩 | 倒背如流 倒行逆施

字　　谜 只有一人来报到。

---

1 倒dǎo车：中途换车。

2 倒dào车：使车向后退。

dī

丿亻亻亻亻低低

等级 初等二级

字源 本义是人低头。

类推识字 氐 抵 底

组词 低矮 低保 低产 低沉 低档 低等 低级 低落 低迷 低烧 低头 低下 低于 | 贬低 降低 | 低三下四

字谜 人底下。

fèn

丿亻亻份份份

等级 初等二级

字源 本义是文质兼备，是"彬"的异体字。近代借用"份"以表示由"分"分化出的一类含义。

类推识字 分 扮吩纷盼粉 颁 芬 氛 贫忿盆

形近字 仿

组词 份额 份子 | 备份 股份 年份 身份 省份 月份

字谜 一人一分。

hé

丿亻亻亻何何何

等级 初等三级

字源 古字形像一个人用肩扛着一个工具，本义是担，扛。是"荷"的本字。

类推识字 可 诃阿坷呵河 啊 苛荷菏

形近字 向

组词 何必 何不 何曾 何尝 何等 何故 何况 | 奈何 如何 任何 为何 | 无可奈何 无论如何

字谜 让人认可。

hòu

丿亻亻亻亻亻亻侯候候

等级 初等一级

字源 本义是人在守望放哨。

形近字 侯 猴 喉

组词 候补 候场 候车 候鸟 候选 候诊 | 伺候 等候 气候 稍候 时候 问候

huá/huà

[華]

丿亻亻化化华

等级 初等三级

字源 古字形像草木生长在土上、花叶下垂的形状，本义是花朵。

类推识字 化 靴 花 货 哗桦

形近字 毕

组词 huá 华表 华诞 华灯 华丽 华侨 华裔 | 奢华 繁华 光华 豪华 精华 | 华北 华东 新华社 中华 ▌huà 华山

字谜 十字花下。

jiǎ/jià

丿亻亻亻亻亻亻亻假假假

等级 初等一级

字源 本义读jiǎ，是借助、凭借的意思，引申为借用。

类推识字 瑕暇 霞 遐

组词 jiǎ 假扮 假币 假定 假发 假冒 假面具 假如 假若 假嗓子 假山 假设 假使 假释 假象 假小子 假惺惺 假装 | 虚假 造假 | 假公济私 假戏真做 不假思索 狐假虎威 弄虚作假 以假乱真 ▌jià 假期 假日 假条 | 病假 产假 放假 寒假 婚假 年假 请假 暑假

jià

[價]

丿亻亻价价价

等级 初等三级

字源 造字说法不一。

类推识字 介 阶 界芥 尬

形近字 侨

组词 价格 价码 价目 价钱 价位 价值 | 代价 评价 | 价值连城 讨价还价 物美价廉

jiàn

丿亻亻亻亻亻亻律健健

等　　级 初等二级

字　　源 本义是强壮有力。

类推识字 津律 建键

组　　词 健步 健儿 健将 健康 健美 健全 健身 健身房 健谈 健忘 | 矫健 强健

jiè

[藉]

丿亻亻亻亻件件借借借

等　　级 初等二级

字　　源 “借”本义是借入，也指借出、帮助等。“藉”表示依靠、假托、假使，简化时用“借”。

类推识字 昔 措猎惜腊蜡错醋 鹊 籍

组　　词 借词 借贷 借读 借光 借鉴 借口 借宿 借条 借用 借助 | 凭借 | 借刀杀人 借古讽今

jǐn

[僅]

丿亻仅仅

等　　级 初等三级

字　　源 本义是刚能够、勉强、才，简化后“又”不表音也不表意。

类推识字 汉奴权取叔叹叙 对邓欢戏劝观艰难

组　　词 仅次于 仅仅 | 不仅 | 绝无仅有

字　　谜 一人又来了。

lì

丿亻亻亻伤伤例例

等　　级 初等二级

字　　源 本义是同一类、同一列。

类推识字 列 冽咧 烈裂

形 近 字 侧

组　　词 例会 例句 例如 例题 例外 例证 | 案例 比例 范例 惯例 破例 示例 | 史无前例 下不为例

men

[們]

丿亻亻们们

等　　级 初等一级

字　　源 本义是肥满。

类推识字 门 扪

组　　词 哥们儿 你们 人们 它们 他们 她们 我们

字　　谜 人在门外。

nǐ

丿亻亻亻价你你

等　　级 初等一级

字　　源 本义是指代说话的对方，是从“尔”分化出来的。

类推识字 尔 弥猕

组　　词 你好 你们

字　　谜 请您放心。

rén/rèn

丿亻亻仁任任

等　　级 初等三级

字　　源 本义是抱在怀里。

类推识字 凭赁 廷挺艇蜓庭

形 近 字 住

组　　词 rén 任县 姓任 ‖ rèn 任何 任教 任课 任免 任命 任凭 任务 任性 任意 | 班主任 担任 放任 连任 上任 信任 责任 主任 | 任劳任怨 任重道远 放任自流 听之任之

字　　谜 一千减一，一千加一。

réng

丿 亻 仍仍

等　　级 初等三级

字　　源 本义是依照、沿袭。

类推识字 乃 扔奶

组　　词 仍旧 仍然

shāng

[傷]

丿 亻 亻 伤伤伤

等　　级 初等三级

字　　源 本义是受伤。

组　　词 伤疤 伤残 伤寒 伤痕 伤口 伤脑筋 伤神 伤痛 伤心 ‖ 悲伤 吃伤了 挫伤 刀/枪伤 刮伤 划伤 内/外伤 破伤风 ‖ 伤风败俗 出口伤人 无伤大雅 有伤风化

shén/shí

丿 亻 仁什

等　　级 初等一级

字　　源 古代户籍、人员等以十为一个单位，本义读shí，后引申为多样的，如“什锦”。

类推识字 十 计汁针

形 近 字 仆

组　　词 shén 什么 ‖ 为什么 ▌shí 什锦

字　　谜 十人。

shǐ

丿 亻 亻 亻 仁 伊 使使

等　　级 初等二级

字　　源 本义是派遣、支使。

类推识字 史 驶

形 近 字 便

组　　词 使得 （大）使馆 使坏 使唤 使节 使劲 使命 使用 ‖ 促使 大使 即使 假使 信使 致使 ‖ 鬼使神差 见风使舵

shì/sì

丿 亻 亻 亻 似似

等　　级 初等三级

字　　源 本义是像、相像。

类推识字 以 拟

组　　词 shì 似的 ▌sì 似乎 ‖ 好似 近似 类似 貌似 神似 相似 ‖ 似曾相识 似懂非懂 似是而非 似水年华 光阴似箭 归心似箭 前程似锦 如花似玉 如胶似漆 如狼似虎

tā

丿 亻 仂 仲 他

等　　级 初等一级

字　　源 本义是负荷。

类推识字 也 她池地弛驰施

组　　词 他们 他人 ‖ 其他 ‖ 他山之石 客死他乡

tíng

丿 亻 亻 亻 亻 亻 亻 亻 亻 亻 停

等　　级 初等二级

字　　源 本义是停止、中止。

类推识字 亭 婷

组　　词 停泊 停车 停顿 停放 停工 停火 停刊 停歇 停业 停止 停滞 ‖ 不停 暂停 ‖ 马不停蹄 停滞不前

字　　谜 人到长亭。

wěi

[偉]

丿 亻 亻一 亻二 亻专 伟

等　级 初等三级

字　源 本义是身材高大、容貌壮美不同于一般人。

类推识字 韦 讳纬 苇 违 围闱

组　词 伟岸 伟大 伟绩 伟人 伟业 | 宏伟 雄伟 | 丰功伟绩

wèi

丿 亻 亻' 亻亠 亻立 位 位

等　级 初等二级

字　源 本义是人站立的位置。

类推识字 立 垃拉泣粒 站 啦 笠

组　词 位次 位居 位移 位于 位置 | 部位 单位 地位 方位 岗位 让位 席位 学位 职位 诸位 座位

字　谜 单立人。

xiàng

丿 亻 亻' 亻ク 亻⺈ 伯 伯 伊 傍 傍 傍 像 像

等　级 初等二级

字　源 本义是相貌相似。

类推识字 象 橡

组　词 （不）像话 像素 像样 像章 | 佛像 好像 画像 摄像 头像 肖像 音像

xiū

丿 亻 亻丨 亻攵 亻夂 攸 侈 修 修

等　级 初等三级

字　源 本义是修饰，从彡（shān）从攸（yōu），攸兼表声。

类推识字 攸 悠

组　词 修补 修辞 修道院 修改 修行 修剪 修建 修理 修炼 修女 修饰 修养 修长 修正 修指甲 | 必修/选修课 进修 维修 装修 | 重修旧好 不修边幅 年久失修

yōu

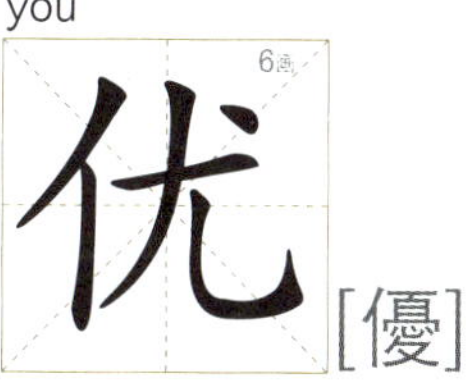

[優]

丿 亻 仁 仕 优 优

等　级 初等三级

字　源 本义是古代的歌舞艺人。

类推识字 尤 扰忧犹鱿就

组　词 优待 优等 优点 优惠 优美 优胜 优势 优先 优秀 优雅 优异 优越感 优质 | 优柔寡断 优胜劣汰 品学兼优 养尊处优

zhí

丿 亻 亻一 亻十 亻片 仿 俏 值 值 值

等　级 初等三级

字　源 本义是处置、安排。

类推识字 直 植殖 置

组　词 值班 值得 值钱 值勤 值日 值守 | 币值 产值 超值 价值 | 物超所值

字　谜 为人正直。

zhù

丿 亻 亻' 亻一 亻二 住 住

等　级 初等一级

字　源 本义是人站在原地不动。

类推识字 主 拄往注驻柱炷蛀

形 近 字 任

组　词 住持 住处 住地 住房 住户 住家 住口 住手 住宿 住所 住院 住宅 住址 | 记住 禁不/得住 居住 愣住 拿住 忍不/得住 捉住

字　谜 主人。

zuō/zuò

丿 亻 亻' 亻𠂉 作 作 作

等　级 初等一级

字　源 造字说法不一，一说是人起身。

类推识字 乍 诈咋昨炸 窄榨 怎

组　词 zuō 作坊 ▌zuò 作案 作弊 作别 作答 作对 作恶 作废 作风 作怪 作家 作假 作美 作难 作孽 作品 作曲 作为 作文 作息 作业 作揖 作用 作用力 作战 作者 | 操作 炒作 处女作 创作 动作 副作用 工作 合作 佳作 杰作 协作 写作 制作 振作 著作 做作 | 作茧自缚 作威作福 敢作敢为 胡作非为 令人作呕 兴风作浪 自作聪明 自作多情 自作自受 装聋作哑 装模作样

字　谜 人乍来到。/昨日不能留，令人不能走。

zuò

丿 亻 亻 什 什 估 估 估 估 做 做

等　级 初等一级

字　源 本义是从事某种工作、活动。

类推识字 故

组　词 做到 做东 做法 做工 做好 做客 做买卖 做媒 做梦 做人 做生意 做事 做手脚 做寿 做文章 做戏 做学问 做主 做作 | 做贼心虚 小题大做

字　谜 老朋友。/故人。

刀字旁

分　切初

含有"刀"的字大多与刀有关。

qiē/qiè

一 七 切 切

等　级 初等三级

字　源 读qiē时，本义是用刀把东西切开。

类推识字 彻沏砌 窃

组　词 qiē 切除 切磋 切分 切割 切换 切片 切入 | 一刀切 ▌qiè 切记 切忌 切身 切实 切题 | 急切 恳切 密切 迫切 亲切 确切 一切 | 切中要害 咬牙切齿

立刀儿

划刚创别利判到制刻倒剧

"刂"是"刀"的变体，含有"刂"的字大多表示与切割有关的动作或事物。

bié/biè

[彆]

丶 口 口 号 另 别 别

等　级 初等一级

字　源 "别"读bié，本义是用刀分解东西，引申为分离、区分、差别等。"彆"读biè，本义是弓两端的弯曲处，引申为别扭、不顺心等。简化时"别"和"彆"都采用同一字形"别"。

类推识字 另 拐 捌

组　词 bié 别称 别处 别管 别家 别离 别名 别人 别墅 别提 别样 别针 别致 | 辨别 差别 分别 告别 个别 级别 鉴别 临别 派别 区别 识别 特别 性别 | 别出心裁 别具匠心 别具一格 别开生面 别有风味 别有用心 生离死别 ▌biè 别扭

chuāng/chuàng

[創]

丿 人 今 仓 仓 创

等　级 初等三级

字　源 读chuāng时，本义是用刀伤害的意思。

类推识字 仓 伧抢呛沧怆枪舱跄 苍 疮

组　词 chuāng 创伤 | 重创 ▌chuàng 创办 创建 创举 创立 创设 创始 创收 创新 创业 创意 创造 创制 创作 | 独创 开创 首创 原创

字　谜 兵器库。

dào

一 𠂉 云 至 至 至 到 到

等级 初等一级

字源 本义是抵达，义同“至”，“刂”表示读音。

类推识字 至 侄 倒 致 室窒 屋握

组词 到场 到处 到达 到底 到点 到访 到家 到来 到期 到手 到头 到位 | 报到 迟到 达到 得到 赶到 感到 回到 见到 接到 看到 来到 收到 受到 说到 听到 想到 遇到 找到 直到 周到 做到 | 从头到尾 独到之处 归根到底 马到成功 恰到好处

gāng

[剛]

丨 冂 冈 冈 冈 刚

等级 初等二级

字源 本义是坚硬。

类推识字 冈 纲钢 岗

组词 刚才 刚刚 刚好 刚烈 刚强 刚毅 刚正 | 阳刚 | 刚愎自用 刚柔并济

字谜 钢刀断金。

huá/huà

[劃]

一 七 戈 戈 划 划

等级 初等二级

字源 “划”和“劃”原本不是一个字，简化时借用。“划”是像镰刀一样的农具，“劃”是用尖头的锥刀把东西划开。

类推识字 戈 伐找戏

组词 huá 划不来 划得来 划船 划拳 划算 | huà 划拨 划分 划价 划界 划清 划时代 | 策划 规划 计划 谋划 | 出谋划策

字谜 有刀有戈。/找到一半。

jù

[劇]

一 コ 尸 尸 尸 尸 居 居 剧 剧

等级 初等三级

字源 本义是过分用力，“刂”原来写作“力”，后来讹变成“刀”。

类推识字 居 据锯

组词 剧本 剧变 剧场 剧毒 剧烈 剧情 剧痛 剧团 剧务 剧院 剧照 剧组 | 悲剧 惨剧 电视剧 歌剧 话剧 急剧 加剧 京剧 连续剧 木偶剧 闹剧 舞剧 喜剧 戏剧 正剧

kè

丶 亠 亠 亥 亥 亥 刻 刻

等级 初等二级

字源 本义是雕刻。

类推识字 亥 该咳孩骇核

组词 刻板 刻薄 刻画 刻苦 刻写 刻意 刻字 | 此刻 雕刻 即刻 尖刻 苛刻 立刻 片刻 深刻 时刻 | 刻不容缓 刻骨铭心 刻舟求剑

pàn

丶 丷 丷 兰 半 判 判

等级 初等三级

字源 本义是用刀把东西分成两半。

类推识字 半 伴拌绊胖畔 叛

组词 判案 判处 判定 判断 判分 判官 判决 判刑 判罪 | 裁判 裁判员 批判 评判 审判 谈判 误判

zhì

[製]

丿 𠂉 仁 仁 台 伟 制 制

等　级 初等三级

字　源 本义是用刀修剪树枝，“制”、“製”本义相同，后分化为“製”表具体的制造，“制”表抽象的制作，简化后合并为“制”。字形演变后表意不明显了，只能看到“刀”（刂）。

组　词 制裁 制订 制定 制度 制服 制冷 制品 制胜 制图 制约 制造 制止 制作 | 抵制 遏制 复制 管制 节制 控制 牵制 强制 所有制 体制 限制 压制 抑制 | 后发制人

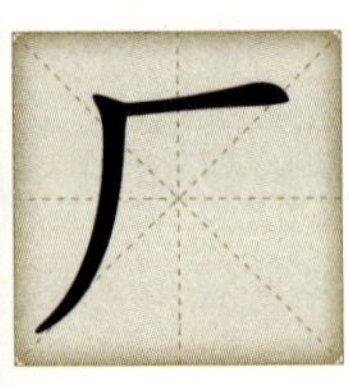

厂字头

厂历反压原

“厂”字本读hǎn，像山崖边突出的形状，含有“厂”的字大多跟山崖、山石有关。也有一些汉字原来是“广”旁，后来演化为“厂”，“广”是依靠山崖边建造的房屋，这些字大多与房屋有关。

chǎng

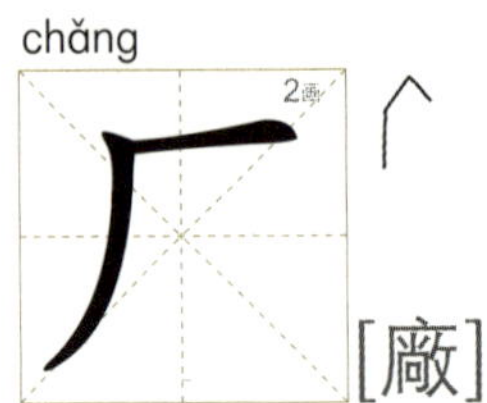

[廠]

一厂

等　级 初等三级

字　源 “厂”本读hǎn，是山崖边突出的形状，可居住。工厂的“廠”读chǎng，简化时借用“厂”。

形近字 广

组　词 厂房 厂家 厂商 厂长 厂子 | 服装厂 工厂 玩具厂

lì

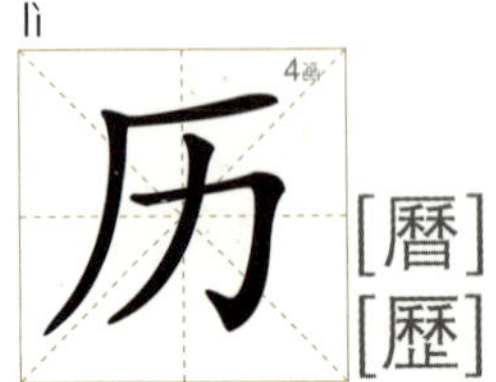

[曆]
[歷]

一厂万历

等　级 初等三级

字　源 日历的“曆”下面的“日”表示日月星辰运行的历象；历史的“歷”下面的“止”表示经历，“厤”表读音，简化时合并为“历”。

形近字 厉

组　词 历程 历代 历法 历届 历尽 历经 历来 历练 历年 历史 历险 | 简历 经历 来历 农历 日历 学历 阴历 阳历 | 来历不明

字　谜 有力气到厂里用。

yā

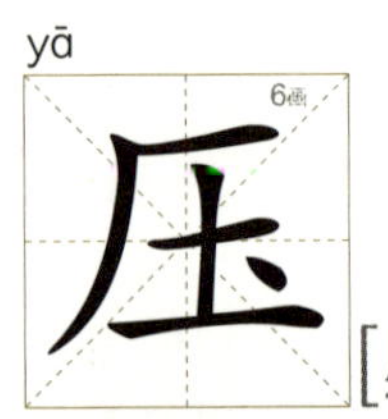

[壓]

一厂厂圧压压

等　级 初等三级

字　源 “厭”字下面加“土”写作“壓”，表示压迫的意思，简化时写作“压”。

形近字 玉 庄

组　词 压倒 压低 压价 压力 压迫 压气 压强 压碎 压岁钱 压缩 压抑 压榨 压制 压轴戏 | 减压 气压 施压 血压 镇压

字　谜 十一点在厂里集合。

yuán

一厂厂厂戶所盾盾原原

等　级 初等二级

字　源 古字形本来下面是“泉”，本义是山崖的孔洞中流出的水，后来字形变化写成“原”。

类推识字 源 愿

组　词 原版 原本 原材料 原创 原稿 原告 原价 原来 原理 原料 原谅 原始 原先 原因 原油 原则 原著 原子弹 | 草原 复原 还原 平原 | 原汁原味 情有可原

字　谜 了却心愿。/开源节流。

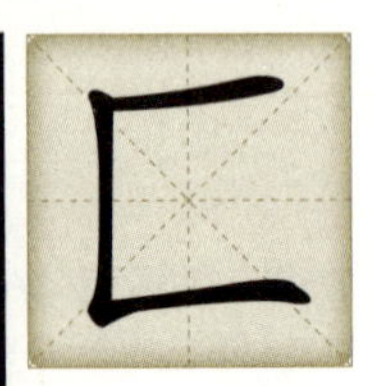

三框旁

区 医

“匚”本读fāng，像侧放的方形装物器具，含有“匚”的字大多与装物器具或掩藏有关。

qū

区 4画 [區]

一 フ 又 区

等 级 初等三级

字 源 本义是把众多物品掩藏起来，假借为区域。

类推识字 抠呕岖沤驱枢躯 欧殴鸥

形 近 字 匹

组 词 区别 区分 区划 区间jiān 区域 | 城区 地区 风景区 工业区 红灯区 郊区 山区 商业区 社区 市区 小区 住宅区 灾区

yī

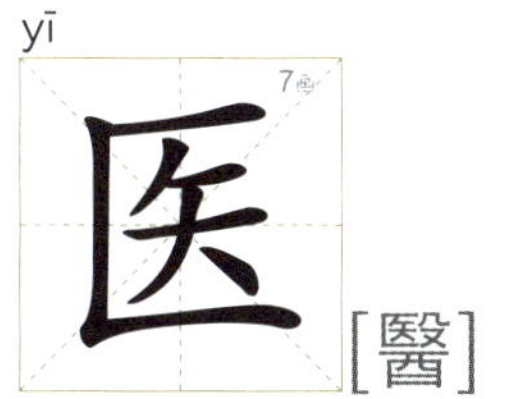

医 7画 [醫]

一 丆 ፫ 三 ፵ 医 医

等 级 初等一级

字 源 “醫”的本义是给病人医治，而“医”字原来就有，指盛箭的匣子，后借用为“醫”的简化字。

类推识字 矢

组 词 医德 医护 医科 医疗 医生 医书 医术 医学 医药 医院 医治 | 军医 西/中医 牙医 庸医

两点水

次决况冷净准凉 冬

“冫”像水凝结的形状，即“冰”，“冫”旁的字大多与冰或寒冷有关。

cì

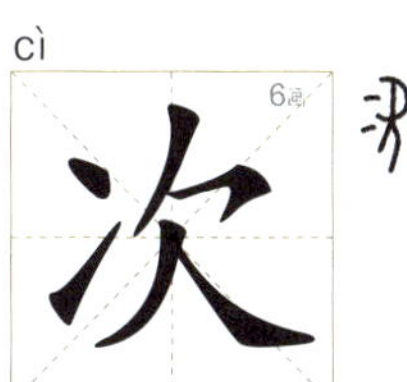

次 6画

丶 冫 冫 冫 次 次

等 级 初等一级

字 源 本义说法不一。一说甲骨文、金文像人张口连打喷嚏或叹息之形。

类推识字 咨姿资恣瓷盗 羡 欠部（183页）

形 近 字 饮

组 词 次等 次货 次品 次日 次数 次序 次要 | 层次 车次 档次 屡次 名次 其次 依次

dōng

冬 5画 [鼕]

丿 夂 夂 冬 冬

等 级 初等二级

字 源 “冬”古字形像丝绳两端束结的样子，本义是终端，是“终”的本字，一年四季的最后一个季节是冬季，所以引申为冬天。也用作象声词，同“咚”。“鼕”本义是鼓声，简化时用“冬”。

类推识字 咚终 疼

形 近 字 尽

组 词 冬瓜 冬季 冬眠 冬天 冬泳 冬装 | 过冬 寒冬 隆冬

jìng

净 8画

丶 冫 冫 冫 冫 冫 冫 净

等 级 初等一级

字 源 本义是清洁干净。

类推识字 争 挣峥狰琤睁铮静 筝

组 词 净产值 净化 净土 净重 | 干净 洁净 清净

jué

决 6画

丶 冫 冫 冫 冫 决

等 级 初等三级

字 源 本义是疏通水道。

类推识字 诀快块缺

组 词 决策 决定 决斗 决断 决裂 决赛 决胜 决心 决议 决战 | 表决 处chǔ决 否决 坚决 解决 判决 枪决 | 犹豫不决

kuàng

丶冫冫冖冫冖冫冖冫况

等　级　初等三级

字　源　本义是寒冷的水。

类推识字　兄

形近字　兑

组　词　况且 | 概况　何况　近况　情况　盛况　状况

lěng

丶冫冫冫冫冷冷

等　级　初等一级

字　源　本义是寒冷、温度低。

类推识字　令　伶拎岭怜玲铃聆羚龄　邻领　零　囹

组　词　冷冰冰　冷藏　冷场　冷淡　冷冻　冷风　冷静　冷酷　冷落　冷漠　冷暖　冷气　冷清　冷却　冷眼　冷战 | 冰冷　寒冷　制冷

liáng

丶冫冫冫冫冫凉凉凉凉

等　级　初等二级

字　源　本义是水多味淡的薄酒，由薄弱引申为寒冷。

类推识字　京　谅掠惊晾鲸　景影

组　词　凉白开　凉拌　凉菜　凉快　凉爽　凉水　凉亭　凉席　凉鞋 | 悲凉　苍凉　风凉话　荒凉　凄凉　着zháo凉

zhǔn

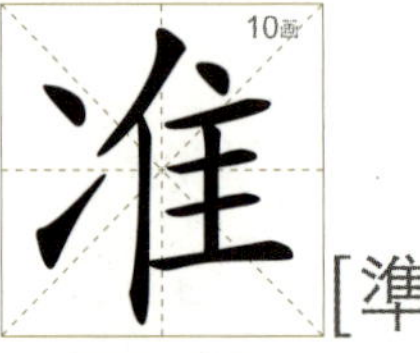

丶冫冫冫冫冫冫准准准

等　级　初等一级

字　源　本义是像水面那样平。“准”和“準”原来不是一个字，“准”用于“批准、准许”，“準”用于“标准、准确”，简化后合并为“准”。

类推识字　隹　谁难堆推唯帷准惟维椎雄雅锥稚雏　售雇崔催摧　雁

组　词　准备　准考证　准确　准时　准许　准予　准则 | 标准　获准　瞄准　批准　水准

信警　计订认讨让训议记讲许论设访证评识诉词试话该语误说请读课谁调谈谢

“言”用作偏旁位于字的下边或右边；在字的左边时简化为“讠”，叫做“言字旁”，表示与言语行为有关的事物。

jǐng

一 十 艹 艹 芍 芍 苟 苟 苟 苟 敬 敬 敬 警 警 警 警 警 警

等　级　初等三级

字　源　“言”是告诫，“敬”是谨慎、严肃，本义是严肃地告诫。

类推识字　敬　儆　擎

组　词　警报　警察　警车　警方　警服　警告　警戒　警觉　警犬　警示　警惕　警醒　警员　警钟 | 报警　火警　民警　武警　巡警　预警　狱警 | 警钟长鸣

cí

丶讠讠订订词词

等　级　初等二级

字　源　本义是言辞、词句。

类推识字　司　伺饲祠

组　词　词典　词汇　词句　词类　词曲　词性　词义　词语　词组 | 歌词　填词　作词 | 词不达意　理屈词穷　义正词严

diào/tiáo

[調]

等级 初等三级

字源 读tiáo时，本义是配合得好。

类推识字 周 凋绸稠 雕

组词 diào 调包 调拨 调查 调动 调研 调用 ‖ 单调 格调 论调 强调 声调 ‖ 调兵遣将 ▌tiáo 调和 调剂 调教 调节 调解 调侃 调料 调皮 调味 调养 调整 ‖ 空调 失调 下调 协调 ‖ 风调雨顺

字谜 言语周到。

dìng

[訂]

等级 初等三级

字源 本义是评议、评定。

类推识字 丁 仃打叮汀灯盯钉酊 顶 宁 厅 亭停婷

组词 订单 订购 订婚 订货 订金 订书机 订阅 订正 ‖ 校jiào订 签订 修订 预订 制订 装订

dòu/dú

[讀]

等级 初等一级

字源 类推简化字形，本义是高声朗读。

类推识字 卖 续赎 买实

组词 dòu句读 ▌dú读本 读后感 读书 读物 读音 读者 ‖ 朗读 默读 陪读 宣读 阅读 走读

fǎng

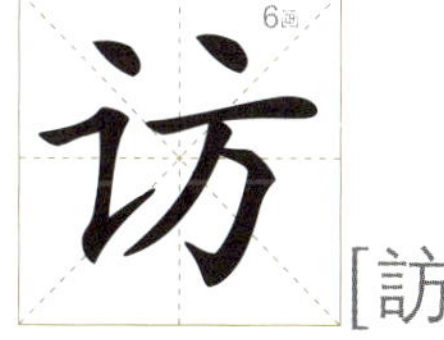

[訪]

等级 初等三级

字源 本义是广泛咨询、询问。

类推识字 方 仿防坊妨纺肪 放 芳旁 房

组词 访查 访谈 访问 访寻 访友 ‖ 拜访 采访 查访 到访 来访 探访 走访

字谜 方言。

gāi

该

[該]

等级 初等二级

字源 本义是军队中的戒律约定。

类推识字 亥 咳孩骇核 刻

组词 该当 该死 ‖ 活该 应该

字谜 孩子丢了无人认。

huà

[話]

等级 初等一级

字源 本义是说出来的话。从言舌（guā）声。

类推识字 舌 乱刮敌甜辞 括活恬 适阔

组词 话别 话费 话剧 话题 话筒 话音 话语 话语权 ‖ 不像话 打电话 电话 对话 废话 好话 坏话 会话 讲话 普通话 神话 实话 说话 俗话 童话 土话 闲话 笑话

字谜 一言半辞。

jì

[記]

等级 初等一级

字源 本义是记录。

类推识字 己 妃纪配 改 岂 忌 起

组词 记得 记号 记录 记性 记忆 记载 记者 ‖ 笔记 笔记本 标记 惦记 登记 牢记 日记 书记 忘记 传zhuàn记 ‖ 记忆犹新

字谜 自言自语。

jiǎng

[講]

丶 讠 讠一 讠二 讲 讲

等级 初等二级

字源 本义是和解。

类推识字 井 耕 进

组词 讲稿 讲话 讲价 讲解 讲究 讲课 讲师 讲授 讲述 讲台 讲座 | 宣讲 演讲 主讲

kè

[課]

丶 讠 讠 讠口 讠曰 讠旦 讠早 课 课 课

等级 初等一级

字源 本义是按规定的标准考察试用。

类推识字 果 倮猓棵稞裸 颗 窠 裹

组词 课本 课表 课程 课堂 课题 课外 课文 课余 | 代课 地理/化学/历史/美术/生物/数学/体育/外语/物理/音乐/语文/自然科学课 功课 讲课 旷课 上/下课 听课

lùn

[論]

丶 讠 讠丿 讠人 讠仑 论

等级 初等二级

字源 本义是讨论分析，字形是类推简化。

类推识字 仑 伦抡沦纶轮

组词 论辩 论点 论断 论据 论述 论坛 论文 论战 论证 论著 | 辩论 结论 理论 评论 讨论 推论 无论 议论 言论 舆论 争论 | 长篇大论 高谈阔论 议论纷纷

píng

[評]

丶 讠 讠一 讠丷 讠亚 讠乎 评

等级 初等三级

字源 本义是评论、判断是非。

类推识字 平 坪呼秤 苹萍

组词 评比 评定 评断 评估 评价 评论 评审 评委 评选 评语 | 点评 好评 考评 批评 书评 | 评头论足

qǐng

[請]

丶 讠 讠一 讠二 讠丰 讠主 请 请 请 请

等级 初等一级

字源 本义是有所禀告、告求。

类推识字 青 倩猜清情婧晴睛靖蜻精 静

组词 请安 请假 请柬 请教 请客 请求 请示 请帖 请愿 请罪 | 聘请 申请 邀请 | 不请自来

字谜 没心情发言。

ràng

[讓]

丶 讠 讠丨 讠卜 让

等级 初等二级

字源 本义是责备。

类推识字 上

组词 让步 让利 让路 让座 | 谦让 忍让 退让 转让 | 当仁不让

rèn

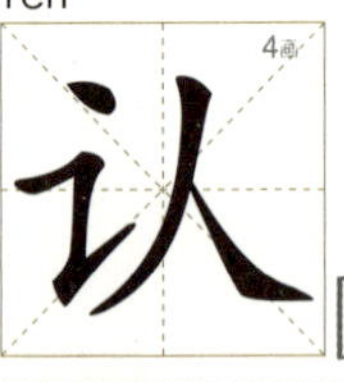

[認]

丶 讠 讠丿 认

等级 初等一级

字源 本义是辨识。

类推识字 人部（106页）

组词 认错 认得 认定 认可 认领 认命 认识 认输 认同 认为 认真 | 辨认 承认 否认 公认 确认 指认

字谜 人言不做信字猜。

shè

[設]

丶 讠 讠 讠 设 设

等级 初等三级

字源 本义是用言语（讠）指派（殳）安置。

类推识字 投役没股般 疫

组词 设备 设计 设立 设施 设想 设置 ‖ 摆设 陈设 假设 建设 ‖ 想方设法

shéi/shuí

[誰]

丶 讠 讠 讠 讠 讠 讠 谁 谁 谁

等级 初等一级

字源 本义是疑问代词。

类推识字 隹 准难堆推唯帷淮惟维椎雄雅锥稚雏 售 雇 崔催摧 雁

组词 谁是谁非

shí/zhì

[識]

丶 讠 讠 识 识 识 识

等级 初等一级

字源 本义是知道、能辨别，字形是简化类推的结果。

类推识字 只 织帜积枳职

组词 shí 识别 识货 识破 识趣 识相 识字 ‖ 常识 见识 认识 学识 相识 意识 知识 ‖ 见多识广 ▌zhì 博闻强识

字谜 只进一言。

shì

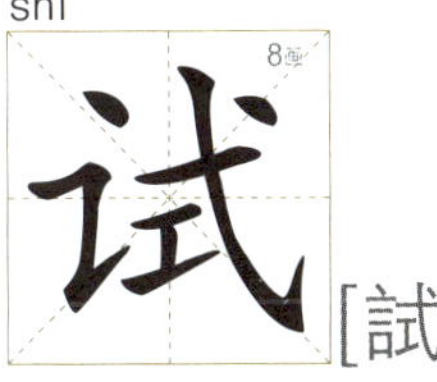

[試]

丶 讠 讠 讠 讠 试 试 试

等级 初等一级

字源 本义是使用。

类推识字 式 拭

组词 试飞 试航 试卷 试探 试题 试图 试问 试想 试验 试用 ‖ 笔试 尝试 初试 复试 考试 口试 面试 ‖ 跃跃欲试

shuì/shuō/yuè

[說]

丶 讠 讠 讠 讠 讠 讠 说 说

等级 初等一级

字源 本义是解释。

类推识字 兑 悦脱锐税蜕 阅

组词 shuì 游说 ▌shuō 说不定 说不上 说唱 说穿 说道 说法 说服 说和 说话 说谎 说教 说明 说情 说笑 ‖ 传说 胡说 解说 解说员 据说 听说 小说 瞎说 学说 ‖ 说三道四 道听途说 谈天说地 ▌yuè 同"悦"<书>

sù

[訴]

丶 讠 讠 讠 讠 诉 诉

等级 初等一级

字源 本义是叙述、用言语告诉。

类推识字 斥 拆

组词 诉苦 诉求 诉说 诉讼 诉状 ‖ 告诉 倾诉 上诉

tán

[談]

丶 讠 讠 讠 讠 讠 讠 谈 谈 谈

等级 初等三级

字源 本义是对话、交谈。

类推识字 炎 淡啖 痰毯氮

组词 谈论 谈判 谈天 谈吐 谈心 ‖ 空谈 交谈 面谈 美谈 奇谈 洽谈 ‖ 谈天说地 高谈阔论 侃侃而谈 纸上谈兵

tǎo

讨 5画 [討]

丶 讠 讠一 讨 讨

等　级 初等二级

字　源 “寸”是法度，表示征伐要合乎法度，本义是整治。

类推识字 寸 付对村时肘衬 守 过

组　词 讨伐 讨饭 讨好 讨价 讨教 讨论 讨饶 讨厌 讨债 | 检讨 商讨 探讨 研讨 | 讨价还价

字　谜 说话有分寸。

wù

[誤]

丶 讠 讠' 讠" 讠ㅁ 讠므 讠므 误 误

等　级 初等三级

字　源 本义是错、错误。

类推识字 吴 娱蜈

组　词 误差 误导 误会 误解 误区 误杀 误伤 误诊 | 笔误 错误 耽误 勘误 口误 偏误 失误 | 误打误撞

xiè

[謝]

丶 讠 讠' 讠' 讠' 讠' 讠' 讠' 讠' 讠' 谢 谢

等　级 初等一级

字　源 本义是辞去官职。

类推识字 射

组　词 谢顶 谢恩 谢绝 谢幕 谢谢 谢意 谢罪 | 酬谢 答谢 道谢 凋谢 感谢 致谢 | 谢天谢地 新陈代谢

xǔ

许 6画 [許]

丶 讠 讠' 讠' 讠' 许

等　级 初等二级

字　源 本义是劳动时的呼喊声。

类推识字 午

组　词 许多 许久 许可 许诺 许配 许愿 | 或许 特许 也许 允许 赞许 准许

字　谜 中午发言。

xùn

训 5画 [訓]

丶 讠 讠 训 训

等　级 初等三级

字　源 本义是用言语开导。

类推识字 川 驯 顺

组　词 训斥 训导 训话 训诫 训练 | 家训 教训 军训 培训

字　谜 四川话。

yì

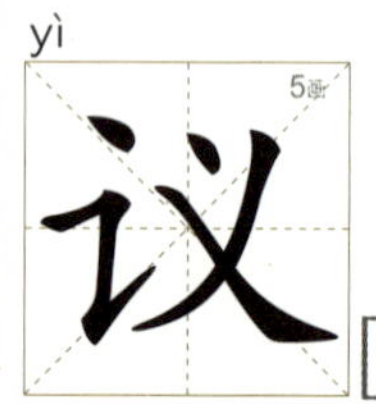

[議]

丶 讠 讠' 议 议

等　级 初等三级

字　源 本义是谈论、发表言论，字形是简化类推的结果。

类推识字 义 仪蚁

组　词 议案 议程 议定 议会 议论 | 倡议 非议 会议 建议 抗议 商议 提议 协议 异议 争议 | 不可思议

yǔ/yù

[語]

丶 讠 讠一 讠二 讠五 语 语 语 语

等　级 初等一级

字　源 本义是交谈、谈论。

类推识字 吾 捂悟梧 衙

组　词 yǔ 语病 语法 语感 语句 语气 语文 语言 | 成语 词语 谜语 母语 外语 谚语 | 阿拉伯语 德语 俄语 法语 韩语 汉语 葡萄牙语 日语 泰语 西班牙语 意大利语 英语 | 语重心长 流言蜚语 轻声细语 ▌yù 不以语人<书>

字　谜 五口齐言。

zhèng

[證]

丶 讠 讠 订 讦 证 证

等　级 初等三级

字　源 本义是进谏、用正言相谏。

类推识字 正 怔 征惩 政 歪整 焉 症

组　词 证词 证婚 证件 证据 证明 证券 证人 证实 证书 | 保证 辩证 公证 论证 签证 人证 身份证 物证 验证 | 死无对证

字　谜 东征西讨。

左耳旁

队阳阴防际除险院随 啊

左耳"阝"是由"阜"变来的，"阜"古字形像土山的形状。左耳旁的字大多与地势高低不平有关，人的姓有一部分是从地名变来的，所以也是左耳旁。

chú

阝 阝 阝 阝 阾 阾 险 除 除

等　级 初等三级

字　源 本义是宫殿的台阶。

类推识字 余 涂徐 斜叙 途

组　词 除法 除非 除了 除去 除外 除夕 | 铲除 废除 根除 解除 开除 排除 清除 删除 消除 | 除暴安良 除旧迎新 排除异己 为民除害

duì

[隊]

阝 阝 阝 队

等　级 初等二级

字　源 古字形像人从高处坠落下来，简化字形与甲骨文字形很接近。

类推识字 人部（106页）

组　词 队伍 队友 队员 队长zhǎng | 部队 国家队 军队 乐yuè队 排队 球队 团队 消防队 | 成群结队

字　谜 一人有耳听不见。

fáng

阝 阝 阝 阝 阝 防 防

等　级 初等三级

字　源 本义是堤坝。

类推识字 方 仿访坊妨纺肪 放 芳旁 房

组　词 防备 防潮 防弹 防盗 防腐 防腐剂 防寒 防洪 防护 防火墙 防空洞 防身 防守 防卫 防疫 防御 防止 防治 | 边防 提dī防 国防 消防 预防 | 防不胜防 防患未然

jì

[際]

阝 阝 阝 阝 阝 阝 际

等　级 初等二级

字　源 本义是两堵墙相接处的缝隙。

类推识字 示 标 祭票宗 奈捺 蒜

组　词 际遇 | 边际 国际 交际 实际 天际 | 不着zhuó边际 一望无际

字　谜 到东郊只要半票。

xiǎn

[險]

阝 阝 阝 阝 阾 阾 险 险 险

等　级 初等三级

字　源 本义是地势高峻。

类推识字 俭检捡验脸 剑敛 签

组　词 险恶 险峻 险情 险胜 险些 险要 险阻 | 保险 风险 艰险 冒险 脱险 危险 凶险 阴险 | 险象环生 化险为夷 铤而走险

yuàn

等级 初等一级

字源 本义是坚固；围墙。

类推识字 元完 玩皖 顽 远 园

组词 院长 院子 | 病院 出院 法院 剧院 寺院 戏院 小院 学院 医院 影院 住院 | 电影院 孤儿院 国务院 四合院 养老院

字谜 先到陕西，后到皖东。

部都那邮

右耳“阝”是从表示人居住的地方的“邑”字变化来的，所以含有右耳旁的字大多与城市有关。

bù

等级 初等二级

字源 本义是古代划分出的地方行政区。

类推识字 倍培赔陪 剖 菩

组词 部队 部分 部落 部门 部首 部署 部位 | 编辑部 局部 俱乐部 门市部 内部 全部 司令部 腿部 外交部 | 按部就班

dōu/dū

等级 初等一级

字源 读dū时，本义是有先君宗庙的城邑。

类推识字 者 堵猪绪赌睹 诸储 煮 奢屠暑 署薯曙 著踏

组词 dōu 都行 都要 | 大都 ‖ dū 都城 都会 都市 | 定都 古都 首都 | 成都

Nā/nǎ/nà

等级 初等一级

字源 本义古代国名。

类推识字 哪挪娜

组词 Nā 姓那 ‖ nà 那[1]边 那儿 那个 那会儿 那里 那么 那些 那样 那阵 | 刹那 | 巴塞罗那

yóu

等级 初等三级

字源 “郵”指传送文书的人在路上休息的地方。“邮”的本义是亭名，简化时合并为“邮”。

类推识字 由 抽油妯柚轴袖 迪 庙届 宙笛

组词 邮编 邮差 邮递 邮递员 邮电 邮电局 邮费 邮寄 邮件 电子邮件 邮局 邮轮 邮票 邮箱 邮政 邮政编码 邮政局 | 集邮

功加动助 另务男努势 办 历 边

“力”古字形像农具“耒”的形状，含有“力”的字大多与力量有关。

bàn

办[辦]

丁力办办

1 那：口语中常读nè或nèi。

等　级 初等二级
字　源 本义是治理、办理。
类推识字 协胁 苏
形近字 力 为
组　词 办案 办法 办公 办公室 办理 办事 办事处 办学 | 包办 操办 承办 惩办 创办 公办 合办 举办 民办 照办 主办 | 秉公办事 公事公办
字　谜 一点点力气。

dòng

[動]

一 二 云 云 云动 动

等　级 初等一级
字　源 造字说法不一。一说是背起来；一说是行动，原为形声字，“重”也表意，简化后“云”只作符号，不表音了。
类推识字 云 坛耘酝 魂 芸 层运
组　词 动车 动词 动粗 动荡 动感 动工 动画 动画片 动机 动静 动力 动乱 动脉 动漫 动怒 动人 动身 动手 动态 动弹 动听 动土 动物 动心 动摇 动员 动作 | 被动 波动 冲动 抽动 出动 打动 带动 电动 调动 发动 反动 浮动 改动 感动 鼓动 滚动 轰动 活动 激动 惊动 举动 劳动 流动 启动 牵动 驱动 生动 跳动 推动 掀动 行动 移动 运动 震动 主动 转动 自动 | 风吹草动 劳师动众 灵机一动 纹丝不动 无动于衷
字　谜 无力是朵云，有力乱翻身；懒人最怕它，它爱勤快人。

gōng

一 丅 工 功 功

等　级 初等三级
字　源 造字说法不一，一说是用力做事。
类推识字 工 扛江红杠肛虹缸 攻项 巩恐筑 汞贡 空控腔 鸿
组　词 功臣 功夫 功绩 功课 功劳 功利 功率 功能 功效 功用 | 成功 立功 练功 气功 武功 用功 战功 争功 | 功成名就 功亏一篑 大功告成 戴罪立功 歌功颂德 汗马功劳 急功近利 将功折罪 事半功倍 事倍功半
字　谜 工人有力量。

nǔ

𡿨 女 女 奴 奴 努 努

等　级 初等二级
字　源 本义是努力。
类推识字 奴 怒
组　词 努力 努嘴

shì

[勢]

一 十 扌 扌 执 执 势 势

等　级 初等三级
字　源 造字说法不一，一说是巨大的力量。
类推识字 执 垫挚
组　词 势必 势力 势利 势利眼 势头 | 地势 局势 气势 趋势 权势 山势 声势 手势 水势 形势 优势 姿势 走势 | 势不可挡 势不两立 势在必行

wù

[務]

丿 ク 夂 务 务

等　级 初等二级
字　源 本义是勉力、致力。
类推识字 雾
组　词 务必 务工 务农 务实 | 财务 常务 乘务员 服务 服务员 公务 国务院 家务 任务 商务 事务 业务 义务 债务 职务 | 不务正业 当务之急

zhù

助

丨 冂 月 月 且 助 助

等　级 初等二级
字　源 本义是帮助、协助。

类推识字 且　诅阻咀徂沮姐组殂俎祖租粗　宜谊　锄

组　　词 助词　助教　助理　助力　助跑　助手　助听器　助威　助兴　助学金 | 帮助　辅助　互助　借助　协助　赞助　资助 | 助人为乐　助纣为虐　拔苗助长

字　　谜 且站一旁，出力帮忙。/丢了锄头。

双　仅汉取　对戏观欢鸡难　友　反受变度爱　树

“又”古字形像手侧面的形状，含有“又”的字大多与手有关。“又”作偏旁，在字的左侧，写作“ヌ”。

ài

[爱]

等　　级 初等一级

字　　源 本义是行走的样子，假借为喜爱、喜好等，简化字借草书字形。

组　　词 爱戴　爱国　爱好　爱护　爱情　爱人　爱惜　爱心 | 大爱　恩爱　关爱　敬爱　可爱　恋爱　溺爱　亲爱　亲爱的　爱　疼爱　喜爱 | 爱不释手

biàn

[變]

等　　级 初等二级

字　　源 本义是改变、更改。

类推识字 亦　峦弈奕恋蛮　迹

组　　词 变成　变调　变动　变革　变故　变卦　变化　变换　变脸　变乱　变卖　变迁　变色　变数　变态　变天　变通　变味　变相　变样　变质 | 改变　婚变　事变　演变　转变 | 变本加厉　变化莫测　风云变幻

guān

[觀]

等　　级 初等二级

字　　源 本义是有目的地仔细看，简化后“又”只是一个符号。

类推识字 见　现砚视舰　觉

组　　词 观察　观点　观光　观看　观念　观赏　观音　观众 | 悲观　参观　发展观　改观　宏观　价值观　客观　乐观　美观　奇观　世界观　微观　主观　壮观 | 走马观花　坐井观天

字　　谜 再见。

huān

[歡]

等　　级 初等一级

字　　源 本义是欣喜、高兴，简化后“又”只是一个符号。

类推识字 欠　次坎吹饮炊砍软歉　嵌

组　　词 欢唱　欢呼　欢快　欢乐　欢庆　欢送　欢喜　欢笑　欢迎 | 狂欢　联欢　喜欢　新欢 | 欢呼雀跃　欢聚一堂　欢声笑语　欢天喜地　欢欣鼓舞　悲欢离合　不欢而散　强颜欢笑　寻欢作乐　郁郁寡欢

字　　谜 欠了又欠。/一边有口就吹，一边有口却叹。

xì

[戲]

等　　级 初等三级

字　　源 造字说法不一。一说是古代军队中的侧翼，一说是比武角力，简化后“又”只是一个符号。

类推识字 戈　伐找　划

组　　词 戏班　戏法　戏服　戏剧　戏迷　戏弄　戏曲　戏说　戏院 | 把戏　唱戏　儿戏　马戏　嬉戏　演戏　游戏 | 逢场作戏　假戏真做

土字旁

地场坏块城墙境增　至坚坐基堂　在　去走幸

“土”古字形像土块的形状，含有“土”的字大多与土地和用土做的东西有关。“土”作偏旁，在字的左边时写作“⺗”，叫提土旁。

chánɡ/chǎnɡ

[場]

一 十 土 圬场场

等　级 初等一级

字　源 本义是祭神用的平坦场地。

类推识字 扬杨肠畅　汤荡烫

组　词 chánɡ 打场　赶场 | 一场雨 ‖ chǎnɡ 场地　场馆　场合　场景　场面　场所 | 操场　当场　赌场　官场　广场　机场　剧场　开场　立场　全场　赛场　市场　现场　中场　主场 | 粉墨登场　逢场作戏

chénɡ

一 十 土 圹圹圻城城城

等　级 初等三级

字　源 本义是城墙。

类推识字 成　诚　晟　盛

组　词 城堡　城池　城府　城管　城郊　城楼　城墙　城区　城市　城铁　城镇 | 服装城　进城　美食城　山城　商城 | 长城 | 兵临城下　满城风雨　倾国倾城

dì/de

一 十 土 扣圳地

等　级 初等一级

字　源 本义是大地。

类推识字 也　他她池弛驰　施

组　词 地板　地步　地产　地带　地道　地点　地段　地方　地瓜　地基　地牢　地雷　地理　地面　地盘　地皮　地铺　地球　地区　地势　地毯　地铁　地图　地位　地下　地形　地狱　地震　地址　地质 | 当地　房地产　高地　各地　耕地　荒地　基地　陆地　目的地　内地　盆地　山地　水泥地　天地　土地　外地　阵地　殖民地 | 地大物博　地广人稀　地久天长

huài

[壞]

一 十 土 圹圻坏坏

等　级 初等一级

字　源 本义是建筑倒塌，简化字借草书字形。

类推识字 不　怀环杯　否　还

组　词 坏处　坏蛋　坏话　坏人　坏事　坏死 | 败坏　破坏　使坏　损坏 | 气急败坏

jī

一 十 卄 廾 甘 其 其 其 其 基 基

等　级 初等三级

字　源 本义是墙角、墙根，引申为建筑物乃至一切事物的基础等。

类推识字 其　期欺斯　撕嘶　棋麒　箕　厮　旗

组　词 基本　基层　基础　基地　基调　基督教　基金　基石　基数　基因　基于 | 氨基酸　地基　房基　路基

jiān

[堅]

丨 刂 刂フ 収 収 坚 坚

等　级 初等三级

字　源 本义是土质硬。

类推识字 肾贤竖紧

组　词 坚持　坚定　坚固　坚果　坚决　坚强　坚韧　坚实　坚信　坚硬 | 攻坚 | 坚不可摧　坚韧不拔

jìng

等　级 初等三级

字　源 本义是疆界、边界。

类推识字 竟 镜

组　词 境地 境界 境况 境遇 | 边境 出/入境 处chǔ境 国境 环境 家境 | 渐入佳境 时过境迁

kuài

[塊]

等　级 初等一级

字　源 本义是土块。

类推识字 诀决快缺

组　词 块头 | 板块 一块 一块钱

qiáng

[牆]

等　级 初等二级

字　源 本义是用土或砖石砌成的屏蔽物。

类推识字 蔷

组　词 墙壁 墙根 墙角 墙头 墙纸 | 城墙 防火墙 围墙 院墙 | 狗急跳墙

táng

等　级 初等二级

字　源 本义是殿堂，从土尚声。

类推识字 党常棠赏裳 膛瞠 掌撑

组　词 堂皇 堂妹 | 课堂 礼堂 食堂 天堂 澡堂 | 堂而皇之 堂堂正正

xìng

等　级 初等三级

字　源 本义是幸运、好运。

形近字 辛

组　词 幸存 幸福 幸好 幸亏 幸免 幸运 | 不幸 侥幸 庆幸 荣幸 | 幸灾乐祸

字　谜 有土也有钱（¥），真是好运气。

zài

等　级 初等一级

字　源 本义为生存、存在。

类推识字 存 茬

组　词 在场 在读 在行háng 在乎 在家 在理 在内 在逃 在位 在线 在野 在意 在于 在职 在座 | 存在 放在 内在 实在 现在 正在 | 在所不辞 在所难免 事在人为

zēng

增

等　级 初等三级

字　源 本义是增加、增多。

类推识字 曾 赠僧憎

组　词 增兵 增产 增大 增多 增高 增加 增进 增强 增生 增添 增长 增值 | 递增 猛增 | 与日俱增

字　谜 坛前僧人云游去。

提手旁

看　拿　打技找批折抓护把报拍拉挂持挺指按换排掉推接据提握搬播

用作偏旁有时位于字的下边，如“拿”“掌”，有时位于字的上边，如“看”；在字的左边时写作“扌”，叫做提手旁，表示与手的部位和活动有关的事物。

àn

一 扌 扌 扌 扌 护 扩 按 按

等　级　初等三级

字　源　本义是用手或指头向下压。

类推识字　安　案

组　词　按键　按摩　按钮　按时　按照 | 按兵不动　按部就班

字　谜　动手安装。

bǎ/bà

一 扌 扌 扌 扣 扣 把

等　级　初等三级

字　源　本义是握持。

类推识字　巴　吧肥耙靶　芭爸笆琶　疤　爬　葩

组　词　bǎ　把持　把风　把关　把脉　把手　把握　把戏 | 车把　一把刀/伞/钥匙 ▌bà　茶壳把儿　花把儿

bān

一 扌 扌 扌 扌 扪 执 执 执 搬 搬 搬 搬

等　级　初等三级

字　源　本义是移动物体。

类推识字　船航般　盘

组　词　搬家　搬迁　搬运 | 照搬 | 搬弄是非

bào

一 扌 扌 扌 扣 报 报

等　级　初等二级

字　源　古字形左边像手枷类的刑具，右边像手抓住人，本义是判决罪人。

类推识字　服

组　词　报案　报表　报仇　报酬　报答　报导　报到　报道　报恩　报废　报复　报告　报价　报警　报刊　报考　报名　报社　报失　报时　报数　报亭　报销　报应　报纸 | 电报　海报　回报　汇报　警报　情报　日报　申报　晚报　预报 | 报仇雪恨　公报私仇　通风报信　投桃报李

字　谜　拒一半服一半。

bō

一 扌 扌 扌 扌 扩 扩 护 押 押 探 探 播 播 播

等　级　初等三级

字　源　本义是撒种、下种。

类推识字　番　潘　翻

组　词　播报　播放　播撒　播音　播映　播种zhǒng/zhòng | 传播　点播　广播　直播 | 新闻联播

chí

一 扌 扌 扌 扌 扶 持 持 持

等　级　初等三级

字　源　本义是握住、拿着。

类推识字　寺　侍诗峙待恃特　等

组　词　持股　持家　持久　持久战　持平　持续　持有 | 保持　坚持　劫持　矜持　维持　支持　主持　主持人 | 持之以恒　各持己见　坚持不懈

dá/dǎ

一 丨 扌 扌 打

等级 初等一级

字源 本义是撞击、敲打。

类推识字 丁 仃订叮汀灯盯钉酊 顶 宁 厅 亭停婷

组词 dá 一打 ▌dǎ 打败 打扮 打包 打比方 打表 打叉 打岔 打车 打倒 打的dī 打电话 打动 打斗 打赌 打发 打工 打钩 打官司 打滚 打哈欠 打寒战 打黑 打呼噜 打火机 打击 打架 打交道 打卡 打开 打篮球 打雷 打理 打量 打猎 打闹 打喷嚏 打拼 打气 打扰 打扫 打算 打听 打消 打烊 打印 打印机 打仗 打招呼 打折 打针 打主意 打住 打字 ▌拨打 击打 殴打 敲打 ▌打抱不平 打草惊蛇 精打细算 无精打采

字谜 左右挑灯。

dī/tí

一 丨 扌 扌 扣 扣 押 押 捍 捍 提 提

等级 初等二级

字源 本义是垂手拿着。

类推识字 是 堤 题匙

组词 dī 提防 提溜 ▌tí 提案 提拔 提倡 提成 提出 提纲 提高 提供 提及 提交 提炼 提名 提起 提前 提取 提神 提升 提示 提问 提醒 提议 提早 ▌大提琴 前提 手提包 小提琴 ▌提心吊胆

diào

一 丨 扌 扌 扌 扌 扚 拘 拘 掉 掉

等级 初等二级

字源 本义是摇动、摆动。

类推识字 卓 绰悼 桌 罩

组词 掉包 掉队 掉换 掉价 掉头 掉线 ▌吃掉 改掉 去掉 扔掉 删掉 ▌掉以轻心

guà

一 丨 扌 扌 扌 扗 挂 挂 挂

等级 初等三级

字源 本义是区别。

类推识字 佳哇洼娃桂硅畦涯蛙鞋 卦封 闺 崖 街褂

组词 挂电话 挂钩 挂号 挂件 挂历 挂名 挂念 挂牌 挂失 ▌倒挂 牵挂 悬挂 ▌何足挂齿

字谜 一手抓了两把土。

hù

[護]

一 丨 扌 扌 扌 扩 护

等级 初等二级

字源 原是言字旁，一说本义是监视、监督。

类推识字 户 沪妒驴炉 颅 芦 庐 房雇

组词 护城河 护短 护栏 护理 护士 护送 护卫 护膝 护照 ▌爱护 保护 辩护 监护人 救护车 看护 守护 维护 掩护 拥护 ▌官官相护

huàn

一 丨 扌 扌 扌 扌 扚 拚 换 换

等级 初等二级

字源 本义是以物换物、对调。

类推识字 奂 涣唤焕 痪

组词 换班 换季 换届 换钱 换算 换洗 换言之 ▌兑换 更换 交换 替换 转换 ▌改头换面

jì

一 丨 扌 扌 扌 技 技

等　　级 初等三级
字　　源 本义是技巧、技能。
类推识字 支 吱岐妓枝歧肢鼓 翅
组　　词 技法 技工 技能 技巧 技术 技校 技艺 | 竞技 绝技 科技 杂技 | 黔驴技穷 一技之长

jiē

等　　级 初等二级
字　　源 本义是两方面接触会合。
类推识字 妾 霎
组　　词 接班 接触 接待 接到 接电话 接风 接管 接轨 接机 接见 接近 接口 接连 接龙 接纳 接生 接收 接手 接受 接替 接听 接吻 接应 接着 | 间接 连接 衔接 迎接 直接 | 接二连三 再接再厉
字　　谜 拉她也不来。

jū/jù

等　　级 初等三级
字　　源 “据”，读jū，用于“拮据”，指经济困难；“據”，读jù，本义是依仗，简化时用“据”。
类推识字 居 锯 剧
组　　词 jū 拮据 ▌jù 据此 据说 据悉 | 单据 根据 论据 票据 收据 数据 依据 占据 证据 字据 | 据理力争
字　　谜 折掉后头，锯去前头。

lā

等　　级 初等二级
字　　源 本义是用手折断。
类推识字 立 位垃泣粒 站 啦 笠
组　　词 拉扯 拉倒 拉丁舞 拉动 拉肚子 拉钩 拉关系 拉客 拉链 拉面 拉下水 | 拖拉 | 阿拉伯 马拉松 沙拉 | 摧枯拉朽 拉帮结派
字　　谜 提前到站前。

pāi

等　　级 初等三级
字　　源 本义是用手轻轻击打。
类推识字 白 伯帕泊怕珀柏舶啪 魄 碧 迫
组　　词 拍板 拍打 拍档 拍马屁 拍卖 拍摄 拍手 拍拖 拍戏 拍胸脯 拍照 | 合拍 节拍 球拍 | 拍案叫绝 一拍即合
字　　谜 白手。/白手起家。

pái

等　　级 初等二级
字　　源 本义是推挤、推开。
类推识字 非 诽啡徘悱绯 韭辈悲蜚翡 菲罪霏扉痱匪
组　　词 排比 排查 排场 排斥 排除 排队 排放 排骨 排行háng 排挤 排解 排练 排列 排名 排球 排外 | 安排 牛排 | 排山倒海

pī

等　　级 初等三级
字　　源 本义是用手击打。
类推识字 比 纰枇 毕毖毙 琵 庇屁
组　　词 批发 批改 批量 批判 批评 批注 批准 | 挨批 审批
字　　谜 比赛留一手。

tǐng

一 丨 扌 扌' 扌' 扌' 扌' 挺 挺

等　级　初等二级

字　源　本义是拔、拔出。

类推识字　廷 艇蜓 庭

组　词　挺拔 挺身 挺胸 | 笔挺 坚挺 | 昂首挺胸

tuī

一 丨 扌 扌 扌 扌 推 推 推 推 推

等　级　初等二级

字　源　本义是向外用力使物体移动。

类推识字　隹 准谁难堆唯帷淮惟维椎雄雅锥稚雒 售雇崔催摧 雁

组　词　推测 推迟 推崇 推出 推辞 推动 推断 推翻 推广 推荐 推进 推理 推论 推拿 推敲 推托 推脱 推销 推卸 推行 | 类推 | 推陈出新 推心置腹 顺水推舟

wò

一 丨 扌 扌 扌 护 护 护 握 握 握 握

等　级　初等三级

字　源　本义是把东西拿或抓在手中。

类推识字　至 侄 到倒 致 室窒 屋

组　词　握拳 握手 | 把握 掌握 | 握手言欢 大权在握

zhǎo

一 丨 扌 扌 找 找 找

等　级　初等一级

字　源　本义是用手划船。

类推识字　戈 伐戏 划

组　词　找碴 找到 找钱 找寻 | 查找 寻找 自找

zhǐ

一 丨 扌 扌 扌 扌 指 指 指

等　级　初等三级

字　源　本义是手指。

类推识字　旨 脂

组　词　指标 指出 指导 指点 指定 指挥 指甲 指南针 指示 指头 指望 指纹 指引 指责 指针 | 戒指 食指 手指 五指 中指 | 指鹿为马 指名道姓 指日可待 指手画脚

字　谜　抢先接旨。

zhuā

一 丨 扌 扌 扌 抓 抓

等　级　初等三级

字　源　本义是用手或爪挠。

类推识字　爪

组　词　抓紧 抓拍 抓药 抓贼 | 紧抓 手抓饭 | 抓耳挠腮

字　谜　手爪。

艹 草字头

艺节花苦苹英范草茶药菜营落蓝蕉

“艹”的古字形像草的形状，含有“艹”的字大多与植物有关。

cài

一 十 艹 艹 艹 艹 苎 苎 苹 菜 菜

等　级　初等一级

字　源　本义是蔬菜。

类推识字　采 彩 睬踩

组　词　菜单 菜刀 菜馆 菜谱 菜肴 | 白菜 菠菜 川菜 荤菜 韭菜 卷心菜 芹菜 蔬菜 素菜 香菜 野菜 油菜

cǎo

一十廾艹芇苩苩草草

等　级 初等二级

字　源 本义是栎树的果实。

类推识字 早

组　词 草案 草本 草丛 草稿 草帽 草率 草图 草药 草原 | 锄草 起草 青草 野草 杂草

chá

一十廾艹艾犮苓茶茶

等　级 初等一级

字　源 本义是茶树。

组　词 茶点 茶馆 茶几 茶具 茶水 茶叶 茶艺 | 倒茶 果茶 喝茶 红茶 花茶 绿茶 奶茶 品茶 沏茶 乌龙茶

fàn

[範]

一十廾艹艹艹芍范

等　级 初等三级

字　源 “范”的本义是草，后来常用来表示竹制的模子、模型。“範”的本义是古代出行前祭祀路神，所以字中有“车（車）”，后简化作“范”。

类推识字 犯

组　词 范本 范畴 范例 范围 范文 | 典范 防范 规范 就范 模范 师范 示范

huā

一十廾艹艹艹花

等　级 初等一级

字　源 本义是花朵。

类推识字 化 靴 货 华哗桦

组　词 花瓣 花草 花车 花丛 花灯 花朵 花费 花粉 花环 花卉 花季 花篮 花瓶 花期 花圈 花生 花束 花纹 花销 花心 花园 | 百合花 爆米花 火花 菊花 兰花 礼花 玫瑰花 棉花 牡丹花 桃花 雪花 烟花 樱花 | 花枝招展

字　谜 一人握匕首，还把草帽戴。

jiāo

一十廾艹艹艹芢芢芢芢萑萑蕉蕉蕉

等　级 初等三级

字　源 本义是某些长有大叶子的植物。

类推识字 焦 礁瞧憔

组　词 芭蕉 美人蕉 香蕉

字　谜 搬走礁石种上草。

jié

[節]

一十廾艹节

等　级 初等二级

字　源 “節”的本义是竹节，“节”是“節”的俗体字，简化时用“节”。

组　词 节哀 节操 节点 节假日 节俭 节减 节目 节能 节拍 节日 节省 节食 节约 节制 节奏 | 变节 环节 季节 礼节 气节 调节 细节 竹节 | 春节 重阳节 端午节 国庆节 情人节 圣诞节 元宵节

kǔ

一十廾艹艹芈苦苦

等　级 初等三级

字　源 本义是苦菜。

类推识字 古 估咕沽枯骷 姑菇 故做 胡 辜 居固

组　词 苦楚 苦处 苦工 苦果 苦海 苦力 苦闷 苦命 苦难 苦恼 苦涩 苦痛 苦笑 苦心 苦衷 | 吃苦 艰苦 刻苦 劳苦 痛苦 辛苦 | 苦尽甘来 忆苦思甜

字　谜 十口人全盖草。

là/lào/luò

等　级　初等三级

字　源　读luò时，本义是草木凋零。

类推识字　各络骆格赂胳烙略酪 路露 洛 客额 阁搁

组　词　là 落下 | 丢三落四 | lào 落不是 落色 落枕 | 没着没落 | luò 落败 落榜 落笔 落成 落差 落得 落后 落脚 落空 落寞 落日 落实 落伍 | 村落 堕落 降落 角落 零落 沦落 没落 破落 衰落 下落 着落 | 落花流水 落荒而逃 失魂落魄

lán

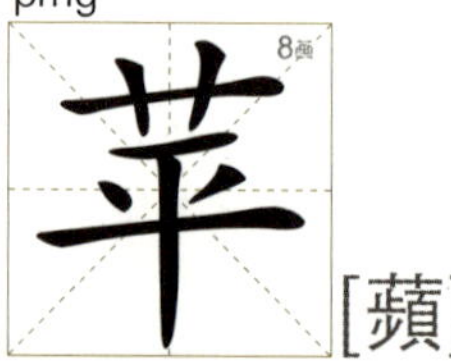

等　级　初等二级

字　源　本义是一种可以染青颜色的草。

类推识字　监 篮 滥槛 尴

组　词　蓝宝石 蓝调 蓝领 蓝皮书 蓝色 蓝天 蓝图 蓝牙 | 蔚蓝 湛蓝

píng

[蘋]

等　级　初等三级

字　源　本义是浮萍。

类推识字　平 评坪呼秤 萍

组　词　苹果

yào

[藥]

等　级　初等二级

字　源　本义是能治病的植物。

类推识字　约

组　词　药材 药店 药方 药房 药剂 药酒 药力 药片 药品 药水 药丸 药性 | 草药 吃药 毒药 火药 膏药 西药 中药 炸药

字　谜　花前约会。

yì

[藝]

等　级　初等三级

字　源　本义是种植苗木。

类推识字　乙 亿忆

组　词　艺名 艺人 艺术 | 才艺 工艺 工艺品 手艺 文艺 演艺 园艺

yīng

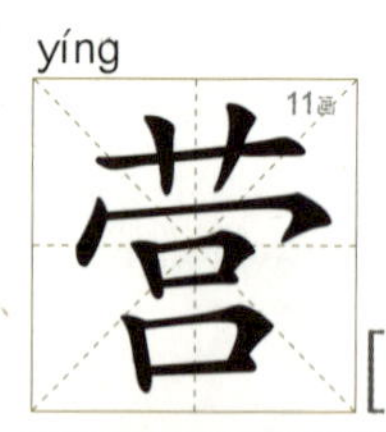

等　级　初等二级

字　源　本义是植物的花。

类推识字　央 秧映殃 鸯

组　词　英才 英尺 英寸 英豪 英杰 英俊 英明 英武 英雄 英勇 英姿 | 落英 | 英国 英语 | 英年早逝

yíng

营 [營]

等　级　初等三级

字　源　本义是四周垒土而居，原是从宫，荧省声。

类推识字　荣荧莹莺萤

组　词　营地 营房 营建 营救 营利 营生 营销 营养 营业 营造 | 国营 军营 经营 民营 夏令营

字　谜　王宫少一点，用草来遮盖。

彐 寸字旁

导 讨对村时衬封 过

古字形是在表示手的“又”字下加一点，指出手腕与腕部脉搏处之间的距离，这就是“寸”，后来“寸”引申为长度单位。含有“寸”的字大多与手有关。

dǎo

[導]

等级 初等三级

字源 本义是引导、带领，简化字借草书字形。

类推识字 祀

组词 导报 导播 导弹 导电 导购 导航 导火索 导火线 导盲犬 导师 导演 导游 导致 | 倡导 教导 先导 引导 指导 主导

duì

[對]

等级 初等一级

字源 造字说法不一。一说像手里拿着一个东西；一说是高举显扬，简化后“又”只是一个符号。

类推识字 仅汉奴权取叔叹叙 邓欢戏劝观艰难

组词 对岸 对白 对比 对不起 对策 对称 对待 对调 对方 对付 对号 对话 对决 对抗 对立 对联 对面 对手 对象 对应 对于 对照 | 反对 校jiào对 绝对 面对 配对 相对 针对 | 针锋相对

字谜 砍掉树木。

fēng

封

等级 初等二级

字源 古字形像用手给树木培土。

类推识字 佳挂哇洼娃桂硅畦涯蛙鞋 卦 闺崖 街褂

组词 封闭 封存 封底 封地 封建 封面 封杀 封赏 封锁 | 查封 尘封 分封 密封 信封

口字旁

叫吃吗吵听吹吧味呢咖咱响哈哪啊唱啡啤喊喝喂嘴 加如知和 号只另员 虽 哭器 古占台合 各名否告害喜善 右后 可句向问 回品

“口”的古字形像张开的嘴的形状，含有“口”的字大多与嘴有关。

ā/á/ǎ/à/a

等级 初等二级

字源 本义是作叹词。

类推识字 可 何诃阿坷呵河 苛荷菏

ba

等级 初等一级

字源 本义是作拟声词。

类推识字 巴 把肥耙靶 芭爸笆琶 疤 爬 葩

组词 吧嗒 吧唧 吧台 | 酒吧 网吧

chàng

唱

等级 初等一级

字源 本义是唱歌。

类推识字 昌 倡猖

组　　词　唱段 唱歌 唱片 唱腔 唱戏 | 独唱 歌唱 合唱 清唱 说唱 演唱 吟唱 | 夫唱妇随 一唱一和

字　　谜　一口两日。

chǎo

等　　级　初等三级

字　　源　本义是吵闹。

类推识字　少 抄沙妙纱炒砂眇钞秒 劣省 渺 鲨

组　　词　吵架 吵闹 吵嚷 吵嘴 | 争吵 | 大吵大闹

字　　谜　嘴巴不多却能闹。

chī

等　　级　初等一级

字　　源　篆文有两个来源，“吃”本义口吃，说话不流利。“喫”本义吃东西，把食物咽下去。《第一批异体字整理表》“喫”为异体字。

类推识字　乞 屹 迄疙

组　　词　吃闭门羹 吃醋 吃饭 吃官司 吃紧 吃惊 吃苦 吃亏 吃力 吃透 | 好hǎo吃 口吃 小吃 | 大吃大喝 好hào吃懒做 坐吃山空

fēi

等　　级　初等三级

字　　源　音译用字，用于“咖啡”“吗啡”。

类推识字　非 诽排徘悱绯 韭辈悲蜚翡 菲霏罪 扉痱匪

组　　词　咖啡 吗啡 | 咖啡店 咖啡色 咖啡厅 咖啡因

gào

等　　级　初等一级

字　　源　本义是用牛牲向神灵祭告，引申为陈述、解说。

类推识字　浩皓酷 造糙 窖 靠

组　　词　告白 告别 告辞 告诫 告密 告示 告诉 告知 告状 | 报告 被告 祷告 公告 广告 警告 通告 原告 忠告 转告 | 不可告人 无可奉告

字　　谜　一口吃掉牛尾巴。/先上后下。

gǔ

等　　级　初等三级

字　　源　本义是古代、历史久远，从十从口，表示十口（很多人）相传的事是古代的事情。

类推识字　估咕沽枯骷 姑菇 故做 胡 苦辜 居固

组　　词　古板 古代 古典 古董 古怪 古迹 古老 古朴 古诗 古文 古筝 古装 | 复古 亘古 考古 远古 | 名胜古迹

字　　谜　十张嘴。/吃苦头。/没有舌头。

hā

等　　级　初等三级

字　　源　本义是张口呼气。

类推识字　合 拾洽恰给蛤 盒拿 答 鸽 塔搭瘩

组　　词　哈哈镜 哈气 哈欠 | 嘻哈 | 哈哈大笑

字　　谜　问一半答一半，边问边答笑声来。

hài

害

等　　级　初等三级

字　　源　本义是伤害。

类推识字　瞎辖 割豁

组　　词　害虫 害处 害怕 害臊 害羞 | 虫害 毒害 厉害 利害 迫害 伤害 危害 陷害 灾害

字　　谜　有眼反倒瞎。/持刀必割。

hǎn

等　　级 初等二级

字　　源 本义是大声呼叫。

类推识字 咸 减碱 感憾撼

组　　词 喊话 喊叫 喊冤 ‖ 呼喊 叫喊 哭喊 呐喊 ‖ 大喊大叫

字　　谜 加一半减一半。

háo/hào

[號]

等　　级 初等一级

字　　源 “号”是大声哭，“號”是大声呼叫。“号”和“號”原本不是一个字，简化时合并。

类推识字 朽巧窍 考拷烤铐

组　　词 háo 号叫 ‖ 哀号 呼号 ‖ 号啕大哭 ▌ hào 号称 号角 号码 号脉 号外 号召 号子 ‖ 编号 病号 称号 逗号 顿号 分号 感叹号 挂号 记号 句号 问号 信号

hē/hè

等　　级 初等一级

字　　源 本义是大声呵斥，读hè。

类推识字 揭渴竭褐蝎 歇 葛 遏霭

组　　词 hē 喝茶 喝闷酒 喝墨水 喝水 喝西北风 ‖ 吃喝 ▌ hè 喝彩 喝倒彩 喝令 喝问 ‖ 吆喝

hé/hè/hú/huó/huò

等　　级 初等一级

字　　源 读hé时，从口禾声，本义是声音相应。

形 近 字 种

类推识字 禾部（190页）

组　　词 hé 和蔼 和好 和缓 和解 和美 和睦 和平 和平鸽 和气 和尚 和声 和谈 和谐 和约 ‖ 饱和 共和国 缓和 平和 亲和（力） 谦和 柔和 调和 温和 总和 ‖ 和服 ‖ 和颜悦色 风和日丽 一团和气 ▌ hè 和诗 附和 应和 ‖ 曲高和寡 一唱一和 ▌ hú 和了 ▌ huó 和面 和泥 ▌ huò 和药 和稀泥

jiā

等　　级 初等二级

字　　源 本义是夸大。

类推识字 咖枷 驾架贺袈 茄笳嘉 瘸

组　　词 加班 加倍 加大 加法 加工 加固 加害 加紧 加剧 加快 加盟 加冕 加强 加入 加上 加深 加速 加压 加油 加重 ‖ 参加 叠加 附加 更加 施加 添加 相加 增加 ‖ 雪上加霜

字　　谜 另有变动。/拆除木架。/一边有力能干，一边有口能言。

jiào

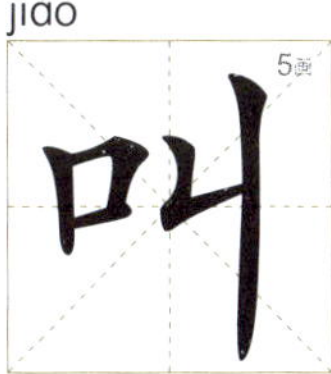

等　　级 初等一级

字　　源 本义是人的呼唤、呼喊。

类推识字 收纠 赳

组　　词 叫板 叫喊 叫唤 叫价 叫苦 叫卖 叫嚷 叫停 叫嚣 叫做 ‖ 喊叫 呼叫 号háo叫 嚎叫 ‖ 叫苦连天 大喊大叫

jù

等级 初等二级
字源 本义是语调曲折，读gōu，俗作"勾"。引申为曲折、弯曲等，假借为姓、句子的"句"等。
类推识字 拘狗 够 苟
形近字 旬 甸 勾
组词 句法 句号 句式 句子 ‖ 长句 短句 问句 语句 造句

kā/gā

丨 ㄇ 口 叨 叻 咖 咖咖

等级 初等三级
字源 音译用字，用于英语音译词"咖啡"。
类推识字 加枷 驾架贺袈 茄笳嘉 瘸
组词 kā 咖啡 ‖ 咖啡店 咖啡色 咖啡厅 咖啡因 ‖ gā 咖喱

kě

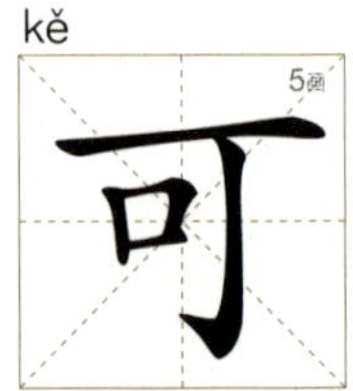

一 丁 ㄇ 口 可

等级 初等二级
字源 本义是准许、许可。
类推识字 何诃阿坷呵河 啊 苛荷菏
组词 可爱 可悲 可耻 可观 可贵 可恨 可见 可敬 可靠 可口 可怜 可能 可怕 可气 可人 可是 可视 可叹 可恶 可惜 可笑 可行 可疑 可以 可憎 ‖ 不可 宁可 认可 许可 ‖ 不可思议 难能可贵 无可奉告 无可奈何
字谜 添丁进口。/为何无人也同意。/小河流水。

kū

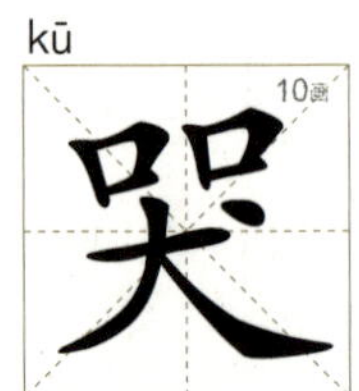

丨 ㄇ 口 口丨 口口 吅 吅 哭 哭 哭

等级 初等二级
字源 造字说法不一。一说是狗乱叫，一说是哭丧。
类推识字 骂器
组词 哭鼻子 哭泣 哭穷 哭丧着脸 哭诉 ‖ 大哭 痛哭 装哭 ‖ 哭笑不得 痛哭流涕
字谜 一只狗两个口，谁见了都难受。

lìng

丨 ㄇ 口 号 另

等级 初等三级
字源 造字说法不一。一说是分开、分别，一说是"冎（guǎ）"的本字。
类推识字 拐 别捌
组词 另类 另外 另行（通知/规定/说明）‖ 另眼相看

ma

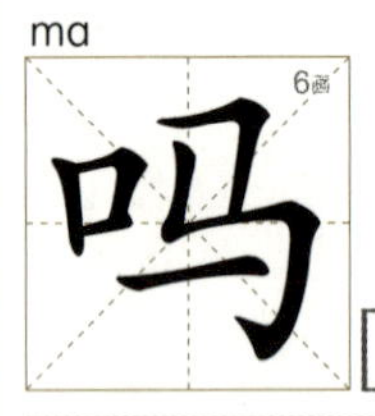

[嗎]

丨 ㄇ 口 叮 吗 吗

等级 初等一级
字源 本义是助词，表示疑问或反问。
类推识字 马 妈玛码蚂 驮驰驱驼 骂

nǎ

丨 ㄇ 口 叮 叼 叼 明 明 哪 哪

等级 初等一级
字源 本义是代词，表示疑问。
类推识字 那 挪娜
组词 哪儿 哪个 哪里 哪怕 哪些 哪样

ne/ní

丨 ㄇ 口 叮 叮 叩 呢 呢

等级 初等一级
字源 用于"呢喃"，读ní，本义是絮絮叨叨地小声说话。
类推识字 尼 泥妮
组词 ní 呢喃 呢子（大衣）‖ 毛呢

pí

丨 ㄇ 口 ㄖ' 叭 吅 吅 咱 咿 啤 啤

等　级　初等三级

字　源　音译用字，用作“啤酒”。

类推识字　卑　碑脾牌

组　词　啤酒 | 扎啤 | 啤酒厂　啤酒花

qì

器

等　级　初等三级

字　源　造字说法不一。一说是“口”表示器皿，本义是众多的器物；一说是哭丧。

类推识字　哭骂

组　词　器材 器官 器具 器皿 器械 器重 | 充电器 瓷器 电器 机器 容器 铁器 陶器 武器 仪器 乐器 | 大器晚成

字　谜　一只狗，四个口。

shàn

等　级　初等三级

字　源　本义是美味、美好。

形 近 字　喜

组　词　善报 善待 善感 善举 善款 善良 善事 善心 善行 善意 善于 善终 | 慈善 改善 面善 亲善 妥善 完善 友善 | 善罢甘休　与人为善

tái

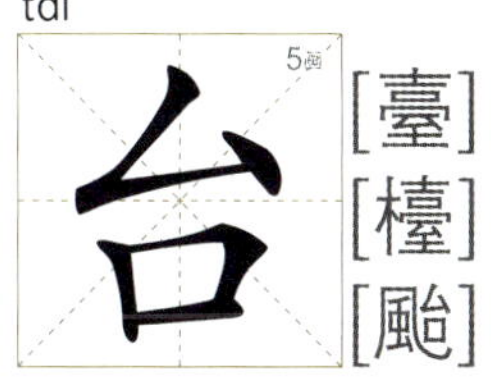

等　级　初等三级

字　源　造字说法不一。一说是喜悦；一说是“胎”的本字。“檯”，本义指树名，指桌子或类似器物时简化为“台”；“颱”本义指台风，简化为“台”。

类推识字　冶抬饴治怡始贻胎　苔怠

组　词　台布 台词 台灯 台风 台阶 台历 台面 台子 | 出台 窗台 灯台 电台 柜台 讲台 平台 舞台 阳台 | 台胞 台湾

字　谜　不用手抬。

tīng

等　级　初等一级

字　源　“听”的本义是开口笑的样子，“聽”的本义是用耳朵接受声音。“听”和“聽”原本不是一个字，简化时合并为“听”。

类推识字　斤部（180页）

组　词　听便 听从 听到 听话 听见 听讲 听觉 听课 听力 听命 听取 听说 听写 听信 听诊 听众 | 打听 动听 好听 监听 聆听 倾听 窃听 试听 视听 中听 | 洗耳恭听

字　谜　有口无牙，有斤无两。

wèi

等　级　初等二级

字　源　本义是滋味、味道。

类推识字　未　妹昧　寐　魅

组　词　味道 味精 味觉 味蕾 | 口味 风味 美味 气味 趣味 野味 意味 滋味 | 味同嚼蜡　津津有味

wèi

等　级　初等二级

字　源　本义是喂养。

类推识字 畏 偎

组　　词 喂奶 喂食 喂养

wèn

[問]

丶 丨 门 门 问 问

等　　级 初等一级

字　　源 本义是提问、询问、寻求答案，从口门声。

类推识字 门 们扪 闪闭闯闲闷闻闽阔 闵悯

组　　词 问安 问答 问好 问号 问候 问卷 问世 问题 问责 问诊 问罪 | 顾问 过问 审问 提问 询问 | 问心无愧 一问三不知

字　　谜 门口。

xǐ

一 十 士 士 吉 吉 吉 吉 壴 壴 喜 喜

等　　级 初等一级

字　　源 本义是喜悦、高兴。

类推识字 嘻

形 近 字 善

组　　词 喜爱 喜报 喜感 喜好hào 喜欢 喜酒 喜剧 喜乐lè 喜庆 喜人 喜事 喜糖 喜宴 喜洋洋 喜悦 | 报喜 恭喜 欢喜 贺喜 可喜 狂喜 欣喜 | 喜出望外 喜闻乐见

xiǎng

[響]

丨 ㄇ 口 口′ 叮 叻 响 响 响

等　　级 初等二级

字　　源 本义是回响、回声。

类推识字 向 晌

组　　词 响动 响雷 响亮 响声 响应 | 反响 声响 音响 影响 | 一声不响

字　　谜 一口向外。

yuán

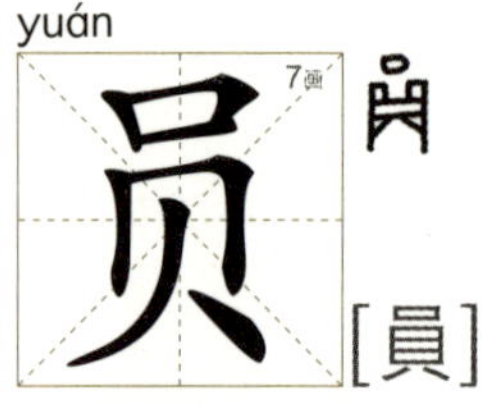

[員]

丶 ㄇ 口 尸 吊 员 员

等　　级 初等三级

字　　源 上面是“口”，下面原先是“鼎”，用圆形的鼎口来表示圆的意思，是“圆”的本字，假借为从事某种工作或参加某种学习的人。

类推识字 陨损 勋 圆

组　　词 员工 | 裁员 乘务员 成员 党员 动员 队员 服务员 官员 会员 教员 解说员 球员 人员 售货员 通讯员 团员 委员 委员会 学员 演员 运动员 职员

zán

丨 ㄇ 口 口′ 叮 叻 咱 咱 咱

等　　级 初等二级

字　　源 本义是称呼自己的意思。

类推识字 自

组　　词 咱们

zhī/zhǐ

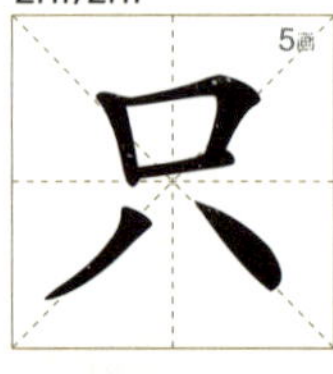

[隻]

[衹]

丨 ㄇ 口 尸 只

等　　级 初等二级

字　　源 “只”古字形像口里的气往下走，本义是语气词，简化时用此字形代表多个汉字。

类推识字 识织帜积枳职

组　　词 zhī 只身 | 船只 | 只言片语 ▌zhǐ 只得 只顾 只管 只好 只能 只是 只要 只有

字　　谜 八字胡嘴下分。/兄要一半，父要一半。

zhī

丿 𠂉 𠂉 ⺧ 矢 矢 知 知

等　级 初等一级

字　源 从口从矢，口中说出的话如箭（矢）射中靶子，本义是言词敏捷、有见识。

类推识字 蜘 智 痴

组　词 知道 知己 知觉 知名 知青 知情 知趣 知识 知晓 知心 知音 知足 | 求知 通知 无知 先知 须知 | 知足常乐 众所周知

字　谜 短处一点一点克服掉。

zuǐ

等　级 初等二级

字　源 本义是指猫头鹰类头上的毛角，又表示鸟的嘴。

类推识字 角 触解 确

组　词 嘴巴 嘴唇 嘴角 嘴脸 嘴甜 | 闭嘴 壶嘴 张嘴

字　谜 口角就在此处发生。

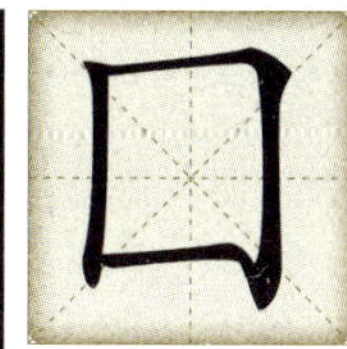

四团因回园围困国图

国字框像一个环绕着的形状，含有“囗”的字大多有周围被环绕的意思。

guó

[國]

丨 冂冂冃冃国国国

等　级 初等一级

字　源 本义是国家。

组　词 国宝 国策 国粹 国度 国防 国歌 国画 国会 国籍 国际 国家 国君 国民 国旗 国庆 国事 国营 | 爱国 共和国 外国 祖国 | 国庆节 国务院 中国 法国 美国 英国

字　谜 一块方玉。

kùn

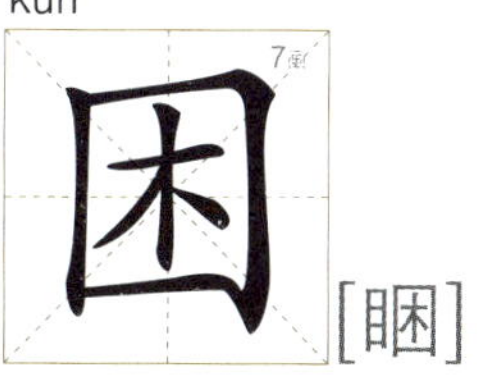

[睏]

丨 冂冃用闭闲困困

等　级 初等三级

字　源 “困”的本义是处境困难，“睏”的本义是想睡觉，简化时用“困”。

组　词 困顿 困惑 困境 困苦 困难 困扰 | 贫困 穷困 围困

字　谜 进口木材。/一字十八口，口里含木头。/花园四方方，只有一棵树。

tú

[圖]

丨 冂冂冈冈冈图图

等　级 初等一级

字　源 本义是地图。

类推识字 冬 咚终 疼

组　词 图案 图表 图画 图解 图景 图谋 图片 图书 图书馆 图腾 图像 图样 图纸 | 插图 地图 绘图 宏图 蓝图 力图 企图 试图 意图 制图

字　谜 外面会说话，里面飘雪花，里外合起来，人人爱看它。

tuán

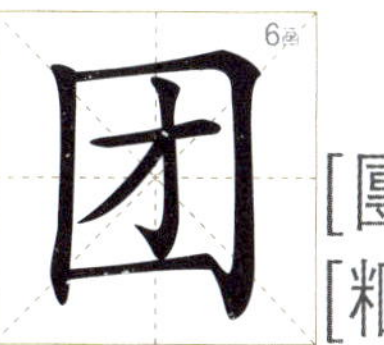

[團]
[糰]

丨 冂冃冃团团

等　级 初等三级

字　源 本义是圆形的。

类推识字 才 财材豺

组　词 团队 团伙 团结 团聚 团体 团圆 | 抱团 参观团 代表团 集团 社团 疑团

字　谜 口才。

wéi

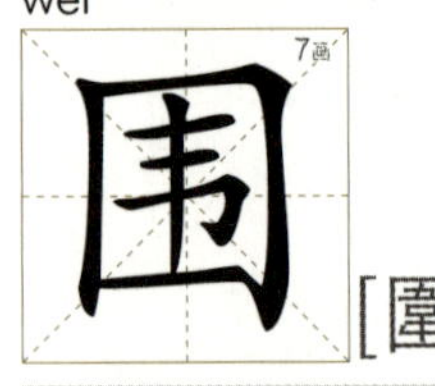

[圍]

丨 冂冂冃冃同周围

等　级　初等三级

字　源　本义是环绕、包围。

类推识字　韦　伟讳纬　苇　违闱

组　词　围捕　围攻　围观　围巾　围困　围棋　围墙　围绕 | 包围　范围　解围　突围　腰围　周围

yīn

丨 冂冂冃冈因因

等　级　初等二级

字　源　古字形像人躺到席垫子一类的东西上，本义是靠近。

类推识字　咽烟姻　茵　恩

组　词　因此　因而　因果　因素　因为　因由　因缘 | 病因　基因　起因　原因

字　谜　大口。/大不出圈去。/无火不生烟。

yuán

[園]

丨 冂冂冃冃冃园园

等　级　初等二级

字　源　本义是种植果木、蔬菜的地方。

类推识字　元　玩院皖　顽　完　远

组　词　园地　园丁　园林　园圃　园艺　园子 | 菜园　公园　果园　花园　田园　幼儿园

字　谜　外面四角，里面十角，既能种菜，又能娱乐。/减二剩下四，减四剩下二。

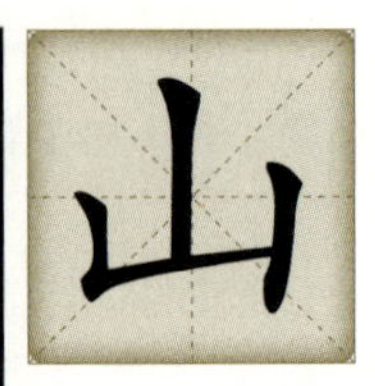

岁

“山”的古字形像山峰并立的形状，含有“山”的字大多与山有关。

suì

[歲]

丨 山 山 屮 岁 岁

等　级　初等一级

字　源　“歲”的简化字，跟月亮和夜晚没有关系。本义说法不一，一说为农事收割。

类推识字　秽

组　词　岁初　岁末　岁数　岁月 | 百岁　年岁　三岁　守岁　万岁　压岁钱　周岁

字　谜　夕阳在山下。

巾

币布市希帮带常

“巾”是一种织物，古字形像配巾下垂的形状，含有“巾”的字大多与织物有关。

bāng

[幫]

一 二 三 丰 邦 邦 邦 帮 帮

等　级　初等一级

字　源　本义是鞋帮，原来从帛封声，简化后从巾邦声。

类推识字　邦　绑梆

组　词　帮衬　帮工　帮会　帮忙　帮派　帮腔　帮手　帮凶　帮助 | 搭帮　匪帮　马帮 | 成帮结伙

bì

一丆丆币币

等　级 初等三级

字　源 本义是古代用于祭祀或作为礼物赠送的帛类丝织品，从巾敝声。简化字借草书字形。

类推识字 巾

组　词 币值 币种 | 货币 银币 硬币 纸币 | 人民币

cháng

等　级 初等一级

字　源 本义是古人穿的下衣，是"裳"的本字。

类推识字 党棠赏裳 堂膛瞠 掌撑

组　词 常常 常规 常客 常理 常例 常年 常识 常温 常务 | 反常 非常 家常 经常 平常 日常 时常 通常 往常 异常 照常 | 变化无常 家常便饭 老生常谈 笑口常开 一反常态 知足常乐

dài

等　级 初等二级

字　源 古字形上边像大带打结的样子，本义是束衣的腰带。简化字借草书字形。

类推识字 滞

组　词 带班 带电 带话 带劲 带来 带领 带路 带鱼 带子 | 磁带 附带 宽带 领带 连带 热带 温带 携带 | 拖家带口 拖泥带水 一衣带水

shì

等　级 初等二级

字　源 造字说法不一。一说像有墙垣的交易场所，一说是去交易场所做买卖。

类推识字 柿 闹

组　词 市场 市话 市价 市侩 市貌 市面 市民 市区 市委 市长 市政 | 本市 菜市 超市 城市 都市 股市 楼市 米市 全市 上市 夜市 | 有价无市

字　谜 方头巾。/进门就闹。

xī

等　级 初等三级

字　源 本义是麻布织得稀疏，是"稀"的本字，假借为期盼、希求。

类推识字 稀

组　词 希望 希有 | 希腊

彳 双人旁

行往待很得街

"彳"的古字形像街道，含有"彳"的字大多与道路、行动有关。

dāi/dài

等　级 初等三级

字　源 本义是等候。

类推识字 寺 侍诗持峙恃特 等

组　词 dāi 待会儿 | dài 待机 待见 待业 待遇 | 等待 对待 接待 看待 款待 亏待 虐待 期待 招待 | 待人接物 迫不及待 守株待兔

字　谜 寺庙左边有两人。

de/dé/děi

丿 彡 彳 彳 彳ㄇ 彳ㄇ 彳𠃌 得 得 得 得

等　级 初等一级

字　源 本义是获得。古字从彳从又（手），手中拿着贝（钱），表示在路上捡到钱，小篆时书写出现讹误，“又”和“贝”变成了“寸”和“日”。

类推识字 碍

组　词 dé 得到 得分 得力 得失 得手 得体 得意 得知 得主 得罪 | 巴不得 不得 不得了 不得已 不见得 不由得 怪不得 恨不得 获得 记得 觉得 来得及 难得 取得 认得 舍（不）得 使得 显得 赢得 值得 | 得不偿失 得寸进尺 得天独厚 得意忘形 迫不得已 一举两得

hěn

丿 彡 彳 彳ㄱ 彳ㄱ 彳ㄱ 很 很 很

等　级 初等一级

字　源 本义是不听从、不服从。

类推识字 限艰狠恨根眼银跟 垦恳 痕 退腿褪 狼娘

组　词 很大 很多 很好 很快 | 好得很

字　谜 银行没了钱，两人旁边站。

jiē

丿 彡 彳 彳 彳 彳 往 往 往 往 往 街

等　级 初等二级

字　源 本义是城市里比较宽的大道。

类推识字 鞋 卦封 闺崖 褂

组　词 街道 街坊 街区 街舞 | 步行街 大街 逛街 | 街头巷尾 大街小巷

wǎng

丿 彡 彳 彳 彳 往 往 往

等　级 初等二级

字　源 本义是去、到。

类推识字 主 住拄注驻柱炷蛀

组　词 往常 往返 往复 往后 往届 往来 往年 往日 往事 往往 | 过往 交往 前往 向往 以往 | 继往开来 一如既往

字　谜 人人做主。

犬字旁

状 然 器 突哭

“犬”的古字形像狗的样子，含有“犬”的字大多与狗有关。

zhuàng

[狀]

丶 冫 丬 丬 壮 状 状

等　级 初等三级

字　源 本义是狗的样子。

类推识字 妆壮 装

组　词 状况 状态 状元 | 告状 奖状 现状 形状 症状 罪状 | 安于现状 不可名状 奇形怪状

反犬旁

狗猪猫

“犭”同“犬”，在字的左侧作偏旁时写作“犭”，有“犭”的字多与犬或兽类有关。

gǒu

狗

丿 犭 犭 犭' 犳 犳 狗 狗

等　级 初等二级

字　源 本义是小狗。

类推识字 句 拘 够 苟

组　词 狗熊 狗仔队 | 公狗 流浪狗 母狗 小狗 走狗 | 狗急跳墙 狗血喷头 狗仗人势

māo

猫

丿 犭 犭 犭一 犭十 犭艹 猎 猎 猫 猫 猫

等　级 初等二级

字　源 本义是一种善于捉老鼠的动物。

类推识字 苗 描瞄锚

组　词 猫步 猫粮 猫腻 猫头鹰 猫眼 | 公猫 花猫 家猫 母猫 小猫 熊猫 野猫 | 猫哭老鼠

zhū

猪

丿 犭 犭 犭一 犭十 犭土 犭耂 犭者 猪 猪 猪

等　级 初等三级

字　源 本义是一种常见家畜。

类推识字 者 堵绪赌睹 诸储 都 煮 奢屠暑 署薯曙 著踏

组　词 猪圈 猪排 猪肉 猪仔 | 公猪 母猪 野猪 | 猪八戒

夂

冬字头

冬务各条备　复夏　处

“夂”是“止”的反写，都像脚的形状，多与腿脚有关。

chǔ/chù

处 [處]

丿 夕 夂 处 处

等　级 初等二级

字　源 古字形像人戴着皮帽子坐在几（矮桌）上，本义是暂时停下来，读chǔ。

形 近 字 外

组　词 chǔ 处罚 处方 处分 处境 处决 处理 处女 处女作 处世 处暑 处死 处于 处在 处置 | 查处 惩处 独处 共处 判处 相处 | 处变不惊 处心积虑 和睦相处 设身处地 养尊处优 朝夕相处 ‖ chù 处处 处所 处长 | 暗处 长处 到处 各处 害处 好处 何处 明处 难处 深处 四处 远处 | 独到之处 绝处逢生 恰到好处

字　谜 像外不是外，只是长一块。

fù

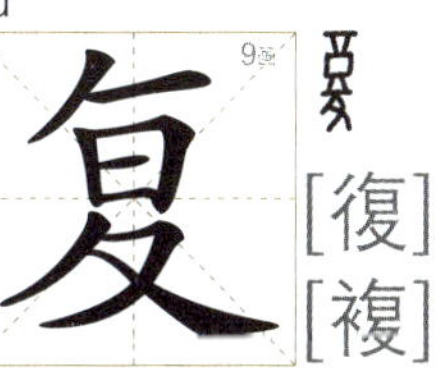

复 [復] [複]

丿 𠂉 𠂉 仁 伯 伯 侑 复 复

等　级 初等二级

字　源 造字说法不一。一说古字形像人脚趾由穴居通道出入的样子，本义是往返出入；一说是地室。“復”的本义是来回，“複”的本义是重复，合并简化为“复”。

类推识字 腹馥 覆履

形 近 字 夏 麦

组　词 复查 复仇 复出 复读 复发 复古 复合 复婚 复活 复赛 复试 复述 复数 复苏 复习 复兴 复印 复杂 复诊 复制 | 报复 重复 答复 反复 恢复 修复 | 错综复杂 反复无常 山重水复 失而复得 死灰复燃 万劫不复 周而复始

gè

各

丿 ク 夂 夂 各 各

等　级 初等三级

字　源　“口”是门坎，上面的“夂”是脚，本义是到来，假借为代词、副词等。

类推识字　络骆格赂胳烙略酪 路露 洛落 客额 阁搁

组　词　各别 各个 各级 各界 各人 各色 各位 各种 各自 | 各持己见 各得其所 各就各位 各式各样 各抒己见 各行其是 各有千秋 各自为政

字　谜　大路边上没足迹。/落花流水。

tiáo

[條]

等　级　初等一级

字　源　本义是小树枝。

类推识字　涤

组　词　条幅 条件 条款 条理 条例 条纹 条形码 条约 | 便条 假条 教条 金条 面条 苗条 头条 线条 萧条 油条 枝条 纸条 | 井井有条 慢条斯理 有条不紊

xià

等　级　初等二级

字　源　造字说法不一。一说古字形像一个手脚齐全的人形，一说指中国人。

类推识字　厦

形 近 字　复

组　词　夏季 夏令营 夏天 夏至 夏装 | 初夏 冬夏 华夏 立夏 盛夏 | 夏娃

夕字旁

多 岁 名 外 夜

“夕”和“月”在甲骨文中是一个字，都是月亮的形状。有“夕”的字多与月亮、夜晚有关。

yè

等　级　初等二级

字　源　本义是夜晚，从夕亦声。

类推识字　液腋

组　词　夜班 夜车 夜间 夜景 夜空 夜里 夜色 夜市 夜晚 夜宵 夜校 | 熬夜 半夜 过夜 黑夜 日夜 深夜 午夜 宵夜 昼夜 | 夜长梦多 夜深人静

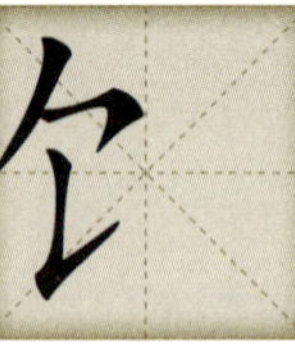

食字旁

餐　饭饱饺饿馆

“食”的古字形像一个盛着食物的器皿，“食”旁的字多与食物或者吃喝有关。“食”在字的左侧作偏旁时，取草书字形简化为“饣”。

cān

等　级　初等二级

字　源　本义是吞食、吃。

类推识字　食

组　词　餐车 餐馆 餐巾纸 餐具 餐厅 餐饮 餐桌 | 聚餐 快餐 晚餐 午餐 西餐 野餐 早餐 中餐 自助餐 | 风餐露宿 秀色可餐 一日三餐

bǎo

[飽]

等　级　初等二级

字　源　本义是吃饱。

类推识字 包 抱咆泡胞炮袍跑鲍 刨 苞雹

组　词 饱尝 饱读 饱嗝 饱含 饱和 饱满 饱学 丨 吃饱 温饱 丨 饱经风霜

字　谜 一包馒头。

è

[餓]

丿 𠂉 饣 饣 饣 饣 饣 饿 饿 饿

等　级 初等一级

字　源 本义是饥饿。

类推识字 我 俄哦峨娥蛾 鹅

组　词 饿鬼 饿狼 丨 挨饿 饥饿 丨 忍饥挨饿

字　谜 饭前我来。

fàn

[飯]

丿 𠂉 饣 饣 饣 饭 饭

等　级 初等一级

字　源 本义是吃饭。

类推识字 反 阪扳板贩版畈皈舨 返

组　词 饭菜 饭店 饭馆 饭盒 饭局 饭粒 饭量 饭桶 饭碗 饭桌 丨 吃饭 电饭锅 米饭 晚饭 稀饭 早饭 中饭 做饭 丨 残羹剩饭 茶余饭后 酒足饭饱

guǎn

[館]

丿 𠂉 饣 饣 饣 饣 饣 饣 馆 馆 馆

等　级 初等一级

字　源 本义是接待宾客食宿的房屋。

类推识字 官 棺 管

组　词 馆藏 馆子 丨 宾馆 博物馆 餐馆 场馆 大使馆 饭馆 海洋馆 领事馆 旅馆 体育馆 图书馆 展览馆 照相馆

jiǎo

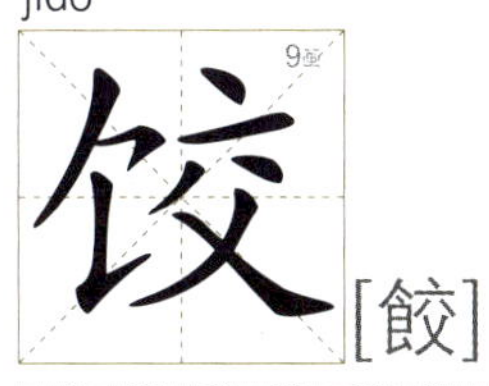

[餃]

丿 𠂉 饣 饣 饣 饣 饣 饺 饺

等　级 初等二级

字　源 本义是饺子。

类推识字 交 佼咬狡绞校较胶跤 郊效

组　词 饺子 丨 水饺 虾饺 蒸饺

广字旁

庆 应 店 底 度 庭 座 唐 麻 康 鹿 摩 磨 鹰　扩 旷 矿

“广”的古字形像依山崖建造的房屋，含有“广”的字多与房屋有关。

guǎng

[廣]

丶 亠 广

等　级 初等二级

字　源 本义是依山崖所造之房屋。

类推识字 扩旷矿

形 近 字 厂

组　词 广播 广场 广大 广度 广泛 广告 广阔 广义 丨 宽广 推广 丨 地广人稀 集思广益 见多识广 神通广大

字　谜 定点厂。

chuáng

丶 亠 广 广 庄 床 床

等　级 初等一级

字　源 本义是坐卧的器具。会意兼形声。从木，从爿（pán），爿（pán）亦声。

类推识字 木旁字（169页）

组　词 床单 床垫 床头 床位 丨 病床 机床 木床 水

床 起床 | 双人床 卧床不起 同床异梦

字　谜 广植树。

dǐ

丶 亠 广 广 庀 庀 底 底

等　级 初等三级

字　源 本义是物体最下边的部分。

类推识字 氏 低抵

组　词 底层 底稿 底牌 底片 底气 底细 底下 底线 底薪 底子 底座 | 彻底 到底 功底 年底 卧底 心底 月底 | 归根到底 海底捞月

diàn

丶 亠 广 广 庐 庐 店 店

等　级 初等一级

字　源 造字说法不一，一说是较为简陋的小旅馆。

类推识字 掂惦 战 点 毡

组　词 店面 店铺 店员 | 便利店 饭店 分店 花店 酒店 理发店 连锁店 零售店 商店 书店 水果店 玩具店 小吃店 药店

dù/duó

丶 亠 广 广 庐 庐 庐 庐 度

等　级 初等二级

字　源 本义是计算长短的标准和器具，从又庶省声。

类推识字 渡镀踱

组　词 dù 度过 度假 度量 度数 | 程度 大度 风度 幅度 高度 国度 过度 季度 角度 经度 力度 密度 年度 浓度 强度 摄氏度 深度 湿度 适度 速度 态度 纬度 温度 再度 制度 | 印度 | 度日如年 风度翩翩 虚度年华 ▌duó 揣度 测度 | 度德量力

kāng

丶 亠 广 户 户 庐 庚 庚 庚 康 康

等　级 初等二级

字　源 本义是乐器（庚）摇动的声音，安宁、喜乐。

类推识字 糠慷

组　词 康复 康乃馨 | 健康 小康 | 康熙 | 康庄大道

má

丶 亠 广 广 庁 庁 庁 庁 府 麻 麻

等　级 初等三级

字　源 本义是人在房内剥麻皮的纤维。

类推识字 嘛 磨蘑 摩魔靡

组　词 麻痹 麻袋 麻烦 麻花 麻将 麻酱 麻利 麻木 麻雀 麻绳 麻药 麻油 麻醉 | 芝麻 | 麻木不仁 心乱如麻

字　谜 木床。/驱除魔鬼。

qìng

[慶]

丶 亠 广 庁 庆 庆

等　级 初等三级

字　源 造字说法不一，一说是带着鹿皮去庆贺。

类推识字 大 驮 达

形近字 厌

组　词 庆典 庆功 庆贺 庆幸 庆祝 | 婚庆 喜庆 校庆 | 重庆 国庆 国庆节

字　谜 广大。

tíng

丶 亠 广 户 庄 库 庭 庭 庭

等　级 初等二级
字　源 本义是宫廷。
类推识字 廷 挺艇蜓
组　词 庭院 | 法庭 家庭 开庭 | 大庭广众 门庭若市

yīng/yìng

[應]

丶 亠 广 广 庐 应 应

等　级 初等二级
字　源 本义是应该、应当，从心（心里认为应当如此）"雁（yīng）"声，简化为"应"。
组　词 yīng 应当 应该 应届 应许 应允 | 应有尽有 | yìng 应变 应酬 应对 应付 应和 应急 应聘 应试 应验 应邀 应用 | 报应 答应 对应 反应 感应 供应 呼应 适应 相应 响应 效应 照应 | 应运而生 供不应求
字　谜 床前举首。

zuò

丶 亠 广 广 庀 広 庅 座 座 座

等　级 初等二级
字　源 本义是人停坐的地方。
类推识字 坐 挫
组　词 座机 座谈 座位 座右铭 | 插座 讲座 就座 满座 星座 | 座无虚席 高朋满座
字　谜 人人进村庄。

门字旁

问 间 闻　们

"门（門）"的古字形像两扇门的形状，含有"门"的字大多与门和房屋有关。

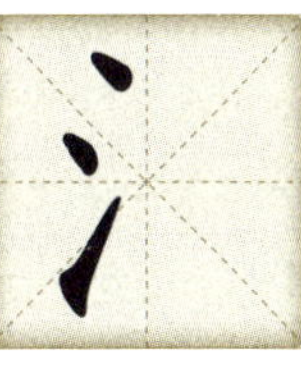

水字旁 三点水

汁 汉 汤 沙 汽 没 法 河 油 注 泳 洗 活 派 济 酒 消 海 流 浪 清 深 湖 温 渴 游 满 漂 演 澡

水可独立成字。"水"作构字部件时一般写在字的下边；在字的左边时写作"氵"，叫做三点水。含有"水""氵"的字多表示与水有关的事物。

fǎ

丶 氵 氵 汁 汴 法 法 法

等　级 初等二级
字　源 造字说法不一，一说是法律。
类推识字 去
组　词 法宝 法典 法定 法官 法规 法纪 法警 法老 法理 法力 法令 法律 法人 法庭 法网 法学 法医 法院 法则 法制 法治 | 办法 犯法 方法 非法 合法 看法 立法 手法 书法 说法 司法 违法 无法 宪法 依法 用法 语法 执法 做法 | 法国 | 想方设法 逍遥法外 约法三章
字　谜 干燥剂。/烘干。

hǎi

丶 氵 氵 氵 汇 汇 海 海 海 海

等　级 初等二级
字　源 本义是海洋。
类推识字 每 侮诲悔梅晦酶 嗨 敏繁 莓霉
组　词 海岸 海拔 海报 海滨 海带 海盗 海风 海港 海关 海归 海军 海量 海绵 海面 海鸥 海事 海滩 海棠 海豚 海外 海湾 海峡 海鲜 海啸 海选 海洋 海域 海藻 | 大海 火海 苦海 人海 沿海 | 海口 海南 上海 | 大海捞针 海枯石烂 海阔天空 海纳百川 沧海桑田 天涯海角

hàn

[漢]

丶 丶 氵 汈 汉

等　级 初等一级

字　源 “汉语”的“汉”本是古代河流的名称。中国历史上的汉朝是统治时间很长的一个统一王朝，影响深远。现在“汉族、汉语、汉字”的“汉”都由此而来。

类推识字 仅奴权取叔叹叙 对邓欢戏劝观艰难

组　词 汉堡包 汉子 | 单身汉 好汉 男子汉 硬汉 | 汉服 汉学 汉语 汉字 汉族

字　谜 又遇水。

hé

丶 丶 氵 氵 汀 沪 河 河

等　级 初等二级

字　源 本义是黄河。

类推识字 可 何诃阿坷呵 啊 苛荷菏

组　词 河川 河床 河道 河谷 河口 河流 河马 河山 河运 | 江河 运河 | 黄河 | 大好河山 过河拆桥 气壮山河

hú

丶 丶 氵 氵 汁 沽 沽 沽 泏 湖 湖 湖

等　级 初等二级

字　源 本义是湖泊。

类推识字 胡 糊蝴 葫

组　词 湖泊 湖水 | 江湖 | 西湖 | 五湖四海

huó

丶 丶 氵 氵 汇 汗 沃 活 活

等　级 初等二级

字　源 本义是流水的声音，引申为流动、活动等。

类推识字 舌 乱刮敌甜 括恬 适阔

组　词 活宝 活动 活该 活口 活力 活泼 活期 活体 活血 活页 活跃 | 复活 干活 绝活 快活 生活 鲜活 | 活蹦乱跳

jǐ/jì

[濟]

丶 丶 氵 氵 氵 汸 汶 济 济

等　级 初等三级

字　源 本义是水名，读jǐ；引申为过河、救助等，读jì。

类推识字 齐 挤脐跻 剂

组　词 jǐ 济南 | 人才济济 | jì 济贫 济世 | 接济 经济 救济 | 假公济私

jiǔ

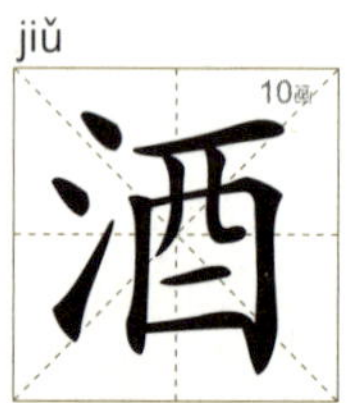

丶 丶 氵 氵 汀 沂 沂 沔 洒 酒 酒

等　级 初等二级

字　源 本义是粮食、水果等发酵而成的饮料。

类推识字 酉 配酥酬醉酿

组　词 酒吧 酒杯 酒菜 酒店 酒鬼 酒精 酒力 酒量 酒水 酒窝 酒席 酒意 | 碘酒 喝酒 啤酒 喜酒 酗酒 | 酒肉朋友 灯红酒绿 花天酒地

字　谜 一半油一半醋，喝多了会糊涂。

kě

丶 丶 氵 氵 氵 沪 沪 沪 沪 泻 渴 渴 渴

等　级 初等一级

字　源 “竭”的本字，本义水干涸，后借用作“潵”，本义是口干想喝水。

类推识字 揭喝竭褐蝎 歇 葛遏霭

组　词 渴盼 渴求 渴望 | 解渴 口渴 | 如饥似渴 望梅止渴

làng

等　级 初等三级

字　源 本义是波浪、大的波涛。

类推识字 良 狼娘琅锒粮酿踉 朗 郎廊榔

组　词 浪潮 浪荡 浪费 浪花 浪迹 浪漫 浪子 ‖ 波浪 放浪 风浪 海浪 流浪 热浪

字　谜 好水。

liú

等　级 初等二级

字　源 本义是水流急速涌出。

类推识字 梳疏蔬

组　词 流产 流畅 流程 流传 流动 流放 流浪 流泪 流离 流利 流连 流量 流露 流落 流氓 流年 流派 流失 流逝 流水 流淌 流通 流亡 流向 流星 流行 流血 流言 流域 流转 ‖ 潮流 电流 风流 寒流 河流 交流 轮流 暖流 气流 上流 水流 一流 主流 ‖ 流连忘返 川流不息

字　谜 荒草除完，又遭水淹。

mǎn

[滿]

等　级 初等二级

字　源 本义是充盈、充满。

类推识字 瞒

组　词 满分 满腹 满怀 满口 满意 满月 满足 满嘴 满座 ‖ 饱满 不满 充满 丰满 美满 圆满 自满 ‖ 满族 ‖ 满不在乎 满面春风 满载而归 琳琅满目 笑容满面

méi/mò

等　级 初等一级

字　源 本义是沉入水中，读mò。

类推识字 设投役股般 疫

组　词 méi 没关系 没劲 没空 没事 没意思 没有 ‖ 没精打采 没头没脑 ▌mò 没落 没收 ‖ 沉没 出没 淹没 ‖ 没齿难忘 全军覆没 神出鬼没

pài

等　级 初等三级

字　源 本义是河水的支流。

类推识字 派别 派出所 派对 派发 派遣 派生 派送 派头 ‖ 党派 调派 流派 门派 苹果派 气派 正派 ‖ 拉帮结派

piāo/piǎo/piào

等　级 初等二级

字　源 本义是漂浮，浮在液体表面，读piāo。

类推识字 票 膘 飘

组　词 piāo 漂泊 漂荡 漂浮 漂流 漂移 ▌piǎo 漂白 漂染 漂洗 ▌piào 漂亮

字　谜 水票。

qì

汽

等　级 初等一级

字　源 本义是水干涸。

类推识字 气 氧氮氯

组　词 汽车 公共汽车 汽笛 汽水 汽油 | 水汽 蒸汽

字　谜 水气。

qīng

等　级 初等二级

字　源 本义是水纯净。

类推识字 青 倩请猜情婧晴睛靖蜻精 静

组　词 清白 清仓 清查 清场 清唱 清澈 清晨 清除 清楚 清纯 清脆 清单 清淡 清点 清风 清高 清官 清洁 清静 清冷 清理 清廉 清凉 清热 清扫 清爽 清汤 清晰 清洗 清闲 清香 清新 清醒 清秀 清幽 清早 清真 清蒸 | 澄清 冷清 | 清明 清明节 | 清规戒律 清心寡欲 冰清玉洁 两袖清风 眉清目秀 旁观者清

shā

等　级 初等三级

字　源 本义是水边的细小沙石。

类推识字 少 抄吵妙纱炒砂眇钞秒 劣省 渺鲨

组　词 沙包 沙尘暴 沙袋 沙发 沙坑 沙拉 沙龙 沙漠 沙鸥 沙盘 沙丘 沙滩 沙土 沙哑 沙眼 沙洲 沙子 | 风沙 散沙 | 沙皇 | 含沙射影 一盘散沙

字　谜 水少。

shāng/tāng

[湯]

等　级 初等三级

字　源 本义是热水、开水。

类推识字 场扬杨肠畅 荡烫

组　词 shāng 河水汤汤 | tāng 汤锅 汤壶 汤匙 汤水 汤圆 | 鸡汤 落汤鸡 米汤 | 赴汤蹈火

字　谜 烫头。

shēn

等　级 初等三级

字　源 本义是水面到水底的距离大。

类推识字 探

组　词 深奥 深层 深沉 深度 深海 深厚 深呼吸 深化 深交 深究 深刻 深浅 深切 深情 深秋 深入 深思 深邃 深信 深夜 深渊 深远 深造 深重 | 高深 加深 资深 | 深仇大恨 深更半夜 深情厚谊 博大精深 根深蒂固

wēn

等　级 初等二级

字　源 造字说法不一，一说是水名。

类推识字 瘟 蕴

组　词 温饱 温差 温床 温存 温带 温度 温和 温暖 温情 温泉 温柔 温润 温室 温顺 温习 温馨 | 保温 常温 重温 降温 气温 升温 体温 | 温故知新 温文尔雅 重温旧梦

xǐ

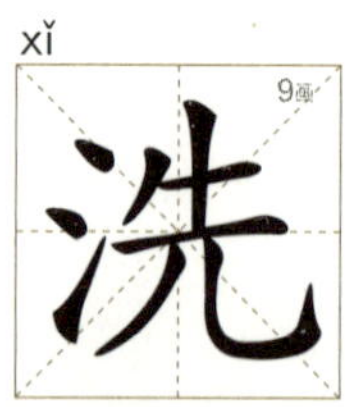

等　级 初等一级

字　源 本义是洗脚。

类推识字 先 宪 选

组　词 洗车 洗尘 洗涤 洗劫 洗礼 洗牌 洗钱 洗手 洗手间 洗漱 洗刷 洗衣店 洗衣粉 洗衣机 洗澡 | 冲洗 干洗 清洗 梳洗 | 洗耳恭听 洗心革面 一贫如洗

xiāo

丶 丶 氵 氵 氵 氵 氵 消 消 消

等　级 初等三级

字　源 本义是冰雪融化。

类推识字 肖　俏捎哨峭悄梢硝销稍艄鞘　削　逍宵屑霄

组　词 消沉 消除 消毒 消防 消费 消费者 消耗 消化 消极 消灭 消磨 消遣 消融 消散 消失 消食 消受 消瘦 消损 消停 消退 消亡 消息 消炎 消肿 | 抵消 取消 | 烟消云散

yǎn

丶 丶 氵 氵 氵 氵 氵 氵 氵 氵 演 演 演 演

等　级 初等三级

字　源 本义是水流长。

类推识字 寅

组　词 演变 演播室 演唱 演出 演化 演技 演讲 演练 演示 演说 演算 演习 演戏 演义 演艺 演绎 演员 演奏 | 扮演 表演 导演 饰演 巡演 主演 | 故伎重演

yǒng

丶 丶 氵 氵 氵 氵 氵 泳

等　级 初等三级

字　源 本义是游泳。

类推识字 永　咏脉

组　词 泳池 泳道 泳镜 泳坛 泳衣 泳装 | 蝶泳 蛙泳 仰泳 游泳

yóu

丶 丶 氵 氵 氵 油 油 油

等　级 初等二级

字　源 本义是古水名。

类推识字 由　抽妯柚轴袖　邮迪庙届宙笛

组　词 油彩 油菜 油船 油灯 油垢 油光 油耗 油滑 油画 油价 油轮 油麦 油门 油腻 油漆 油然 油水 油田 油条 油箱 油性 油烟 油渍 | 柴油 加油 加油站 酱油 奶油 汽油 石油 原油 | 油然而生 油头粉面 油嘴滑舌 火上浇油

yóu

丶 丶 氵 氵 氵 氵 氵 氵 氵 氵 游 游

等　级 初等二级

字　源 造字说法不一，一说本义是水流。

组　词 游船 游荡 游记 游客 游览 游乐场 游离 游牧 游人 游说 游艇 游玩 游戏 游行 游学 游泳 游园 游子 游走 | 春游 导游 环游 旅游 上游 下游 中游 | 游山玩水 游手好闲 故地重游

zǎo

丶 丶 氵 氵 氵 氵 氵 氵 氵 氵 氵 氵 氵 氵 澡 澡

等　级 初等二级

字　源 本义是洗手。

类推识字 操噪燥躁臊　藻

组　词 澡堂 | 泡澡 洗澡

zhī

丶 丶 氵 氵 汁

等　级 初等三级

字　源 本义是含有某种物质的液体。

类推识字 十　计什

组　词 汁水 汁液 | 果汁 乳汁 | 绞尽脑汁 原汁原味

字　谜 十三点。/十滴水。

zhù

等　级 初等三级

字　源 本义是灌入、倾泻。

类推识字 主　住拄往驻柱炷蛀

组　词 注册　注定　注解　注目　注射　注视　注释　注销　注意　注音　注重　注资 | 备注　赌注　关注　脚注　尾注　专注 | 孤注一掷　命中注定　全神贯注　引人注目

字　谜 差点成汪。

心字旁

必　志忘态念忽思怎急总恐息您想意感愿

“心”的古字形像心脏的形状，“心”作偏旁多在字的下面，含有“心”的字大多与心理活动有关。

---

bì

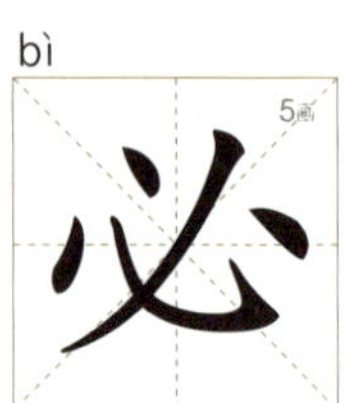

等　级 初等二级

字　源 造字说法不一。一说本义是分界的木橛；一说本义是古代兵器的柄，假借为一定、必定。

类推识字 秘泌　密蜜　瑟

组　词 必定　必然　必须　必需　必要 | 不必　何必　势必　未必　务必　想必 | 必由之路　大可不必　分秒必争　骄兵必败　事必躬亲　言多必失

字　谜 匕首穿心。

gǎn

等　级 初等二级

字　源 本义是外界事物对人的心理情绪有所激发触动。

类推识字 咸　减碱喊　憾撼

组　词 感到　感动　感激　感觉　感冒　感情　感染　感人　感受　感想　感谢 | 读后感　动感　反感　好感　节奏感　快感　口感　灵感　流感　美感　敏感　伤感　同感　性感　幽默感　优越感　语感　预感　质感　责任感　自卑感 | 感恩戴德　感激涕零　感慨万千　感人肺腑　感同身受　百感交集　多愁善感

hū

等　级 初等二级

字　源 本义是心神不定、恍惚。

类推识字 勿　物吻　刎

组　词 忽略　忽然　忽视 | 飘忽　疏忽 | 玩忽职守

字　谜 勿放心上。

jí

等　级 初等二级

字　源 本义是急躁、没有耐心，声符本为“及”，隶书字形发生变化。

类推识字 稳隐瘾

组　词 急匆匆　急救　急剧　急忙　急切　急事　急性子　急用　急诊　急诊室　急躁 | 焦急　紧急　内急　危急　心急　应急　着急 | 急功近利　急于求成　当务之急　气急败坏　轻重缓急　燃眉之急

字　谜 有禾就稳。

kǒng

等　级 初等三级

字　源 本义是畏惧、害怕、心中不安。

类推识字 工　扛江红杠肛虹缸　功攻项　巩筑　汞贡　空控腔 鸿

组　词 恐怖　恐吓　恐慌　恐惧　恐怕 | 惶恐　惊恐　唯恐 | 惶恐不安　有恃无恐　争先恐后

niàn

等　级 初等三级

字　源 本义是长久的思念。

类推识字 今　吟衿矜黔　含贪衾　捻　琴

组　词 念叨　念旧　念书　念头 | 悼念　概念　挂念　观念　怀念　纪念　纪念品　思念　想念　信念　悬念 | 念念不忘　念念有词　私心杂念　万念俱灰　一念之差

sī

等　级 初等二级

字　源 本义是思考。古字形上边是“囟”，表示脑袋，古人认为思考要用头脑和心。

类推识字 腮

组　词 思考　思路　思念　思索　思维　思想　思绪 | 沉思　反思　构思　相思　相思病　单相思　心思　寻思　意思　不好意思　够意思　小意思　有意思 | 百思不解　不可思议　睹物思人　匪夷所思　集思广益　苦思冥想　乐不思蜀　深思熟虑　朝思暮想

字　谜 有田就安心。

tài

[態]

等　级 初等二级

字　源 本义是神情、态度。

类推识字 太　汰

组　词 态度　态势 | 表态　变态　病态　动态　静态　神态　生态　失态　事态　心态　形态　状态　姿态 | 老态龙钟　世态炎凉　仪态万方

字　谜 太多心。

xī

等　级 初等一级

字　源 本义是呼吸时的气息。“自”是鼻子，“心”原本是气息状，讹变为心。

类推识字 熄媳螅

组　词 息怒　息影 | 安息　（没）出息　喘息　姑息　利息　叹息　消息　信息　休息　窒息　作息 | 息事宁人　息息相关　川流不息　休养生息　奄奄一息　偃旗息鼓　自强不息

xiǎng

等　级 初等一级

字　源 本义是心中希望。

类推识字 相　湘　箱霜　厢

组　词 想必　想到　想法　想念　想象 | 猜想　畅想　感想　回想　幻想　假想　理想　联想　梦想　设想　思想　妄想　心想　休想　着想 | 想方设法　想入非非　痴心妄想　浮想联翩　异想天开

yì

等　级 初等二级

字　源 本义是心中的想法。

类推识字 音

组　词 意见　意料　意识　意思　意图　意外　意味　意向　意义　意志 | 大意　诚意　得意　恶意　故意　敬意　乐意　民意　歉意　惬意　任意　如意　善意　生意　诗意

示意 随意 特意 同意 玩意儿 心意 新意 愿意 在意 中意 主意 注意 做生意 | 意气风发 意味深长 称心如意 得意忘形 情投意合 万事如意 心灰意懒 心猿意马 一意孤行

yuàn

[願]

一厂厂厂厂戶戶戶原原原原愿愿愿

等　级 初等二级

字　源 “愿”的本义是老实、谨慎；“願”的本义是大头，假借为愿望、心愿，简化时用“愿”。

类推识字 原 源

组　词 愿望 愿意 | 宁愿 情愿 心愿 许愿 志愿 志愿者 祝愿 自愿 | 如愿以偿 事与愿违 心甘情愿

zěn

丿 𠂉 乍 乍 乍 乍 怎怎怎

等　级 初等一级

字　源 本义是疑问词，表示心理活动，所以有“心”旁。

类推识字 作诈咋昨炸 窄榨

组　词 怎的 怎么 怎么样 怎样

zhì

一十士士志志志

等　级 初等三级

字　源 本义是意，从心之声，“之”讹变为“士”。

组　词 志气 志向 志愿 志愿者 | 标志 立志 同志 意志 杂志 | 志同道合 踌躇满志 斗志昂扬 人穷志短 矢志不渝 玩物丧志 胸有大志

zǒng

[總]

丶丷丷台台总总总总

等　级 初等三级

字　源 从糸（mì，细丝），悤（cōng）声。本义是把丝聚合扎束起来。

类推识字 聪

组　词 总裁 总称 总共 总和 总结 总经理 总理 总是 总算 总体 总统 总之 | 汇总 老总 | 总而言之 林林总总

忄

竖心旁

忙快性怕怪情惯慢懂

“心”旁在字的左边时写作“忄”，含有“忄”的字大多与心理活动有关。

dǒng

丶丶忄忄忄忄忄忄忄忄忄懂懂懂懂

等　级 初等二级

字　源 本义是了解、知道。

类推识字 重 董

组　词 懂得 懂事 | 看（不）懂 懵懂 难懂 听（不）懂 | 通俗易懂

guài

丶丶忄忄怪怪怪怪

等　级 初等三级

字　源 本义是奇怪的、奇异的。

类推识字 圣

组　词 怪不得 怪癖 怪事 怪物 怪异 怪罪 | 丑八怪 错怪 古怪 鬼怪 见怪 难怪 奇怪 妖怪 责怪 作怪 | 大惊小怪 千奇百怪 少见多怪

guàn

[慣]

等级 初等二级

字源 本义是习惯。

类推识字 贯 掼

组词 惯例 惯性 惯用 ‖ 娇惯 习惯 ‖ 娇生惯养 司空见惯

kuài

等级 初等一级

字源 本义是心里愉快。

类推识字 诀决块缺

组词 快板儿 快报 快餐 快车 快递 快活 快捷 快乐 快门 快速 ‖ 飞快 赶快 很快 欢快 加快 尽快 勤快 轻快 痛快 愉快 ‖ 快马加鞭 大快人心 痛快淋漓 心直口快 眼疾手快

màn

等级 初等一级

字源 本义是懈怠、怠惰。

类推识字 曼 谩漫馒幔 蔓

组词 慢车 慢火 慢跑 慢（慢）吞吞 慢性（病） 慢性子 慢走 ‖ 傲慢 怠慢 缓慢 快慢 轻慢 ‖ 慢条斯理 细嚼慢咽

máng

等级 初等一级

字源 本义是内心着急、不安。

类推识字 亡 虻 氓 妄忘盲 芒茫 望

组词 忙活 忙碌 忙乱 忙于 ‖ 帮忙 匆忙 繁忙 赶忙 慌忙 急忙 连忙 ‖ 忙里偷闲 不慌不忙 手忙脚乱

pà

等级 初等二级

字源 本义是淡泊无为。

类推识字 白 伯帕泊珀柏舶 拍啪 魄 碧 迫

组词 怕人 怕生 怕事 怕羞 ‖ 害怕 惧怕 可怕 恐怕 哪怕 生怕 只怕 ‖ 担惊受怕 欺软怕硬 贪生怕死

趣解汉字 心里害怕，脸色发白。

qíng

等级 初等二级

字源 本义是感情、情绪。

类推识字 青 倩请猜清婧晴睛靖蜻精 静

组词 情报 情操 情调 情分 情感 情歌 情怀 情急 情节 情结 情景 情况 情理 情面 情书 情形 情绪 情意 情愿 ‖ 爱情 悲情 表情 痴情 动情 感情 敢情 激情 交情 绝情 求情 热情 神情 盛情 事情 说情 同情 无情 心情 性情 友情 ‖ 情不自禁 情窦初开 情景交融 情同手足 情有独钟 情有可原 风土人情 深情厚谊 盛情难却

xìng

等级 初等三级

字源 本义是人天生具备的一种特质。

类推识字 生 姓牲胜 笙 甥 星猩惺腥醒

组　词 性爱 性别 性感 性格 性急 性命 性能 性情 性质 | 个性 记性 建设性 决定性 理性 灵性 慢性 女性 人性 任性 索性 随性 弹性 人性 任性 知性 | 性命攸关 性情中人 本性难移 水性杨花

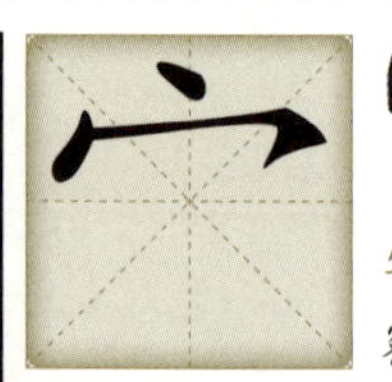

宀 

字安完定宜实宣室客害家容富赛察院

“宀”的古字形像房子，含有“宀”的字大多与房屋有关。

chá

等　级 初等三级

字　源 本义是仔细看。

类推识字 祭 蔡 擦

组　词 察访 察觉 察看 | 观察 警察 检察 检察官 检察院 考察 视察 侦察 | 察言观色 明察秋毫

字　谜 动手擦去一半。

dìng

等　级 初等二级

字　源 本义是安居、安定。

类推识字 淀绽锭

组　词 定点 定夺 定额 定稿 定格 定购 定价 定金 定居 定局 定理 定力 定量 定论 定期 定位 定义 定罪 | 必定 裁定 奠定 断定 否定 固定 规定 假定 坚定 鉴定 决定 肯定 拟定 确定 认定 设定 说不定 特定 稳定 一定 约定 镇定 指定 制定 | 安邦定国 尘埃落定 一口咬定 镇定自若

fù

等　级 初等三级

字　源 古字形像房子里有酒，本义是财物多、富裕、富有。

类推识字 幅辐福蝠 副 逼 匐

组　词 富贵 富国 富含 富豪 富丽 富民 富强 富饶 富商 富态 富翁 富有 富余 富裕 富足 | 暴富 财富 仇富 丰富 首富 炫富 致富 | 富国强兵 为富不仁 嫌贫爱富

kè

等　级 初等一级

字　源 本义是宾客。

类推识字 各 络骆格赂胳烙略酪 路露 洛落 额 阁搁

组　词 客车 客串 客房 客服 客观 客户 客机 客气 客人 客套 客厅 | 背包客 宾客 乘客 房客 顾客 过客 好hào客 黑客 旅客 请客 说客 稀客 侠客 游客 政客 | 宾客盈门 不速之客 反客为主

róng

等　级 初等三级

字　源 本义是房子里有空间可以放进东西。

类推识字 溶榕熔 蓉

组　词 容积 容貌 容纳 容器 容忍 容易 | 包容 从容 毁容 宽容 内容 笑容 形容 阵容 整容 | 容光焕发 从容不迫 花容月貌 刻不容缓

字　谜 一家住了八口人。

shí

[實]

等　级　初等二级

字　源　家里有田有“贝”（钱），本义是富裕殷实。

类推识字　买　卖读续赎

组　词　实际　实践　实力　实施　实习　实现　实行　实在 | 诚实　核实　厚实　纪实　老实　落实　平实　其实　切实　确实　事实　务实　现实　翔实　写实　虚实　扎实　着实　真实　忠实　壮实 | 实报实销　实实在在　实事求是　不切实际　华而不实　脚踏实地　老老实实

字　谜　宝盖头。/头戴官帽。/头上安头。

shì

等　级　初等二级

字　源　本义是居室。

类推识字　至　侄　到倒　致　窒　屋

组　词　室内　室温 | 办公室　地下室　更衣室　候车室　会议室　家室　教室　密室　寝室　王室　温室　卧室　演播室　浴室 | 登堂入室　引狼入室

wán

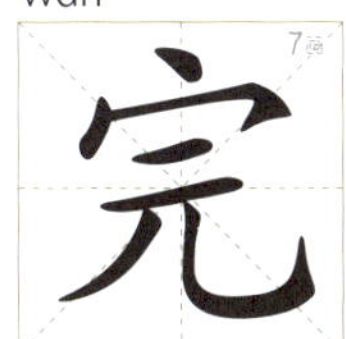

等　级　初等二级

字　源　本义是房屋建造完好。

类推识字　元　玩院皖　顽　远　园

组　词　完备　完毕　完成　完好　完美　完全　完善　完整 | 看完　说完 | 完璧归赵　体无完肤

xuān

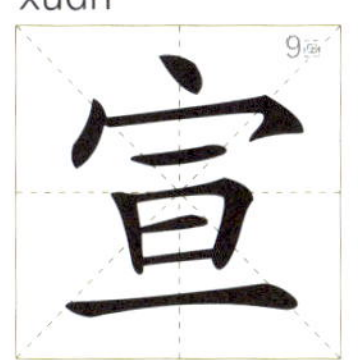

等　级　初等三级

字　源　本义是宫室名。

类推识字　亘　恒　喧楦渲

组　词　宣布　宣传　宣读　宣告　宣誓　宣言　宣扬　宣纸 | 心照不宣　照本宣科

yí

等　级　初等二级

字　源　古字形像屋里砧板上有肉，本义是用肉祭祀神灵。

类推识字　且　诅阻咀徂沮姐组殂俎祖租粗　谊　助锄

组　词　宜居　宜人 | 便宜　事宜　适宜 | 权宜之计　事不宜迟

走之旁

边过达进远运还连近迎这选适追送迷退速造通道遍　随

“辶”原来写作“辵（chuò）”，上“彳”下“止”，意思是脚在路上行走。含有“辶”的字大多与行走有关。

biān

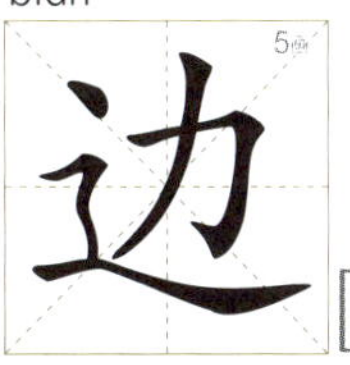

[邊]

等　级　初等一级

字　源　本义是走到山崖边缘。

类推识字　力　动肋劫励勒　历沥雳　厉

组　词 边陲 边疆 边际 边界 边境 边门 边塞 边缘 | 半边天 擦边球 东/西/南/北边 耳边风 海边 花边 靠边 路边 旁边 前/后/里/外边 上/下/左/右边 手边 四边 四边形 天边 一边 一边倒 沾边 这/那边 周边 | 不修边幅 不着边际 无边无际

biàn

丶 ㇀ ㇀ 户 户 启 启 扁 扁 ˋ扁 谝 遍

等　级 初等二级
字　源 本义是环绕一周，每个地方都走到。
类推识字 扁 偏编骗蝙 翩 篇 匾
组　词 遍布 遍地 遍及 | 普遍 一遍 | 遍地开花 遍体鳞伤 漫山遍野

dá

[達]

一 ナ 大 ˋ大 ˋ大 达

等　级 初等三级
字　源 本义是畅通。
类推识字 大 驮 庆
组　词 达标 达成 达到 达人 | 表达 传达 到达 抵达 发达 豁达 雷达 马达 送达 下达 转达 | 达官贵人 四通八达 知书达理

guò

[過]

一 十 寸 ˋ寸 讨 过

等　级 初等一级
字　源 本义是走过、经过。
类推识字 寸 付讨对村时肘衬 守
组　词 过程 过度 过渡 过分 过户 过继 过奖 过滤 过敏 过年 过期 过去 过失 过问 过瘾 过于 | 不过 超过 穿过 错过 度过 功过 好过 悔过 见过 经过 路过 难过 气不过 胜过 通过 信得/不过 罪过 | 过关斩将 过眼云烟 不过如此 操之过急 得过且过 供过于求 时过境迁 言过其实 雨过天晴

hái/huán

[還]

一 丆 不 不 ˋ不 怀 还

等　级 初等一级
字　源 本义是返回，读huán。
类推识字 不 坏怀环杯 否
组　词 hái 还是 还好 还有 | huán 还击 还价 还原 还债 | 偿还 返还 归还 | 返老还童 借尸还魂 讨价还价 以牙还牙

jìn

[進]

一 二 ㇀ 井 ˋ井 讲 进

等　级 初等一级
字　源 本义是向前移动。
类推识字 井 耕
组　词 进步 进出 进而 进攻 进化 进口 进取 进退 进行 进展 | 促进 改进 跟进 激进 上进 先进 引进 | 得寸进尺 突飞猛进 循序渐进 与时俱进
字　谜 走到井边。

jìn

一 厂 斤 斤 ˋ斤 近 近

等　级 初等二级
字　源 本义是附近、空间距离近。
类推识字 斤 折听析祈 芹 欣掀
组　词 近代 近景 近来 近期 近亲 近似 近视 | 逼近 附近 将近 接近 就近 靠近 亲近 远近 最近 | 急功近利 平易近人

lián

[連]

一 七 乞 车 ˋ车 连 连

等　　级 初等三级
字　　源 本义是人拉着车。
类推识字 链 莲
组　　词 连队 连贯 连接 连累 连忙 连锁 连锁店 连同 连续 连续剧 连夜 | 关连 接连 流连 牵连 | 骨肉相连 接二连三 流连忘返
字　　谜 还不走，车来了。

mí

等　　级 初等三级
字　　源 本义是迷路。
类推识字 米 咪眯 谜
组　　词 迷彩服 迷宫 迷糊 迷惑 迷路 迷人 迷失 迷雾 迷信 | 痴迷 财迷 低迷 歌迷 昏迷 球迷 入迷 戏迷 影迷 着迷 | 迷途知返 鬼迷心窍 扑朔迷离 执迷不悟
字　　谜 哑谜。

shì

等　　级 初等二级
字　　源 “适”的本义是急速，读kuò。“適”的本义是往、到，简化时用“适”。
类推识字 舌 乱刮敌甜 括活恬 阔
组　　词 适当 适度 适合 适量 适宜 适应 适中 | 不适 合适 舒适 | 适得其反 适可而止

sòng

等　　级 初等一级
字　　源 本义是送亲。
类推识字 郑
组　　词 送别 送礼 送人 送行 送终 | 传送 欢送 目送 配送 选送 葬送 赠送 | 暗送秋波 雪中送炭

sù

等　　级 初等三级
字　　源 本义是迅速、快。
类推识字 束 敕整 辣 嗽漱 赖懒 喇
组　　词 速冻 速度 | 飞速 加速 快速 提速 迅速 | 速战速决 不速之客

suí

等　　级 初等二级
字　　源 本义是跟随、跟从，从辶（辵），隋声。
类推识字 堕椭
组　　词 随便 随和 随机 随即 随身 随时 随手 随心 随意 随着 | 伴随 跟随 尾随 相随 追随 | 随机应变 随遇而安 入乡随俗

tōng

等　　级 初等二级
字　　源 本义是有路可以到达，没有阻碍。
类推识字 俑诵捅涌桶踊 勇恿 痛
组　　词 通常 通过 通话 通缉 通俗 通信 通宵 通晓 通用 通知 | 畅通 沟通 贯通 交通 精通 卡通 联通 流通 普通 普通话 中国通 直通车 | 通货膨胀 通宵达旦 博古通今 曲径通幽 四通八达

tuì

等　　级　初等三级
字　　源　本义是向后移动。
类推识字　限艰很狠恨根眼银跟　垦恳　痕　腿褪
组　　词　退步　退出　退换　退钱　退伍　退休 | 撤退　辞退　倒退　击退　进退　衰退　隐退　早退 | 退避三舍　进退两难　知难而退

xuǎn

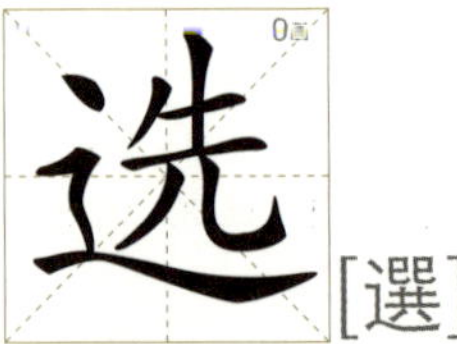

[選]

等　　级　初等二级
字　　源　本义是遣送、放逐。
类推识字　先　洗　宪
组　　词　选拔　选定　选举　选手　选修　选择 | 大选　当选　候选　精选　竞选　节选　落选　评选　票选　人选　筛选　首选 | 精挑细选

yíng

等　　级　初等二级
字　　源　本义是相逢、迎接。
类推识字　仰抑　昂
组　　词　迎合　迎接　迎面　迎娶　迎战 | 恭迎　欢迎 | 迎风招展　迎刃而解　阿谀逢迎

yuǎn

[遠]

等　　级　初等一级
字　　源　本义是空间距离大。
类推识字　元　玩院皖　顽　完　园
组　　词　远大　远见　远近　远行　远洋　远征 | 边远　长远　遥远　永远 | 远走高飞　任重道远

yùn

[運]

等　　级　初等二级
字　　源　本义是移动、转动。
类推识字　云　耘酝　动魂　芸层
组　　词　运程　运动　运费　运气　运输　运送　运算　运行　运营　运用　运转　运作 | 搬运　好运　客运　陆运　命运　水运　托运　幸运　转运 | 运筹帷幄　时来运转　应运而生

zào

等　　级　初等三级
字　　源　本义是前往、到达。
类推识字　告　浩皓酷　糙　窖　靠
组　　词　造成　造反　造福　造化　造句　造型　造谣 | 编造　创造　打造　改造　构造　建造　捏造　人造　塑造　伪造　营造　制造　铸造 | 粗制滥造　登峰造极　胡编乱造　矫揉造作

zhè

[這]

等　　级　初等一级
字　　源　本义是迎接。
类推识字　刘
组　　词　这儿　这里　这么　这些　这样

zhuī

等　　级　初等三级

字　源　本义是追击、追逐。

组　词　追查 追悼 追赶 追究 追求 追溯 追随 追尾 追踪 | 乘胜追击 奋起直追 穷追不舍 围追堵截

尸字旁

层屋展属

“尸”的古字形像蹲着的人，含有“尸”的字大多与躯体有关。“尸”和“广”很相似，所以一些跟房屋有关的字也是尸字旁。

céng

[層]

等　级　初等二级

字　源　本义是多层的房屋。

类推识字　云 耘酝 动魂 芸 运

组　词　层次 层级 | 表层 人气层 底/中/高层 顶层 阶层 里/外层 楼层 上/下层 云层 | 层出不穷 层次分明

shǔ/zhǔ

[屬]

等　级　初等三级

字　源　繁体字“屬”下边表示读音，上边表示连接的意思。本义是连接、连续，读zhǔ。

类推识字　嘱瞩

组　词　shǔ 属地 属下 属相 属性 属于 | 附属 归属 归属感 家属 金属 隶属 下属 | zhǔ 属望 属文 属意 | 前后相属

wū

等　级　初等三级

字　源　本义是屋顶。

类推识字　至 侄 到倒 致 室窒 握

组　词　屋顶 屋檐 屋子 | 房屋 老屋 木屋 书屋 祖屋 | 爱屋及乌

zhǎn

等　级　初等三级

字　源　本义是身体转动。

类推识字　辗碾

组　词　展开 展览 展露 展示 展望 展现 | 布展 参展 车展 发展 画展 进展 开展 扩展 伸展 施展 舒展 书展 拓展 影展 | 大展宏图 一筹莫展

弓字旁

“弓”的古字形像一张弓的样子，含有“弓”的字大多与弓有关。

zhāng

[張]

等　级　初等三级

字　源　本义是拉紧弓弦。

类推识字　长 帐账胀 涨

组　词　张开 张狂 张贴 张扬 | 慌张 紧张 开张 夸张 扩张 声张 纸张 主张 | 张灯结彩 张冠李戴 张牙舞爪 东张西望

子字旁

孩　好　字李学　存

“子”的古字形像小孩子的形状，有些含有“子”的字与小孩子有关。“子”字也有小的意思，有些含有“子”的字与小有关。“子”在字的左侧作偏旁时，写作“子”。

cún

等　级 初等三级

字　源 造字说法不一，一说本义是活着，引申为存在、保留。

形近字 仔

组　词 存放 存款 存心 存在 存折 | 保存 并存 储存 惠存 留存 内存 生存 温存 | 名存实亡 求同存异 心存芥蒂

hái

等　级 初等一级

字　源 本义是小孩笑。

类推识字 亥 该咳骇核 刻

组　词 孩童 孩子 | 男孩 女孩 小孩

字　谜 十二地支首尾相连。

xué

[學]

等　级 初等一级

字　源 本义是拿算筹在室内教育孩子。

类推识字 觉 搅

组　词 学费 学会 学科 学历 学期 学生 学识 学术 学说 学位 学问 学习 学校 学子 | 辍学 大/中/小学 法学 放学 好学 化学 开学 科学 留学 求学 上学 数学 同学 文学 心理学 医学 哲学 （勤工）助学 | 学富五车 学无止境 博学多闻 不学无术 才疏学浅 真才实学

字　谜 一字多两点。

女字旁

奶如好她妈妹姑姐姓始娘婚媒安要

“女”的古字形像两手交叉跪着的女人，含有“女”的字大多与女人有关。上古是母系社会，所以“姓名”的“姓”，“开始”的“始”都是“女”旁。“女”在字的左侧作偏旁时，写作“女”。

gū

等　级 初等三级

字　源 本义是父亲的姐妹。

类推识字 古 估咕沽枯骷 菇 故胡 苦 辜 居 固

组　词 姑姑 姑娘 姑且 姑嫂 姑息 姑爷 | 村姑 尼姑 小姑 | 姑息养奸

hūn

等　级 初等三级

字　源 本义是结婚。

类推识字 昏

组　词 婚礼 婚庆 婚纱 婚事 婚宴 婚姻 | 重婚 二婚 复婚 结婚 离婚 裸婚 闪婚 晚婚 征婚 证婚 证婚人 | 新婚燕尔

jiě

等级 初等一级

字源 本义是母亲。

类推识字 且 诅阻咀徂沮组殂俎祖租粗 宜谊 助锄

组词 姐夫 姐姐 姐妹 | 表姐 大姐 空姐 小姐

mā

[媽]

等级 初等一级

字源 本义是母亲。

类推识字 马 吗玛码蚂 驮驰驱驼 骂

组词 妈妈 | 干妈 姑妈 后妈 舅妈 姨妈 | 妈祖 | 婆婆妈妈

méi

等级 初等三级

字源 本义是婚姻介绍人，媒人。形声字。从女，某声。

类推识字 某谋煤

组词 媒介 媒婆 媒人 媒体 媒质 | 保媒 传媒 说媒 | 多媒体 媒妁之言 明媒正娶

mèi

8画

妹

等级 初等一级

字源 本义是妹妹。

类推识字 未 味昧 寐 魅

组词 妹夫 妹妹 | 表妹 姐妹 师妹 堂妹 学妹 姊妹

nǎi

等级 初等一级

字源 本义是乳房。

类推识字 乃 仍扔

形近字 及

组词 奶粉 奶酪 奶奶 奶嘴 | 吃奶 豆奶 断奶 牛奶 喂奶 鲜奶

niáng

等级 初等三级

字源 本义是少女、姑娘。

类推识字 良 狼浪琅锒粮酿踉 朗 郎廊榔

组词 娘家 娘家人 娘子 | 伴娘 爹娘 姑娘 红娘 新娘

字谜 良家妇女。

shǐ

等级 初等三级

字源 上古是母系社会，因此表示开始、开端的“始”是女字旁。

类推识字 台 冶抬饴治怡贻胎 苔怠

组词 始创 始发 始终 始祖 | 初始 创始 开始 原始 | 秦始皇 | 始料未及 始作俑者 有始有终

tā

6画

她

等　级 初等一级
字　源 古文"姐"字。后借来表示女性第三人称代词。
类推识字 也 他池地弛驰 施
组　词 她们

xìng

等　级 初等二级
字　源 上古是母系社会，"姓"是女字旁。
类推识字 生 性牲胜 笙 甥 星猩惺腥醒
组　词 姓名 姓氏 | 复姓 贵姓 （老）百姓 | 隐姓埋名

yāo/yào

等　级 初等一级
字　源 古字形像一个女人双手叉腰的样子，本义指人的腰部，是"腰"的本字。
类推识字 腰
组　词 yāo 要求 要挟 | yào 要不 要不然 要点 要好 要价（不）要紧 要领 要么 要命 要强 要是 要素 | 必要 不要 次要 纲要 还要 纪要 简要 将要 就要 快要 首要 需要 摘要 只要 重要 主要 总要 | 简明扼要 无关紧要

糸字底
系紧累
"糸"的古字形像一束丝绳。"糸"作偏旁时，常写在字的下方，含有"糸"的字大多与丝绳、丝织品或颜色有关。

jǐn
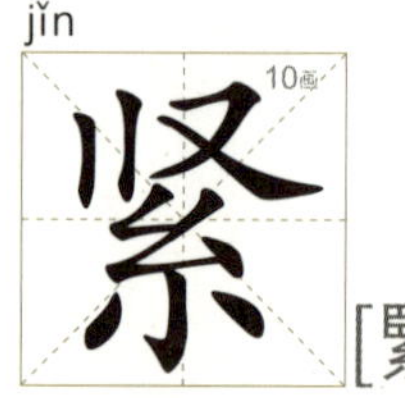
等　级 初等三级
字　源 本义是把丝缠紧。
类推识字 坚肾贤竖
组　词 紧闭 紧凑 紧急 紧密 紧迫 紧俏 紧缩 紧要 紧张 | 不要紧 吃紧 加紧 赶紧 收紧 松紧 抓紧 | 紧锣密鼓 无关紧要

léi/lěi/lèi

等　级 初等一级
字　源 "纍"的本义是丝线连缀整齐有条理，读léi。"累"的本义是重叠、堆积。简化时合并为"累"。
类推识字 骡螺摞
组　词 léi 累赘 | 果实累累 | lěi 累次 累积 累计 累日 | 积累 | 长年累月 连篇累牍 日积月累 | lèi 累人 | 劳累连累 拖累
字　谜 幼小无力也种田。

绞丝旁
红约级纪纸线练组终绍经结给绝继绩续绿
"糸"在左边的时候大多写作"纟"，含有"纟"的字大多与丝绳或丝织品有关。以前人们根据丝帛的颜色来称呼某些颜色名称，所以表示颜色的字多有"纟"旁。

gěi/jǐ

等　级 初等一级
字　源 本义是供给，使人丰足、富裕。
类推识字 合 拾哈洽恰蛤 盒 答 鸽 塔搭 瘩
组　词 gěi 给面子 给足 | 不给 分给 送给 献给 ‖ jǐ 给养 给予 | 补给 供给 | 自给自足

gōng/hóng

[紅]

等　级 初等二级
字　源 本义是粉红色的帛。
类推识字 工 扛江杠肛虹缸 功攻项 巩恐筑 汞贡 空控腔 鸿
组　词 gōng 女红 ‖ hóng 红包 红火 红娘 红人 红润 红色 红烧 红烧肉/鱼 红星 红眼 红叶 红肿 | 当红 分红 粉红 火红 开门红 脸红 通红 西红柿 鲜红 眼红 走红 | 红得发紫 大红大紫 灯红酒绿 青红皂白

jí

[級]

等　级 初等二级
字　源 本义是丝的等级。
类推识字 及 圾吸汲极
组　词 级别 | 班级 超级 初级 等级 低级 顶级 高级 各级 阶级 中产阶级 年级 上/下级 升级 跳级 五星级 中级

jì

[紀]

等　级 初等三级
字　源 本义是丝缕的头绪。
类推识字 己 记妃配 改 岂 忌 起
组　词 纪录 纪律 纪念 纪实 纪要 | 经纪人 年纪 世纪 | 违法乱纪

jì

[繼]

等　级 初等三级
字　源 本义是连接断了的丝，左边是“丝”，有接续义，右边是连在一起的丝。
类推识字 断
组　词 继承 继父 继母 继任 继续 | 后继 相继 | 继往开来 后继无人 难以为继 前仆后继 夜以继日

jì

[績]

等　级 初等二级
字　源 本义是把麻搓、捻成线或绳。
类推识字 责 债
组　词 绩效 | 成绩 功绩 业绩 政绩 | 丰功伟绩

jiē/jié

[結]

等　级 初等二级
字　源 本义是打结，读jié。
类推识字 吉 洁桔秸
组　词 jiē 结巴 结果 结实 ‖ jié 结伴 结冰 结构 结合 结婚 结交 结晶 结局 结论 结束 结算 结业 结账 | 巴结 冻结 勾结 归结 纠结 了结 凝结 团结 完结 终结 总结 | 结党营私 瞠目结舌 成群结队 张灯结彩

jīng/jìng

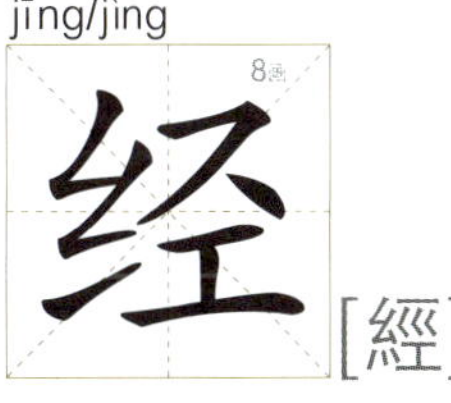

[經]

等　　级 初等二级

字　　源 本义是丝织品的纵线。

类推识字 径泾轻胫 劲颈 茎氢

组　　词 jīng 经常 经典 经度 经费 经过 经济（总）经理 经历 经商 经受 经纬 经验 经营 | 曾经 财经 几经 历经 取经 神经 途经 已经 月经 正经 | 圣经 | 经久不息 饱经风霜 漫不经心 身经百战 天经地义 一本正经 正儿八经 ▌jìng 经纱

jué

[絕]

纟纟纟纟纟纟绝绝绝

等　　级 初等三级

字　　源 本义是用刀断丝、断绝。

类推识字 色 艳

组　　词 绝版 绝代 绝对 绝非 绝交 绝路 绝密 绝情 绝食 绝望 | 不绝 杜绝 断绝 回绝 拒绝 谢绝 | 空前绝后 络绎不绝 拍手叫绝 深恶痛绝 滔滔不绝

liàn

[練]

纟纟纟纟纟练练练

等　　级 初等二级

字　　源 本义是把丝或麻的织品煮得柔软洁白。

类推识字 拣炼

组　　词 练笔 练功 练习 练字 | 操练 干gàn练 教练 简练 精练 拉练 老练 排练 熟练 训练 演练 | 训练有素

lǜ

[綠]

纟纟纟纟纟纟纟纟绿绿绿

等　　级 初等二级

字　　源 本义是绿色，像草木枝叶繁茂时的颜色。

类推识字 录 碌禄 氯 剥

组　　词 绿茶 绿灯 绿地 绿豆 绿化 绿帽子 绿色 | 碧绿 翠绿 嫩绿 | 绿肥红瘦 灯红酒绿 花花绿绿 红男绿女

shào

[紹]

纟纟纟纟纟纟绍绍

等　　级 初等一级

字　　源 本义是接续断丝。

类推识字 叨 召 招沼迢 昭照 超

组　　词 介绍 | 绍兴

xiàn

[綫]

纟纟纟纟纟线线线

等　　级 初等三级

字　　源 本义是丝、棉、麻等搓成的细长的东西。

类推识字 戋 饯浅栈残钱践 贱溅 盏 笺

组　　词 线路 线索 线条 | 底线 电线 光线 环线 界线 路线 曲线 热线 视线 无线 无线网 在线 占线 直线 专线 | 穿针引线 放长线，钓大鱼 一线生机

xù

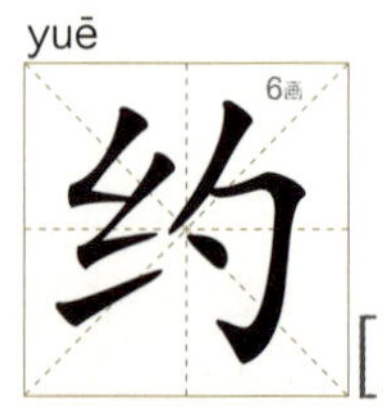

[續]

纟纟纟纟纟纟纟纟纟续续

等　　级 初等三级

字　　源 本义是丝相连。

类推识字 卖 读赎

组　　词 续集 续篇 续签（合同） | 持续 后续 继续 连续 连续剧 陆续 手续 延续 | 断断续续

yuē

约

[約]

纟纟纟纟约约

等　　级 初等三级

字　　源 本义是缠束、捆绑。

类推识字 勺 灼钓的酌趵豹 药

组　词 约定 约会 约束 | 大约 合约 简约 节约 契约 如约 失约 条约 特约 违约 违约金 相约 邀约 隐约 预约 制约 | 纽约 | 约定俗成 约法三章 不约而同 隐隐约约

字　谜 采草药。/草不入药。

zhǐ

[紙]

纟 纟 纟 纟 纟 纟 纸（7画）

等　级 初等二级

字　源 本义是纸张，最早的纸是用破布和烂渔网等制造的。

类推识字 氏

组　词 纸币 纸巾 纸张 | 白纸 报纸 壁纸 餐巾纸 废纸 剪纸 卡纸 牛皮纸 墙纸 手纸 试纸 图纸 卫生纸 信纸 造纸 折纸 | 纸上谈兵 纸醉金迷 白纸黑字 跃然纸上

zhōng

[終]

（8画）

等　级 初等三级

字　源 本义是纺线结束后在末端打结儿。

类推识字 冬 疼

组　词 终点 终归 终极 终将 终结 终究 终年 终日 终身 终生 终于 终止 | 临终 年终 始终 送终 最终 | 从一而终 老有所终 善始善终 始乱终弃 寿终正寝 自始至终

zǔ

[組]

（8画）

等　级 初等二级

字　源 本义是一种宽而薄的丝带。

类推识字 且 诅阻咀徂沮姐殂俎祖租粗 宜谊 助锄

组　词 组成 组合 组员 组织 组装 | 词组 重chóng组 分组 剧组 小组

字　谜 粗中有细。

马字旁

验骑　吗妈

“马”的古字形像马的样子，含有“马”的字大多与马或者类似马的牲畜有关。“马”在字的左侧作偏旁时，写作“马”。

qí

[騎]

（11画）

等　级 初等二级

字　源 本义是跨在马背上、骑马。

类推识字 奇 倚椅崎绮琦畸 寄 旖

组　词 骑兵 骑车 骑马 骑士 | 骑虎难下

yàn

[驗]

（10画）

等　级 初等三级

字　源 本义是马的名称。

类推识字 佥检险捡脸 剑敛 签

组　词 验光 验收 验血 验证 | 测验 化验 检验 经验 考验 实验 试验 体验 | 经验之谈

王字旁

玩环现球理　班　弄　全

“王”本为“玉”字，“玉”的古字形像三片玉串连在一起的形状，含有“王（玉）”的字大多与玉石有关。“王”在字的左侧作偏旁时，写作“王”，也叫斜玉旁。

bān

一 二 千 王 玎 玏 玏 玪 班 班

等级 初等一级

字源 本义是用刀把玉分开。

类推识字 辨

组词 班车 班级 班长 班主任 | 唱诗班 航班 加班 科班 上/下班 速成班 同班 早/晚班 值班 坐班 | 西班牙 | 班门弄斧 按部就班

huán

[環]

一 二 千 王 玎 玎 玎 环

等级 初等三级

字源 本义是一种圆形中间有孔的玉。

类推识字 不 坏怀杯 否 还

组词 环保 环节 环境 环球 环绕 环游 | 耳环 花环 火环 连环 连环画 五环 （血液/良性/恶性）循环 指环 | 险象环生 循环往复

字谜 少一横就变坏。

lǐ

一 二 千 王 玑 玑 玑 玾 理 理 理

等级 初等二级

字源 本义是顺着玉的纹理对玉石进行初步加工。

类推识字 里 埋狸鲤 童 厘

组词 理财 理睬 理发 理会 理解 理科 理论 理念 理想 理性 理由 理智 | 办理 处理 搭理 打理 代理 道理 地理 管理 合理 经理 （不）讲理 料理 清理 情理 审理 生理 梳理 说理 条理 调理 推理 物理 心理 心理学 修理 原理 照理 真理 整理 治理 助理 在理 总经理 总理 自理 | 理所当然 理直气壮 不可理喻 慢条斯理 岂有此理 置之不理

qiú

一 二 千 王 王 玎 玎 玎 球 球 球

等级 初等一级

字源 本义是美玉。

类推识字 求 救

组词 球队 球技 球门 球迷 球拍 球赛 球鞋 球星 球员 | 白血球 棒球 保龄球 打球 地球 点球 发球 罚球 橄榄球 混球 进球 扣球 篮球 南/北半球 排球 皮球 乒乓球 气球 铅球 全球 水晶球 水球 台球 踢球 头球 网球 星球 绣球 雪球 眼球 羽毛球 月球 足球

wán

一 二 千 王 王 玎 玗 玩

等级 初等一级

字源 本义是把玩玉。

类推识字 元 院皖 顽 完 远 园

组词 玩火 玩具 玩命 玩弄 玩偶 玩耍 （开）玩笑 玩意儿 | 把玩 电玩 古玩 好玩 闹着玩 贪玩 游玩 | 玩忽职守 玩火自焚 玩世不恭 玩物丧志 游山玩水

xiàn

[現]

一 二 千 王 玑 玑 玑 现

等级 初等一级

字源 本义是玉的光。

类推识字 见 观砚视舰 觉

组词 现场 现成 现代 现货 现金 现任 现实 现象 现在 现状 | 表现 呈现 重chóng现 出现 兑现 发现 浮现 闪现 实现 体现 涌现 再现 展现 | 现身说法 安于现状 丢人现眼 活灵活现 若隐若现 昙花一现

字谜 主见差一点。

木字旁

末本术束果 林森 休 机材村极杯板标树桥格校样根检椅楼概 杂呆宋采某架桌渠集寨 李查 楚 床 闲 困

“木”可独立成字，用作偏旁可以写在字的左边或右边，也可以写在字的上边或下边，含有“木”的字大多与树木有关。“木”在字的左侧作偏旁时，写作“木”。

bǎn

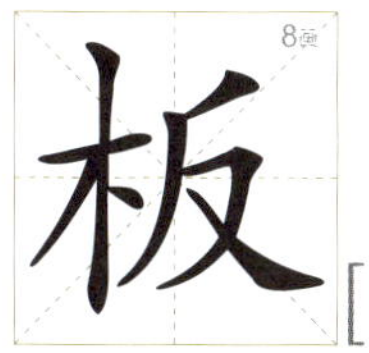

[闆]

一 十 才 木 木 杤 杤 板

等　　级 初等二级

字　　源 “板”的本义是木板，“闆”的本义是老板，简化时合并为“板”。

类推识字 反 阪扳饭贩版畈舨 返

组　　词 板凳 板块 板栗 | 白板 呆板 地板 古板 黑板 脚板 叫板 刻板 篮板 老板 木板 跷跷板 身板 死板 踏板 调色板 跳板 天花板 样板 | 板上钉钉 一板一眼

bēi

一 十 才 木 木 杆 杯 杯

等　　级 初等一级

字　　源 本义是一种器皿。

类推识字 不 坏怀环 否 还

组　　词 杯子 | 保温杯 茶杯 干杯 奖杯 酒杯 碰杯 贪杯 一杯水/茶 | 杯弓蛇影 杯水车薪

biāo

[標]

一 十 才 木 木 杧 杧 杼 标

等　　级 初等三级

字　　源 本义是树梢。

类推识字 示 祭票 奈捺

组　　词 标榜 标本 标点 标记 标价 标明 标签 标示 标题 标志 标准 | 达标 风向标 光标 竞标 路标 目标 商标 鼠标 招标 指标 中标 坐标 | 标新立异 治标不治本

cái

一 十 才 木 木 村 材

等　　级 初等三级

字　　源 本义是木材。

类推识字 才 财豺

组　　词 材料 材质 | 钢材 棺材 教材 木材 器材 身材 素材 题材 选材 药材 | 大材小用 因材施教

chá/zhā

一 十 才 木 木 杏 杏 杳 查

等　　级 初等二级

字　　源 造字说法不一。一说本义是残桩，也有人认为是山楂。

类推识字 渣碴

组　　词 chá 查办 查房 查获 查清 查实 查问 查找 | 调查 翻查 访查 复查 稽查 检查 考查 排查 清查 审查 巡查 严查 追查 侦查 | zhā 姓查

chǔ

一 十 才 木 木 村 材 林 林 埜 埜 楚 楚

等　　级 初等二级

字　　源 本义是丛生的矮树木。

类推识字 林 淋琳 梦婪 禁襟 旋

组　　词 清楚 酸楚 痛楚 | 楚楚动人 楚楚可怜 四面楚歌 衣冠楚楚 朝秦暮楚

cūn

一 十 才 木 木 村 村

等　级 初等三级

字　源 本义是村庄，人聚居的地方。

类推识字 寸 付讨对时肘衬 守 过

组　词 村姑 村里 村民 村庄 村子 | 地球村 度假村 邻村 农村 山村 乡村 渔村

字　谜 十八寸。

gài

一 十 才 木 木 村 村 相 相 根 概 概 概

等　级 初等三级

字　源 本义是量谷物时刮平斗斛的木板。

类推识字 既 溉慨

组　词 概况 概括 概论 概率 概念 概要 | 大概 梗概 气概 一概 | 一概而论 以偏概全

gé

一 十 才 木 木 杉 枚 柊 格 格

等　级 初等三级

字　源 本义是树木的长枝条。

类推识字 各 络骆赂胳烙略酪 路露 洛落 客额 阁搁

组　词 格局 格式 格外 格言 格子 | 表格 出格 定格 方格 风格 规格 合格 及格 价格 品格 破格 人格 体格 性格 严格 资格 | 格格不入 格杀勿论 别具一格 不拘一格

字　谜 左桥右路。

gēn

一 十 才 木 木 村 村 村 根 根 根

等　级 初等三级

字　源 本义是植物的根。

类推识字 限艰很狠恨眼银跟 垦恳 痕 退腿褪 狼娘

组　词 根本 根基 根据 根源 根治 | 病根 存根 耳根 祸根 年根 生根 寻根 扎根 | 根深蒂固 归根结底 落地生根 斩草除根 追根问底

jī

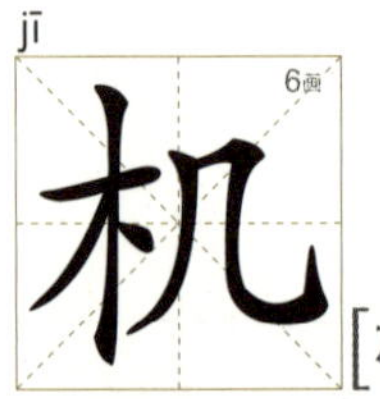

[機]

一 十 才 木 机 机

等　级 初等一级

字　源 “机”的本义是一种树；“機”的本义是古代发射弓弩的机关，引申为机械、机会等，简化时用“机”。

类推识字 几 讥叽饥肌凯

组　词 机场 机动 机构 机关 机会 机警 机灵 机密 机能 机器 机械 机遇 机制 机智 | 趁机 吹风机 打火机 打印机 电视机 登机牌 动机 耳机 发动机 飞机 复印机 关机 计算机 开机 客机 契机 商机 摄影机 生机 时机 收音机 手机 司机 死机 随机 投机 拖拉机 停机 危机 洗衣机 相机 心机 有机 游戏机 战机 照相机 直升机 转机 座机 | 当机立断 费尽心机 话不投机 见机行事 日理万机

jí

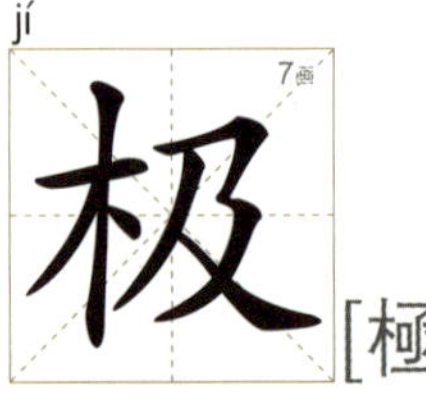

[極]

一 十 才 木 木 初 极

等　级 初等三级

字　源 “极”的本义是放在驴背上载物的木架子；“極”的本义是房屋的正梁，引申为顶点、尽头等，简化时用“极”。

类推识字 及 圾吸汲级

组　词 极度 极端 极好 极其 极限 | 蹦极 积极 消极 终极 | 北/南极 太极拳 | 登峰造极 乐极生悲 否极泰来 穷奢极欲 盛极一时 物极必反

jià

フ カ 力 加 加 加 架 架 架

等　级 初等三级
字　源 本义是支撑、搭设。
类推识字 加咖枷 驾贺袈 茄笳嘉 瘸
组　词 架势 架子 | 绑架 吵架 打架 担架 骨架 框架 三脚架 散架 十字架 书架 衣架 招架

jiǎn

[檢]
一 十 才 木 木 朩 朩 朩 朩 检 检
等　级 初等二级
字　源 本义是古代封藏书信的题签。
类推识字 俭险捡验脸 剑敛 签
组　词 检测 检查 检察 检点 检举 检索 检讨 检验 | 安检 抽检 体检 质检

jiào/xiào

一 十 才 木 木 朩 朩 杧 栌 校
等　级 初等一级
字　源 本义是拘禁犯人的木制刑具，读jiào。
类推识字 交 佼咬狡饺绞较胶跤 郊效
组　词 jiào 校订 校对 校正 | xiào 校服 校规 校花 校庆 校友 校园 校长 | 分校 高校 技校 军校 学校 住校

lǐ

一 十 才 木 本 李 李
等　级 初等三级
字　源 本义是李子树，也指李子。
形 近 字 季
组　词 李子 | 行李 行李箱 | 李代桃僵 桃李满天下 投桃报李 张冠李戴 张三李四
字　谜 宋字不戴帽，不作木字猜。

lóu

[樓]
一 十 才 木 木 朩 朩 朩 朩 朩 楼 楼 楼
等　级 初等一级
字　源 本义是两层以上的房屋。
类推识字 偻搂喽缕镂褛髅 数 萎 屡
组　词 楼层 楼道 楼房 楼盘 楼上 楼市 楼梯 | 办公楼 大楼 高楼 阁楼 酒楼 写字楼 | 海市蜃楼 近水楼台 琼楼玉宇 人去楼空

mǒu
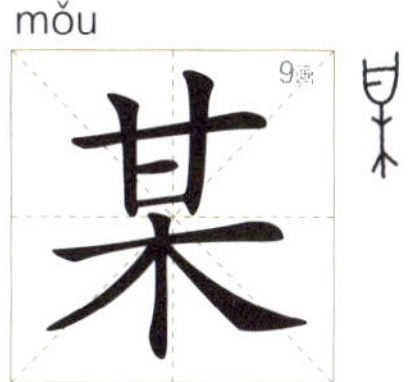
一 十 卄 廾 甘 甘 苴 茎 某
等　级 初等三级
字　源 本义是酸梅子。
类推识字 谋媒煤
组　词 某地 某个 某某 某人 某时 某物 某些

qiáo

[橋]
一 十 才 木 朩 朩 朩 桥 桥 桥
等　级 初等三级
字　源 本义是桥梁。
类推识字 乔 侨娇骄轿矫
组　词 桥梁 桥头 | 搭桥 独木桥 立交桥 鹊桥 天桥 | 过河拆桥
字　谜 乔木。

shù/zhú
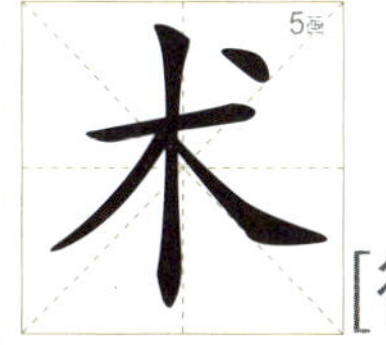
[術]
一 十 才 木 术
等　级 初等三级

字　源 “术”的本义是一种植物，读zhú；“術”的本义是街道，引申为途径、方法，简化时用“术”。
类推识字 述
组　词 shù 术语 | 技术 美术 魔术 手术 武术 心术 学术 艺术 战术 | 不学无术 仁心仁术 心术不正 | zhú 白术 苍术
字　谜 一字十八点。/一块木头多一点。

shù
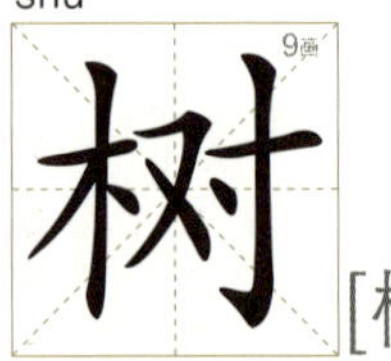
[樹]
一十才木权权权树树
等　级 初等一级
字　源 本义是树木。
类推识字 对
组　词 树干 树根 树立 树林 树木 树枝 | 大树 伐树 果树 建树 砍树 柳树 圣诞树 松树 摇钱树 植树 种树 | 树大招风 别树一帜
字　谜 又到村中来。/左边看是权，右边看是对，正面看一看，权对两相连。

yàng
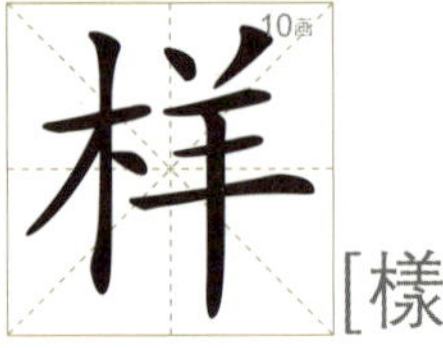
[樣]
一十才木术术栏栏栏样
等　级 初等一级
字　源 本义是橡树的果实。
类推识字 羊 佯详徉洋祥群鲜 翔 养 姜 氧痒 漾
组　词 样本 样品 样式 样子 | 榜样 变样 抽样 多样 好样的 花样 花样游泳 模样 那/这样 式样 耍花样 同样 图样 像样 一样 异样 怎么样 怎样 照样 走样 | 各种各样 装模作样

yǐ

一十才木木朩朩柞桥椅椅椅
等　级 初等二级
字　源 本义是一种树。
类推识字 奇 倚崎绮骑琦畸 寄 旖
组　词 椅子 | 轮椅 木椅 躺椅 摇椅 转椅 折叠椅 座椅

zá

[雜]
丿九九卆杂杂
等　级 初等三级
部　首 木
字　源 本义是各种颜料相配合。会意兼形声。从衣从集，集亦声。
类推识字 条 杀
组　词 杂草 杂费 杂货 杂技 杂工 杂粮 杂乱 杂文 | 嘈杂 掺杂 繁杂 复杂 混杂 庞杂 | 杂乱无章 杂七杂八 人多口杂 鱼龙混杂
字　谜 八九不离十

zhuō

丨卜卜卢卢卢卓卓桌桌
等　级 初等一级
字　源 本义是桌子。
类推识字 卓 绰悼掉 罩
组　词 桌布 桌面 桌子 | 办公桌 餐桌 饭桌 讲桌 课桌 书桌 圆桌

车字旁
转轻较辆输　连
“车（車）”的古字形像车的形状，含有“车”的字大多与车辆有关。“车”在字的左侧作偏旁时，写作“车”。

jiào

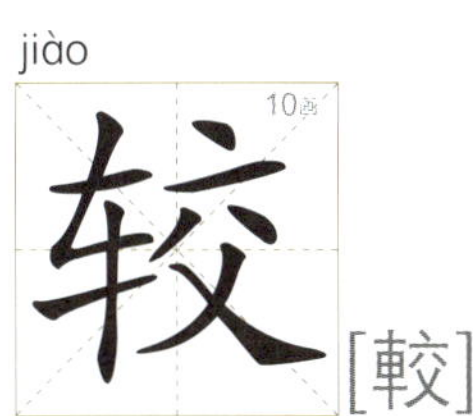

[較]

一 七 车 车 车' 车' 车' 车' 较 较

等　级　初等三级

字　源　本义是古代车厢两旁板上做扶手的曲木或曲铜钩。

类推识字　交　佼咬狡饺绞校胶跤　郊效

组　词　较劲　较量　较真 | 比较　计较 | 斤斤计较

liàng

[輛]

一 七 车 车 车 车 轩 轲 轲 辆 辆

等　级　初等二级

字　源　本义是量词，用于车。

类推识字　两　俩

组　词　车辆　一辆车

字　谜　两车。

qīng

[輕]

一 七 车 车 轩 轻 轻 轻 轻

等　级　初等二级

字　源　本义是古代一种轻便的车。

类推识字　径泾经胫　劲颈　茎　氢

组　词　轻薄　轻便　轻淡　轻敌　轻浮　轻工业　轻松　轻佻 | 减轻　看轻　年轻 | 轻车熟路　轻而易举　轻歌曼舞　举重若轻　头重脚轻

shū

[輸]

一 七 车 车 车 轮 轮 轮 输 输 输 输 输

等　级　初等三级

字　源　本义是用车运输。

类推识字　偷喻渝愉瑜榆　逾　愈

组　词　输出　输家　输入　输送　输血　输氧　输液　输赢　输油管 | 传输　服输　灌输　认输　运输 | 愿赌服输

zhuǎn/zhuàn

[轉]

一 七 车 车 车 车 转 转

等　级　初等三级

字　源　本义是回旋、旋转。

类推识字　专　传砖

组　词　zhuǎn　转变　转播　转车　转达　转告　转轨　转行　转化　转脸　转让　转身　转学　转眼　转移　转院　转账　转折　转折点 | 翻转　好转　扭转　婉转　向左/右转　旋转　运转　辗转　中转　周转 | 转败为胜　转悲为喜　转瞬即逝　转弯抹角　转危为安　斗转星移　峰回路转　急转直下　目不转睛 ‖ zhuàn　转动　转圈　转椅 | 飞转　团团转 | 转来转去

字　谜　专车。

(一) 日字旁

时明昨晚晴暖　春香普　早易是　显星晨最量景影　间　旧阳

“日”的古字形像太阳的形状，含有“日”的字大多与太阳、时间、天气有关。

chén

丶 口 日 日 旦 尸 尸 尸 是 晨 晨

等　级　初等二级

字　源　本义是早晨。

类推识字　辰　振娠赈　辱唇蜃震

组　词　晨报　晨光　晨练　晨曦　晨星 | 凌晨　清晨　早晨 | 暮鼓晨钟

chūn

等　　级 初等二级

字　　源 本义是春季、春天。

类推识字 椿 蠢

形 近 字 看 着 春 卷 泰 秦

组　　词 春潮 春分 春风 春耕 春光 春寒 春晖 春季 春节 春联 春梦 春秋 春色 春意 | 初春 立春 暮春 青春 新春 早春 | 长春 | 春风化雨 春华秋实 春困秋乏 妙手回春

jǐng

等　　级 初等三级

字　　源 本义是日光。

类推识字 京 凉谅掠惊晾鲸 影

组　　词 景点 景观 （不）景气 景区 景色 景深 景物 景象 景仰 景致 | 背景 布景 场景 风景 街景 近景 美景 盆景 前景 情景 全景 实景 外景 雪景 远景 夜景 应景 | 大煞风景 触景生情 好景不长

jiù

等　　级 初等三级

字　　源 本义是猫头鹰，假借为过去的、过时的。

形 近 字 归

组　　词 旧案 旧病 旧地 旧观 旧交 旧情 旧物 旧业 | 陈旧 怀旧 念旧 破旧 仍旧 守旧 叙旧 依旧 照旧 | 重温旧梦 喜新厌旧 因循守旧

字　　谜 二十四小时。

liáng/liàng

等　　级 初等二级

字　　源 本义是量器，读liàng。

形 近 字 重 厘

组　　词 liáng 量角器 量具 量体温 | 测量 打量 估量 衡量 计量 思量 ▌liàng 量变 量词 量化 量力 量刑 | 充其量 胆量 饭量 分量 工作量 含量 较量 尽量 酒量 力量 流量 能量 气量 热量 少量 商量 数量 销量 质量 重量 | 量入为出 量体裁衣 前途无量 自不量力

nuǎn

等　　级 初等三级

字　　源 本义是温暖、暖和。

类推识字 援缓

组　　词 暖冬 暖房 暖风 暖和 暖烘烘 暖壶 暖流 暖气 暖融融 暖色 暖洋洋 | 保暖 冷暖 取暖 温暖 | 春暖花开 风和日暖 人情冷暖 乍暖还寒

pǔ

等　　级 初等二级

字　　源 本义是太阳无光，远近天色都一样。

类推识字 谱

形 近 字 晋 显 昔

组　　词 普遍 普度 | 普法 普及 普通 普通话 普选 | 吉普车 科普 | 普洱茶 | 普度众生 普天同庆

qíng

等　级　初等二级

字　源　本义是夜晚雨停云散，天晴。

类推识字　青　倩请猜清情婧睛靖蜻精　静

组　词　晴空　晴朗　晴天　晴雨表 | 放晴　天晴 | 晴天霹雳　雨过天晴

shí

[時]

等　级　初等一级

字　源　本义是季节、时令。

类推识字　寸　付讨对村肘衬　守　过

组　词　时差　时长　时常　时辰　时代　时段　时而　时分　时光　时候　时机　时间　时局　时刻　时空　时髦　时期　时日　时尚　时事　时针　时装 | 按时　不时　此时　当时　多时　顿时　儿时　费时　古时　及时　及时雨　（倒）计时　届时　历时　临时　临时工　平时　随时　同时　小时　小时候　应时　有时　一时　暂时　准时 | 时不待我　不合时宜　随时随地　无时无刻　一时半会

wǎn

等　级　初等一级

字　源　本义是太阳落山的时候。

类推识字　免　挽娩　勉　冕

组　词　晚安　晚报　晚辈　晚餐　晚春　晚点　晚饭　晚会　晚婚　晚间　晚节　晚景　晚年　晚秋　晚上　晚霜　晚霞　晚宴　晚装 | 傍晚　当晚　今晚　明晚　夜晚　昨晚 | 晚节不保　大器晚成　相见恨晚　早出晚归

xiǎn

[顯]

等　级　初等三级

字　源　本义是在太阳光下检视丝。丝不易被看见，在阳光下看更明显。

类推识字　湿

形近字　晋　普　昔

组　词　显摆　显得　显贵　显赫　显卡　显灵　显露　显然　显示　显现　显性　显要　显耀　显著 | 明显　浅显　凸显　突显　昭显 | 显而易见　大显其能　各显身手

字　谜　有水就湿。

yì

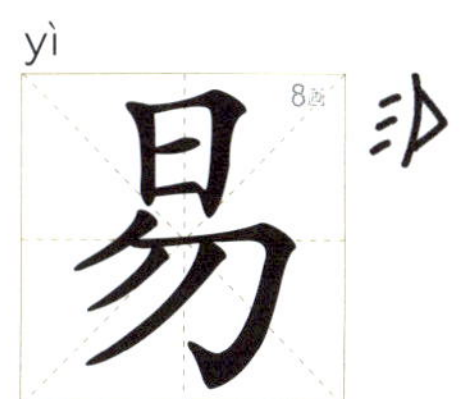

等　级　初等三级

字　源　造字说法不一，一说古字形像蜥蜴的形状。

类推识字　惕踢锡赐　剔

组　词　易拉罐　易于　易帜　易主 | 不易　简易　交易　贸易　轻易　容易 | 易经 | 易如反掌　来之不易　轻而易举　通俗易懂

yǐng

等　级　初等一级

字　源　本义是影子。

类推识字　景　衫彩杉形

组　词　影帝　影碟　影后　影集　影剧院　影迷　影评　影射　影视　影坛　影响　影像　影星　影音　影子 | 背影　电影　观影　光影　合影　录影　留影　皮影戏　泡影　人影　摄影　缩影　阴影　踪影 | 影影绰绰　杯弓蛇影　捕风捉影　含沙射影　立竿见影

zǎo

丨 ㄇ 日 日 旦 早

等级 初等一级

字源 太阳升到植物嫩芽之上，本义是早晨。

类推识字 草

组词 早安 早班 早餐 早操 早茶 早产 早车 早晨 早婚 早恋 早年 早上 早熟 早衰 早晚 早先 早已 早育 | 赶早 过早 及早 尽早 清早 提早 一大早 | 早出晚归 起早贪黑 为时过早

字谜 十日。

zuì

最

丨 ㄇ 日 日 旦 早 早 早 早 早 最 最

等级 初等一级

字源 本义是冒犯敌人而取（其左耳），汇总合计军功为上等。

类推识字 撮

形近字 取 敢

组词 最初 最低 最高 最好 最后 最佳 最近 最新 最终

字谜 摘太阳。

zuó

丨 ㄇ 日 日 日' 日'' 昨 昨 昨

等级 初等一级

字源 本义是昨天。

类推识字 作诈咋炸 窄榨 怎

组词 昨日 昨天 昨夜

贝字旁

贮 账 赚　贞 负 员 责 贵 费 资 赛 质 赢

“贝”的古字形像贝壳，古时用作货币。有“贝”的字多与钱财有关。

fèi

[費]

等级 初等三级

字源 本义是花去钱财。

类推识字 弗 佛拂沸

组词 费话 费解 费劲 费力 费神 费时 费事 费心 费用 | 白费 电费 稿费 公费 耗费 花费 话费 经费 军费 浪费 免费 收费 生活费 税费 枉费 （高）消费 小费 学费 药费 邮费 杂费 自费 | 费尽心机 铺张浪费 煞费苦心 枉费心机

guì

[貴]

等级 初等一级

字源 本义是物品价格高。

类推识字 馈溃 遗 匮

组词 贵宾 贵妃 贵干 贵庚 贵贱 贵客 贵人 贵姓 贵重 贵族 单身贵族 | 昂贵 宝贵 富贵 华贵 可贵 名贵 珍贵 | 达官显贵 高抬贵手 难能可贵 荣华富贵 物以稀为贵

sài

[賽]

等级 初等三级

字源 本义是用财物祭祀酬报神恩，“贝”字表示祭祀酬报需要的财物。

类推识字 寒塞赛

组　词 赛场 赛车 赛程 赛季 赛况 赛马 赛跑 赛期 赛区 赛事 赛项 赛制 | 半决赛 比赛 参赛 初赛 大赛 复赛 径赛 竞赛 决赛 拉力赛 联赛 淘汰赛 循环赛

yíng

[贏]

等　级 初等三级

字　源 本义是做买卖获得利润。

类推识字 羸

组　词 赢得 赢家 赢利 | 共赢 输赢 双赢

zé

责 [責]

等　级 初等三级

字　源 本义是索取。

类推识字 债绩

形 近 字 青

组　词 责备 责罚 责怪 责令 责骂 责难 责任 责问 | 斥责 负责 尽责 苛责 谴责 职责 指责 自责 罪责 | 责无旁贷 匹夫有责

字　谜 来人还债。/债没人还。

zī

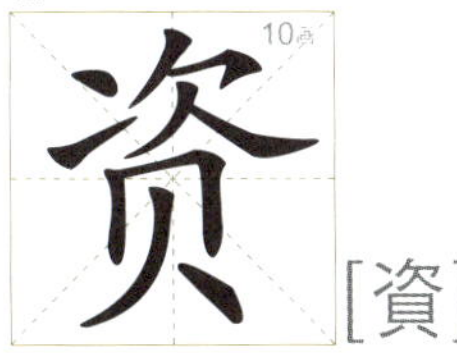

[資]

等　级 初等三级

字　源 本义是钱财的总称。

类推识字 次 咨姿恣瓷

组　词 资本 资本家 资产 资格 资金 资历 资料 资深 资讯 资源 资质 资助 | 斥资 独资 工资 耗资 合资 集资 全资 融资 师资 天资 投资 投资者 外资 物资 小资 | 资不抵债 论资排辈

牛字旁

物特　件　告

“牛”的古字形像牛角竖直的形状，含有“牛”的字大多与牛有关。“牛”在字的左侧作偏旁时，写作“牜”。

tè

特

等　级 初等二级

字　源 本义是公牛。

类推识字 寺 侍诗持峙待恃 等

组　词 特别 特产 特长 特此 特等 特点 特定 特工 特护 特惠 特级 特价 特批 特权 特色 特赦 特殊 特效 特性 特许 特意 特征 | 独特 奇特 | 特立独行 大错特错

字　谜 寺前一头牛。

wù

等　级 初等二级

字　源 本义是杂色牛。

类推识字 勿 吻刎忽

组　词 物产 物价 物件 物理 物流 物色 物体 物业 物证 物质 物种 物主 物资 | 宝物 产物 财物 宠物 参照物 动物 读物 怪物 购物 货物 吉祥物 建筑物 景物 刊物 礼物 猎物 农作物 人物 风云人物 大人物 小人物 生物 微生物 食物 实物 事物 玩物 万物 文物 信物 药物 衣物 遗物 障碍物 杂物 植物 | 物换星移 物极必反 物美价廉 物是人非 待人接物 庞然大物

 反文旁

收改放故效教救敢散数　整

“攵”原来写作“攴（pū）”，古字形像手里拿着棍棒一类器械的形状。现在常用字中只有“敲、寇”是“攴”旁，其他的都写作“攵”了。含有“攵”的字多与拿着棍棒一类器械打击有关。

fàng

等　级　初等一级

字　源　本义是驱逐、流放。

类推识字　方　仿访防坊妨纺肪　芳旁　房

组　词　放大　放大镜　放贷　放荡　放飞　放风　放歌　放话　放宽　放冷箭　放弃　放任　放射　放心　放羊 ‖ 安放　摆放　播放　奔放　粗放　堆放　发放　豪放　回放　解放　解放军　开放　怒放　排放　释放 ‖ 放虎归山　放声大哭/笑　百花齐放　含苞待放　收放自如　心花怒放　有的放矢

gǎi

等　级　初等二级

字　源　造字说法不一。一说像鞭打跪着的孩子，使他们改正错误；一说本义是变更。

类推识字　己　记妃纪配　岂　忌　起

组　词　改版　改变　改错　改道　改动　改革　改观　改过　改价　改建　改进　改口　改良　改期　改日　改善　改写　改选　改造　改正 ‖ 篡改　更改　悔改　劳改　删改　涂改　涂改液　修改 ‖ 改朝换代　改过自新　屡教不改　死性不改　痛改前非　知错必改

gǎn

等　级　初等三级

字　源　古字形像一只手抓动物，本义是进取，引申为有胆量、有勇气。

类推识字　橄　憨

形近字　取　最

组　词　敢情　敢死队　敢于 ‖ 不敢　不敢当　果敢　竟敢　岂敢　勇敢 ‖ 敢作敢当　不敢苟同

gù

等　级　初等二级

字　源　本义是让人做事情。

类推识字　古　估咕沽枯骷　姑菇　胡　苦　辜　居　固

组　词　故地　故而　故交　故旧　故里　故去　故事　故乡　故意　故友　故障 ‖ 变故　病故　典故　事故　无故　缘故 ‖ 故宫 ‖ 明知故犯　明知故问　人情世故　无缘无故　一见如故

字　谜　做不得人。/古文。

jiāo/jiào

等　级　初等一级

字　源　本义是拿着棍棒在教育孩子。

类推识字　孝　哮酵

组　词　jiāo　教书　教课 ‖ jiào　教案　教鞭　教材　教参　教程　教导　教辅　教父　教改　教化　教皇　教诲　教科书　教练　教师　教师节　教室　教授　教唆　教训　教养　教育　基础/高等/义务/特殊/学前/成人/家庭/职业教育 ‖ 家教　科教　礼教　领教　请教　说教　讨教　调教　外教　邪教　主教　助教　指教 ‖ 道教　佛教　基督教　天主教　伊斯兰教 ‖ 教学相长　屡教不改　三教九流　因材施教　有教无类

jiù

一 十 寸 才 才 求 求 求 求 求 救

等　级 初等三级

字　源 本义是制止。

类推识字 求 球

组　词 救兵 救场 救国 救护 救活 救济 救命 救生圈 救亡 救援 | 补救 搭救 呼救 获救 急救 急救车 急救电话 解救 没救 求救 挽救 营救 援救 拯救 | 救死扶伤 不可救药 见死不救 舍己救人

sǎn/sàn

一 十 廾 廾 廾 芈 芈 芈 背 背 散 散

等　级 初等三级

字　源 造字说法不一。一说本义是用棍棒击打树枝让鸟散开，一说本义是洒器。

类推识字 撒

组　词 sǎn 散打 散光 散居 散乱 散漫 散文 散装 | 懒散 松散 | 一盘散沙 ▌sàn 散播 散布 散步 散场 散发 散会 散伙 散热器 散失 散心 | 拆散 发散 分散 涣散 解散 扩散 离散 疏散 失散 | 不欢而散 魂飞魄散 披头散发 烟消云散

shōu

丨 丩 丩' 丩' 收 收

等　级 初等二级

字　源 本义是逮捕。

类推识字 纠叫 赳

组　词 收编 收兵 收藏 收成 收到 收费 收复 收割 收购 收获 收据 收入 收拾 收缩 收益 收音机 收银台 | 创收 丰收 回收 没收 签收 秋收 税收 吸收 验收 招收 征收 增收 | 覆水难收 兼收并蓄 名利双收 坐收渔利

shǔ/shù

[數]

丶 丷 丷 半 米 米 光 娄 娄 娄 娄 数 数

等　级 初等二级

字　源 本义是计算，读shǔ。

类推识字 偻搂喽缕楼镂褛髅 蒌屡

组　词 shǔ 数不上 数不清 数落 | 倒数 | 数不胜数 数一数二 屈指可数 ▌shù 数独 数额 数据 数量 数码 数目 数字 | 半数 变数 倍数 次数 凑数 度数 多数 大多数 分数 人数 少数 算数 岁数 无数 未知数 系数 小数点 有数 指数 总数 | 不计其数 浑身解xiè数 滥竽充数 心中有数

xiào

丶 亠 六 六 方 交 交 交 效 效

等　级 初等三级

字　源 本义是模仿、效法。

类推识字 交 佼咬狡饺绞校较胶跤 郊

组　词 效法 效仿 效果 效劳 效率 效命 效能 效益 效应 效用 | 报效 成效 高效 功效 见效 疗效 能效 生效 失效 时效 特效 无效 药效 有效 奏效 | 东施效颦 行之有效 卓有成效

zhěng

一 丆 丙 丙 申 申 束 束 束 敕 敕 敕 敕 整 整 整

等　级 初等三级

字　源 用手调理（攵）捆束（束）使齐整（正），本义是整理、使整齐。

类推识字 束 辣敕嫩 欶嗽漱 赖懒 速喇

组　词 整编 整除 整点 整顿 整风 整改 整个 整理 整齐 整容 整体 整整 | 工整 规整 平整 齐整 调整 完整 休整 | 整装待发 重整旗鼓

斤字旁

听所断新　近

“斤”的古字形像斧头的形状，含有“斤”的字多与斧头和使用斧头有关。

duàn

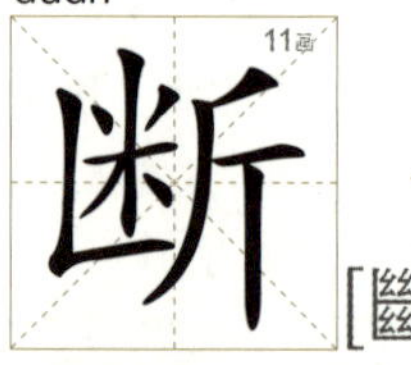

断 [斷] 11画

等　　级　初等三级

字　　源　本义是断开、分开。

类推识字　继

组　　词　断案 断层 断代 断定 断后 断交 断句 断绝 断裂 断流 断码 断气 断送 断言 | 不断 打断 果断 间断 了断 垄断 买断 判断 片断 切断 武断 斩断 诊断 中断 | 断断续续 当机立断 独断专行 肝肠寸断 藕断丝连 优柔寡断 源源不断

suǒ

所 8画

等　　级　初等二级

字　　源　本义是斧头砍伐树木时发出的声音。

形 近 字　听

组　　词　所得税 所属 所谓 所以 所有 所在 | 避难所 厕所 场所 公共场所 处所 会所 派出所 税务所 托儿所 研究所 住所 诊所 | 所向披靡 所向无敌 各得其所 居无定所 理所当然 力所能及 众所周知

xīn

新 13画

等　　级　初等一级

字　　源　本义是砍伐树木。

类推识字　亲 薪

组　　词　新潮 新宠 新春 新大陆 新房 新妇 新高 新婚 新居 新郎 新年 新娘 新手 新闻 新鲜 新颖 | 新华社 | 重新 创新 翻新 革新 更新 清新 全新 刷新 崭新 最新 | 新陈代谢 耳目一新 改过自新 花样翻新 焕然一新 记忆犹新 日新月异

月字旁

“月”的古字形像半月形，可独立成字，用作偏旁有两类：

1. 可位于字的左边或右边，多表示与月亮、时间有关的事物。

朋　服　阴明期朝

2. 可位于字的下边，也可以在字的左边，原为“肉”，现写作“月”，俗称月肉旁，表示与人、动物的身体部位或器官有关。

胜胖脏脑脚脸腿　青育背　有　能

bēi/bèi

背 9画

等　　级　初等二级

字　　源　本义是脊背，读bèi。

类推识字　北

形 近 字　脊

组　　词　bēi 背包 背带裤 背负 背黑锅 背债 | bèi 背地 背对背 背光 背后 背景 背景音乐 背面 背叛 背弃 背书 背诵 背心 背影 背运 | 垫背 脊背 脚背 手背 驼背 违背 椅背 | 背道而驰 背井离乡 背信弃义 汗流浃背

字　　谜　月亮在北边。

fú

服 8画

等　　级　初等一级

字　　源　造字说法不一。一说左边原先是“舟”，本义是用船运送降服的奴隶；一说本义是从事、做事。

类推识字 报

组　词 服从 服毒 （不）服气 服软 服丧 服侍 服饰 服输 服帖 服务 服务器 服务员 服药 服装 | 不服 工作服 华服 克服 口服 礼服 佩服 屈服 舒服 说服 叹服 西服 信服 降服 驯服 燕尾服 衣服 羽绒服 折服 征服 制服 | 和服 | 奇装异服 水土不服 心服口服

字　谜 月报已出手。

jiǎo

丿 几 月 月 月⁻ 月⁺ 肚 肚 肚 肚 脚

等　级 初等二级

字　源 本义是人的小腿。

类推识字 去 怯 劫却

组　词 脚板 脚背 脚本 脚步 脚底 脚跟 脚踏车 脚腕 脚下 脚印 脚掌 脚注 | 绊脚石 蹩脚 跺脚 高脚杯 露马脚 落脚 山脚 手脚 做手脚 腿脚 | 脚踏实地 碍手碍脚 大手大脚 动手动脚 毛手毛脚 蹑手蹑脚 七手八脚 手忙脚乱 头重脚轻 指手画脚

liǎn

丿 几 月 月 月′ 肸 肸 肸 脍 脍 脸

等　级 初等二级

字　源 本义是脸颊上部颧骨部分。

类推识字 俭检险捡验 剑敛 签

组　词 脸蛋 脸红 脸颊 脸皮 脸谱 脸型 | 不要脸 唱白/红/黑脸 鹅蛋脸 翻脸 瓜子脸 （做）鬼脸 厚脸皮 哭脸 苦瓜脸 赏脸 小白脸 笑脸 转脸 嘴脸 | 鼻青脸肿 愁眉苦脸 灰头土脸 嬉皮笑脸

nǎo

丿 几 月 月 月′ 肀 肀 脑 脑 脑

等　级 初等一级

字　源 本义是大脑。

类推识字 恼

组　词 脑袋 脑电图 脑瓜 脑海 脑筋 脑壳 （后）脑勺 脑神经 脑死亡 脑血栓 脑子 | 大脑 电脑 伤脑筋 首脑 （没）头脑 小脑 | 肝脑涂地 昏头昏脑 傻头傻脑 摇头晃脑

néng

厶 厶 㐫 㐫 㐫 㐫 㐫′ 能 能 能

等　级 初等一级

字　源 古字形像熊一样的野兽，是“熊”的本字。

类推识字 熊

组　词 能动 能否 能干 能够 能耗 能见度 能力 能量 能耐 能人 能事 能手 能效 能源 | 本能 不能 才能 低能 电能 动能 风能 功能 核能 恨不能 技能 节能 （尽）可能 热能 万能 未能 无能 性能 只能 智能 | 能屈能伸 能说会道 能言善辩 能者多劳 不能自拔 耳熟能详 精明能干 力所能及 难能可贵 熟能生巧 无能为力 无能之辈

字　谜 熊无四只脚。

pán/pàng

丿 几 月 月 月′ 月″ 胖 胖 胖

等　级 初等三级

字　源 本义是古时祭祀用的半体牲。

类推识字 半 伴拌绊畔 判叛

组　词 pán 心宽体胖 | pàng 胖大海 胖嘟嘟 胖墩儿 胖乎乎 胖子 | 矮胖 发胖 肥胖 虚胖

字　谜 半个月亮。

péng

丿 几 月 月 刖 朋 朋 朋

等　级 初等一级

字源 原来是两串贝的形状，本义是货币单位。

类推识字 棚绷 鹏 崩蹦

组词 朋党 朋友 男/女/好/够朋友 | 亲朋 | 宾朋满座 呼朋唤友 狐朋狗友

字谜 两个月。

qī

一 十 廾 廾 甘 甘 其 其 其 期 期 期

等级 初等一级

字源 本义是约定时间见面。

类推识字 其 欺斯 撕嘶 棋麒 基 箕 厮旗

组词 期待 期房 期货 期间 期刊 期满 期末 期盼 期望 期限 期许 期中 | 按期 保质期 长期 定期 短期 分期（付款）过期 后期 活期（存款） 近期 前期 潜伏期 青春期 日期 如期 上期 时期 同期 晚期 为期 维修期 下期 星期 学期 延期 预期 预产期 预售期 有效期 周期 | 不期而遇 不期而至 后会有期 遥遥无期

qīng

一 二 十 丰 丰 青 青 青

等级 初等二级

字源 原为从丹生声，本义是草青色。

类推识字 倩请猜清情婧晴睛靖蜻精 静

组词 青菜 青草 青春 青瓷 青葱 青翠 青豆 青椒 青霉素 青年 青少年 青苔 青蛙 青烟 | 愤青 年青 知青 |（不分）青红皂白 青黄不接 青云直上 鼻青脸肿 平步青云

字谜 遇水就清。/十二月。/请别说话。

shèng

胜[勝]

丿 几 月 月 月' 肘 胖 胖 胜

等级 初等三级

字源 “胜”的本义是生肉或生肉的气味；“勝”的本义是能承担、胜任，从力朕声，跟力量有关系，简化时用“胜”。

类推识字 生 性姓牲 笙 甥 星猩惺腥醒

组词 胜败 胜出 胜地 胜负 胜利 胜任 胜算 胜仗 | 必胜 获胜 完胜 战胜 | 胜券在握 不胜感激 大获全胜 防不胜防 举不胜举 略胜一筹 名胜古迹 美不胜收 青出于蓝而胜于蓝 事实胜于雄辩 稳操胜券 一决胜负 以弱胜强 以少胜多 引人入胜 优胜劣汰

tuǐ

丿 几 月 月 月⁷ 月⁷ 月³ 肥 朋 腿 腿 腿 腿

等级 初等二级

字源 本义是大腿。

类推识字 退 褪

组词 腿肚子 腿脚 | 大腿 二郎腿 后腿 火腿 鸡腿 裤腿 跑腿 前腿 瘸腿 伸腿 踢腿 压腿

yù

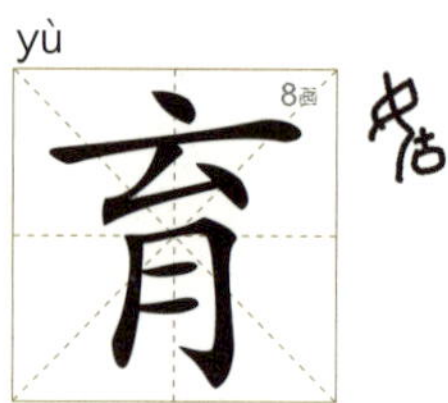

丶 亠 士 云 产 育 育 育

等级 初等二级

字源 古字形像女人生孩子的样子。

类推识字 弃

组词 育才 育龄 育婴师 | 保育员 哺育 德育 发育 抚育 教育 基础/高等/义务/特殊/学前/成人/家庭/职业教育 培育 生育 计划生育 体育 晚育 养育 孕育 | 教书育人 生儿育女

字谜 云在月上。

zāng/zàng

丿 几 月 月 月` 月⁻ 肝 肝 脏 脏

等级 初等二级

字源 “髒”指不干净，读zāng；“臟”的本义是内脏，读zàng，简化时都用“脏”。

类推识字 庄 赃桩

组　　词 zāng 脏话 脏土 脏兮兮 脏衣服 脏字 | 肮脏 弄脏 ‖ zàng 脏器 | 肝脏 内脏 肾脏 心脏 | 五脏六腑

次欢吹歌

“欠”的古字形像人张嘴打哈欠的样子，含有“欠”的字多与张嘴有关。

gē

等　　级 初等一级

字　　源 本义是歌唱。

类推识字 哥

组　　词 歌唱 歌词 歌迷 歌曲 流行/通俗歌曲 歌手 歌颂 歌舞 歌星 | 唱歌 点歌 对歌 儿歌 国歌 国际歌 劲歌 军歌 民歌 讴歌 情歌 山歌 诗歌 颂歌 （扭）秧歌 主题歌 赞歌 | 歌功颂德 歌舞升平 可歌可泣 四面楚歌 引吭高歌

访防 放 房 旅族

“方”字表示方形，古字形最早像耒的形状，在现代汉字中多表示读音。一些含有“方”的字其实原本是“㫃”旁（古字形像旗帜飘扬的样子），含有“㫃”的字大多与旗帜有关。

lǚ

等　　级 初等二级

字　　源 古字形像许多人聚集在旗帜下，本义是军队。

组　　词 旅程 旅店 旅馆 旅客 旅社 旅途 旅行 旅行社 旅游 | 差旅（费） 劲旅 军旅

zú

等　　级 初等三级

字　　源 古字形像箭聚集在旗帜下，本义是同族人拿起武器抵御敌人。

类推识字 簇

组　　词 族谱 族群 | 打工族 贵族 皇族 家族 民族 上班族 种族 | 朝鲜族 汉族 回族 满族 壮族 藏族 | 名门望族

灯烦烟 秋

“火”的古字形像火燃烧的形状，含有“火”的字大多与火、燃烧有关。“火”在字的左侧作偏旁时，写作“火”。

dēng

等　　级 初等二级

字　　源 本义是油灯等照明工具。

类推识字 丁 仃订打叮汀盯钉酊 顶 宁 厅 亭停

组　　词 灯光 灯火 灯具 灯笼 灯泡 灯饰 | 彩灯 电灯 关灯 红绿灯 幻灯片 聚光灯 开灯 路灯 水晶灯 台灯 熄灯 信号灯 走马灯 | 灯红酒绿 黑灯瞎火 万家灯火 张灯结彩

yān

等级 初等三级

字源 本义是烟气。

类推识字 因 咽姻 茵恩

组词 烟草 烟斗 烟鬼 烟花 烟火 烟雾 | 抽烟 点烟 二手烟 戒烟 人烟 无烟区 吸烟 吸烟室/区 香烟 硝烟 一溜烟 | 烟消云散 过眼云烟 灰飞烟灭 乌烟瘴气

字谜 四方一个院，大火起内外。

点热烈黑然照熟

“火”字在字的下边时多写作“灬”，含有“灬”的字大多与火有关。

diǎn

[點]

等级 初等一级

字源 本义是小黑斑。

类推识字 占 帖沾玷贴钻站粘黏 店掂惦 战 毡

组词 点菜 点火 点名 点头 点心 点缀 | 百分点 标点 差点儿 出发点 打点 地点 观点 焦点 立足点 亮点 卖点 难点 盘点 起点 缺点 弱点 试点 特点 网点 要点 一点儿 疑点 优点 雨点 有点儿 早点 终点 重点 装点 支点 指点 | 点睛之笔 点石成金 点头哈腰 画龙点睛 蜻蜓点水 煽风点火 心有灵犀一点通 指指点点

hēi

等级 初等二级

字源 本义是被烟火熏出的颜色。

类推识字 嘿 默黝 墨

组词 黑暗 黑白 黑板 黑客 黑幕 黑人 黑社会 黑心 黑夜 | 抹黑 漆黑 天黑 乌黑 | 黑白颠倒 黑白分明 白纸黑字 起早贪黑

liè

等级 初等三级

字源 本义是火势猛烈。

类推识字 列 例冽咧 裂

组词 烈火 烈日 烈士 | 刚烈 激烈 剧烈 猛烈 浓烈 强烈 热烈 壮烈 | 兴高采烈

rán

等级 初等一级

字源 本义是燃烧，是“燃”的本字。

类推识字 燃

组词 然而 然后 | 安然 不然 大自然 当然 公然 固然 果然 哗然 忽然 既然 竟然 居然 茫然 贸然 偶然 飘飘然 仍然 虽然 坦然 天然 天然气 突然 欣然 显然 想当然 俨然 要不然 依然 毅然 骤然 自然 | 安然无恙 黯然失色 勃然大怒 不以为然 怅然若失 大义凛然 防患于未然 果不其然 焕然一新 恍然大悟 理所当然 毛骨悚然 庞然大物 潸然泪下 泰然自若 一目了然

字谜 触火即燃。

rè

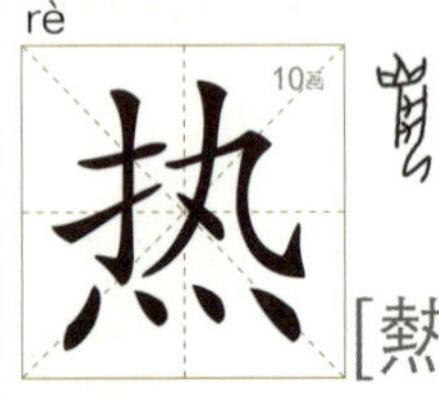

[熱]

等级 初等一级

字　源 甲骨文像人手举火把，本义是点燃火把。

类推识字 执

组　词 热爱 热带 热点 热度 热狗 热乎乎 热烈 热门 热闹 热情 热身 热心 | 发热 火热 加热 冷热 亲热 温热 炎热 预热 灼热 | 热火朝天 热泪盈眶 趁热打铁 古道热肠 冷嘲热讽 满腔热忱 炙手可热

shóu/shú

等　级 初等二级

字　源 本义是食物加热可食用。

类推识字 孰

组　词 熟练 熟人 熟识 熟睡 熟悉 熟语 熟知 | 不熟 成熟 面熟 生熟 娴熟 眼熟 早熟 | 熟能生巧 熟视无睹 半生不熟 耳熟能详 滚瓜烂熟 轻车熟路 深思熟虑

zhào

等　级 初等二级

字　源 本义是照耀、照射。

类推识字 召 叨 招沼迢绍 昭 超

组　词 照办 照常 照顾 照护 照旧 照看 照例 照料 照片 照相机 照样 照应 | 按照 参照 对照 关照 光照 合照 护照 驾照 近照 拍照 依照 执照 遵照 | 照本宣科 肝胆相照 吉星高照 心照不宣

户字旁

所 护 房

“户”的古字形像单扇的门，含有“户”的字大多与门户有关。

fáng

等　级 初等一级

字　源 本义是正室两边的东西房。

类推识字 方 仿访防坊妨纺肪 放 芳旁

组　词 房产 房东 房间 房屋 房子 | 病房 厨房 洞房 健身房 客房 库房 楼房 票房 平房 期房 书房 私房菜 套房 心房 新房 现房 住房 租房 | 文房四宝

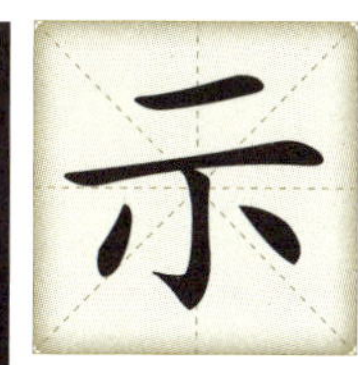

示字旁

际标 票

“示”的古字形是祭台的形状，含有“示”的字大多与祭祀、鬼神、吉凶有关。[1]

piào

等　级 初等一级

字　源 下边原先是“火”，意思是腾起的火光。

类推识字 漂瞟 飘

组　词 票房 票子 | 彩票 钞票 车票 电影票 发票 股票 检票 免票 年票 售票员 逃票 套票 投票 小票 邮票 月票 支票 空头支票

示补旁

礼视神祝福

“示”在字的左边时一般写作“衤”。含有“衤”的字大多与祭祀、鬼神、吉凶有关。

[1] 需要注意的是：初等汉字只有“际[際]、标[標]、票”包含部件“示”，但均与“祭祀、鬼神、吉凶”无关，际和标是简化字形，票下面原本是“火”，教学时只作为同一部件处理即可。

fú

丶 ㇇ 礻 礻 礻 礻 礻 礻 礻 福 福 福 福

等　级　初等三级

字　源　本义是保佑、神的赐福。

类推识字　幅辐蝠 副 富 逼匐

组　词　福利 福气 | 饱眼福 发福 祸福 口福 祈福 享福 幸福 造福 祝福 | 托福考试 | 福祸相依 福如东海 因祸得福 作威作福

lǐ

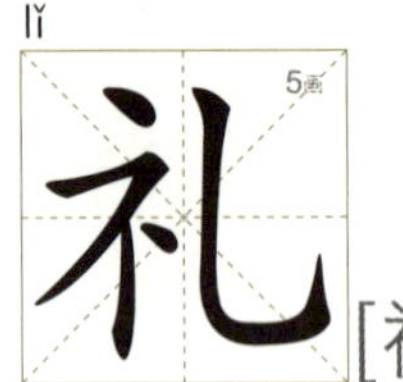

丶 ㇇ 礻 礻 礼

等　级　初等二级

字　源　本义是祭祀神主的礼仪。

类推识字　札轧扎乱乳孔吼

组　词　礼拜 礼拜天 礼节 礼貌 礼物 礼仪 | 典礼 非礼 贺礼 婚礼 见面礼 敬礼 失礼 送礼 无礼 行礼 葬礼 | 礼尚往来 彬彬有礼

shén

丶 ㇇ 礻 礻 礻 礻 礻 礻 神

等　级　初等三级

字　源　本义是神仙、神灵，古人或宗教所指的天地万物的创造者或主宰者。

类推识字　申 伸坤呻绅 审婶

组　词　神话 神经 神经病 神秘 神奇 神气 神情 神色 神圣 神态 神仙 | 爱神 安神 保护神 财神 出神 分神 鬼神 精神 留神 女神 伤神 提神 瘟神 眼神 有神 走神 | 神采奕奕 神出鬼没 神魂颠倒 神机妙算 出神入化 聚精会神 全神贯注 心旷神怡

shì

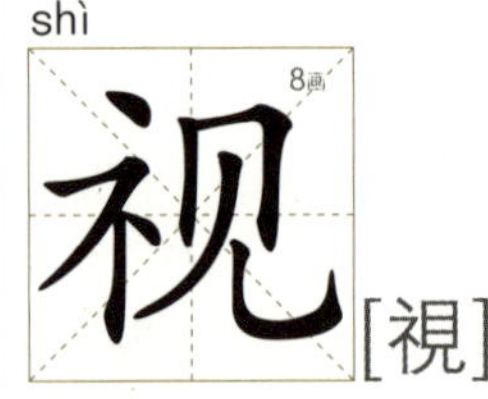

丶 ㇇ 礻 礻 礻 礻 视 视

等　级　初等一级

字　源　本义是看，从见从示，示也表声。

类推识字　见 观现砚舰 觉

组　词　视力 视频 视线 视野 | 鄙视 敌视 电视 俯视 忽视 监视 近视 近视眼 可视 蔑视 凝视 歧视 轻视 收视率 无视 影视 远视 远视眼 重视 正视 注视 | 视而不见 视死如归 虎视眈眈 怒目而视 熟视无睹 一视同仁

zhù

丶 ㇇ 礻 礻 礻 礻 礻 礻 祝

等　级　初等三级

字　源　古字形像跪在供桌前祈祷，本义是向神灵祈福。

类推识字　兄

组　词　祝福 祝贺 祝愿 | 敬祝 庆祝 预祝

础破确碰碗

“石”的古字形像山石的形状，含有“石”的字大多与石头有关。

chǔ

一 ㇇ 丆 石 石 石 石 矿 础 础

等　级　初等三级

字　源　本义是垫在柱子下的石墩。

类推识字　出 拙咄 茁

组　词　基础

字　谜　山山有石头。

pèng

一 ア 不 石 石 石' 石" 矿 矿 矿 砑 碰 碰

等　级 初等二级

字　源 本义是碰撞。

组　词 碰壁 碰见 碰面 碰碰车 碰巧 碰头 碰运气 碰撞 | 磕碰 相碰

pò

一 ア 不 石 石 石 矿 矿 破 破

等　级 初等三级

字　源 本义是石头碎裂。

类推识字 皮 陂坡披彼玻皱被跛 颇 疲 波菠婆 簸

组　词 破案 破产 破坏 破旧 破烂 破例 破灭 | 爆破 打破 看破 弄破 识破 说破 突破 | 破釜沉舟 破罐破摔 破镜重圆 破涕为笑 不破不立 看破红尘

què

[確]

一 ア 不 石 石 石' 矿 矿 矿 确 确 确

等　级 初等二级

字　源 本义是石头坚固、坚硬。

类推识字 角 触解 嘴

组　词 确保 确定 确立 确切 确认 确实 确信（证据）确凿 | 的确 精确 明确 正确 准确 | 千真万确

wǎn

一 ア 不 石 石 石' 石' 矿 矿 矿 矿 碗 碗

等　级 初等二级

字　源 本义是一种盛饮食的器具。

类推识字 苑 怨鸳 宛惋婉腕豌

组　词 碗筷 | 大/小碗 饭碗 铁饭碗

目字旁

眼睛睡 相 冒 省看着

“目”的古字形像眼睛的形状，含有“目”的字大多与眼睛有关。

jīng

丨 冂 月 月 目 盯 盯 盯 睛 睛 睛 睛 睛

等　级 初等二级

字　源 本义是眼珠。

类推识字 青 倩请猜清情婧晴靖蜻精 静

组　词 眼睛 | 画龙点睛 目不转睛

mào/mò

丨 冂 冃 冃 冒 冒 冒 冒 冒

等　级 初等三级

字　源 是“帽”的本字，上边的“冃”像帽子，下边的“目”代表头。

类推识字 帽

形 近 字 昌

组　词 mào 冒充 冒犯 冒汗 冒火 冒昧 冒名 冒牌 冒牌货 冒失 冒失鬼 冒险 冒险家 | 仿冒 感冒 | 冒名顶替 火冒三丈

shěng/xǐng

丨 小 小 少 少 省 省 省 省

等　级 初等二级

字　源 本义是视察、察看，读xǐng。

类推识字 少 抄吵沙妙纱炒砂眇钞秒 劣 渺鲨

组 词 shěng 省城 省会 省略 省钱 省事 省心 | 节省 减省 | 广东省 河北省 山东省 | 省吃俭用 ‖ xǐng 省亲 | 不省人事 发人深省 一日三省

字 谜 自小在一起。

yǎn

丨 冂 月 月 目 目ˇ 目ˇ 目ˇ 目ˇ 眼 眼

等 级 初等二级

字 源 本义是眼睛。

类推识字 限艰很狠恨根银跟 垦恳 痕 退腿褪

组 词 眼巴巴 眼光 眼花 眼睛 眼镜 眼泪 眼力 眼皮 眼色 眼神 眼下 | 饱眼福 闭眼 单/双眼皮 法眼 花眼 红眼病 近/远视眼 节骨眼 亲眼 抢眼 肉眼 傻眼 顺眼 嗓子眼 心眼 小心眼 显眼 耀眼 （一）眨眼 睁眼 转眼 字眼 | 眼高手低 眼花缭乱 眼明手快 丢人现眼 过眼云烟 另眼相看 眉来眼去

zhāo/zháo/zhe/zhuó

丶 丷 丷 丷 兰 羊 羊 着 着 着 着

等 级 初等一级

字 源 造字说法不一。

类推识字 差羞

组 词 zhāo 着数 | 高着儿 支着儿 ‖ zháo 着火 着急 着凉 着迷 | 犯不着 | 歪打正着 ‖ zhe 朝着 对着干 闹着玩 顺着 随着 沿着 硬着头皮 走着瞧 ‖ zhuó 着笔 着力 着陆 着落 着色 着手 着想 着重 着装 | 沉着 穿着 附着 衣着 执着 | 不着边际

字 谜 相差各一半。

田 田字旁

由 备留 男界思累 画

“田”的古字形像田地的形状，含有“田”的字大多与田地有关。

bèi

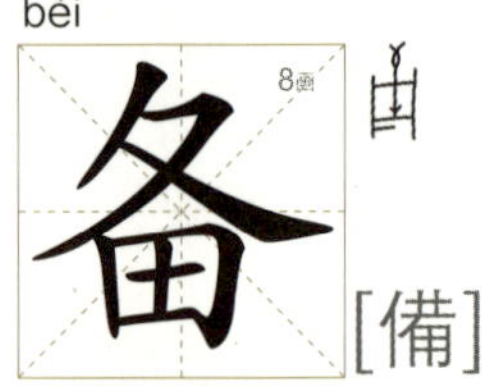

丿 ク 夂 夂 各 各 备 备

等 级 初等一级

字 源 甲骨文像箭插入盛箭的器具中，本义是谨慎。

类推识字 各 奋

组 词 备案 备份 备忘 备用 备战 备注 | 必备 筹备 储备 防备 后备 具备 配备 齐备 设备 完备 预备 责备 装备 准备 | 德才兼备 关怀备至 有备无患

huà

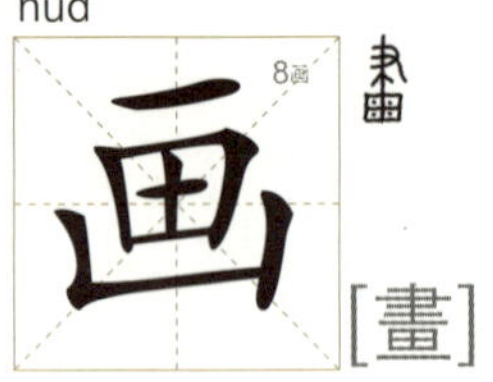

一 丆 冂 币 币 亩 亩 画 画

等 级 初等二级

字 源 古字形像拿笔画田地的分界线，简化字取原字部分字形。

组 词 画板 画报 画笔 画册 画稿 画画 画家 画像 | 壁画 插画 动画片 绘画 刻画 漫画 年画 铅笔画 水墨画 油画 | 画饼充饥 画龙点睛 画蛇添足 诗情画意 照葫芦画瓢 照猫画虎 指手画脚

jiè

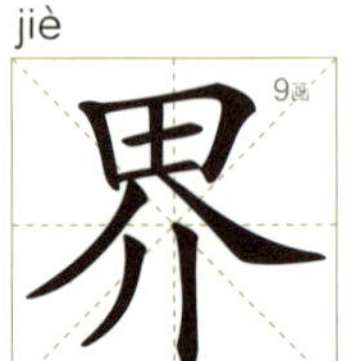

丨 冂 冃 田 田 甲 畀 畀 界

等 级 初等三级

字 源 本义是地界、边界、界限。

类推识字 介 价阶 芥 尬

组 词 界定 界面 界限 界线 | 边界 国界 境界 商界 世界 世界观 外界 文艺界 眼界 娱乐界 | 楚河汉界 大开眼界

字 谜 半价田。

liú

丶 𠃌 𠃍 ⺈ 卬 卯 卯 留 留 留

等　级　初等二级

字　源　造字说法不一。一说是田地收割有遗漏，一说是不离开原地。

类推识字　榴溜馏　瘤遛

组　词　留步　留存　留级　留恋　留念　留神　留学 | 保留　残留　逗留　居留　拘留　去留　收留　停留　挽留　遗留　余留　滞留 | 不留余地　手下留情

yóu

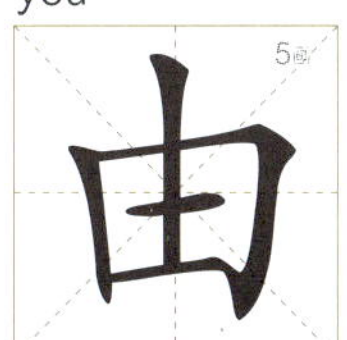

丨 冂 日 由 由

等　级　初等二级

字　源　造字说法不一，一说像田里有路可以进去，本义是经过，引申为经历、原因等。

类推识字　抽油妯柚轴袖　邮　迪庙届　宙笛

组　词　由不得　由来　由于　由衷 | 来由　理由　事由　缘由　自由 | 不由分说　咎由自取　身不由己　听天由命　言不由衷

字　谜　油中没水。/多一竖，变成曲。

皿字底

血

“皿”字像一个圈足大口的容器，含有“皿”的字大多与器皿有关。

金字旁

钟钱铁银错

“金”的古字形像金属矿物在土里的形状，“金”在字的左边时写作“钅”。含有“金、钅”的字大多与金属有关。

cuò

[錯]

丿 𠂉 𠂉 乍 钅 钅 针 钳 钳 错 错 错 错

等　级　初等一级

字　源　本义是用金属涂饰镶嵌。

类推识字　昔　借措猎惜腊蜡醋　鹊　籍

组　词　错怪　错过　错开　错乱　错位　错误　错字 | 不错　差错　犯错　改错　过错　交错　纠错　说错　听错 | 错落有致　错综复杂　大错特错　将错就错　阴差阳错

qián

[錢]

丿 𠂉 𠂉 乍 钅 钅 钅 钱 钱 钱

等　级　初等一级

字　源　本义是古代的一种农具。

类推识字　戋　饯浅线栈残践　贱溅　盏　笺

组　词　钱包　钱币　钱财 | 本钱　凑钱　赌钱　饭钱　工钱　花钱　还钱　换钱　借钱　金钱　零钱　零花钱　赔钱　省钱　私房钱　压岁钱　摇钱树　找钱　挣钱　赚钱 | 见钱眼开

tiě

[鐵]

丿 𠂉 𠂉 乍 钅 钅 钅 钅 铁 铁

等　级　初等二级

字　源　本义是一种黑色金属。

类推识字　失　秩跌　迭

组　词　铁定　铁饭碗　铁路　铁塔　铁了心 | 打铁　地铁　钢铁 | 铁面无私　铁石心肠　铁证如山　趁热打铁　手无寸铁　斩钉截铁

yín

[銀]

丿 𠂉 𠂉 𠂉 钅 钌 钌 钌 钽 银 银

等　　级 初等二级

字　　源 本义是一种金属。

类推识字 限艰很狠恨根眼跟 垦恳 痕 退腿褪

组　　词 银白 银行 银河 银幕 银色 银子 | 金银 | 银河系

zhōng

[鐘][鍾]

丿 𠂉 𠂉 𠂉 钅 钆 钔 钟 钟

等　　级 初等二级

字　　源 “鐘”本义是一种打击乐器；“鍾”本义是酒器、量器。简化都用“钟”。

类推识字 中 仲冲种肿 忠盅 衷

组　　词 钟爱 钟表 钟点 钟情 钟头 | 分钟 闹钟 时钟 生物钟 | 老态龙钟 一见钟情

禾字旁

利和种秋科租积称程　香

“禾”的古字形像谷类作物的形状，含有“禾”的字大多与农作物有关。“禾”作偏旁，在字的左侧，写作“禾”。

chèn/chēng/chèng

[稱]

丿 二 千 千 禾 禾 秒 秒 称 称

等　　级 初等二级

字　　源 本义是称粮食的重量。

类推识字 尔 你弥 猕

组　　词 chèn 称心 称职 | 对称 匀称 | 称心如意 | chēng 称号 称呼 称颂 称谢 称赞 | 爱称 号称 简称 据称 名称 美称 昵称 全称 （第一/第二/第三）人称 声称 俗称 统称 著称 职称 自称 尊称 | 交口称赞 拍手称快

chéng

丿 二 千 千 禾 禾 秆 秆 秤 程 程 程

等　　级 初等三级

字　　源 本义是度量衡的总名，有“禾”旁表示与称量农作物有关。

类推识字 呈 逞

组　　词 程度 程序 | 病程 车程 单程 返程 工程 工程师 归程 过程 计程车 课程 课程表 里程 里程碑 历程 疗程 流程 路程 启程 前程 日程 日程表 行程 议程 章程 专程 | 各奔前程 锦绣前程

字　　谜 和王在一起。

jī

[積]

丿 二 千 千 禾 禾 和 和 积 积

等　　级 初等三级

字　　源 本义是积聚谷物。

类推识字 只 识织帜枳职

组　　词 积存 积德 积淀 积分 积极 积累 积蓄 积攒 | 堆积 累积 面积 体积 | 日积月累

kē

丿 二 千 千 禾 禾 禾 科 科

等　　级 初等二级

字　　源 本义是用斗量给禾谷分等级和品类。

类推识字 斗 抖蚪料斟 魁 蝌

组　　词 科幻 科技 科教 科目 科普 科学 科学家 | 本科 工科 内/外科 文/理科 学科 专科

qiū

[鞦]

丿 二 千 千 禾 禾 禾' 秒 秋

等级 初等二级

字源 本义是禾谷成熟而有收获，后来表示农作物成熟的秋天。“鞦”用于“鞦（秋）千”，简化时合并。

类推识字 揪鳅锹瞅 愁

组词 秋波 秋风 秋季 秋千 秋收 秋天 | 立秋 晚秋 | 中秋 中秋节 | 春华秋实 千秋万代

xiāng

丿 二 千 禾 禾 禾 香 香 香

等级 初等三级

字源 古字形像器中盛有禾黍，本义是黍、稷的香味。

形近字 番

组词 香槟 香菜 香肠 香醇 香菇 香蕉 香精 香水 香艳 香皂 | 花香 墨香 烧香 书香 体香 | 香港 | 古色古香

字谜 八千日。

zhǒng/zhòng

[種]

丿 二 千 千 禾 禾 和 和 种

等级 初等三级

字源 “种”字有三个来源，一个从禾重声，本义指早种晚熟的禾类；一个从禾童声，本义是种植；一个是“种”，本义为姓，简化后都用“种”。

类推识字 中 仲冲肿钟 忠盅 衷

形近字 和 秧

组词 zhǒng 种类 种群 种子 种族 | 播种 各种 工种 麦种 品种 人种 语种 | zhòng 种地 种田 种植 | 播种 栽种 | 种瓜得瓜，种豆得豆

zū

丿 二 千 千 禾 利 和 和 和 租

等级 初等二级

字源 本义是指以农作物交纳田赋。

类推识字 且 诅阻咀徂沮姐组殂俎祖粗 宜谊 助锄

形近字 粗

组词 租户 租借 租金 租赁 | 出租 出租车 房租 月租

鸟字旁

鸡

“鸟”的古字形像一种长尾巴鸟的形状，含有“鸟”的字大多与飞禽有关。

jī

[鷄]

フ ヌ ヌ' 刈 刈 鸡 鸡

等级 初等一级

字源 本义是一种家禽，“鸡”是简化字形，“鸟”表示意义类属，“又”只作符号，不表声也不表意。

组词 鸡翅 鸡蛋 鸡腿 鸡爪 | 公鸡 火鸡 落汤鸡 母鸡 铁公鸡 小鸡 | 鸡飞狗跳 鸡毛蒜皮 鸡皮疙瘩

病字旁

病疼痛

“疒”的古字形像人卧在床上的样子，含有“疒”的字多与疾病有关。

bìng

丶 亠 广 广 疒 疒 疔 疠 病 病

等　级 初等一级

字　源 本义是病较重。

类推识字 丙 柄

组　词 病毒 病房 病假 病历 病人 病痛 病症 | 弊病 得病 看病 疾病 毛病 生病 养病 艾滋病 白血病 传染病 精神病 慢性病 神经病 心脏病

téng

丶 亠 广 广 疒 疒 疚 疚 疼 疼

等　级 初等二级

字　源 本义是一种病。

类推识字 冬 咚终 图

组　词 疼爱 疼痛 | 酸疼 头疼 腿疼 胃疼 心疼 牙疼 | 不疼不痒 头疼脑热

字　谜 冬天生病。

tòng

丶 亠 广 广 疒 疒 疒 疒 疒 痌 痛 痛

等　级 初等三级

字　源 本义是疼痛。

类推识字 俑诵捅涌桶踊 勇恿 通

组　词 痛苦 痛快 | 哀痛 悲痛 伤痛 心痛 | 痛彻心扉 痛改前非 无关痛痒

立字旁

位拉　站　亲音章

“立”的古字形像人站立的形状，含有“立”的字多跟站立有关。“立”作偏旁，在字的左侧，写作“立”。

qīn/qìng

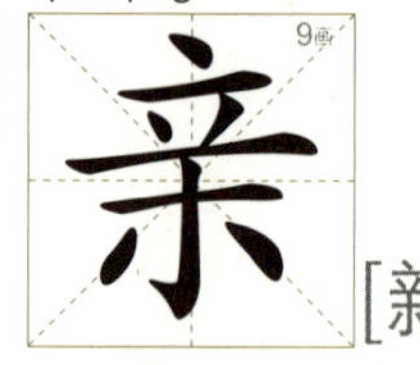

丶 亠 亠 立 立 辛 辛 亲 亲

等　级 初等三级

字　源 读qīn时，本义是感情深厚、关系密切，简化字省略了义符“见”。

类推识字 新薪

组　词 qīn 亲爱的 亲笔 亲和力 亲口 亲密 亲情 亲切 亲热 亲人 亲生 亲手 亲身 亲属 亲吻 亲自 | 成亲 定亲 父亲 母亲 娶亲 双亲 相亲 迎亲 | 亲朋好友 相亲相爱 ▌qìng 亲家

yīn

丶 亠 亠 立 立 产 音 音 音

等　级 初等二级

字　源 本义是乐音。

类推识字 喑暗黯

组　词 音标 音高 音符 音节 音色 音响 音像 音乐 | 鼻音 发音 口音 录音 录音机 拼音 配音 声音 收音机 语音 元/辅音 噪音 重音 知音 | 五音不全

字　谜 有日变暗，没日则立。

zhàn

丶 亠 亠 立 立 立 站 站 站 站

等　级 初等一级

字　源 本义是人站立着。

类推识字 占 帖沾玷贴钻粘黏 店掂惦 战 点 毡

组　词 站队 站立 站牌 站台 | 地铁站 火车/汽车站 加油站 空间站 网站

zhāng

等级 初等三级

字源 造字说法不一。一说是一曲音乐完了，从音从十，十是数之终了；一说是雕治玉璧花纹，引申为花纹。

类推识字 障獐 彰

组词 章程 章法 章节 章鱼 | 盖章 规章 奖章 图章 文章 乐章

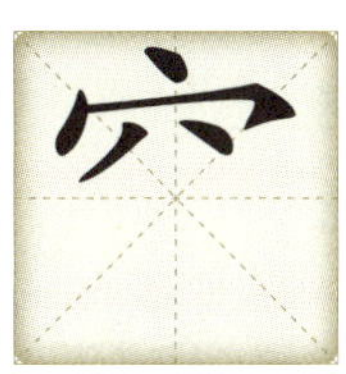

穴宝盖

空突穿

“穴”像土洞的形状，含有“穴”的字大多与孔洞或空间有关。“穴”作偏旁，多在字的上边，写作“宀”。

chuān

等级 初等一级

字源 本义是用牙咬噬形成孔洞。

类推识字 牙 讶呀 邪鸦雅 芽

组词 穿帮 穿插 穿戴 穿小鞋 穿行 穿越 穿衣镜 穿着 | 戳穿 贯穿 揭穿 看穿 耐穿 说穿 | 望穿秋水

kōng/kòng

等级 初等二级

字源 读kōng时，本义是孔、窟窿。

类推识字 工 扛江红杠肛虹缸 功攻项 巩恐筑 汞贡 控腔

组词 kōng 空荡荡 空洞 空话 空间 空姐 空气 空前 空谈 空调 空想 空心 空虚 空中 | 防空 航空 太空 天空 | 空头支票 空前绝后 人去楼空 司空见惯 挖空心思 坐吃山空 | kòng 空白 空当 空地 空缺 空隙 空闲 | 抽空 填空 有/没空

tū

等级 初等三级

字源 本义是像犬从洞穴里突然冲出来。

类推识字 犬部（142页）

组词 突出 突击 突破 突然 突兀 突袭 突显 | 冲突 唐突 | 突飞猛进

字谜 狗洞。

耳字旁

取职联 闻

“耳”的古字形像耳朵的形状，含有“耳”的字多与耳朵有关。“耳”作偏旁，在字的左侧，写作“耳”。

lián

[聯]

等级 初等三级

字源 篆文从耳从丝，表示以丝贯穿器耳，本义是连缀、连结。

类推识字 关

组词 联合 联欢 联欢会 联络 联盟 联赛 联系 联想 联谊 | 串联 春联 对联 关联 互联网

字谜 取一半送一半。

wén

[聞]

丶 丨 门 门 门 闩 闻 闻 闻

等　级　初等二级

字　源　本义是听到、听见，从耳门声。

类推识字　门 们扪 闪闭问闯闲闷闽阔 闵悯

组　词　闻讯 | 传闻 丑闻 见闻 趣闻 新闻 | 闻风而逃 不闻不问 耳闻目睹 孤陋寡闻 举世闻名 默默无闻 耸人听闻 喜闻乐见

zhí

[職]

一 厂 丌 丌 丌 耳 耳 耵 职 职 职

等　级　初等三级

字　源　本义是把听到的记下来。

类推识字　只 识织帜积枳

组　词　职称 职工 职能 职位 职务 职业 职员 职责 | 本职 称职 辞职 兼职 就职 专职

字　谜　一只耳朵。/这字真奇怪，一耳八张口。

页  页字旁

顺 须 顾 顿 烦 预 领 颜 题

“页（頁）”的古字形上边像人头，下边像人身，本义是人的头部。含有“页”的字多与人的头部有关。

dùn

[頓]

一 𠃊 口 屯 屯 屯 屯 䂘 顿 顿

等　级　初等三级

字　源　本义是以头叩地、磕头。

类推识字　屯 纯吨盹钝 囤

组　词　顿时 顿悟 | 安顿 停顿 整顿 | 捶胸顿足

fán

[煩]

丶 丷 火 火 火 灯 灯 炘 烦 烦

等　级　初等三级

字　源　本义是发烧、头疼，引申为苦闷、烦躁等。

类推识字　火部（183页）

组　词　烦恼 烦人 烦琐 烦心 | 不耐烦 麻烦 心烦 厌烦 | 不厌其烦 心烦意乱

gù

[顧]

一 厂 戶 戶 戶 厄 厄 厄 顾 顾

等　级　初等二级

字　源　本义是回头看。

组　词　顾及 顾客 顾虑 顾问 | 不顾 回顾 惠顾 照顾 | 不屑一顾 后顾之忧 三顾茅庐 统筹兼顾 左顾右盼

lǐng

[領]

丿 人 𠆢 今 令 令 令 令 领 领 领

等　级　初等三级

字　源　本义是脖子。

类推识字　令 伶冷拎岭怜玲铃聆羚龄 邻 零 图

组　词　领导 领导人 领带 领队 领会 领结 领事馆 领土 领悟 领先 领袖 领域 领子 | 白/蓝/金领 本领 带领 纲领 认领 率领 头领 衣领 占领 | 心领神会 遥遥领先

shùn

[順]

丿 川 川 川 川 川 顺 顺 顺

等　级　初等二级

字　源　本义是顺循，依从，从川从页，意思是人的思路像河流那样流畅。

类推识字 川 训驯

组 词 顺便 顺产 顺从 顺风 顺口 顺利 顺心 顺序 顺眼 | 笔顺 柔顺 温顺 孝顺 | 百依百顺 名正言顺 一帆风顺 一路顺风

tí

[題]

等 级 初等二级

字 源 本义是人的额头。

类推识字 是 堤提 匙

组 词 题材 题名 题目 | 标题 话题 开题 考题 课题 论题 问题 选题 主题 专题 | 小题大做

yán

[顏]

等 级 初等二级

字 源 本义是两眉之间。

类推识字 彦 谚

组 词 颜料 颜面 颜色 | 红颜 容颜 童颜 | 和颜悦色 红颜薄命 厚颜无耻

yù

[預]

等 级 初等三级

字 源 造字说法不一。一说是头向前伸，一说是安乐。

类推识字 予 抒 舒 野 豫 序

组 词 预报 预备 预测 预定 预防 预计 预料 预留 预期 预赛 预算 预习 预先 预想 预言 预约 预兆 | 干预 | 出乎预料

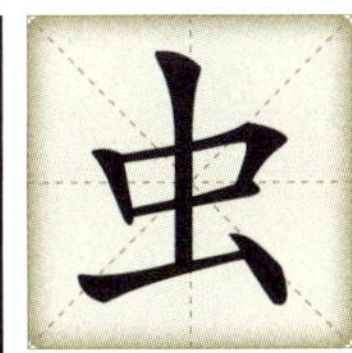

虫字旁

蛋 虽强

“虫”的古字形像蛇的形状，本义是蛇，后写作“蟲”，表示昆虫的意思。含有“虫”的字多与昆虫有关。古人也泛指动物为虫，所以一些动物也有虫字旁。

dàn

等 级 初等一级

字 源 本义是禽类或龟蛇等的卵。

类推识字 楚 旋

组 词 蛋白 蛋白质 蛋糕 蛋卷 蛋壳 蛋挞 | 滚蛋 荷包蛋 混蛋 糊涂蛋 坏蛋 鸡蛋 脸蛋 穷光蛋 完蛋 鸭蛋 | 鸡飞蛋打

jiàng/qiáng/qiǎng

等 级 初等三级

字 源 读qiáng时，本义是一种虫子的名字，后借用作“彊”指弓硬。

组 词 jiàng 倔强 | qiáng 强暴 强大 强调 强度 强国 强奸 强烈 强权 强人 强身 强盛 强行 强硬 强者 强制 强壮 | 富强 加强 坚强 顽强 要强 增强 自强 | qiǎng 强求 强迫 强迫症 | 勉强 | 强词夺理 强人所难 强颜欢笑

suī

[雖]

等　级 初等二级
字　源 本义是一种虫子，原来从虫唯声。
组　词 虽然 虽说
字　谜 虫在口下。

⺮ 竹字头

笔笑第等答简算管箱筷篇篮

“竹”的古字形像竹叶的形状，含有“⺮”的字多与竹子或竹制品有关。

dā/dá

等　级 初等一级
字　源 本义是应对、回答。
类推识字 合 拾哈洽恰给蛤 盒拿 鸽 塔搭 瘩
组　词 dā 答理 答应 | 羞答答 ‖ dá 答案 答辩 答复 答卷 答谢 答疑 | 报答 回答 解答 问答 问答题 应答

děng

等　级 初等一级
字　源 本义是把不整齐的竹简理整齐。
类推识字 寺 侍诗持峙待恃特
组　词 等待 等候 等级 等价 等同 等于 | 高等 平等 上等 稍等 头等 头等舱 下等 相等 优等

dì

等　级 初等三级
字　源 本义是次第、先后顺序，本写作“弟”。
类推识字 弟 梯娣涕 剃 递
组　词 第一 第二 | 门第

guǎn

等　级 初等三级
字　源 本义是指竹管。
类推识字 官 馆棺
组　词 管道 管控 管理 管辖 管制 管子 | 保管 不管 城管 监管 尽管 看管 协管 主管

jiǎn

[簡]

等　级 初等三级
字　源 本义是写字的竹片。
类推识字 间 涧
组　词 简单 简化 简历 简陋 简略 简朴 简体字 简写 简要 简直 | 精简 竹简

kuài

等　级 初等二级
字　源 本义是筷子，古时的筷子多是竹木做的。
类推识字 快
组　词 筷子 | 竹筷

lán

[籃]

等　级 初等二级

字　源 本义是用竹、藤、荆条等编成的筐。

类推识字 监 蓝 滥槛 尴

组　词 篮板 （打）篮球 篮子 | 菜篮 果篮 花篮 竹篮

piān

等　级 初等二级

字　源 本义是简册，引申为书籍中编在一起的完整诗文、著作等。

类推识字 扁 偏编骗蝙 翩 遍匾

组　词 篇幅 篇名 篇章 | 诗篇 | 鸿篇巨制 连篇累牍

suàn

等　级 初等二级

字　源 本义是用竹子做的算筹来具数计算。

形 近 字 鼻

组　词 算卦 算计 算了 算命 算盘 算术 算数 | 打算 合算 计算 计算机 结算 口算 盘算 心算 运算 预算 总算 | 精打细算

xiāng

等　级 初等三级

字　源 本义是车厢。

类推识字 相 湘 霜 想 厢

组　词 箱包 箱子 | 冰箱 集装箱 皮箱 信箱 行李箱 邮箱 纸箱

xiào

等　级 初等一级

字　源 本义是欢笑，因喜悦露出愉快的表情或同时发出欢乐的声音。

类推识字 夭 沃妖袄跃

组　词 笑话 笑脸 笑容 笑声 | 嘲笑 大笑 好笑 讥笑 开玩笑 可笑 冷笑 微笑 | 不苟言笑 哭笑不得 捧腹大笑 皮笑肉不笑 有说有笑

舟字旁

般船

“舟”的古字形像船的形状，含有“舟”的字多与船有关。“舟”作为偏旁，在字的左侧写作“舟”。

bān/bō/pán

等　级 初等二级

字　源 本义是让船旋转，读pán。

类推识字 设投役没股 疫

组　词 bān 般配 | 一般 ▌bō 般若rě ▌pán 般乐

chuán

等　级 初等二级

字　源 本义是水上交通工具。

类推识字 沿铅

组　词 船舶 船舱 船票 船头 船尾 船长 船只 | 大/小船 帆船 划船 货船 客船 轮船 渔船

衣字旁

装

“衣”的古字形像衣服的形状，可独立成字，含有“衣”的字多表示各种衣物及与衣物有关的事物。

zhuāng

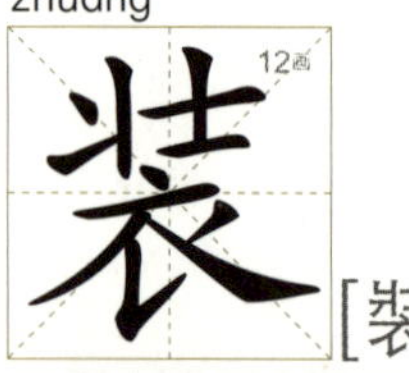

[裝]

等　级　初等二级

字　源　本义是包裹、行囊。

类推识字　壮妆状

组　词　装扮　装饰　装修 | 安装　服装　男装　女装　时装　童装　西装　衣装　正装 | 装模作样　装腔作势　奇装异服

衣字旁

补初衬衫被裤裙

“衣”用作偏旁可位于字的左边，写为“衤”，叫做衣字旁。

bèi

等　级　初等三级

字　源　本义是被子。

类推识字　皮　陂坡披彼玻破皱跛　颇　疲　波菠婆　簸

组　词　被动　被告　被子 | 棉被　植被

字　谜　皮衣。

bǔ

[補]

等　级　初等三级

字　源　本义是把破了的衣服补好。

类推识字　卜　仆扑朴　赴

组　词　补偿　补充　补丁　补给jǐ　补救　补品　补贴 | 缝补　互补　弥补 | 将功补过　取长补短　亡羊补牢

chèn

[襯]

等　级　初等三级

字　源　本义是内衣。

类推识字　寸部（133页）

组　词　衬衫　衬托 | 陪衬　映衬

kù

[褲]

等　级　初等三级

字　源　本义是裤子。

类推识字　库

组　词　裤子 | 长裤　短裤　牛仔裤　西裤　运动裤

qún

等　级　初等三级

字　源　本义是裙子。

类推识字　君　群　窘

组　词　裙子 | 长裙　短裙　连衣裙　围裙

shān

衫 8画

` ㇇ 衤 衤 衤 衤 衫 衫

等　级 初等三级

字　源 本义是短袖上衣。

类推识字 杉形彩影

组　词 衬衫 | 衣衫不整

米字旁

精糖 类 迷

“米”的古字形像谷粒的形状，含有“米”的字多与粮食有关。“米”作偏旁，在字的左侧，写作“米”。

jīng

精 14画

等　级 初等三级

字　源 本义是精选的米。

类推识字 青 倩请猜清情婧晴睛靖蜻 静

组　词 精彩 精干 精华 精简 精力 精美 精密 精品 精确 精神 精通 精心 精英 精油 精致 精装 精子 | 味精 妖精 | 精打细算 精益求精 博大精深 聚精会神

lèi

类 9画 [類]

等　级 初等三级

字　源 本义是种类，同类。会意兼形声。从犬，从頪（lèi），頪（lèi）亦声。

类推识字 美尖

组　词 类比 类别 类似 类推 类型 | 败类 词类 分类 归类 门类 人类 善类 同类 种类 | 出类拔萃 触类旁通 物以类聚 以此类推 不伦不类 分门别类

字　谜 一人八十八/堆放大米/稻谷饱满。

táng

糖 16画

等　级 初等三级

字　源 本义是从麦芽中提炼出来的饴糖。

类推识字 唐 溏塘搪

组　词 糖果 糖葫芦 | 白糖 棒棒糖 红糖 口香糖 奶糖 喜糖 | 糖衣炮弹

走字旁

赶起越超

“走”的古字形像人甩开两臂跑动的样子，含有“走”的字多与走动有关。

chāo

超 12画

一 十 土 キ 丰 non 走 起 起 超 超 超

等　级 初等二级

字　源 本义是跃上、跳起来。

类推识字 叨 召 招沼绍 迢 昭照

组　词 超标 超常 超过 超级 超前 超人 超时 超市 超速 超越 超重 | 高超

gǎn

赶 10画 [趕]

等　级 初等三级

字　源 本义是追赶。

类推识字 干 汗奸杆轩肝秆鼾 刊 罕竿 旱捍悍焊

组　　词 赶场 赶超 赶到 赶集 赶紧 赶考 赶快 赶路 赶忙 赶走 | 驱赶 追赶 | 你追我赶

字　　谜 边走边干。

qǐ

一 十 土 丰 丰 走 走 起 起 起

等　　级 初等一级

字　　源 本义是坐起或站起。

类推识字 己 记妃纪配 改 岂 忌

组　　词 起草 起初 起床 起点 起飞 起伏 起哄 起居 起来 起立 起码 起色 起身 起舞 起眼 起义 起源 | 对不起 发起 看不起 了不起 掀起 一起 引起 | 起早贪黑 此起彼伏 后院起火 平起平坐

yuè

一 十 土 丰 丰 走 走 走 赴 越 越 越

等　　级 初等二级

字　　源 本义是跨过、跳过。

组　　词 越过 越境 越来越 越野 越野车 | 超越 穿越 飞越 优越 卓越 | 越剧 | 翻山越岭

配　酒

“酉”的古字形像一个装酒的器皿，含有“酉”的字大多与酒或酒器有关。

pèi

一 丁 万 万 两 两 酉 酉 酉 配

等　　级 初等三级

字　　源 造字说法不一。一说本义是多种酒配制成的颜色，一说本义是婚配。

类推识字 己 记妃纪 改 岂 忌 起

组　　词 配备 配对 配合 配料 配偶 配套 配音 配乐 配制 | 般配 搭配 分配 交配 匹配 支配

跑跳路跟

“足”的下边原本是“止”，像脚的形状，上边像膝盖的样子。含有“足”的字多与脚或脚的活动有关。“足”作偏旁，在字的左侧，写作“𧾷”。

gēn

丶 口 口 𧾷 𧾷 𧾷 足 𧾷 𧾷 𧾷 跟 跟 跟

等　　级 初等一级

字　　源 本义是脚后跟。

类推识字 限艰很狠恨根眼银 垦恳 痕 退腿裉

组　　词 跟班 跟从 跟风 跟屁虫 跟前 跟上 跟随 跟踪 | 高跟鞋 脚后跟 紧跟 鞋跟

lù

丶 口 口 𧾷 𧾷 𧾷 足 𧾷 跄 跤 跤 路 路

等　　级 初等一级

字　　源 本义是道路。

类推识字 各 络骆格赂胳烙略酪 露 洛落 客额 阁搁

组　　词 路程 路灯 路费 路过 路口 路途 路线 | 出路 大/小路 道路 公路 高速公路 后路 马路 迷路 山路 思路 套路 铁路 销路 线路 走路 | 必经之路 一路平安 走投无路

字　　谜 有露无雨。

páo/pǎo

等　级 初等一级

字　源 本义是兽用蹄子刨地，读páo。

类推识字 包 抱咆饱泡胞炮袍鲍 刨 苞雹

组　词 páo 跑槽 | 虎跑泉 ▌pǎo 跑步 跑步机 跑车 跑道 跑掉 跑龙套 跑腿 | 奔跑 长跑 慢跑 赛跑 逃跑 | 东奔西跑

tiào

等　级 初等三级

字　源 本义是腿用力使身体向上或向前，离开地面。

类推识字 兆 挑姚桃眺 逃 窕

组　词 跳槽 跳高 跳楼 跳级 跳马 跳绳 跳水 跳台 跳舞 跳远 跳跃 | 弹跳 心跳 | 暴跳如雷 鸡飞狗跳 上蹿下跳 心惊肉跳

谢

“身”的古字形像人体的形状，含有“身”的字多与人的身体有关。[1]“身”作偏旁，在字的左侧，写作“身”。

雪零需

“雨”像下雨的样子，含有“雨”的字多与天上的云雨雷电有关。“雨”作为偏旁，在字的上边，写作“⻗”，叫雨字头。

líng

等　级 初等一级

字　源 本义是零星小雨。

类推识字 令 伶冷拎岭怜玲铃聆羚龄 邻领 囹

组　词 零部件 零点 零花钱 零活 零乱 零落 零钱 零食 零碎 零头 零星 零用 零增长 | 凋零 孤零零 | 感激涕零

xū

等　级 初等三级

字　源 古字形像人淋雨的样子，表示下雨的时候需要等待。

类推识字 儒懦蠕糯

组　词 需求 需要 | 必需 必需品 急需 军需 无需

xuě

等　级 初等二级

字　源 本义是雪花。

类推识字 扫妇 寻灵

组　词 雪白 雪崩 雪耻 雪糕 雪花 雪茄 雪莲 雪人 雪灾 | 白雪 暴雪 冰雪 除雪 打雪仗 大/小雪 滚雪球 滑雪 降雪 | 雪上加霜 雪中送炭 瑞雪兆丰年

字　谜 雨水冲倒山。

隹

准谁难推　集

“隹”的古字形像一种短尾巴鸟的形状，含有“隹”的字多与飞禽有关。

[1] 需要注意的是：初等汉字只有“谢”包含部件“身”，但与“人的身体”无关，“谢”是形声字，“射”是声符，教学时只作为含部件“身”的汉字处理即可。

nán/nàn

[難]

㇇ ㇇ ㇇ ㇇ 对 对 对 难 难 难

等　　级 初等一级

字　　源 读nán时，本义是鸟名。

类推识字 仅汉奴权取叔叹叙 对邓欢戏劝观艰

组　　词 nán 难熬 难保 难缠 难产 难吃 难处 难点 难当 难道 难得 难怪 难过 难堪 难看 难免 难说 难受 难题 难听 难为情 难以 | 艰难 困难 为难 | 难分难舍 难能可贵 难言之隐 插翅难飞 骑虎难下 巧妇难为无米之炊 千载难逢 强人所难 盛情难却 一言难尽 知难而退 在所难免 在劫难逃 众口难调 自身难保 左右为难 | nàn 难民 | 避难 非难 空难 磨难 遇难 灾难 | 难兄难弟 大难不死 大难临头 患难之交 排忧解难

革字旁

鞋

“革”的古字形像双手剥下兽皮，含有“革”的字多与皮革有关。

xié

一 十 廿 廿 廿 芇 芇 苩 革 革 鞋 鞋 鞋 鞋 鞋

等　　级 初等二级

字　　源 本义是鞋子。

类推识字 佳挂哇洼娃桂硅畦涯蛙 卦封 闺 崖 街褂

组　　词 鞋带 鞋底 鞋架 鞋匠 鞋油 鞋子 | 布鞋 草鞋 高跟鞋 溜冰鞋 皮鞋 跑鞋 平底鞋 拖鞋 网球鞋 雨鞋 运动鞋

第3节 声符类推教学

本节汉字的分类和选择主要是从教学的实用性角度考虑的。

1. 从现代汉字字形出发。

如灯【燈】原来是登声，简化后“丁”表音虽然不准确，但是也可以看作声符。

2. 根据部件的主要作用进行归类。

汉字中的许多部件既可以作声符，也可以作义符，如“门”作声符的“们、闷、问”，作义符的“闭、间、阁”。

本书在分类时考察了2 500个常用汉字的部件分布情况，根据部件在汉字中的主要作用进行分类，如部件“人”在多数字中是表意的，虽有“认”等少数字是表音的，但都放在本章第2节里，本节不再单列“人”部；再如部件“巴”在多数字中是表音的，虽然有“肥”等少数字是表意的，但是也不在义符一节单列“巴”部。这样做的目的是把同一个部件的字归纳在一起，方便查找、对比。我们对这些部件在汉字中的作用都尽量给予说明。

另外还有一些字，如以“舌”为部件的“刮、话、活、括、适、敌、辞”，原来多数都是形声字，但是在字形演变过程中，原来表音或表意的部件被“舌”代替，现在“舌”只能作为一个符号，不能表音也不能表意了。

yáng

[昜]

肠* 场 畅* 汤 荡* 烫* 扬* 杨*
cháng chǎng chàng tāng dàng tàng yáng yáng

bā

巴* 疤* 把爸吧 爬 | 肥*
bā bā bǎbàba pá féi

bà

丶 八 父 父 爷 爷 爸 爸

等　级 初等一级

字　源 本义是父亲。

类推识字 父 斧爹爷

组　词 爸爸

pá

丿 厂 爪 爪 爪 爬 爬 爬

等　级 初等二级

字　源 本义是搔、挠，引申为用手抓着其他物体向上攀登。

类推识字 爪 抓

组　词 爬高 爬坡 爬山 爬树 爬行 爬行动物 | 攀爬 | 连滚带爬

bái

白 百柏* 拍 伯*泊* 怕
bái bǎibǎi pāi bó bó pà

迫*魄* | 碧*的 皆* 泉* 皂*
pò pò bì de jiē quán zào

de/dī/dí/dì

丿 亻 白 白 白 的 的 的

等　级 初等一级

字　源 本义是明亮、鲜明，读dì。

类推识字 勺 约灼钓趵酌豹 药

组　词 de （……）的话 | 错的 对的 他的 有的 真的 | dī 的士 的哥 | 打的 | dí 的确 | dì 目的 | 一语中的 有的放矢 众矢之的

bàn

半 伴*拌* 判* 叛* 胖
bàn bànbàn pàn pàn pàng

bāo

包 胞* 雹* 饱 抱* 袍* 跑 泡* 炮*
bāo bāo báo bǎo bào páo pǎo pào pào

bāo

丿 勹 勺 匀 包

等　级 初等一级

字　源 甲骨文像腹中有子之形，本义为胎衣，是“胞”的本字。

形近字 匀 句 勾 甩 巴 色

组　词 包办 包庇 包抄 包袱 包裹 包含 包涵 包括 包揽 包罗 包容 包围 包厢 包扎 包装 包租 | 草包 承包 打包 掉包 红包 面包 钱包 书包 提包 腰包 邮包 | 包罗万象 大包大揽 胆大包天 皮包骨头

biǎn/piān

扁* biǎn 编* biān 遍 biàn 偏* piān 篇 piān 骗* piàn

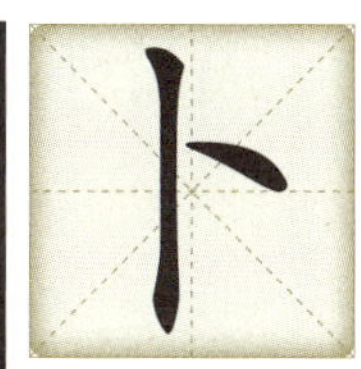

bo/bǔ

卜* bo 补 bǔ 赴* fù 扑* pū 仆* pú 朴* pǔ | 外 wài 处 chù 占 zhàn

bù

不 bù 怀* huái [懷] 坏 huài [壞] 还 huán [還] 环 huán [環] | 杯 bēi 否 fǒu

bù

一ア不不

等　级 初等一级

字　源 本义是花托，假借为副词，表示否定。

组　词 不安 不备 不必 不便 不才 不测 不曾 不耻 不当 不得不 不端 不乏 不凡 不甘 不公 不和 不一定 | 差不多 从不 毫不 绝不 了不起 谈不上 行不通 要不 只不过 | 不白之冤 不卑不亢 不耻下问 不辞而别 不辞劳苦 不打自招 不得而知 不攻自破 不苟言笑 不合时宜 不计其数 不假思索 必不可少 格格不入 毫不犹豫 迫不及待 微不足道 一丝不苟 与众不同 直言不讳

字　谜 一口否定。/一个。

cǎi/cài

采 cǎi 彩 cǎi 睬* cǎi 踩* cǎi 菜 cài

cǎi

一 ㇒ 丿 丿 乊 平 乎 采 采 彩 彩

等　级 初等三级

字　源 本义是各种颜色构成的花纹，华美的颜色。

类推识字 杉衫形影

组　词 彩带 彩礼 彩虹 彩民 彩排 彩票 彩球 彩色 彩信 | 出彩 倒彩 挂彩 剪彩 头彩 | 光彩照人 流光溢彩 浓墨重彩 张灯结彩

cāng

仓* cāng 苍* cāng 舱* cāng 疮* chuāng 创 chuàng 枪* qiāng 抢* qiǎng

chén

辰* chén 晨 chén 振* zhèn 震* zhèn | 唇* chún 辱* rǔ

dàn

旦* dàn　担* dān　胆* dǎn　但 dàn　坦* tǎn

dì

弟 dì　第 dì　递* dì　梯* tī　剃* tì

dì

丶丷丬㇒弓弟弟

等　级 初等一级

字　源 是“第”的本字，本义是缠绕的次序。

组　词 弟弟 弟妹 弟媳 弟兄 弟子 | 表弟 师弟 堂弟 徒弟 兄弟 子弟 | 称兄道弟 难兄难弟 纨绔子弟 误人子弟

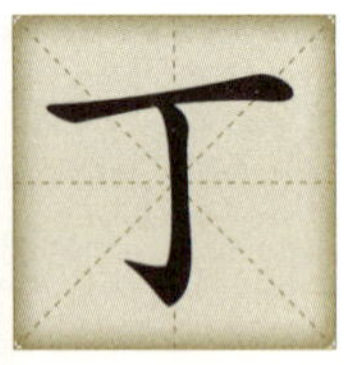
dīng

丁* dīng　灯 dēng [燈]　叮* dīng　盯* dīng　顶* dǐng　订 dìng　钉* dìng

宁* níng [寧]　厅* tīng　亭* tíng [廳]　| 打 dǎ

duì

锐* ruì　税* shuì　说 shuō　脱* tuō　阅* yuè　悦* yuè

fǎn

反 fǎn　板 bǎn　版* bǎn　返* fǎn　饭 fàn　贩* fàn | 叛[1]* pàn

fāng

方 fāng　坊* fáng　芳* fāng　防 fáng　妨* fáng　房 fáng　仿* fǎng　访 fǎng　纺* fǎng　放 fàng　旁 páng

páng

丶亠亠亠产产产产旁旁

等　级 初等一级

字　源 造字说法不一。一说本义是广而多，一说本义是井口周围的井帮。

类推识字 旁 榜膀傍谤磅镑螃

组　词 旁白 旁边 旁侧 旁观 旁门 旁人 旁听 旁证 | 两旁 偏旁 声旁 形旁 | 旁观者清 旁门左道 旁敲侧击 旁若无人 旁征博引 旁枝末节 触类旁通 心无旁骛 袖手旁观 责无旁贷

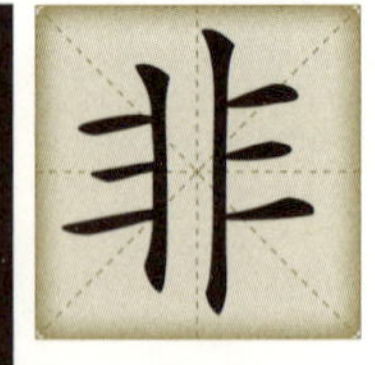
fēi

非 fēi　悲* bēi　辈* bèi　匪* fěi | 排 pái　罪* zuì

[1] 叛：实为半声。

fēi

丨 亅 彐 彐 非 非 非 非

等　级 初等一级

字　源 造字说法不一，一说本义是违背。

形近字 丰

组　词 非常 非但 非法 非凡 非分 非礼 非命 非议 | 除非 绝非 莫非 岂非 若非 是非 无非 | 搬弄是非 今非昔比 口是心非 面目全非 似是而非 死于非命 啼笑皆非 痛改前非 无可厚非 无事生非 物是人非 想入非非

字　谜 左边三，右边三，十一（11）站在正中间。

fēn/fèn

分 fen　芬* fen　吩* fen　纷* fen　粉* fěn　份 fèn　扮* bàn　盼* pàn　盆* pén | 贫* pín

bì/fú

幅* fú　福 fú　副* fù　富 fù | 逼* bī

fù

付 fù　符* fú　附* fù　咐* fù　府* fǔ　俯* fǔ　腐* fǔ

gān/gàn

干 gān　肝* gān　竿* gān　杆* gān　秆* gǎn　赶 gǎn　汗* hàn　旱* hàn

刊* kān | 奸* jiān

gān/gàn

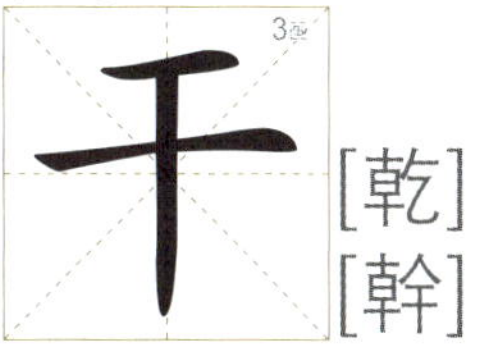

[乾] [幹]

一 二 干

等　级 初等一级

字　源 “干”古字形像古代的猎具或武器，本义是一种武器，读gān。“乾”本义是干燥，读gān。“幹”本义是草木的茎，读gàn。“乾”“幹”“干”合并简化为“干”。

形近字 千

组　词 gān 干杯 干冰 干脆 干爹/妈 干果 干旱 干净 干枯 干粮 干扰 干涉 干洗 干系 干预 干燥 | 风干 若干 水果干 天干 相干 | 大动干戈 互不相干 外强中干 ‖ gàn 干部 干道 干将 干劲 干练 干事 干线 | 才干 高干 骨干 精干 能干 树干 | 埋头苦干

字　谜 一十。

gāng

冈* gāng　刚 gāng　纲* gāng　钢* gāng　岗* gǎng

gāo

高 gāo　膏* gāo　搞* gǎo　稿* gǎo　亳* háo　豪* háo | 敲* qiāo

gāo

丶亠亠亠古古亭亭高高

等　级　初等一级

字　源　古字形像高大建筑物的形状，本义是上下的距离大。

形近字　亭

组　词　高昂 高傲 高材生 高参 高层 高超 高度 高调 高额 高官 高见 高看 高帽子 高校 高压 高雅 高招 | 崇高 登高 清高 提高 音高 | 高不可攀 高风亮节 高官厚禄 高朋满座 高人一等 高山流水 高抬贵手 高谈阔论 高瞻远瞩 高枕无忧 水涨船高

gào

告 gào　浩* hào　靠 kào　造 zào | 酷* kù

kào

丿 𠂉 ⺧ 生 生 牛 告 告 告 告 告 靠 靠 靠 靠

等　级　初等二级

字　源　本义是相违背。

组　词　靠背 靠边 靠近 靠拢 靠山 | 背靠 挂靠 可靠 牢靠 停靠 投靠 依靠 | 靠天吃饭 无依无靠

gě/gè

各 gè　胳* gē　阁* gé　格 gé　客 kè　额[1]* é | 路 lù　络* luò　骆* luò　落[2] luò　略* lüè

[1] 额：实为客声。

[2] 落：实为洛声。

gěn/gèn

根 gēn　跟 gēn　痕* hén　很 hěn　狠* hěn　恨* hèn　恳* kěn　艰* jiān　限* xiàn　眼 yǎn　银 yín | 退 tuì

gōng

工 gōng　缸* gāng　杠* gàng　功 gōng　攻* gōng　巩 gǒng　贡* gòng　红 hóng　虹* hóng　空 kōng | 江* jiāng　扛* káng　巧 qiǎo　项* xiàng

qiǎo

一 T 工 工 巧

等　级　初等三级

字　源　本义是技艺、技能。

类推识字　朽 窍 号 考拷烤铐

组　词　巧合 巧劲 巧妙 巧手 巧遇 | 乖巧 技巧 精巧 灵巧 碰巧 恰巧 轻巧 取巧 正巧 | 巧夺天工 巧妇难为无米之炊 巧立名目 巧取豪夺 巧舌如簧 巧言令色 花言巧语 能工巧匠 熟能生巧

gòng

共 gòng　恭* gōng　供* gòng　烘* hōng　洪* hóng　哄* hǒng

gòng

一 十 卄 土 共 共

等　级 初等二级

字　源 古字形像双手捧物供奉的样子，本义是供奉，是“供”的本字。

组　词 共处 共存 共度 共犯 共和 共计 共建 共勉 共鸣 共识 共事 共同 共同语言 共享 共性 共赢 共振 | 公共 一共 总共 | 共产主义 | 不共戴天 和衷共济 患难与共 同甘共苦 雅俗共赏

gǔ

古 gǔ　估* gū　姑 gū 辜* gū　固* gù　故 gù　胡* hú　枯* kū　苦 kǔ | 居* jū　做 zuò

gǔ/yù

谷* gǔ　俗* sú　浴* yù　欲* yù　裕* yù | 容 róng

guī

桂* guì　挂 guà　蛙* wā　娃* wá　佳* jiā　崖* yá　街鞋 jiēxié | 封 fēng

guǒ

果 guǒ　裹* guǒ　棵* kē　颗* kē　课 kè

hài

该 gāi　孩 hái　核* hé　咳* ké　刻 kè

gě/hé

合 hé　盒* hé　鸽* gē　给 gěi　答 dá　哈 hā　洽* qià | 拾* shí

hé

葛* gě　喝 hē　渴 kě　揭* jiē　竭* jié　歇* xiē

hù

户* hù [戶]　护 hù [護]　炉* lú [爐]　芦* lú [蘆]　驴* lǘ [驢] | 所 suǒ

huā/huà

化 huà　花 huā　华 huá [華]　哗[1]* huá [嘩]　货* huò

[1] 哗：实为华声。

jí

及 圾* 级 极 吸*
jí jī jí jí xī

jī/jǐ

几 饥* 机 肌* | 凯* 壳* 亮 凭* 秃*
jǐ jī jī jī kǎi ké liàng píng tū
[幾] [饑] [機] [凱] [殼] [憑] [禿]

liàng

丶 亠 亣 亣 亩 亩 亭 亭 亮

等级 初等二级

字源 本义是明亮、光线充足。古字形从高省声，下边为“人”的变体，指房屋高大，人居其中。

形近字 高 亭 豪 毫

组词 亮点 亮丽 亮堂 亮相 | 光亮 洪亮 嘹亮 明亮 漂亮 鲜亮 响亮 雪亮 照亮 | 高风亮节 心明眼亮

jǐ

己 记 纪 忌* 岂* 起 | 配
jǐ jì jì jì qǐ qǐ pèi

jǐ

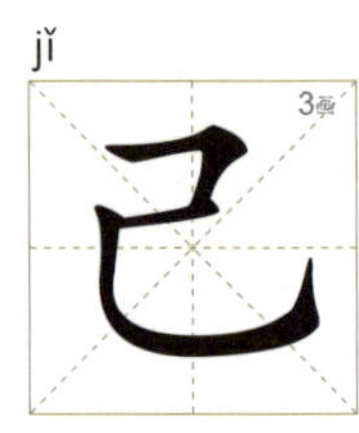

フ コ 己

等级 初等二级

字源 造字说法不一，假借为自己、天干第六位。

形近字 已 巳

组词 异己 知己 自己 | 己所不欲，勿施于人 安分守己 各抒己见 据为己有 克己奉公 舍己为人 身不由己 损人利己

jiā

加 茄* 嘉* 驾* 架 | 贺*
jiā qié jiā jià jià hè

cán/jiān

[戔]

贱* 践* 钱 浅* 线 | 残* 盏*
jiàn jiàn qián qiǎn xiàn cán zhǎn

jiāng/jiàng/qiāng

[將]

将 浆* 奖* 桨* 酱*
jiāng jiāng jiǎng jiǎng jiàng

jiāng/jiàng/qiāng

[將]

丶 冫 丬 丬 丬 丬 将 将 将

等级 初等三级

字源 造字说法不一，一说本义是扶持、搀扶。

组词 jiāng 将近 将就 将军 | 必将 即将 终将 | 将错就错 将功补过 将计就计 将心比心 将信将疑 恩将仇报 行将就木 ‖ jiàng 将才 将领 将士 将帅 | 部将 干将 健将 老将 麻将 猛将 战将 | 残兵败将 调兵遣将 帝王将相 过关斩将 精兵强将

jiāo

交 郊* 胶* 狡* 饺 绞* 较 校 效 咬*
jiāo jiāo jiāo jiǎo jiǎo jiǎo jiào xiào xiào yǎo

jīng

京 惊* 景 影[1] 凉 谅* | 就 掠*
jīng jīng jǐng yǐng liáng liàng jiù lüè

jīng

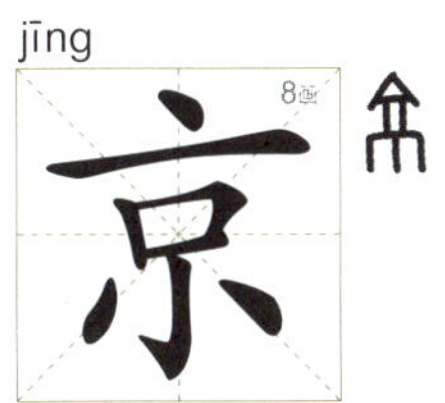

丶亠亡古古亨京京

等　级 初等一级

字　源 古字形像高台上的建筑物，本义是人工筑成的高丘。

组　词 京剧 京腔 京戏 | 北京 东京

字　谜 口小一点。

jiù

丶亠亡古古亨亨京京就就就

等　级 初等一级

字　源 本义是特别高。

类推识字 尤 优扰忧犹鱿

组　词 就餐 就此 就地 就读 就范 就近 就擒 就是 就位 就绪 就业 就义 就职 | 成就 高就 将就 练就 迁就 屈就 | 就地取材 就地正法 就事论事 按部就班 不知就里 各就各位 慷慨就义 一蹴而就

[1] 影：实为景声。

jīn

今 琴* | 含* 贪* 念
jīn qín hán tān niàn

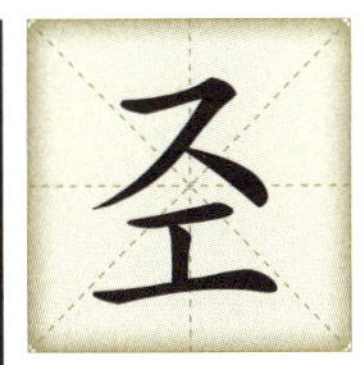
jīng

[巠]

茎* 经 颈* 径* 轻 劲*
jīng jīng jǐng jìng qīng jìn

lǐ

里 厘* 狸* 理 | 埋*
lǐ lí lí lǐ mái

liáng

良* 郎* 狼* 廊* 朗* 浪
liáng láng láng láng lǎng làng

粮* 娘 酿*
liáng niáng niàng
[糧] [釀]

líng/lǐng/lìng

令* 伶* 铃* 零 龄* 岭* 领 冷 怜* 邻*
lìng líng líng líng líng lǐng lǐng lěng lián lín
[憐] [鄰]

lóng

龙 lóng　聋* lóng　笼* lóng　拢* lǒng　垄* lǒng | 袭* xí

měi

每 měi　梅* méi　霉* méi　敏* mǐn | 繁* fán　海 hǎi　悔* huǐ　侮* wǔ

měi

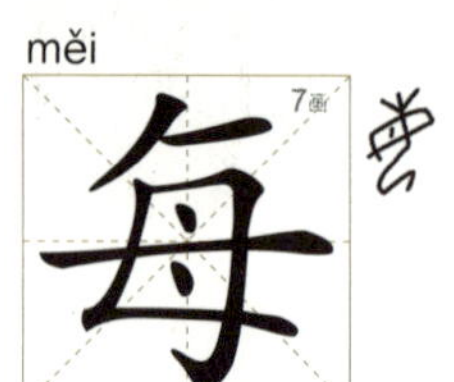

等　级 初等三级

字　源 造字说法不一，一说本义是头饰很美，假借为代词。

组　词 每处 每当 每每 每年 每人 每日 每天 | 每况愈下 每时每刻 每战必胜

字　谜 海里没水。

pí

皮 pí　披* pī　疲* pí　彼* bǐ　玻* bō　波* bō　菠[1]* bō
婆[2]* pó　坡* pō　破 pò | 被 bèi

píng

平 píng　秤* chèng　评 píng　苹 píng　萍[3]* píng

píng

等　级 初等二级

字　源 造字说法不一。一说本义是天平，一说本义是乐声舒缓。

形 近 字 半 并 丰 干 午

组　词 平安 平辈 平地 平定 平房 平分 平价 平静 平均 平米 平面 平民 平时 平坦 平头 平稳 平行 平庸 平仄 | 摆平 公平 和平 太平 | 平步青云 平分秋色 平起平坐 平心而论 风平浪静 公平合理 太平盛世 心平气和

字　谜 干到两点。

jī/qí

其 qí　期 qī　欺* qī　棋* qí　基 jī　斯* sī　撕[4]* sī

jī/qí

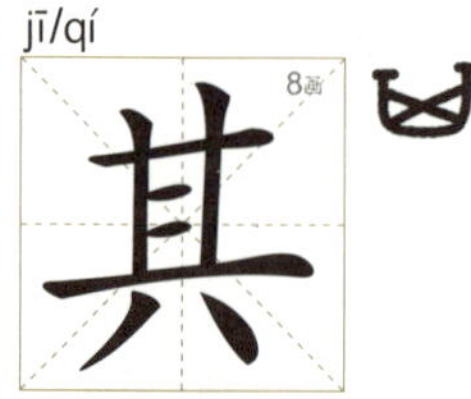

等　级 初等二级

字　源 古字形像簸箕的形状，是“箕”的本字，假借为代词。

组　词 其次 其实 其他 其余 其中 | 何其 极其 如其 尤其 与其 | 其貌不扬 不计其数 独善其身 各得其所 两全其美 恰如其分 若无其事 身临其境

字　谜 共有两横，猜二不对。/撕掉两边，剩下中间。

---

1 菠：实为波声。
2 婆：实为波声。
3 萍：实为苹声。
4 撕：实为斯声。

jī/qí

奇 qí　骑 qí　寄* jì　倚* yǐ　椅 yǐ

jī/qí

一 ナ 大 本 本 杏 杏 奇

等　级 初等三级

字　源 造字说法不一，一说从大从可，本义是不同寻常；一说本义是一只脚站立。

类推识字 可　何 诃 阿 坷 呵 河　啊　苛 荷 菏

组　词 jī　奇偶　奇数 ▌ qí　奇才　奇怪　奇观　奇迹　奇景　奇妙　奇闻　奇遇 | 出奇　传奇　好奇　惊奇　蒙太奇　神奇　珍奇 | 奇耻大辱　奇形怪状　奇珍异宝　奇装异服　出奇制胜　旷世奇才　千奇百怪　无奇不有　稀奇古怪

字　谜 有马就骑。

qiān

[僉]

俭* jiǎn　捡* jiǎn　检 jiǎn　剑* jiàn　脸 liǎn　签* qiān　险 xiǎn　验 yàn

qiáo

乔* qiáo　侨* qiáo　桥 qiáo　娇* jiāo　骄* jiāo　轿* jiào

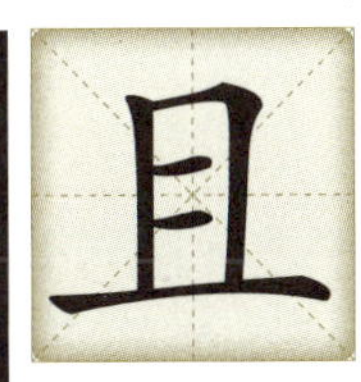

jū/qiě

且 qiě　姐 jiě　粗* cū　助 zhù　租 zū　阻* zǔ　组 zǔ　祖* zǔ

jū/qiě

丨 冂 月 月 且

等　级 初等二级

字　源 是"祖"的本字，古字形像祖宗牌位，假借为副词。

形 近 字 目

组　词 且慢 | 并且　而且　苟且　姑且　尚且 | 得过且过　苟且偷生

字　谜 外国没有祖国有，妹妹没有姐姐有。/无力帮助。

qīng

青 qīng　睛 jīng　精 jīng　清 qīng　蜻* qīng　情 qíng　晴 qíng　请 qǐng | 猜* cāi

shàng

尚* shàng　赏* shǎng　裳* cháng　尝* cháng　常 cháng　敞* chǎng　党* dǎng　倘* tǎng　躺* tǎng　趟* tàng　堂 táng　膛* táng　掌* zhǎng

shǎo/shào

少 shǎo　抄* chāo　钞* chāo　吵 chǎo　炒* chǎo　沙 shā　纱* shā | 劣* liè　秒* miǎo　省 shěng

shǎo/shào

丨 ⺌ 小 少

等　级 初等一级

字　源 由“小”分化而来，本义是数量少。

形近字 小

组　词 shǎo 少见 少量 少数 少数民族 少许 少有 | 多少 减少 缺少 稀少 至少 | 寡言少语 积少成多 人烟稀少 以少胜多 ▌ shào 少儿 少将 少年 少女 | 老少 年少 | 少不更事 少年老成

字　谜 有口就吵，加水是沙。

shēn

申* 伸* 神 审* 婶*
shēn shēn shén shěn shěn

shēng

生 牲* 胜 星 性 姓
shēng shēng shèng xīng xìng xìng

shì

是 匙* 堤* 提 题
shì chí dī tí tí

sì

寺* 持 诗* 侍* | 待 等 特
sì chí shī shì dài děng tè

tāi/tái

台 抬* 怠* 始 治* | 冶*
tái tái dài shǐ zhì yě

tíng

庭 蜓* 挺 艇*
tíng tíng tǐng tǐng

tóng/tòng

同 桐* 铜* 筒* 洞*
tóng tóng tóng tǒng dòng

tóng/tòng

丨 冂 冂 同 同 同

等　级 初等一级

字　源 造字说法不一，一说本义是汇集众言。

形近字 回 用 周

组　词 tóng 同伴 同胞 同步 同等 同感 同行 同龄 同情 同时 同事 同学 同性恋 同样 同意 | 不同 等同 共同 合同 雷同 陪同 认同 随同 相同 赞同 | 同病相怜 同仇敌忾 同甘共苦 同流合污 同舟共济 和而不同 截然不同 齐心同力 殊途同归 异曲同工 与众不同 ▌ tòng 胡同

字　谜 一下就回。

wáng

亡* wáng　忙 máng　盲* máng　芒* máng　茫[1]* máng　妄* wàng　忘 wàng

xī

昔* xī　惜* xī　籍[2]* jí　借 jiè　猎* liè [獵]　腊* là [臘]　蜡* là [蠟] |

醋* cù　错 cuò　鹊* què

xiāo/xiào

消 xiāo　宵* xiāo　销* xiāo　削* xiāo　悄* qiāo

捎* shāo　梢* shāo　稍* shāo　哨* shào　屑* xiè

yá

牙* yá　鸦* yā　芽* yá　雅* yǎ　呀* yā | 穿 chuān　邪* xié

yán

炎* yán　淡* dàn　谈 tán　痰 tán　毯* tǎn

yāng

央* yāng　殃* yāng　秧* yāng　英 yīng

yáng/xiáng

羊 yáng　洋* yáng　氧* yǎng　痒* yǎng　样 yàng　姜* jiāng [薑]

详* xiáng　祥* xiáng | 群 qún　鲜* xiān

qún

13画

ㄱ ㄱ ヨ 尹 尹 君 君 君 君' 君' 君' 群 群

等　级　初等三级

字　源　本义是聚集在一起。

类推识字　君 裙 窘

组　词　群岛　群居　群山　群体　群众 | 超群　成群　打群架　合群　人群 | 群策群力　群情激昂　害群之马　鹤立鸡群　卓尔不群

yāo

袄* ǎo [襖]　笑 xiào　妖* yāo　跃* yuè [躍] | 沃* wò

1 茫：实为芒声。

2 籍：实为耤声。

yě

也 池*驰* 施* 他她 | 地
yě chí chí shī tā tā dì

yě

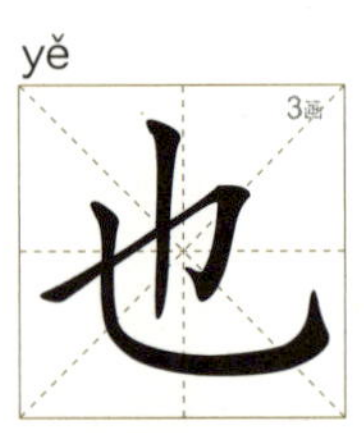

㇆ ㇄ 也

等级 初等一级

字源 造字说法不一，假借为助词、副词。

组词 也罢 也好 也许 | 空空如也 之乎者也

字谜 他人不在家。/我没有他有，天没有地有。/有人不见你我，有水能养鱼虾，有土能种庄稼，有马跑遍天下。

yīn

因 姻* 咽* 烟 | 恩*
yīn yīn yān yān ēn

yǒng

勇* 涌* 诵* 通 桶* 痛
yǒng yǒng sòng tōng tǒng tòng

yóu

尤* 优 忧*犹* | 扰*
yóu yōu yōu yóu rǎo

yóu

由 邮 油 袖* 抽* 宙* | 笛* 届*
yóu yóu yóu xiù chōu zhòu dí jiè

yú/xú

余* 途*涂* 除 徐*叙* | 斜*
yú tú tú chú xú xù xié

shù/yú

愉*榆*愈* | 输 偷*
yú yú yù shū tōu

yuán

元 园 远 院 玩 顽* 完
yuán yuán yuǎn yuàn wán wán wán

zào

操* 澡 燥*躁*
cāo zǎo zào zào

zhà

炸* 榨[1]* 窄* 怎 昨 作
zhà zhà zhǎi zěn zuó zuò

1 榨：实为窄声。

zhān/zhàn

占	沾*	粘*	战*	站	点	店	贴*	帖*	钻*
zhàn	zhān	zhān	zhàn	zhàn	diǎn	diàn	tiē	tiē	zuàn

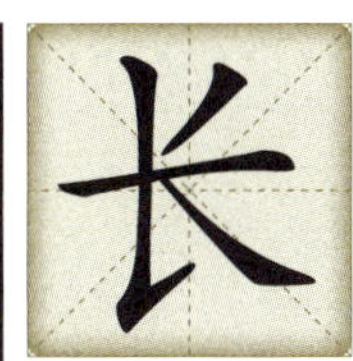

cháng/zhǎng

长	张	涨[1]*	帐*	胀*
cháng	zhāng	zhǎng	zhàng	zhàng

shào/zhào

召*	招*	照[2]	超	绍
zhào	zhāo	zhào	chāo	shào

zhào

兆*	逃*	桃*	挑*	跳
zhào	táo	táo	tiāo	tiào

zhě

者	都	堵*	赌*	猪	诸*	煮*	著*
zhě	dū	dǔ	dǔ	zhū	zhū	zhǔ	zhù
储[3]*	暑*	屠*	绪*				
chǔ	shǔ	tú	xù				

1 涨：实为张声。

2 照：实为昭声。

3 储：实为诸声。

zhě

一 十 土 耂 老 者 者 者

等级 初等二级

字源 造字说法不一，假借为助词。

组词 笔者 读者 患者 记者 佼佼者 弱者 消费者 学者 智者 作者 | 近朱者赤 来者不拒 能者多劳 旁观者清

字谜 来日是暑。

zhēn

真	慎*	镇*	颠*	填*
zhēn	shèn	zhèn	diān	tián

zhēn

一 十 广 冇 冇 有 有 直 真 真

等级 初等一级

字源 本义是本质、本性。

形近字 直

组词 真诚 真谛 真迹 真空 真理 真切 真情 真实 真相 真心 真挚 | 逼真 传真 纯真 仿真 果真 认真 率真 天真 写真 | 真才实学 真相大白 真知灼见 返璞归真 天真烂漫

字谜 少一撇一点就直。

zhēng

争	睁*	筝*	挣*	净	静
zhēng	zhēng	zhēng	zhèng	jìng	jìng

jìng

一 = ‡ 丰 丰 青 青 青 青 青' 青' 静 静 静 静

等级 初等二级

字源 本义是色彩鲜明。

组词 静电 静观 静候 静脉 静默 静态 静心 静养 静止 静坐 | 安静 沉静 寂静 冷静 宁静 僻静 清静 肃静 文静 镇静 | 风平浪静 平心静气

zhēng/zhèng

正 zhèng 征* zhēng 整 zhěng 证 zhèng 政* zhèng 症* zhèng 惩* chéng | 定 dìng

zhī

支 zhī 枝* zhī 肢* zhī 翅* chì | 鼓* gǔ 技 jì

zhī

一 十 支 支

等级 初等三级

字源 古字形像手持枝条的形状，本义是枝条，引申为分支、支撑、支援等。

组词 支撑 支持 支出 支点 支付 支架 支流 支配 支票 支援 支柱 | 超支 分支 开支 枪支 收支 透支 | 支离破碎 支支吾吾 乐不可支

zhī

只 zhī 织* zhī 职 zhí 帜* zhì 识 shí | 积 jī

[織][職][幟] [識] [積]

zhí

直 zhí 值 zhí 植* zhí 殖* zhí 置* zhì

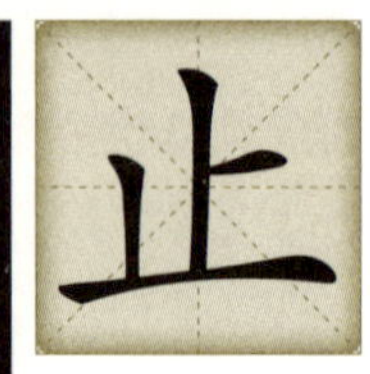

zhǐ

止 zhǐ 址* zhǐ 耻* chǐ 齿* chǐ | 扯* chě 肯* kěn 企* qǐ

zhǐ

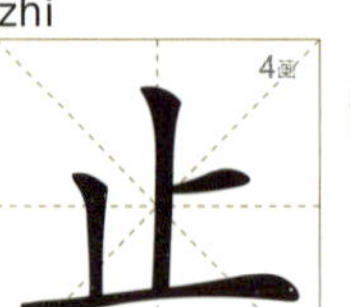

丨 卜 ⺊ 止

等级 初等三级

字源 古字形像人的脚趾，是“趾”的本字，引申为停止、举止等。

组词 止步 止痛 止血 止痒 | 遏止 防止 废止 截止 禁止 静止 举止 停止 制止 终止 阻止 | 戛然而止 浅尝辄止 望梅止渴

字谜 多一横就正。

zhì

至 zhì　侄* zhí　致* zhì　室 shì | 屋 wū　握[1] wò　到 dào　倒[2] dǎo

zhōng/zhòng

中 zhōng　冲* chōng　忠* zhōng　钟 zhōng　肿* zhǒng　种 zhǒng

zhōu

周 zhōu　绸* chóu　稠* chóu　雕* diāo　调 diào

zhōu

丿 𠃌 ⺆ 冂 円 用 周 周 周

等　级 初等二级

字　源 造字说法不一。一说本义是密；一说是"彫"（雕）的本字，本义是雕刻细密、完备。

形近字 同 用

组　词 周边 周到 周刊 周密 周末 周年 周期 周全 周身 周围 周详 周旋 周游 周遭 周折 | 四周 圆周 | 周而复始 众所周知

zhǔ

主 zhǔ　住 zhù　注 zhù　驻* zhù　柱* zhù | 往 wǎng

zhǔ

丶 亠 二 丰 主

等　级 初等二级

字　源 本义是灯芯，古字形像火柱，是"炷"的本字。

形近字 王 玉 庄

组　词 主办 主持 主导 主动 主管 主角 主力 主流 主人 主任 主题 主席 主心骨 主要 主义 主意 主宰 主张 | 车主 得主 地主 店主 房主 公主 雇主 民主 业主 自主 | 主次不分 六神无主 先入为主

字　谜 比干多一点。/人人来往。

1 握：实为屋声。

2 到、倒："到"是刂（刀）声，"倒"是到声。

5 其他

cái

[纔]

一十才

等　级 初等二级

字　源 “才”造字说法不一，一说像草木初生，假借为才能并用作副词等。“纔”，一说本义读shān，是黑里带红的颜色，假借为副词刚刚、仅仅等，简化时用“才”。

类推识字 材财豺 团

组　词 才干 才华 才能 才识 才艺 才智 才子 | 成才 刚才 奇才 人才 天才 | 才高八斗 才华横溢 才疏学浅 聪明才智 德才兼备 多才多艺

字　谜 有木是材，有门是闭。

cān/cēn/shēn

[參]

等　级 初等二级

字　源 本义是星星的名字，读shēn。

类推识字 惨掺渗

组　词 cān 参拜 参观 参加 参见 参军 参考 参谋 参数 参与 参照 参展 | 参天大树 ▌cēn 参差不齐 ▌shēn 人参

céng/zēng

等　级 初等三级

字　源 本义是蒸熟食物的器具，读zēng，假借为副词、代词等。

类推识字 僧憎增赠

组　词 céng 曾经 ▌zēng 曾孙 曾孙女 曾祖父 曾祖母 | 姓曾

chā/chà/chāi/chài/cī

等　级 初等一级

字　源 造字说法不一，一说本义是用手搓麦。

类推识字 搓

形 近 字 羞 着

组　词 chā 差别 差池 差距 差价 差异 | 落差 偏差 时差 误差 | 差强人意 ▌chà 差不多 差点儿 差劲 ▌chāi 差旅 差遣 差事 | 出差 ▌cī 参cēn差

chǎn

[産]

等　级 初等三级

字　源 本义是生育。

类推识字 铲

形 近 字 声 严

组　词 产地 产量 产品 产权 产生 产物 产业 | 财产 房地产 家产 破产 生产 盛产 遗产 增产 资产

chéng

等　级 初等二级

字　源 造字说法不一，有促成、变成、成熟等义。

类推识字 诚城 晟 盛

形 近 字 戒 戍 戊 戌 或

组　词 成本 成才 成分 成功 成果 成绩 成家 成交 成就 成立 成全 成熟 成天 成为 成效 成心 成语 成员 成长 | 变成 达成 分成 构成 合成 建成 落成 形成 完成 现成 养成 造成 赞成 组成 | 成年累月 成千上万 功败垂成 急于求成 相辅相成 一事无成

chōng

丶 亠 云 云 产 充

等　　级 初等三级

字　　源 本义是长、高，引申为满、足、担任等。

类推识字 统

形 近 字 允 兄 弃

组　　词 充当 充电 充电器 充分 充公 充满 充沛 充实 充值 充值卡 充足 | 补充 扩充 冒充 | 充耳不闻 滥竽充数

字　　谜 比允多一点。

chán/dān/shàn

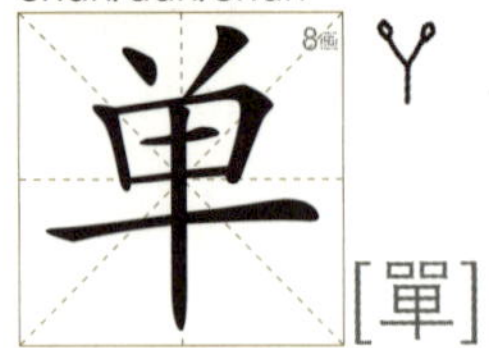

[單]

丶 丷 丷 㓁 肖 肖 兰 单

等　　级 初等二级

字　　源 本义是一种原始的猎具，读dān，假借为单独、单一等。

类推识字 掸惮弹蝉禅婵 阐

形 近 字 果

组　　词 chán 单于 ▌dān 单薄 单纯 单词 单调 单独 单价 单据 单身 单位 单元 单子 | 被单 传单 床单 菜单 订单 孤单 简单 名单 | 祸不单行 ▌shàn 姓单

dāng/dàng

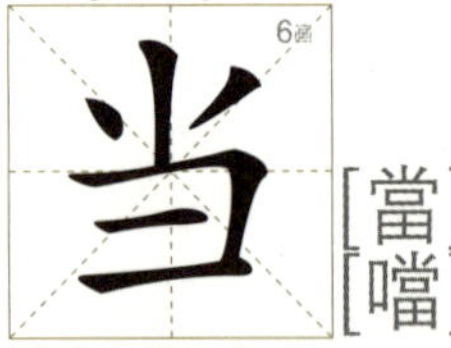

[當][噹]

丨 丨 丷 当 当 当

等　　级 初等二级

字　　源 本义是田与田相对。

类推识字 挡档裆铛

组　　词 dāng 当场 当初 当代 当地 当面 当家 当前 当权 当然 当事人 当心 当选 当中 当政 | 不敢当 便当 充当 相当 应当 正当 | 当机立断 当仁不让 当头一棒 当务之急 独当一面 理所当然 门当户对 旗鼓相当 ▌dàng 当成 当年 当铺 当日 当天 当晚 当月 当真 当做 | 恰当 上当 妥当 值当 | 安步当车

duǎn

丿 𠂉 𠂉 乍 矢 矢 矢 矢 矢 矢 短 短

等　　级 初等二级

字　　源 本义是不长。

类推识字 豆 逗痘 矢 矩矮 知智 医

组　　词 短处 短促 短工 短期 短浅 短小 短信 | 长短 护短 揭短 | 短兵相接 短小精悍 家长里短 缺斤短两

duàn

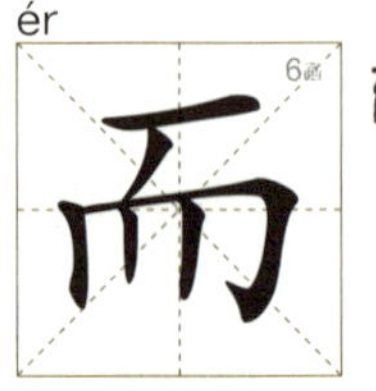

丿 亻 𠂆 𠂆 𠂆 𠂆 𠂆 段 段

等　　级 初等二级

字　　源 像手拿工具在山崖上敲击石块，本义是敲打。

类推识字 煅缎锻 设投役没股般 疫

组　　词 段落 段位 段子 | 路段 阶段 手段 | 不择手段

ér

一 丆 丆 丙 丙 而

等　　级 初等三级

字　　源 古字形像胡须形，本义是胡须，假借为连词。

类推识字 耐 耍 需

组　　词 而后 而今 而立 而且 而是 （对……）而言 而已 | 从而 反而 继而 进而 然而 时而 因而 | 半途而废 背道而驰 不期而遇 不言而喻 锲而不舍 轻而易举 取而代之 自上而下 总而言之

字　　谜 一下见血。

gē

哥

一 丁 丁 可 可 可 哥 哥 哥 哥

等　级　初等一级
字　源　"歌"的本字，从二可，一说可为许可，二可即口中连连发出许可的声音，本义是应答声；一说本义是声声相续。
类推识字　歌
组　词　哥哥　哥们儿 | 表哥　大哥　堂哥
字　谜　可可。/两河都没水。

gè

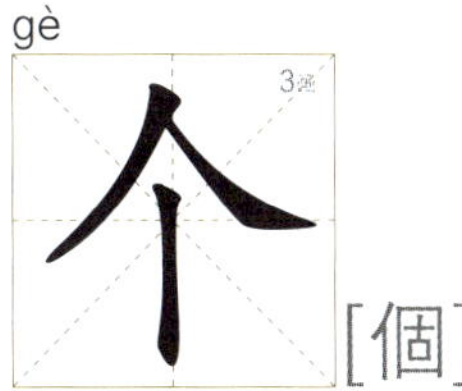

[個]

丿 人 个

等　级　初等一级
字　源　本义是竹一枚。
形近字　介
组　词　个别　个人　个体　个性 | 挨个　各个　每个　那个　哪个　一个　整个　这个　逐个
字　谜　一人不作大字猜。

gēng/gèng

一 ｢ 𠃍 ... 更

等　级　初等二级
字　源　古字形从攴丙声，本义是改变，读gēng。
类推识字　便哽埂梗硬
形近字　吏
组　词　gēng　更换　更名　更新　更衣　更正 | 变更 | 三更半夜　自力更生 ‖ gèng　更加 | 更上一层楼
字　谜　与人方便。

gòu

等　级　初等二级
字　源　本义是多。
类推识字　句　拘狗　够　苟　多　侈哆移够　爹
组　词　够本　够格　够呛　够意思 | 不够　能够　足够

guān

[關]

等　级　初等一级
字　源　本义是门闩。
类推识字　郑掷
形近字　夫
组　词　关爱　关闭　关怀　关机　关键　关门　关切　关系　关心　关于　关照　关注 | 把关　公关　海关　机关　没关系　无关　相关　有关 | 事关重大
字　谜　两点天上来。

guī

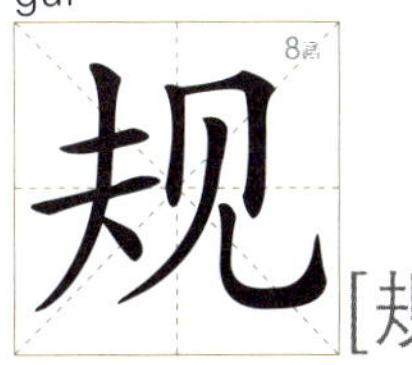

[規]

等　级　初等三级
字　源　本义是法度。
类推识字　夫　肤扶　芙　见　观现砚视舰　觉　窥
组　词　规避　规定　规范　规格　规划　规矩　规律　规模　规劝　规则　规章 | 犯规　校规　圆规　正规 | 循规蹈矩

hù

等　级　初等三级
字　源　本义是绞绳的器具，引申为交错、彼此、互相。
形近字　亚
组　词　互补　互动　互访　互换　互惠　互联网　互相　互助 | 交互　相互 | 互通有无

huáng

等　级 初等二级
字　源 造字说法不一，一说本义是土地的黄色。
类推识字 横璜磺潢 簧
形近字 寅
组　词 黄豆 黄瓜 黄昏 黄金 黄酒 黄连 黄牌 黄色 黄页 黄油 | 泛黄 | 黄粱美梦

huò

一 ㇀ 𠃌 … 式 或 或

等　级 初等二级
字　源 本义是邦国或疆域。戈指武器，口是国土，一是疆界，表示用武力保卫国土。
类推识字 惑 域
形近字 戒 戍 戊 戌 成
组　词 或许 或者 | 或多或少 不可或缺

jiàn
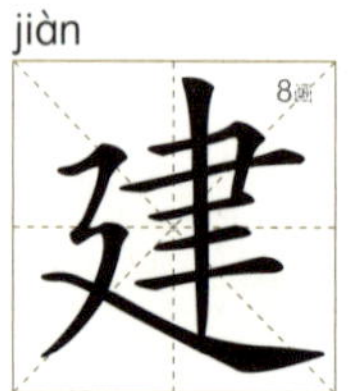

等　级 初等三级
字　源 造字说法不一。一说本义是持篙行船；一说本义是制定典章、法度，引申为建设、建筑。
类推识字 津律肆 健键 廷挺艇蜓庭
组　词 建成 建材 建国 建立 建设 建树 建议 建筑 | 重建 封建 扩建 新建 修建

jiào/jué
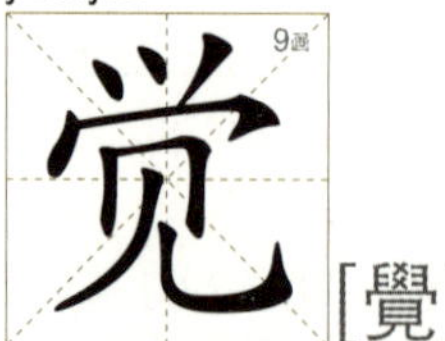

等　级 初等一级
字　源 本义是醒悟、明白，读jué。
类推识字 见 观现砚视舰 览 搅
形近字 学
组　词 jiào 睡觉 | jué 觉得 觉察 觉悟 觉醒 | 触觉 发觉 感觉 视觉 听觉 味觉 嗅觉 直觉 知觉 自觉

jǐn/jìn
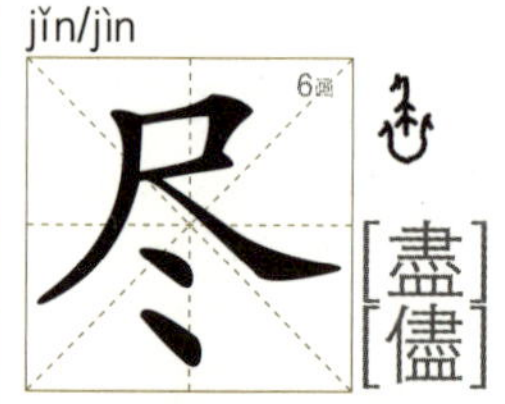

等　级 初等三级
字　源 “盡”读jìn，本意是器皿中空，引申为完、竭、全部等；“儘”读jǐn，指任、随，用作副词相当于总、老是等。简化时都用“尽”。
类推识字 尺 迟烬
形近字 冬
组　词 jǐn 尽管 尽快 尽量 尽早 | jìn 尽力 尽情 尽头 尽孝 尽心 尽兴 尽职 | 耗尽 用尽 自尽 | 尽人皆知 尽如人意 尽善尽美 感激不尽 竭尽全力 苦尽甘来 同归于尽 无穷无尽
字　谜 比尺多点点。

jiǔ
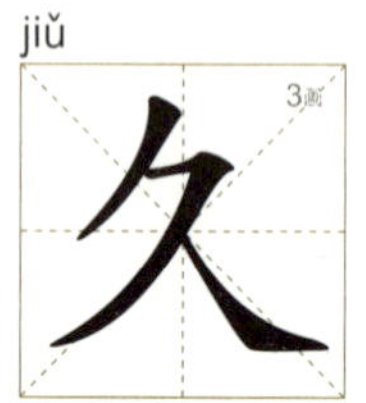

等　级 初等二级
字　源 造字说法不一，一说是“灸”的本字，引申为时间长。
类推识字 玖 灸 疚
形近字 又 欠 夕
组　词 久别 久留 久仰 久远 | 长久 持久 好久 永久 悠久 | 久别重逢

jǔ
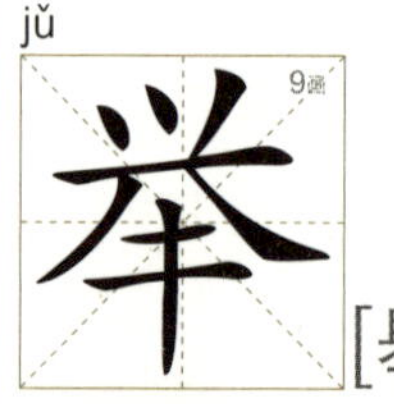

等　级 初等二级
字　源 本义是双手向上托物。
类推识字 誉
形近字 奉
组　词 举办 举动 举例 举行 举止 举重 | 列举 推举 选举 义举 壮举 | 举案齐眉 举步维艰 举世闻名 举世瞩目 举一反三 举重若轻 举足轻重 轻而易举 一举两得

kǎo

一 十 土 耂 老 考

等　　级 初等一级

字　　源 古字形像拄拐长发的老人，本义是老。

类推识字 朽 巧窍 号 拷烤铐

组　　词 考查 考察 考场 考古 考官 考核 考卷 考虑 考生 考试 考研 考验 | 报考 参考 会考 高考 科考 思考

字　　谜 见火就烤。

kè

[剋]

一 十 十 古 古 声 克

等　　级 初等二级

字　　源 “克”造字说法不一。一说本义是战胜；一说古字形像戴着头盔、弯腰抱膝的人形，本义是人有所负担，引申为战胜、攻破等。“剋”是由“克”分化而来的，简化时用“克”。

形 近 字 兄 兑

组　　词 克服 克隆 克星 克制 | 攻克 麦克风 巧克力 千克 | 以柔克刚

lái

[來]

一 𠃍 𠃍 立 平 来 来

等　　级 初等一级

字　　源 古字形像小麦的形状，是“麦”的本字，假借为到来，简化字借草书字形。

类推识字 涞睐

形 近 字 米 夹 束

组　　词 来宾 来不及 来得及 来到 来电 来回 来客 来历 来路 来信 来源 来自 | 本来 出来 从来 带来 过来 归来 后来 回来 将来 进来 近来 近年来 看来 历来 起来 未来 下来 向来 以来 迎来 原来 越来越 | 来龙去脉 继往开来 苦尽甘来 说来话长 心血来潮

字　　谜 一米。

le/liǎo

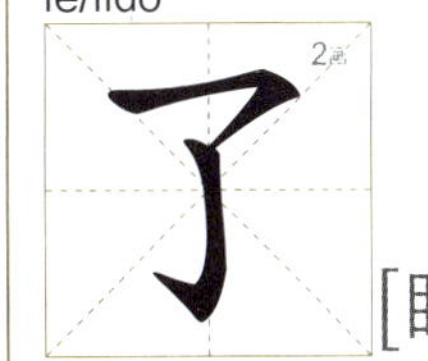

[瞭]

一 了

等　　级 初等一级

字　　源 “了”造字说法不一，一说本义是弯曲，一说像手足捆缚于襁褓中的婴儿，引申为完毕、结束等，读liǎo。“瞭”指明白、清楚等，简化时除“从高处远望”义外，其他义都简化为“了”。

类推识字 辽 疗

形 近 字 子

组　　词 le 除了 算了 为了 ‖ liǎo 了不得 了不起 了断 了解 了事 | 不得了 大不了 公了 受不了 私了 | 一目了然 直截了当

字　　谜 有一是子。

lí

[離]

丶 亠 ナ 文 㐫 㐫 㐫 离 离 离

等　　级 初等二级

字　　源 造字说法不一，一说本义是捕鸟的网。

类推识字 漓璃 篱

形 近 字 高 商

组　　词 离别 离合 离婚 离开 离奇 离异 离职 | 别离 分离 隔离 距离 脱离

lì

丽 [麗]

一 丆 丌 丌 丽 丽 丽

等　　级 初等三级

字　　源 造字说法不一，一说古字从鹿，上面像戴有饰物的一对鹿角。

类推识字 俪 鹂

形 近 字 雨 两

组　　词 丽人 | 华丽 美丽 秀丽 壮丽 | 风和日丽 天生丽质

liǎng

[兩]

一丆冂冂丙丙两两

等　级 初等一级

字　源 古字形像两个物体并列的样子，本义是成双，引申为数词。

类推识字 俩辆

形近字 雨 丽 丙

组　词 两岸 两边 两端 两级 | 银两 | 两败俱伤 一举两得

lù

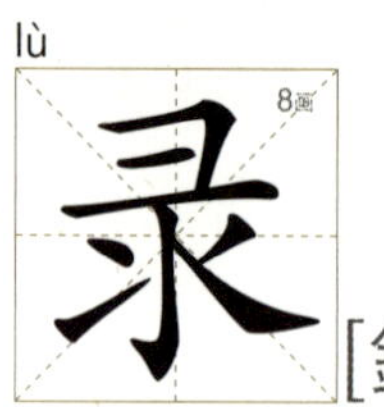

[録]

ㄱ ㅋ ヨ 寻 寻 寻 录 录

等　级 初等三级

字　源 造字说法不一，一说"录"像辘轳，是旧时从井里打水的工具。"録"是形声字，本义是金色，简化时用"录"。

类推识字 录 碌绿禄 剥 氯

形近字 隶 泰 泉 恭

组　词 录取 录音 录音机 录像 录影 录用 录制 | 备忘录 抄录 登录 记录 纪录 目录 收录 摘录

luàn

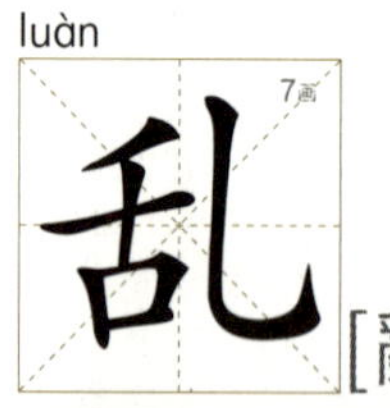

[亂]

丿 二 千 千 舌 舌 乱

等　级 初等三级

字　源 造字说法不一，一说本义是整理、治理。

类推识字 舌 刮敌甜辞 话括活恬 适阔 札轧扎礼乳 孔吼

组　词 乱码 乱世 乱套 | 打乱 捣乱 动乱 混乱 霍乱 凌乱 扰乱 散乱 | 胡言乱语 活蹦乱跳 天花乱坠 心乱如麻 以假乱真 杂乱无章

mǎi

买 6画

[買]

乛 乛 乛 三 买 买

等　级 初等一级

字　源 古字形从贝从网，本义是用网取贝，表示聚敛财物。

类推识字 实 卖

组　词 买单 买断 买卖 买通 买主 | 购买

字　谜 实少两点。

mài

卖 8画

[賣]

一 十 土 去 去 壶 卖 卖

等　级 初等二级

字　源 本义是出售，从出从买，表示使人买。

类推识字 读续赎

形近字 实 买

组　词 卖场 卖乖 卖家 卖力 卖命 卖弄 卖主 | 变卖 出卖 贩卖 叫卖 买卖

字　谜 默读。

me

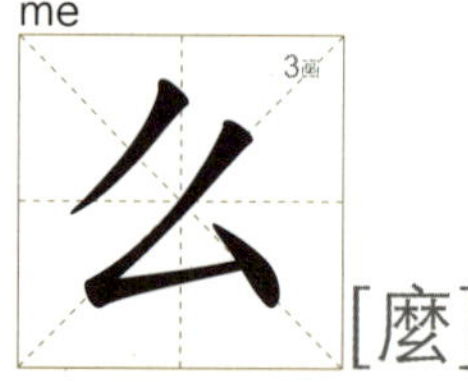

[麼]

丿 么 么

等　级 初等一级

字　源 本义是细小，假借为词的后缀。

形近字 幺 公

组　词 多么 那么 什么 为什么 这么 怎么 怎么样

nóng

农 6画

[農]

丶 冖 ナ 农 农 农

等　级 初等三级

字　源 本义是田间劳作，引申为农业、农民等。

类推识字 侬浓脓

形近字 衣 表

组　词 农场 农村 农户 农历 农贸 农民 农药 农业 | 菜农 果农 务农

pái

等　级 初等三级

字　源 本义是做标志的板。

类推识字 卑 碑啤脾 片 版

组　词 牌匾 牌位 牌子 | 打牌 大牌 登机牌 金牌 名牌 门牌 品牌 铜牌 银牌

píng

等　级 初等二级

字　源 本义是一种口小、腹大、颈长的容器。

类推识字 并 拼饼姘 迸屏 瓦

组　词 瓶颈 瓶子 | 瓷瓶 电瓶 花瓶

qí

[齊]

等　级 初等三级

字　源 古字形像众多麦子一块吐穗的形状，本义是整齐一致，简化字借草书字形。

类推识字 济挤脐跻 剂

组　词 齐备 齐唱 齐全 齐心 齐整 | 备齐 凑齐 对齐 整齐 | 齐头并进 齐心协力 参差不齐 良莠不齐

qiú

等　级 初等二级

字　源 古字形像毛朝外的皮袄，是“裘”的本字。

类推识字 球 救

形近字 水

组　词 求爱 求全 求生 求实 求证 求学 求职 求助 | 哀求 渴求 恳求 谋求 请求 需求 要求 征求 追求 | 供不应求 急于求成 精益求精 实事求是 委曲求全

quē

等　级 初等三级

字　源 本义是器物破损。

类推识字 缶 缸罐 窑 诀决快块

组　词 缺德 缺点 缺乏 缺口 缺少 缺失 缺席 缺陷 | 肥缺 空缺

rù

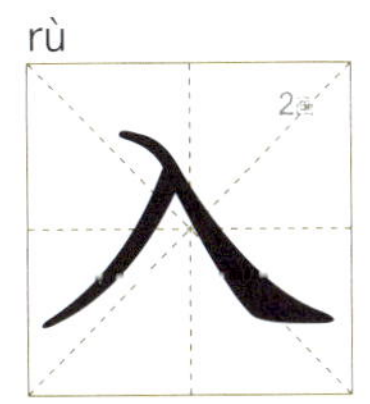

等　级 初等二级

字　源 造字说法不一，一说本义是进入、由外到内，引申为加入、采纳、交纳、收入等。

形近字 人 八

组　词 入场 入股 入境 入口 入伍 入住 | 编入 出入 赶入 加入 进入 收入 输入 深入 投入 陷入 | 入乡随俗 四舍五入

字　谜 镜中人。

sè/shǎi

等　级 初等二级

字　源 造字说法不一，一说本义是生气时的面部表情。

类推识字 绝艳

形近字 巴 包 角

组　词 sè 色彩 色调 色素 色泽 | 白色 彩色 成色 出色 粉色 好hào色 黑色 红色 花色 黄色 角色 金色 景色 咖啡色 蓝色 绿色 气色 神色 特色 颜色 眼色 夜色 银色 姿色 紫色 棕色 | 色厉内荏 国色天香 行色匆匆 ‖ shǎi 色子 | 掉色

shāng

丶亠亣产产产商商商商商

等　级 初等一级

字　源 造字说法不一，一说古字形像一种酒器。

形近字 高 离 南

组　词 商标 商场 商店 商机 商量 商品 商人 商谈 商务 商业 | 磋商 工商 经商 开发商 协商 智商

shēng

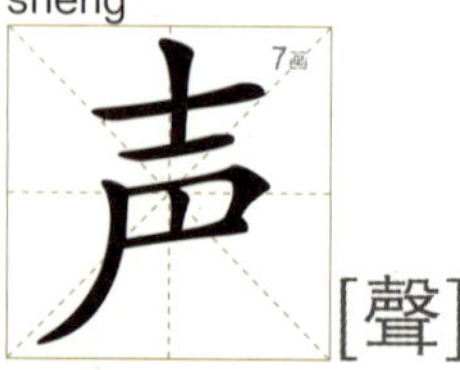

一十士韦韦吉声

等　级 初等二级

字　源 本义是乐音。

类推识字 馨

形近字 产 严

组　词 声调 声明 声势 声响 声音 声誉 声乐yuè | 大/小声 叫声 哭声 雨声

shī

丿 ⺈ 乍 失 失

等　级 初等三级

字　源 造字说法不一，一说本义是遗失，后引申为过错等。

类推识字 秩跌铁 迭

形近字 夫

组　词 失败 失策 失传 失落 失眠 失陪 失去 失散 失态 失望 失误 失业 失踪 失足 | 过失 迷失 丧失 损失 消失 遗失 走失 | 得不偿失 患得患失

shī

丨 刂 刂̄ 师 师 师

等　级 初等一级

字　源 造字说法不一，一说本义是军队驻扎。

类推识字 狮 筛 帅归

组　词 师范 师父 师傅 师兄/弟/姐/妹 | 出师 分析师 工程师 教师 军师 老师 律师 | 为人师表

字　谜 少一横就帅。

shì

一十廿廿世

等　级 初等三级

字　源 造字说法不一，一说本义是时间单位，三十年为一世，引申为人的一辈子、社会等。

类推识字 泄 屉 谍碟蝶

组　词 世代 世纪 世界 世界观 世面 | 当世 来世 去世 逝世 问世 | 世外桃源 举世闻名 举世瞩目

shì

一 二 亍 式 式 式

等　级 初等三级

字　源 造字说法不一，一说本义是规矩、法度。

类推识字 试拭

组　词 式样 | 方式 公式 格式 开幕式 款式 模式 形式 样式 仪式 正式

shì

一 ㄧ 戸 戸 亘 亘 写 事

等　级 初等一级

字　源 造字说法不一，一说古字形像手持猎叉狩猎之形，故本义是从事打猎。

组　词 事变 事故 事迹 事件 事情 事实 事实上 事态 事务 事物 事先 事项 事业 | 办事 本事 出事 从事 大事 当事人 懂事 董事 董事长 故事 故事书 婚事 军事 领事 领事馆 谋事 启事 人事 时事 赛事 同事 往事 小事 行事 刑事 找事 | 事半功倍 事在人为 实事求是

shū

[書]

一 乛 书 书

等　级 初等一级

字　源 古字形像手拿笔书写的样子，本义是书写，简化时借草书字形。

组　词 书法 书柜 书籍 书记 书架 书面 书写 书信 书院 书桌 | 读书 古书 家书 借/还书 买/卖书 秘书 图书 图书馆 新书 证书 | 书香门第

shū

丿 𠆢 亽 亼 全 会 舍 舍 舍 舒 舒 舒

等　级 初等二级

字　源 “舍”和“予”都是给、分发的意思，所以“舒”的本义是伸展、展开。

类推识字 予 抒野 豫预 序 舍 啥

组　词 舒畅 舒服 舒适 舒心 舒展

sī

𠃌 𠃌 门 司 司

等　级 初等二级

字　源 造字说法不一，一说古字形像用匙向口中送食，本义是进食。

类推识字 伺词饲祠

形 近 字 同 句

组　词 司法 司机 司令 司仪 | （打）官司 公司 | 司空见惯

字　谜 同去左边。

sǐ

一 丆 歹 歹 歹 死

等　级 初等三级

字　源 从人从歹（残骨），本义是失去生命的人。

类推识字 葬 歹 歼殃残殊殉殖

组　词 死党 死活 死亡 | 弄死 枉死 致死 | 死不悔改 死不瞑目 死灰复燃 死性不改

tài

一 ナ 大 太

等　级 初等一级

字　源 由“大”分化而来，本义是空间、时间、程度等超过一般状态。

类推识字 态 汰

形 近 字 大 犬

组　词 太空 太平 太太 太阳 太子 | 老太太 | 太极 太极拳

字　谜 少一点就大。

tào

套

一 ナ 大 太 本 本 奆 套 套 套

等　级 初等二级

字　源 本义是又大又长的、罩在物体外面的东西。

类推识字 大 驮 达庆 奋夺夸 肆

组　词 套餐 套间 套路 套装 | 客套 配套 圈套 手套

wēi

丿 ⺈ ⺈ 产 危 危

等　　级 初等三级

字　　源 造字说法不一，一说古字形像人站在悬崖上，心中害怕。

类推识字 诡桅跪脆

组　　词 危害 危机 危急 危难 危险 | 安危 病危 临危 | 危在旦夕 居安思危

wéi/wèi

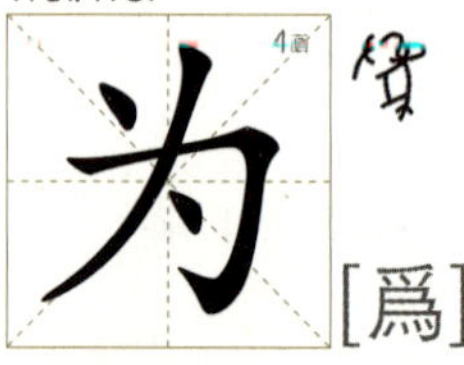

[爲]

丶 ソ 为 为

等　　级 初等二级

字　　源 古字形像人用手牵象的样子，本义是让大象劳作，引申为充当、变成、是、治理等，读wéi。

类推识字 伪

组　　词 wéi 为难 为期 为人 为首 为伍 为止 为主 | 称为 成为 颇为 人为 认为 行为 以为 作为 | 为非作歹 为富不仁 为所欲为 见义勇为 迄今为止 无能为力 | wèi 为此 为何 为了 为什么 | 因为 | 为虎添翼 为虎作伥

字　　谜 力字加两点，不作办字猜。

wèi

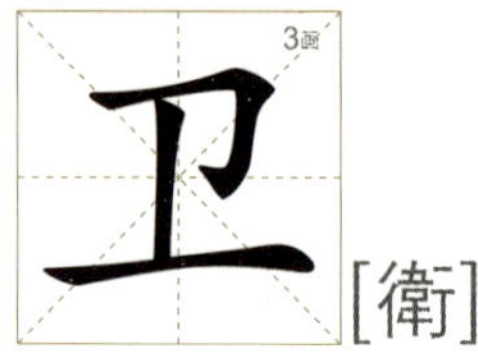

[衛]

フ 卩 卫

等　　级 初等三级

字　　源 本义是巡行守卫、保护。

形 近 字 节 已 己 巳

组　　词 卫生 卫生间 卫视 卫星 | 保卫 捍卫 自卫

wǒ

等　　级 初等一级

字　　源 古字形像兵器形，假借为第一人称代词。

类推识字 俄饿哦峨娥蛾 鹅

形 近 字 找

组　　词 我们 | 忘我 自我 | 我行我素

wǔ

ノ 𠂉 二 午

等　　级 初等一级

字　　源 是“杵”的本字，假借为纵横交错、地支第七位。

类推识字 许

形 近 字 牛 干 千

组　　词 午餐 午饭 午后 午间 午觉jiào 午休 午夜 | 上午 晌午 下午 中午 正午 | 端午节

字　　谜 牛不出头。

xí

[習]

フ 刁 习

等　　级 初等一级

字　　源 本义是鸟反复练习飞翔，现为简化字形。

形 近 字 匀 刁 刀

组　　词 习惯 习气 习俗 习字 习作 | 恶习 复习 积习 练习 实习 学习 演习 自习 | 习以为常

xiāng

乡

[鄉]

𠃋 𠃋 乡

等　　级 初等三级

字　　源 造字说法不一，一说本义是相向对食。

组　　词 乡村 乡亲 乡土 乡下 乡镇 | 城乡 故乡 家乡 山乡 | 背井离乡

xiē

丨 ⺊ 止 止 此 此 些 些

等　　级 初等一级

字　　源 造字说法不一，一说本义是语气词。

类推识字 此 柴紫 雌

组　　词 些许 | 那些 一些 有些 这些

字　　谜 一一到此。

xiě

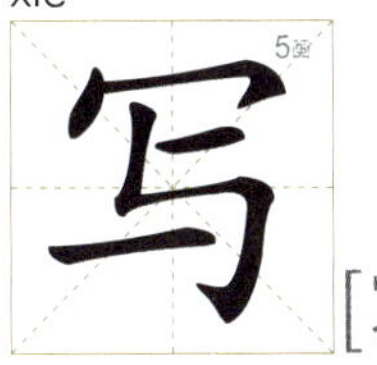

[寫]

丶 冖 写 写 写

等　　级 初等一级

字　　源 本义是放置。

类推识字 泻 与 屿

组　　词 写生 写实 写照 写真 写字 写作 | 抄写 改写 描写 书写 特写 | 轻描淡写

xīng/xìng

[興]

丶 丷 丷 兴 兴 兴

等　　级 初等三级

字　　源 古字形像四只手共同举起或抬起一个器物的样子，本义是起、起来。

形 近 字 六

组　　词 xīng 兴办 兴奋 兴隆 兴建 兴盛 兴旺 | 复兴 时兴 新兴 振兴 ▌xìng 兴趣 兴致 | 高兴 | 兴高采烈 兴致勃勃

xíng

一 二 于 开 开 形 形

等　　级 初等三级

字　　源 本义是形状、形貌。

类推识字 开 研 刑型荆 杉衫 彩影

组　　词 形成 形容 形式 形势 形态 形象 形状 | 长方形 地形 方形 情形 图形 圆形 无形 有形 | 喜形于色

yé

[爺]

丿 八 グ 父 斧 爷

等　　级 初等一级

字　　源 本义是父亲。

类推识字 父 斧爹爸 节

组　　词 爷们 爷爷 | 姥爷 老爷

yè

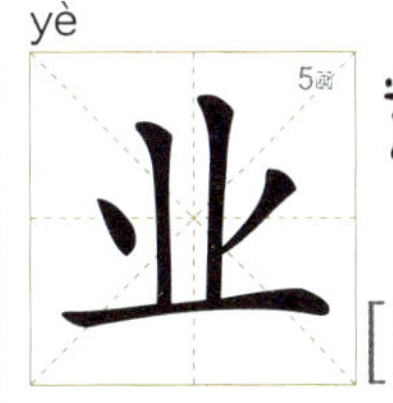

[業]

丨 ‖ 刂 业 业

等　　级 初等二级

字　　源 古字形像悬钟鼓的木架子。

形 近 字 亚 严

组　　词 业绩 业界 业务 业余 业主 | 毕业 产业 创业 工业 行业 家业 结业 就业 开业 林业 农业 企业 商业 失业 实业 事业 营业 物业 专业 转业 职业 作业 | 安居乐业 兢兢业业

字　　谜 一来就是第二名（亚）。

yǐ

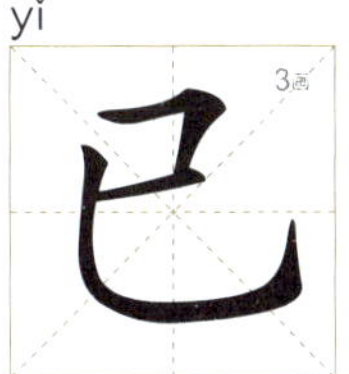

𠃌 コ 已

等　　级 初等二级

字　　源 是“巳”的分化字，本义是停止，引申为副词。

形 近 字 己 巳 巴

组　　词 已经 已然 已往 | 不得已 而已 | 迫不得已 赞叹不已

yì

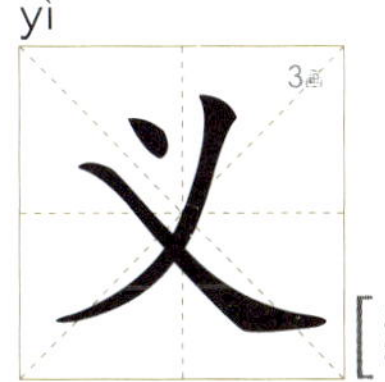

[義]

丶 丿 义

等　　级　初等二级

字　　源　“義”造字说法不一，一说是屠宰牛羊以祭祀；一说是人所表现出来的美善。“义”为后起的俗体字，简化时用“义”。

类推识字　仪议蚁

形 近 字　叉 又

组　　词　义工 义举 义卖 义气 义务 义演 ▎褒义 贬义 道义 定义 含义 就义 起义 意义 主义 素食主义 正义 ▎社会主义 资本主义 ▎义不容辞 见义勇为 忘恩负义

yìn

等　　级　初等二级

字　　源　古字形像用手按压使人下跪的样子，本义是按压。

形 近 字　却 卯

组　　词　印发 印花 印记 印泥 印刷 印章 印制 ▎彩印 打印 复印 钢印 脚印 指印 ▎印度 印度尼西亚

yǒng

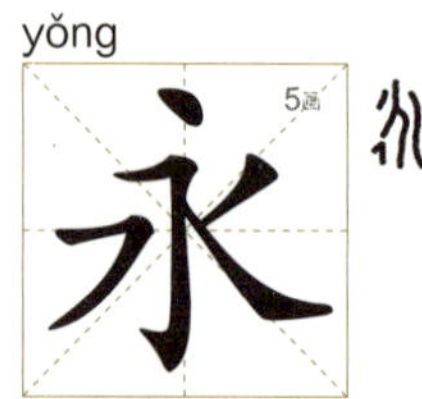

等　　级　初等二级

字　　源　古字形像人在水中游泳，是“泳”的本字。

类推识字　泳咏脉

形 近 字　水

组　　词　永别 永恒 永久 永远 永驻 ▎隽永 ▎永垂不朽

yòng

等　　级　初等一级

字　　源　造字说法不一，一说本义是可以按照卜兆行事。

类推识字　佣拥 痈

形 近 字　甩

组　　词　用餐 用功 用户 用力 用品 用途 用心 用意 用语 ▎采用 费用 副作用 功用 利用 民用 耐用 日用品 实用 使用 试用 通用 信用卡 效用 引用 应用 运用 作用

字　　谜　一竖挡在月中间。/甩掉尾巴。

yú

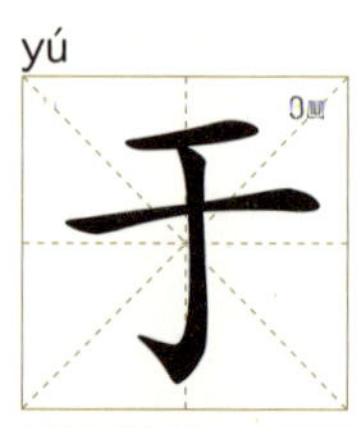

等　　级　初等二级

字　　源　造字说法不一，一说本义是乐声舒缓悠扬。

类推识字　吁 余宇芋 迂

形 近 字　干

组　　词　于是 ▎便于 处于 大于 低于 对于 等于 高于 关于 过于 鉴于 少于 善于 属于 由于 有利于 勇于 用于 在于 致力于 至于 终于 ▎于心不忍 急于求成 无动于衷

zài

等　　级　初等一级

字　　源　造字说法不一，一说本义是第二次。

形 近 字　冉

组　　词　再次 再度 再会 再婚 再见 再三 再生 再说 ▎不再 一再 ▎再接再厉 东山再起

zhuān

等　　级　初等三级

字　　源　古字形像手转动纺锤，把线缠绕整齐。

类推识字　传转砖

组　　词　专才 专长 专车 专程 专访 专横hèng 专家 专科 专款 专栏 专利 专门 专权 专人 专题 专心 专项 专业 专一 专职 专注 ▎大专 中专 ▎专心致志 独断专行

汉字练习与活动

1 描红 手写类 | 任意笔画/部件/汉字

① 练习笔画：描出指定笔画。

描出“一”。

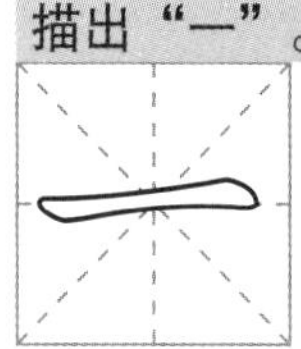

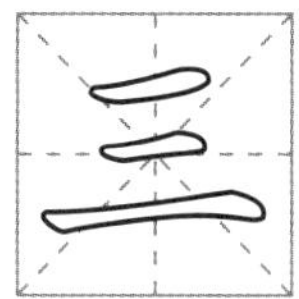

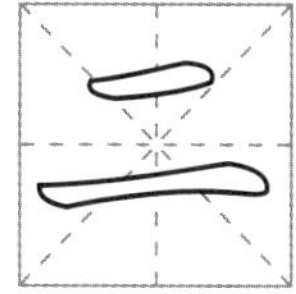

② 练习笔顺：描出指定笔画。

描出第二笔。

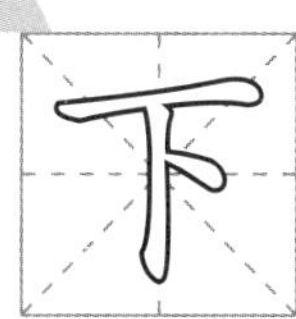

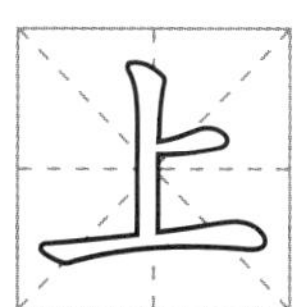

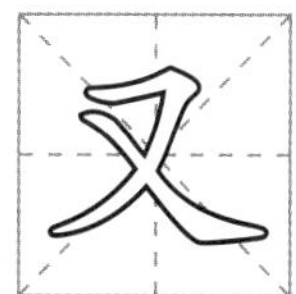

③ 练习部件：描出指定部件。

描出“扌”。

④ 练习汉字：描出完整的汉字。

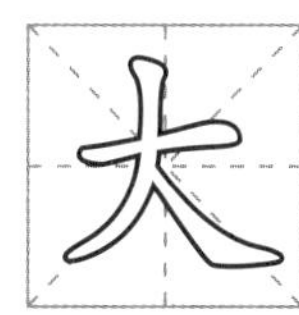

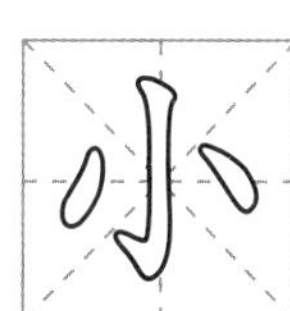

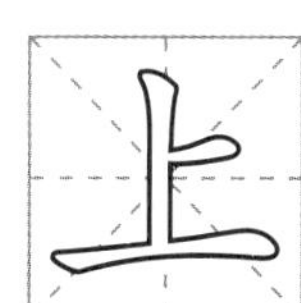

☛ 教学小提示

❶ 针对年龄较小的学生，可以将描红练习改为涂色练习，如让学生将某一笔画涂成红色，将另一笔画涂成绿色。

❷ 教师可以变换和扩展描红练习的形式，如：

描出下列汉字共同的部分。

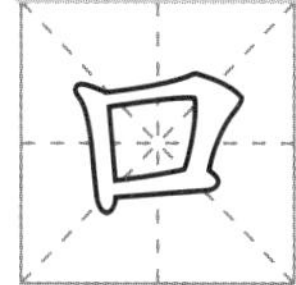

EXERCISE

2 写汉字 手写类 | 任意汉字

① 根据拼音写汉字。

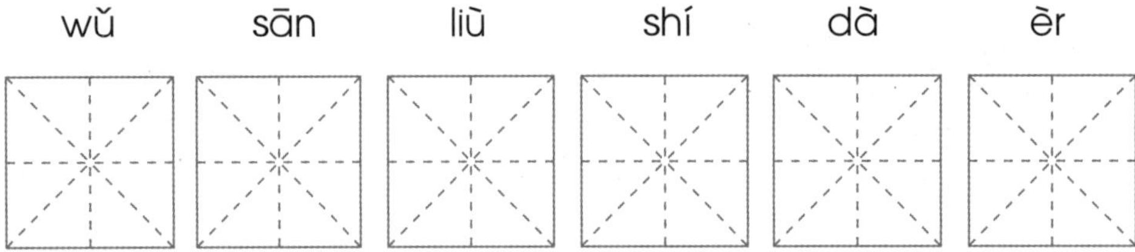

② 根据汉字写拼音。

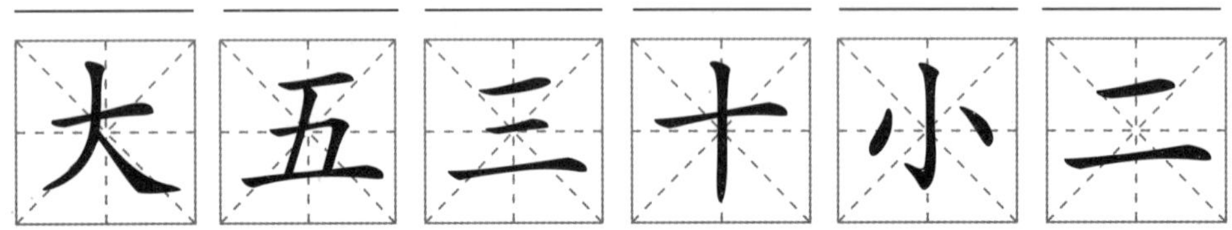

③ 按笔画先后顺序写出汉字。

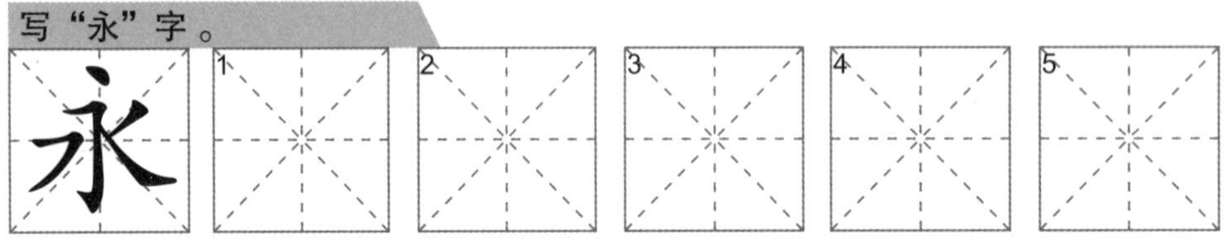

④ 写出汉字的笔画数。

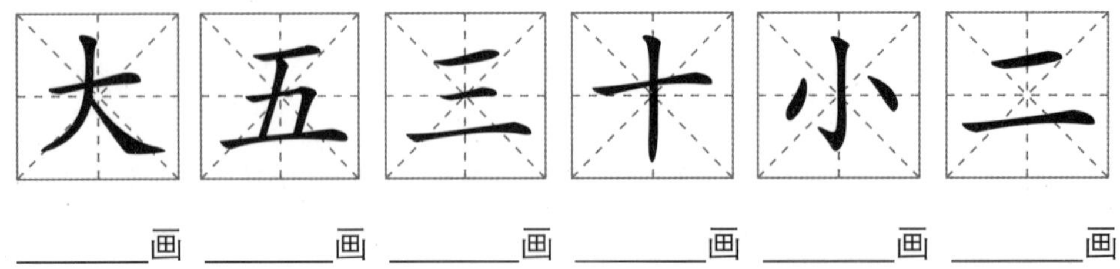

EXERCISE

3 找汉字 观察类 任意汉字

①找相同笔画数的汉字。

找笔画数都是三画的汉字。

上 下 人 大 永 五 三 八 十 日

②找指定笔画相同的汉字。

找第一画相同的汉字。

五 生 东 写 万 又 来 上 元 六

③找含有某一相同部件的汉字。

找含有部件“冫”的汉字。

汗 冷 清 打 拉 经 沙 汉 凉 冰

④找相同读音的汉字。

找读音是 qīng 的汉字。

静 清 轻 听 吹 您 青 定 地 净

⑤找结构类型相同的汉字。

找独体字。

家 才 胖 上 课 唱 手 忙 满 正

找左右结构的汉字。

想 听 写 左 打 是 就 洗 您 上

⑥找书写正确的汉字。

找书写正确的汉字。

上（　　）午/牛　　看（　　）见/贝

时（　　）问/间　　老（　　）帅/师

匕/七（　　）十　　自/白（　　）己

在一组字中找到指定的词组或句子。

我在洗衣服。

我找俄　左在右　洗冼先　农衣才　报服肥

4 拼汉字 观察类 | 任意汉字

①根据给出的部件写汉字。

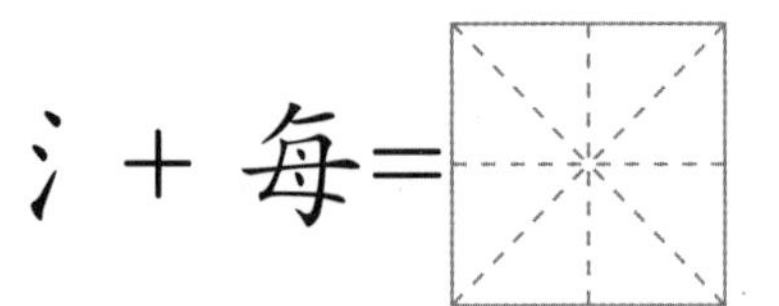

扌 + 丁 =

②将笔画贴在空心字上。

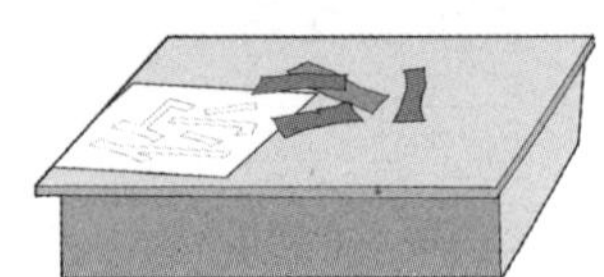

根据要练习的汉字制作笔画教具。

提供大小合适的空心汉字，让学生将笔画贴在空心字上。

③用汉字部件拼出汉字。

将做好的汉字部件卡片发给学生。

让学生拼出完整的汉字。

④做汉字拼图。

制作较大的汉字卡片，将其剪开发给学生。

让学生拼出完整的汉字。

教学小提示

在进行用笔画贴空心字的练习时，要注意：

❶ 制作的空心字和笔画要足够大。

❷ 制作笔画时要考虑到汉字的笔画是有交叉的。

❸ 可以考虑将不同的笔画做成不同的颜色。

① 拆分单个汉字的部件。

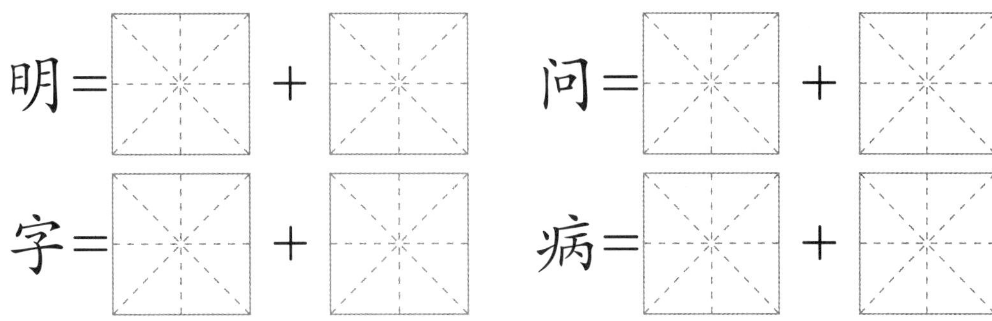

② 拆分一组汉字的部件。

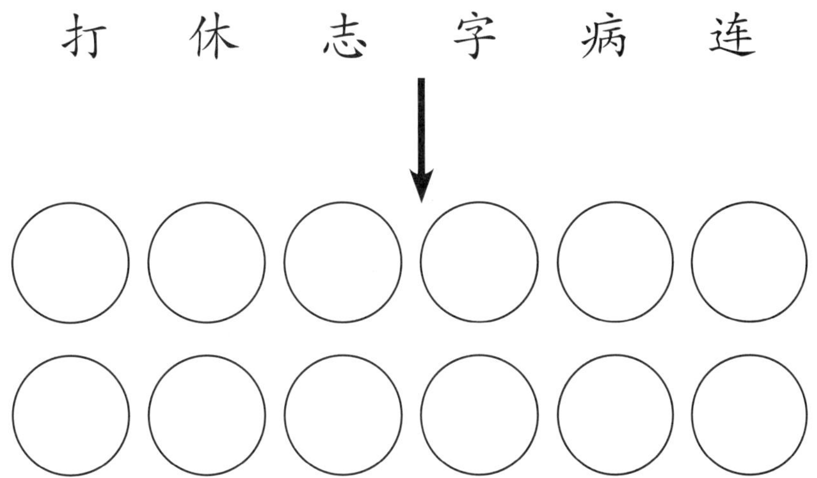

③ 把一组拆开的汉字组合成新的汉字。

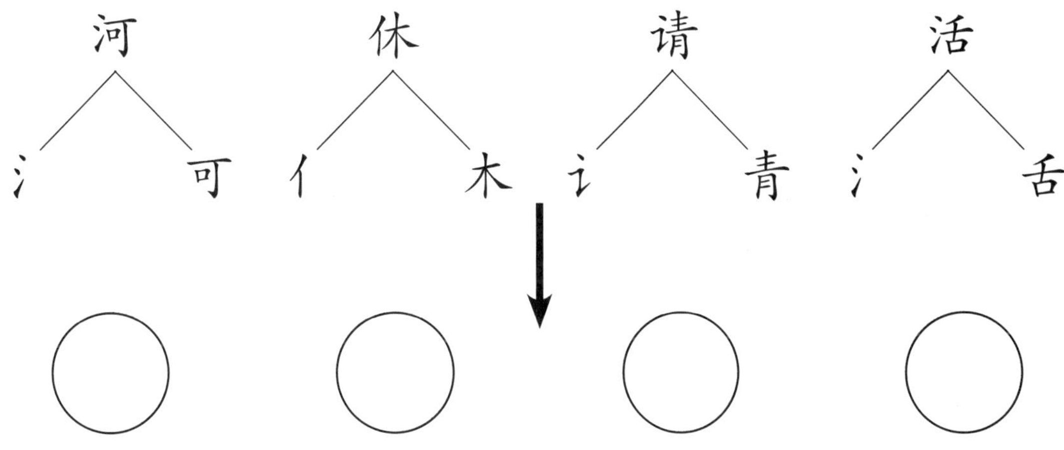

① 按笔画数由少到多或由多到少的顺序排列汉字。

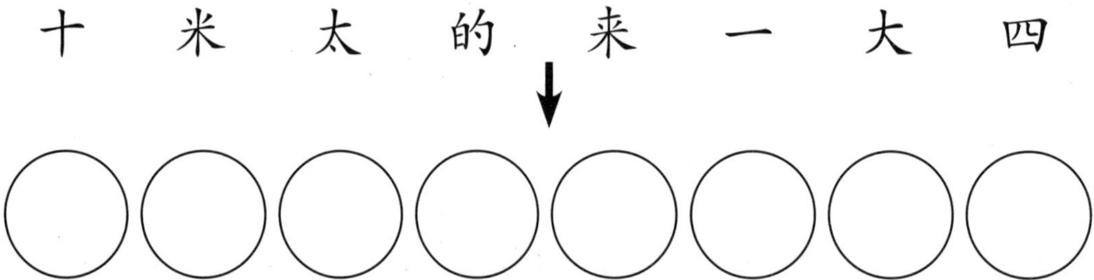

② 按词序、句序或教师指定的顺序排汉字。

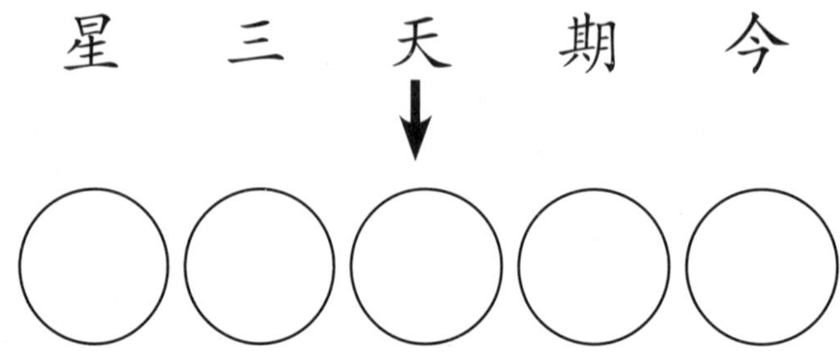

教学小提示

教师可以发给每个学生一套汉字小卡片，让学生根据教师指定的顺序排列汉字。

补出缺少的笔画。

教学小提示

教师可以用涂改液制作补缺笔的练习，将原件复印后使用。

8 传字游戏 趣味书写类 任意笔画/部件/汉字

4~6个学生一组，各组分别坐成一列，每个学生拿一张白纸和一支笔。教师将同样内容的汉字卡片分别发给各组队尾的学生。各组队尾的学生同时打开卡片，记住汉字字形后将卡片扣放在桌子上或交还给教师，然后让坐在自己前面的学生转过身来，把刚才看到的汉字写在白纸上，该学生记住后再传给前一个学生，以此类推。各组最前面的学生把书写结果展示给大家看。看看哪组学生完成得又快又准确。

☛ 教学小提示

❶ 此活动可以用来练习新汉字也可以用来复习学过的汉字。

❷ 传字活动还可以用“背上写字”的形式进行，具体做法是：各组队尾的学生用手指在他/她前一个学生的后背上写出汉字，学生一个接一个地在前一个组员的背上写字，直到写到各组最前面的那个学生，最后由该学生在黑板上写出汉字。

选自《国际汉语教师课堂技巧教学手册》，有改动

9 互助写字 趣味书写类 任意部件/汉字

2~3个学生一组，每次选两组学生进行比赛。教师发给每组学生或每个学生一支笔。教师说一个汉字，两组学生同时在黑板上写字。每个学生每次只能写一笔，写得快而且准确的一组获胜。

选自《国际汉语教师课堂技巧教学手册》

ACTIVITY 10 牙签拼字 趣味书写类 | 任意部件/汉字

教师发给每个学生或每组学生一些牙签，要求学生迅速用牙签拼出教师指定的汉字。

☛ 资料库

❶ 两根牙签可以拼出：二、十、人、入、八、厂。

❷ 三根牙签可以拼出：三、干、千、土、士、川、工、大、广、义、上、下、个。

❸ 四根牙签可以拼出：口、王、天、夫、山、少、止、不、火、井、木、丰、六、斗、牛、午、斤、从、仁、什、么、了、介、父。

☛ 教学小提示

教师也可以和学生玩移动牙签变汉字的游戏，比如“田”字移动一根牙签就可以变成“白、旧、旦、目”等汉字。

ACTIVITY 11 找字比赛 观察类 | 任意笔画/部件/汉字

教师把黑板分成两部分，将两套汉字小贴纸分别贴在黑板两侧，每侧贴纸的排列顺序可以不同。

将全班学生分成两组，每组各派一个学生到黑板前做游戏。教师说一个汉字，两个学生迅速指出或摘下该汉字的贴纸，比一比谁做得快。做得快的学生得分，教师负责计分，最后积分高的组获胜。

☛ 教学小提示

此活动可以制作PPT。

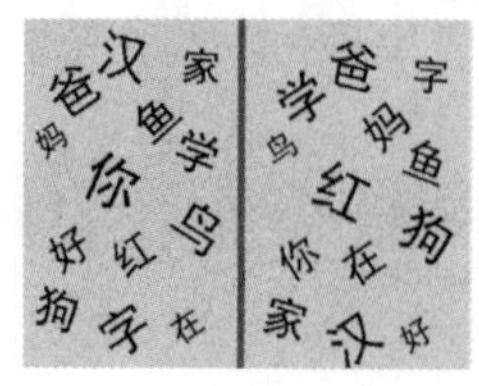

选自《国际汉语教师课堂技巧教学手册》，有改动

ACTIVITY 12 汉字排队 游戏类 | 笔画数 | 任意部件/汉字

教师给参与活动的每个学生发一张汉字卡片，让学生迅速按照汉字的笔画数由少到多的顺序排队，比如拿“一（1画）”的学生站在最前面，拿“二（2画）”的学生站在他/她身后，以此类推。

选自《国际汉语教师课堂技巧教学手册》

ACTIVITY 13 记忆游戏A 观察类 | 任意笔画/部件/汉字

将全班学生分成两组，教师先将卡片背面（没有汉字的那面）朝向学生，然后用两手的食指顶着卡片的对称角，将卡片快速上下旋转两圈，让学生猜出卡片上的汉字。先猜出来的学生得分，教师负责计分，最后积分高的组获胜。

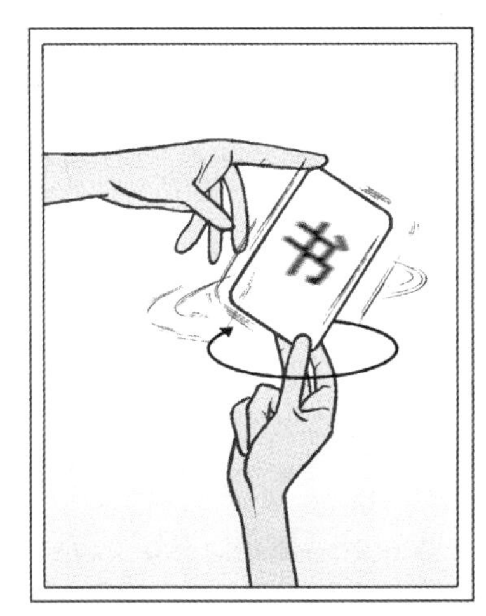

选自《国际汉语教师课堂技巧教学手册》

14 记忆游戏B 观察类 | 任意笔画/部件/汉字

教师可以用PPT或汉字小卡片展示一组汉字（如下图），在限定的时间内，让学生回答问题。

提出的问题如：

①找到指定的汉字。

②说出有没有某个汉字。

③数出某个汉字的个数。

④说出出现最多/少或出现N次的汉字。

天	中	人	石
大	天	太	子
人	小	木	白
火	水	心	小

☛教学小提示

汉字也可以不规律地排放，如下图：

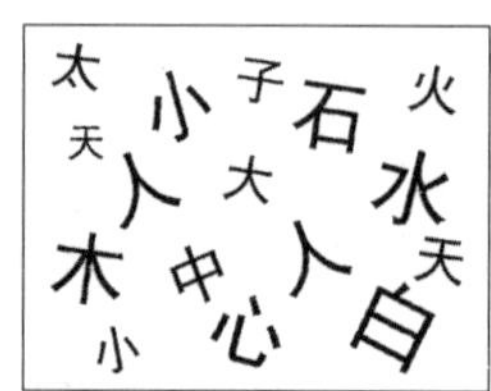

选自《国际汉语教师课堂技巧教学手册》，有改动

15 记忆游戏C 观察类 | 任意笔画/部件/汉字

教师可以用PPT或汉字小卡片展示一组汉字，每组汉字的数量以4~8个为宜，可以逐渐由少增多，循序渐进。教师展示完毕后，让学生说出看到的汉字。

☛教学小提示

此活动也可以变换为“少了哪个汉字”的游戏，用汉字小卡片或PPT均可实现。

1 大　2 小　3 多　4 少

5 What's missing? 多 ? 小 大

6 What's missing? ? 大 少 小

7 What's missing? 少 多 大 ?

8 What's missing? 小 少 ? 多

ACTIVITY 16 翻牌游戏 观察类 | 字音/字义 | 有具体意义的汉字

教师事先准备汉字卡片若干套，每套卡片都包含图片卡（或拼音卡）和汉字卡两种，内容一一对应。

3~4个学生一组，发给每组一套卡片。各组先把本组所有的卡片都正面朝下摆在桌子上，然后学生轮流翻卡片，每人每次任意翻开两张。如果两张卡片的图片和汉字（或拼音和汉字）正好一致，那么该学生可以拿走这两张卡片。如果翻开的卡片图片和汉字不一致，学生要把卡片正面朝下放回原处，换其他学生继续翻卡片。桌子上的卡片都被拿走以后，拿到最多卡片的组员获胜。

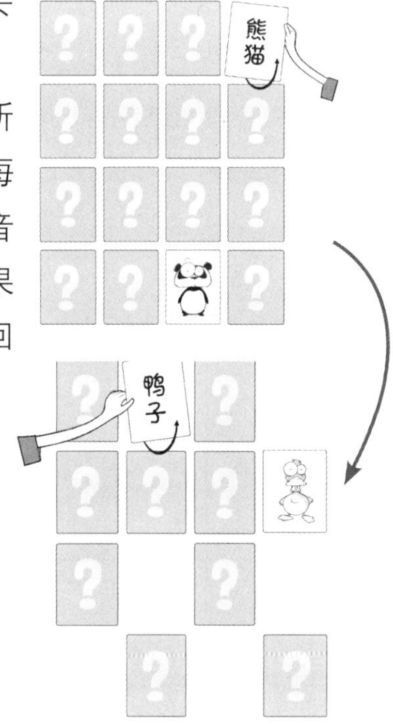

☛ 教学小提示

此活动也可以将卡片正面朝内贴在黑板上，或是制作尺寸较大的卡片平铺在教室中间的空地上，卡片的背面用数字注明序号，参与者轮流选择说出两张卡片的序号，老师翻开这两张卡片，看是否可以配对，可以配对则卡片归该学生所有，不一致就扣放回原处。参与活动的组别和人数可根据教学需要灵活调整。

选自《国际汉语教师课堂技巧教学手册》，有改动

ACTIVITY 17 结构抢答 观察类 | 结构类型 | 合体字

教师规定不同的手势代表不同的汉字结构，如图示。选择不同结构的汉字，做成汉字卡片或者PPT。教师随机展示卡片或播放PPT，学生迅速用手势表示该汉字的结构类型。

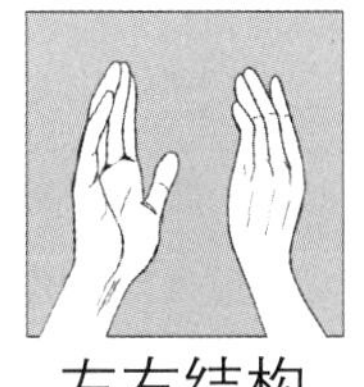

左右结构

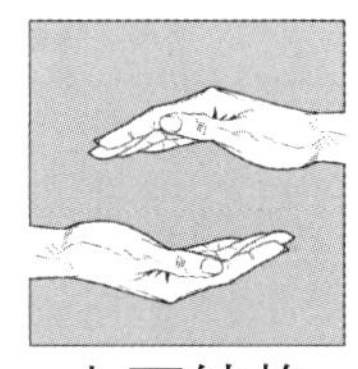

上下结构

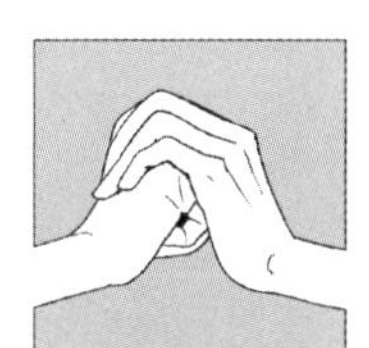

包围结构

ACTIVITY

18 汉字五子棋

趣味书写类 | 任意汉字

两个学生一组，发给每组一张活动页。两个学生轮流用不同颜色的笔在格子里写汉字（可以根据教学需要制定规则，比如是否可以出现重复的汉字）。先将五个汉字连成一条线的一方获胜（横线、纵线、斜线均可），错字不能计算在内。

黑字赢

				人	一
我	大	你	上	下	书
	给	人	月	在	白
	西	是	去		
	字			来	

灰字赢

今					
	这		水	工	
	那	人	风	两	天
	牙	园	在	花	
	写		木	我	
			火		不

黑字赢

儿					
	大		小	上	
	下	人	孩	在	幼
		园	去		
	玩			上	
					班

☛ 教学小提示

教师也可以事先在格子里写满汉字，参与活动的学生每次读一个汉字，并在该汉字上做标记，看看哪方能先将五个汉字连成一条线。

儿	一	二	三	四	五
六	大	七	小	上	八
九	下	人	孩	在	幼
十	左	园	去	右	前
后	玩	几	东	上	南
西	北	中	白	黑	班

选自《国际汉语教师课堂技巧教学手册》，有改动

ACTIVITY

19 BINGO 趣味书写类 | 任意汉字

发给每个学生一张活动页。教师依次说出9个汉字，学生将其任意写在活动页的空格里，注意提醒学生要打乱顺序写。教师打乱顺序重复说这9个汉字，学生在听到的汉字上画×。当同一横行、竖行或斜行的三个格都画满×时，可以连成一条线。先连好三条线的学生举手说“Bingo”。

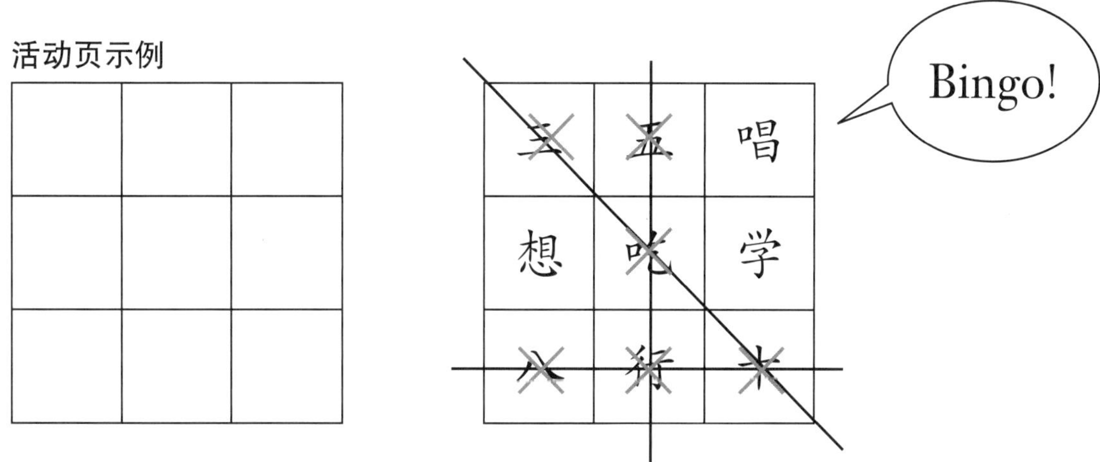

☛ 教学小提示

此活动可以灵活调整规则，比如：

❶ 可以用4×4的格子练习16个汉字，也可以用5×5的格子练习25个汉字。

❷ 可以规定连好一条线或六条线算作Bingo。

❸ 将“听—写”的方式变成“看—写”的方式，教师将要练习的汉字写在黑板上，让学生任意抄写在空格内，然后听字连线。

选自《国际汉语教师课堂技巧教学手册》，有改动

20 汉字接龙 游戏类 | 部件构字 | 任意汉字

方法1

教师给出一个汉字，让学生做部件接龙，要求接的汉字含有前一个汉字的一个部件。

休 → 树 → 时 → 星 → 早 → 古 ……

教师也可以增加难度，要求接龙的汉字的第一个部件是前一个汉字的最后一个部件。

坐 → 垃 → 音 → 明 → 肚 → 坝 → 赔 → 吃 ……

方法2

教师可以给出一个词语，要求接龙的词语含有前一个词语的某个汉字，或接龙的词语的第一个汉字是前一个词语的最后一个汉字。

老师 → 老人 → 人民 → 大人 → 大小 → 小声 ……

老师 → 师生 → 生活 → 活力 → 力量 → 量词 ……

☛ 教学小提示

教师可以把接龙中出现的汉字收集起来，拆分成部件，让学生做组字练习。教师也可以利用首尾部件相接的汉字设计有一定挑战性的练习，如将给出的汉字调换位置，使每两个相邻的汉字都能组成一个新字。

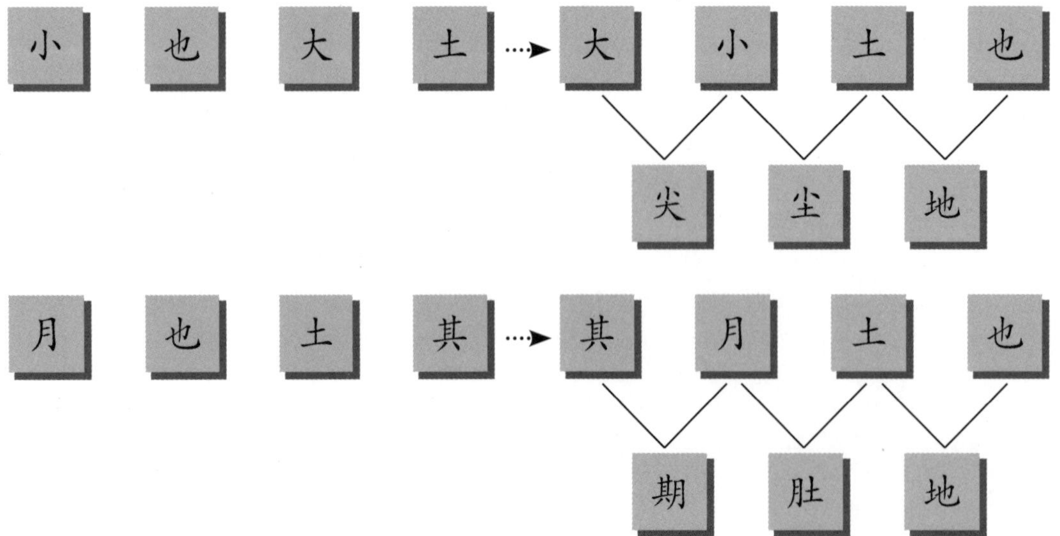

ACTIVITY

21 汉字色子

教师自己动手制作空白色子，然后在六个空白面上写上或者贴上汉字练习内容，然后两人或更多人一个小组，大家轮流掷色子，按照要求完成任务。可以设计的任务如：

①教师选择近期学过的汉字或者词语，写或者贴在六个面上。小组成员掷色子，读出相应面显示的字或者词语。

②教师选择学过的偏旁部首，写或者贴在六个面上。小组成员掷色子，说出含有相应面偏旁部首的汉字。

③教师选择一些拼音，写或者贴在六个面上。小组成员掷色子，在本子上写出相应读音的汉字或者词语。教师也可以把近期学习的同音字进行整理，巩固练习这些同音字的字形。

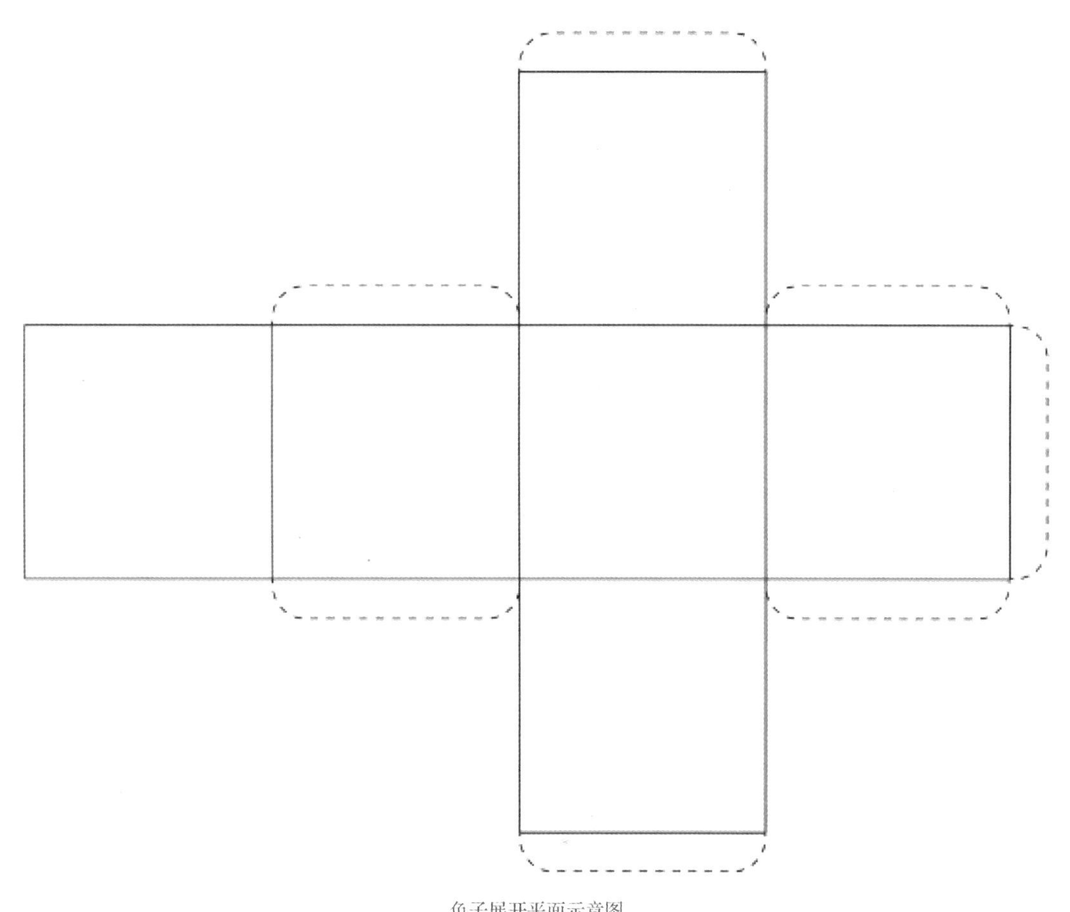

色子展开平面示意图

ACTIVITY

22 身体写字

“书空”是小学识字写字教学中常用的方法，孩子们在老师的带领下，用手指在空中按照笔顺书写汉字，在书写过程中还可以伴随数笔画、说笔画名称（横竖撇捺）、说字音等内容，以强化学生对汉字字形、结构的记忆。这种“书空”也可以用身体其他部位代替，以增加书写的趣味性，如用“头”“鼻子”“耳朵”“胳膊肘”“脚”“屁股”等部位来书写。

汉字功夫拳：孩子们用身体部位书写汉字时注意力度和节奏，可以编创出类似功夫或者舞蹈的动作，成为孩子们自创的“汉字功夫拳”。可以由动作设计美观、有特色的学生带领大家进行集体表演。

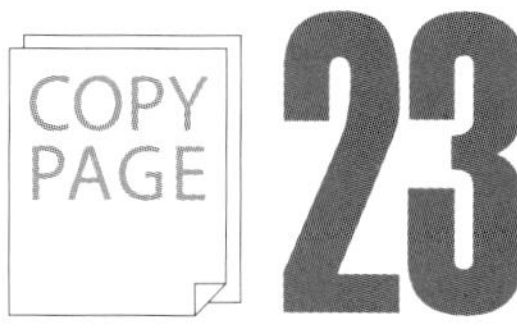

COPY PAGE **23**

连连看 观察类 | 象形字

你能通过字形猜出下列汉字的意思吗？试着将它们和对应的意思连线。

Can you figure out the meanings of the following Chinese characters through their shapes? Try to match the characters and their definitions.

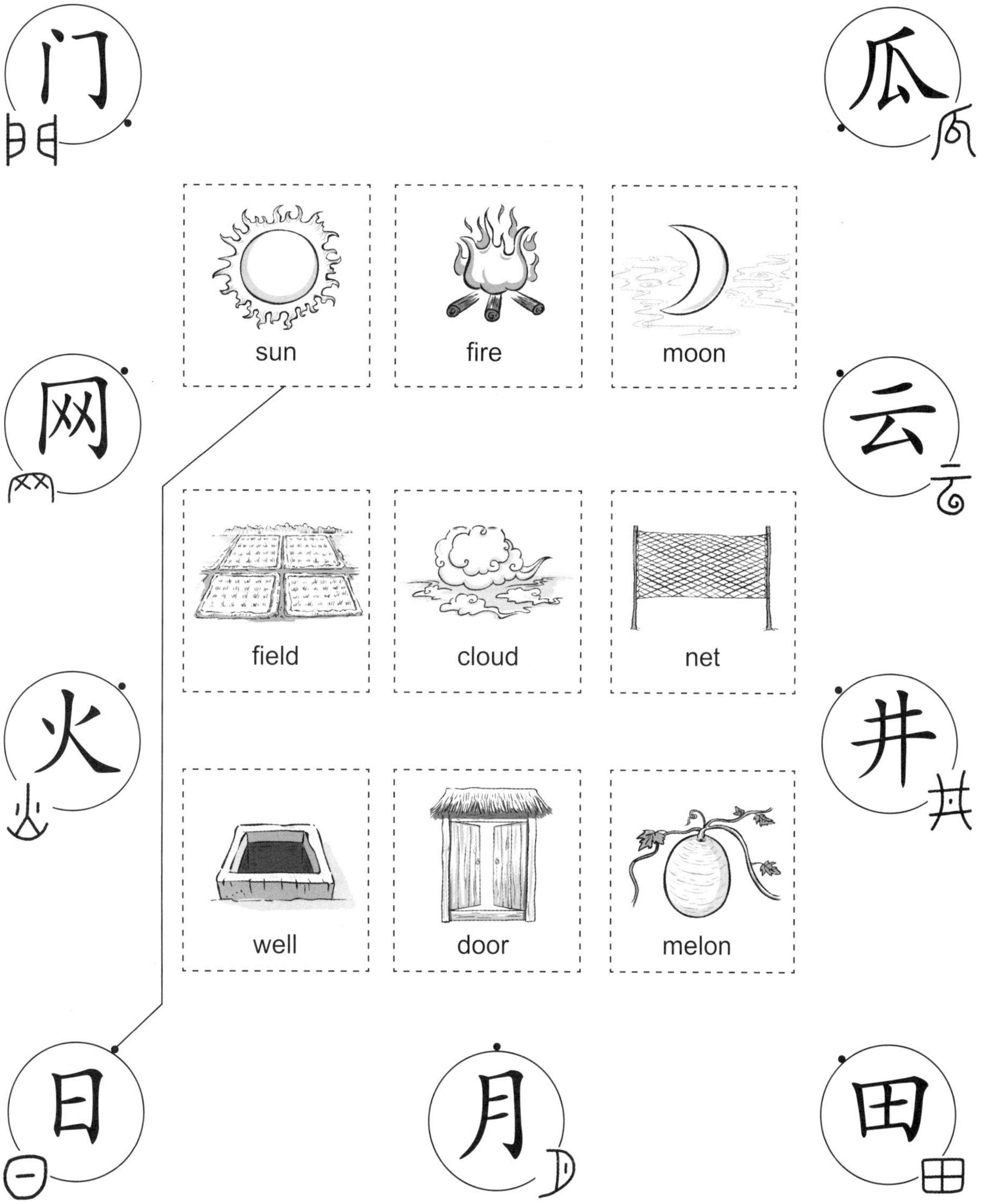

门
瓜
sun
fire
moon
网
云
field
cloud
net
火
井
well
door
melon
日
月
田

24 神秘的画 观察类 | 独体字与合体字

将下面的独体字涂上一种颜色，再将合体字涂上另外一种颜色，看看这是一幅什么画（注意：涂色时要涂满整个字框）。

Paint the following independent characters with one color and paint the compound characters with a different color, and see what kind of picture that is (Attention: fill in the whole square when painting).

班	国	这	全	人	和	体	语	化
地	做	时	天	看	田	打	你	找
那	猫	山	间	过	他	上	星	明
欢	电	从	多	笔	别	认	马	什
王	牛	妈	加	因	完	快	龙	气
水	英	本	住	饭	张	几	如	川
组	早	想	刀	红	乐	树	放	读
灯	意	志	们	九	病	空	第	联
预	掉	路	子	法	衣	红	忽	被
深	准	米	报	怎	起	户	请	遍
神	东	长	雨	中	方	小	门	跟

COPY PAGE

25 汉字找家A 观察类 结构类型 合体字

根据汉字结构为下列汉字找到合适的家。

Look for the suitable homes for the following characters based on their structures.

① 认	② 吃	③ 团	④ 字	⑤ 因	⑥ 饱
⑦ 朋	⑧ 回	⑨ 完	⑩ 花	⑪ 点	⑫ 困
⑬ 空	⑭ 你	⑮ 园	⑯ 国	⑰ 忘	⑱ 囚
⑲ 张	⑳ 行	㉑ 现	㉒ 早	㉓ 笑	㉔ 图

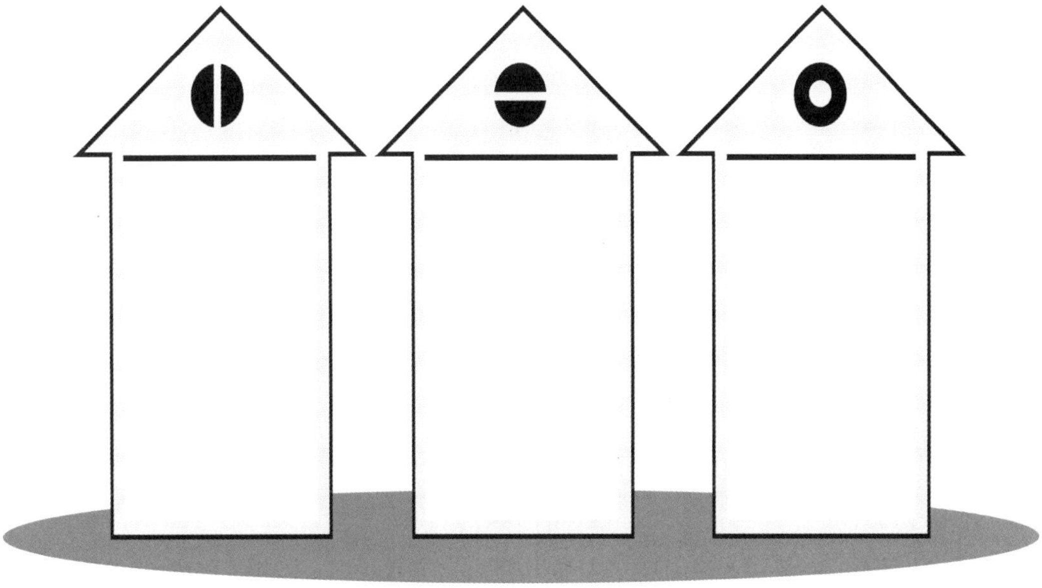

COPY PAGE

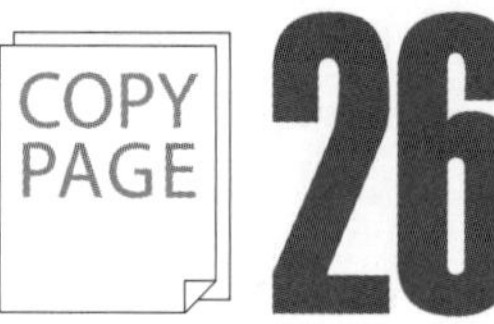

26 汉字找家B 观察类 | 部首 | 合体字

根据汉字结构为下列汉字找到合适的家。

Look for the suitable homes for the following Chinese characters based on their structures.

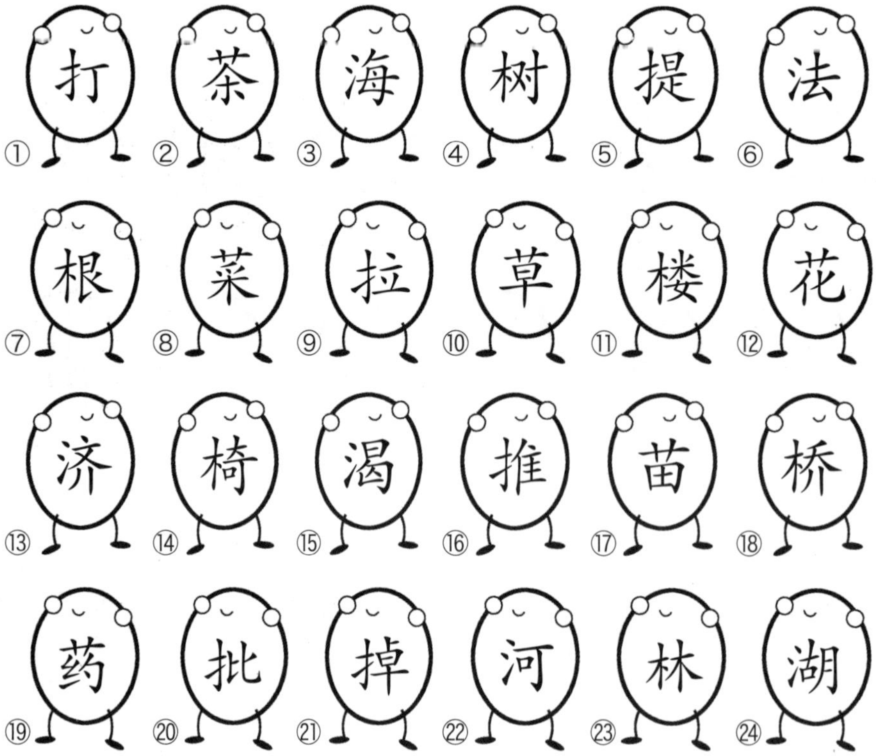

①打
②茶
③海
④树
⑤提
⑥法
⑦根
⑧菜
⑨拉
⑩草
⑪楼
⑫花
⑬济
⑭椅
⑮渴
⑯推
⑰苗
⑱桥
⑲药
⑳批
㉑掉
㉒河
㉓林
㉔湖

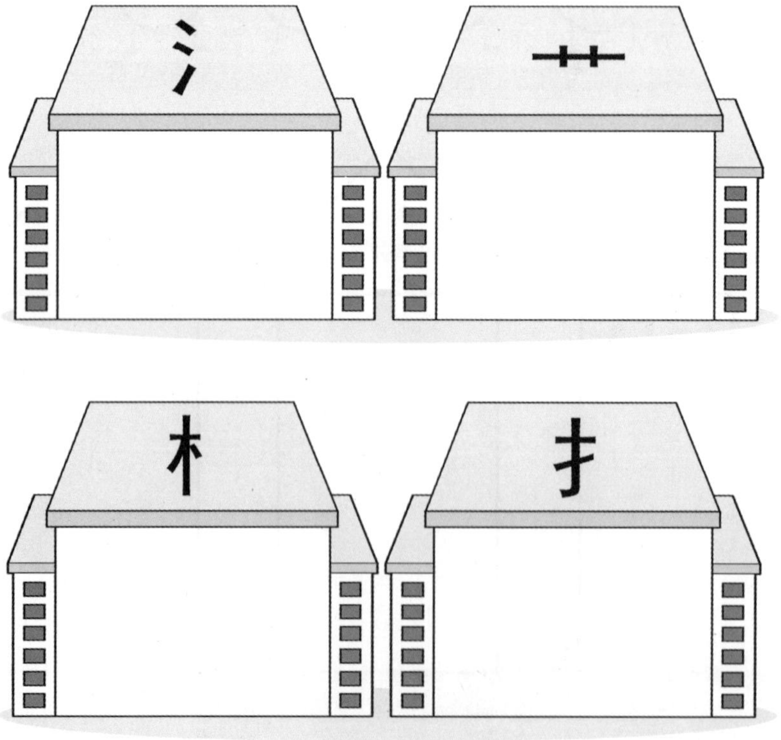

氵
艹
木
扌

COPY PAGE

27 汉字找家C

观察类 结构类型 合体字

根据汉字结构为下列汉字找到合适的家。

Look for the suitable homes for the following Chinese characters based on their structures.

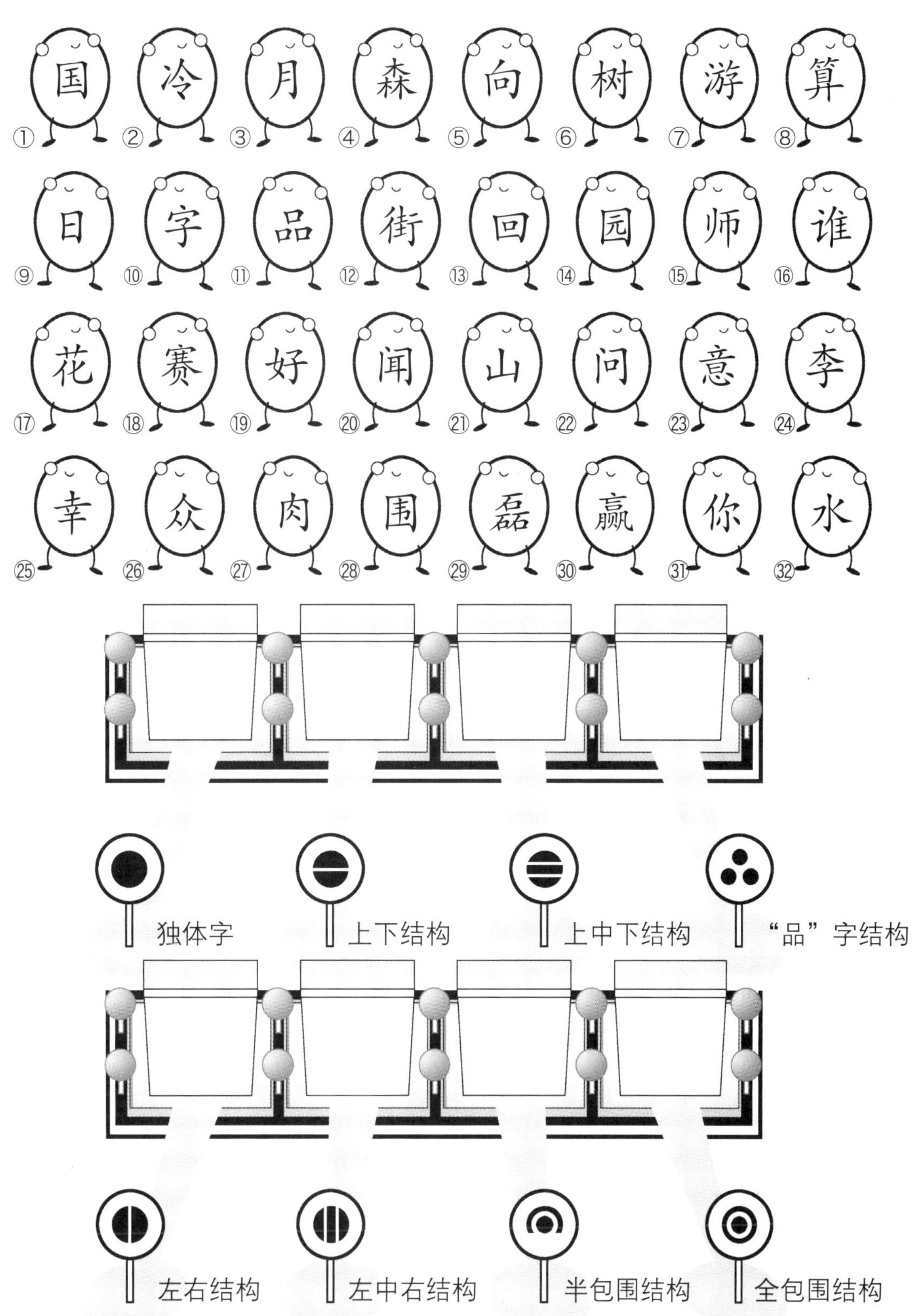

28 汉字归类 观察类 | 笔顺 | 任意汉字

按照第一笔的笔画给下列汉字归类。

Categorize the Chinese characters by their first stroke.

①干	②千	③十	④主	⑤人	⑥四	⑦儿
⑧上	⑨羊	⑩手	⑪巾	⑫工	⑬文	⑭玉
⑮夫	⑯交	⑰天	⑱太	⑲元	⑳言	㉑头
㉒全	㉓山	㉔风	㉕高	㉖出	㉗牛	㉘立

第一笔是“一”

The first stroke is “一”

____

第一笔是“丿”

The first stroke is “丿”

____

第一笔是“丶”

The first stroke is “丶”

____

第一笔是“丨”

The first stroke is “丨”

____

COPY PAGE

29 汉字数独 趣味书写类 | 任意汉字

练习汉字：9个

将指定的汉字按要求填在下面的格子里（规则：每一横行、竖行和相邻的九个格子里的汉字都不能重复）。

Fill in the designated characters in the following squares according to the requirements (Rule: the characters in the squares of every horizontal line, vertical line and the nine neighboring squares can't be repeated) .

一　二　三　四　五　六　七　八　九

			九	四				七
	一	六			八		四	九
		九	六		四		五	
二	四		八			六	九	
	七							
八		一	四	五	六			三
		四	一	九		二		

复印时请遮盖→

☛ **教学小提示**

如果学生熟悉了数独的游戏规则，教师可以将“一、二、三、四、五、六、七、八、九”替换成其他汉字进行练习。

COPY PAGE

30 涂色 观察类 | 有相同部件的汉字

给有相同部件的汉字涂上相同的颜色。

Color the characters sharing the same components with the same colors.

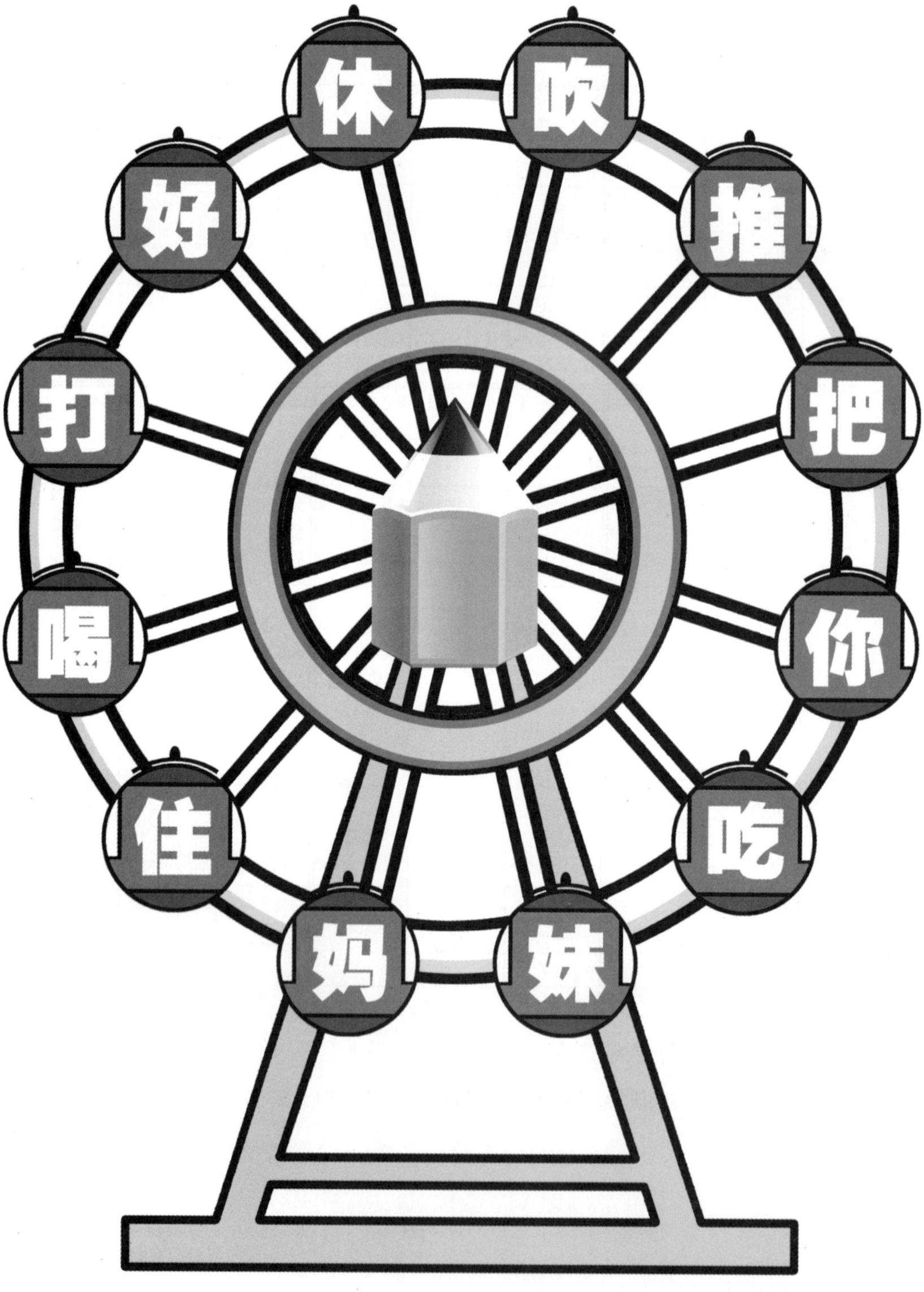

休
吹
推
把
你
吃
妹
妈
住
喝
打
好

31 点石成金 观察书写类 有相同部件的汉字

仿照例子，用给出的部件组合成新字（允许适当变形）。

After the example, coin new words with the components given (some changes of appearance may be allowed).

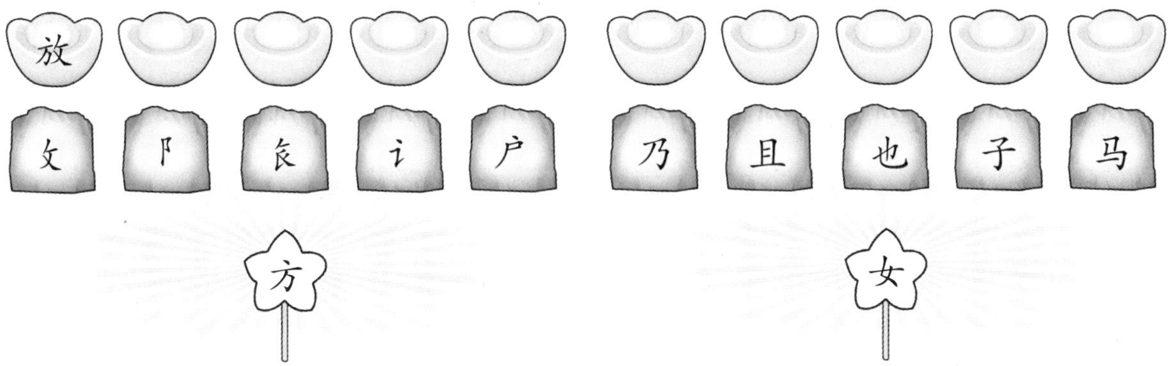

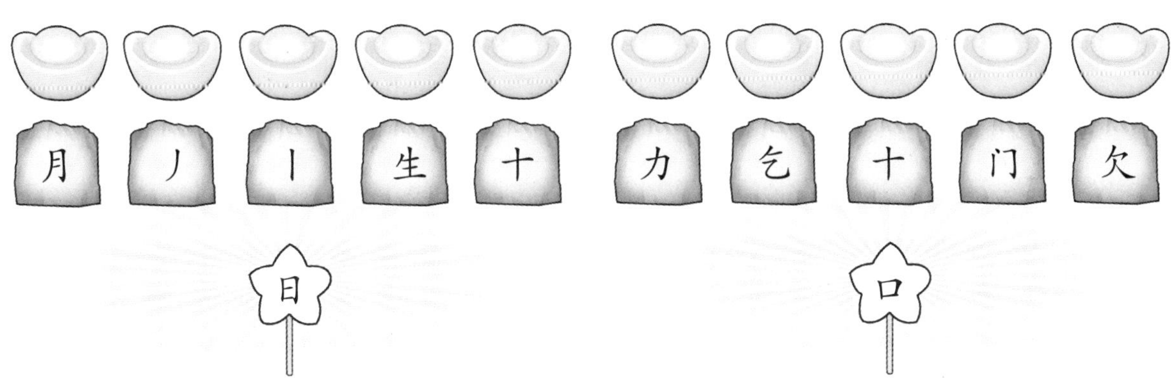

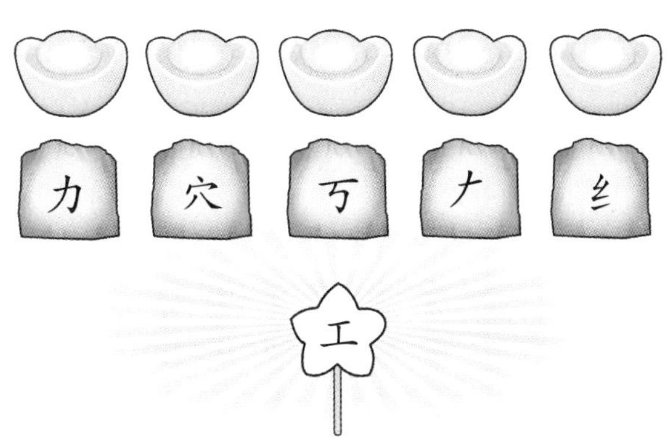

32 找出认识的汉字 观察类 | 任意汉字

找一找，看看短文中有多少汉字是你认识的，把它们圈出来。

Read and see how many Chinese characters you know in the short article and circle them.

你注意到了吗？在中国地图上，从西向东有两条很长的蓝色的线。这是两条大河，一条叫长江，一条叫黄河。长江在中国南部，是中国第一大河，全长6 300多千米。黄河在中国北部，是中国第二大河，全长5 400多千米。它们是中华民族的母亲河。中国很多地名和这两条大河有关系。比如，在历史上，河北省在黄河的北边，所以叫河北；河南省在黄河的南边，所以叫河南。

复印时请遮盖→

☛ 教学小提示

❶ 此练习可以增加学生接触汉字的机会，并能让学生了解自己的识字量，如果能够有效利用，可以提高学生学习汉字的兴趣和信心。

❷ 此练习需要准备的材料随处可见：书、报、杂志、网页上的文章均可。比起教师重新打字的做法，复印、扫描、拍摄照片、网络截图等方法准备起来更方便，也更利于学生接触真实的语料。

❸ 此练习在学习的任何阶段都可以进行，除了让学生找出认识的字之外，还可规定找笔画数相同的字、找相同部件的字、找学生认为有趣且想学习的字等。

学生的练习示例

新华社北京4月26日电（有删减）综合新华社驻外记者报道：多个国家的学校和机构近日举办丰富多彩的活动，庆祝联合国中文日。

联合国中文日2024年英国主题活动25日在伦敦举行，来自英国4所中学的约百名学生齐聚一堂，在工作坊活动中感受活字印刷、甲骨文、武术等多样的中国文化。

比利时列日孔子学院24日晚举办了一场别开生面的联合国中文日庆祝活动。观众们纷纷表示，通过此次活动，他们对中国传统文化有了更为直观的理解，对两国文化交流也有了更多兴趣。

乌克兰基辅国立语言大学孔子学院24日举办中文奥林匹克竞赛，庆祝联合国中文日。来自基辅市和哈尔科夫市8所中学和大学的23名中文学员参加了比赛。参赛学员通过书面语、口语和才艺表演等环节，展示了驾驭中文的能力以及对中国文化、历史、经济等方面的了解。

33 变形的字 趣味观察类 | 任意汉字

你知道下面是什么汉字吗？用什么办法能辨认出它们呢？

Do you know the following characters? How do you recognize them?

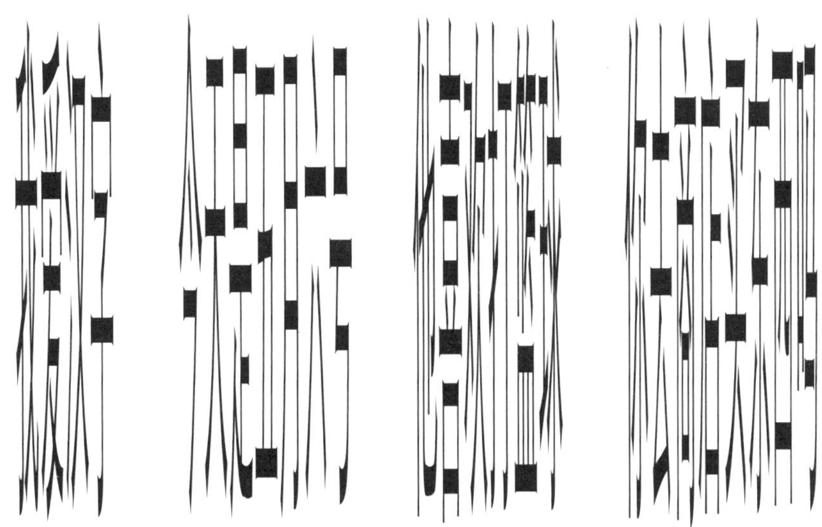

复印时请遮盖→

教学小提示

用这种方法可以看到变形的字：

制作变形的字方法1：

❶ 在word文档里输入要练习的汉字，字号、字体可自定。

❷ 选择“字符缩放”，将缩放比例调至10%以下。

制作变形的字方法2：

❶ 在word文档里点击“插入—图片—艺术字体”。

❷ 然后点击“选一种艺术字体—确定—输入要练习的汉字—确定”。

❸ 将这些字拉伸到合适尺寸。

智力填汉字A 观察书写类 | 任意汉字

练习汉字：3个

在每个圆圈里填一个汉字，使下面每一对汉字都出现在两个相邻的圆圈里。

Fill in a character in each circle and make every pair of the following characters appear in the two adjacent circles.

从人
从众
人众
人从
众从
众人
从从
人人
众众

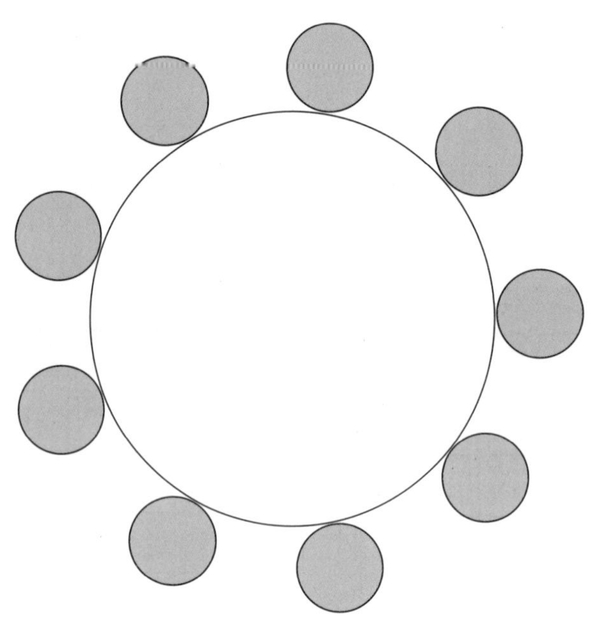

35 智力填汉字B 观察手写类 | 任意汉字

练习汉字： 5个

将下列汉字填在空格内，要求每个汉字在每一行、每一列和每个粗线框里都只能出现一次。

Fill in the following characters in the blanks. Make sure each character appear in each line, each column and each thick lined frame only once.

金 木 水 火 土

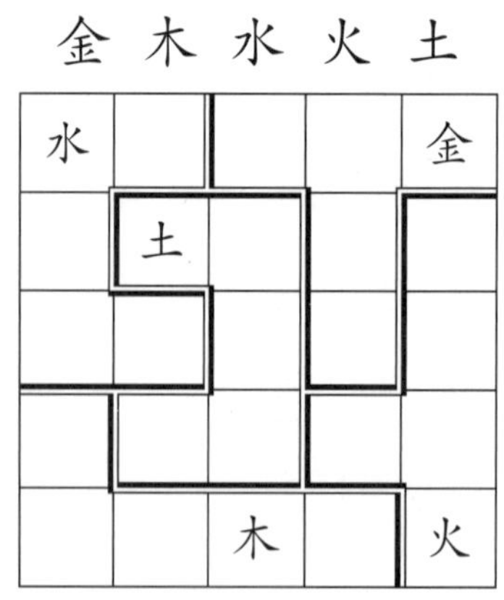

☛ **教学小提示**

教师可以利用模板练习任意五个汉字，也可以要求学生同时写出汉字的拼音。

36 趣味找汉字A 观察类 | 任意汉字

在表格中找到指定汉字相连的组合，把它们圈出来。

Find the combinations of the designated characters matched in the form and circle them.

① 一 二 三 四

三	二	三	四	二	一
三	一	二	三	一	四
四	三	一	二	三	四
二	四	一	二	二	三
四	三	二	三	四	二
三	二	二	四	三	一

② 你 我 他 她

的	你	他	她	是	你
好	我	你	的	有	大
它	她	我	它	我	小
你	是	他	是	你	不
好	他	她	你	我	她
我	们	有	我	她	没

③ 我 喜 欢 小 狗

小	喜	欢	吗	他	也	喜	欢
狗	他	欢	鱼	不	喜	你	吗
小	她	我	鸟	喜	欢	喜	我
鱼	四	喜	欢	鸡	小	欢	喜
你	她	不	有	我	猫	鸡	欢
是	小	鸟	猫	是	小	鱼	小
不	我	喜	欢	小	狗	猫	狗
喜	欢	她	个	高	大	小	的

④ 白 色 的 裤 子

红	色	的	白	色	的	花	日
色	蓝	黄	色	不	黑	巴	色
的	白	色	的	裤	子	黄	的
裙	色	喜	裤	白	绿	色	毛
子	的	蓝	子	色	黄	紫	衣
白	鞋	色	衬	绿	色	的	黑
蓝	子	帽	衫	的	蓝	色	的
色	的	子	黑	色	的	皮	鞋

⑤　　日月山水月人口手人月

日	月	日	月	水	月	人	日	口	手	人	月	山	月	日	月
月	月	月	月	人	山	水	月	人	日	月	山	水	月	人	口
山	日	山	日	月	手	日	山	口	月	山	水	月	人	口	手
水	月	水	水	日	月	口	水	手	人	月	人	月	日	日	日
月	山	月	日	人	口	人	月	人	月	山	手	人	人	人	月
人	水	人	月	山	口	月	人	月	水	人	日	月	月	手	山
日	月	口	山	水	日	手	口	口	水	口	水	口	水	口	水
人	人	手	水	月	月	人	手	口	山	山	日	月	水	人	月
月	口	人	月	人	口	月	人	月	月	日	月	口	月	月	人
手	人	月	人	口	山	日	月	日	山	月	口	日	人	水	口
日	月	山	口	水	月	人	口	手	人	月	口	日	口	山	手
日	月	山	水	月	人	口	手	人	月	人	月	人	手	月	口
月	日	山	月	手	日	月	山	水	月	人	口	手	人	月	日
日	月	口	月	人	人	手	口	人	月	水	山	月	日	口	月
山	日	月	人	月	手	口	人	手	水	山	月	日	月	日	口
日	月	山	水	月	人	日	人	手	口	人	月	水	山	月	日

☛**教学小提示**

复印时请遮盖→

此练习考查学生对汉字的认读识辨能力，教师可以按照下列步骤准备题目：

❶ 制作一个表格。格子越多，题目越难。

❷ 确定一组要练习的汉字，将它们按顺序填在表格里，可以横排、竖排或斜排（注意：汉字组合也可以重复出现）。

❸ 在其他格子里填上干扰汉字。

趣味找汉字B 观察类 任意汉字

在表格中，找到一块和圈中字格完全相同的字格，把它圈出来。

Find a square that is identical to the one circled in the form and circle it.

①

一	二	三	四	一	五	七	四
三	四	六	八	五	三	二	五
五	四	三	二	一	十	七	一
一	二	十	九	一	二	九	二
五	六	七	八	三	四	十	八
三	四	五	一	九	一	二	四
五	六	四	二	五	五	四	六
七	一	三	四	十	九	七	三

②

大	少	小	多	大	火	大	小
小	多	太	人	火	小	多	少
火	多	小	少	大	天	不	大
大	少	天	水	太	少	水	少
火	太	不	人	小	多	天	人
大	小	火	大	水	大	少	多
多	少	多	少	火	不	多	太
不	大	小	多	天	水	不	小

③

人	口	手	日	月	山	人	口	人	口	手
目	月	山	人	日	丰	山	月	日	月	山
手	日	白	月	山	人	口	丰	人	日	月
八	口	手	人	口	日	月	山	大	口	手
日	月	山	日	月	入	口	手	日	月	山
人	人	口	手	山	手	入	口	手	人	口
日	日	月	山	口	山	日	月	山	日	月
人	口	手	人	月	日	月	山	人	口	手
人	口	手	日	人	口	手	口	日	目	山
白	月	山	口	日	月	川	人	中	手	人
日	月	山	月	日	月	山	日	月	山	日

☛ **教学小提示**

复印时请遮盖→

此练习考查学生对汉字的认读识辨能力，教师可以按照下列步骤准备题目：

❶ 制作一个表格，确定一组要练习的汉字，将它们成组填在表格里。

❷ 在表格中再选一个其他位置，按同样的顺序填上相同的汉字。

❸ 在其他格子里填上干扰汉字。

教师可以灵活规定目标汉字排列组合成的形状，不一定是规则的方形。

38 趣味找汉字C 观察手写类 | 任意汉字

找一找，哪两个方格中的汉字是相同的（顺序可以不同）。

Look for the two squares that have the same characters in them (the order can be different).

	A		B		C		D	
1	大	山	山	大	回	人	大	山
	口	月	回	口	山	月	口	人
2	人	大	人	回	回	口	大	山
	口	月	大	口	人	月	月	回
3	回	山	人	山	山	人	口	大
	人	大	月	回	回	口	月	回
4	月	回	口	山	月	人	回	口
	大	人	人	月	山	大	山	月

（　　　）和（　　　）相同。

复印时请遮盖→

☛教学小提示

此练习就是让学生在16个小格子中找到两个相同的格子，教师可以选择6～8个目标汉字进行练习。

趣味找汉字D 观察类 | 任意汉字

找一找，表格中有没有出现下面的汉字方块组合，出现的画√，没有出现的画×。

Look to see if the combinations of the following character squares have appeared in the form. If they have, mark √; if not, mark ×.

①

黑	黄
绿	蓝

②

绿	黑
白	黄

③

绿	蓝
黑	白

④

蓝	绿
黄	红

白	蓝	黄	白	黑	红	白	蓝
蓝	绿	红	绿	黄	黑	蓝	绿
黄	红	红	蓝	绿	白	黄	蓝
白	绿	蓝	白	黑	黄	白	绿
黑	黄	绿	黑	绿	蓝	黑	黄
红	黑	白	黄	蓝	红	红	黑
白	蓝	黄	白	黑	红	白	蓝
蓝	绿	红	绿	黄	黑	蓝	绿

40 填字游戏 观察类 任意汉字

下图中的一组汉字已经填好，你能把其他的汉字也填在表格里吗？

A group of characters has been filled in the form below. Can you also fill in the other characters in the form?

牛
角
皮

三个字	五个字	七个字	十三个字
龙马牛	马羊马龙牛	龙马鱼龙皮鸟牛	牛毛毛龙马羊鱼象皮鸟鱼角牛
牛角皮	象马羊龙毛	牛毛毛马鱼毛皮	马羊马龙象鸟鱼龙毛皮皮鸟角
马毛龙		龙马鱼牛皮毛羊	毛马马鱼皮角鸟象羊龙羊毛牛
鸟羊马		马羊象角鸟龙毛	
龙龙马		马羊鱼角象皮鸟	
羊象毛	六个字	龙毛羊象牛羊马	
皮鱼象	牛毛龙马皮龙	皮龙龙毛马马鸟	
鸟龙羊	羊鱼象皮鸟角	象羊羊鱼鱼象羊	

41 汉字推算 观察类 | 任意汉字

练习汉字：3~8个

每个汉字都代表一个数字，表格中的数字是该行或该列的和。你能推算出每个汉字代表的数字是什么吗?

Each Chinese character represents a number. The numbers in the form are the sum of the line or the column. Can you calculate what each Chinese character represents?

①

日	月	月	明	24
日	明	月	日	25
明	月	日	月	
明	明	月	明	21

日 =

月 =

明 =

②

上	中	下	上
上	中	下	中
中	下	上	下
11	19	21	?

上 =

中 =

下 =

③

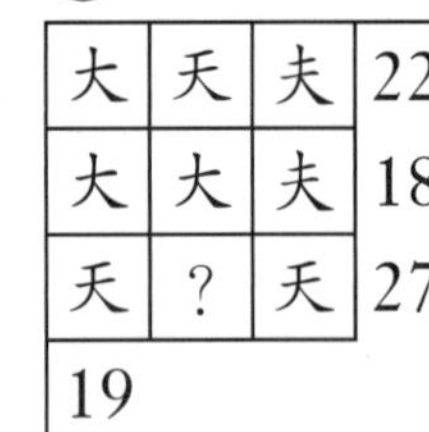

大	天	夫	22
大	大	夫	18
天	?	天	27
19			

大 =

夫 =

天 =

④

东	南	西	北	?
南	南	南	北	19
东	东	南	北	17
东	东	西	东	14
13				

东 =

西 =

南 =

北 =

⑤

前	后	左	左	右	19
前	前	后	左	前	19
前	后	后	右	前	15
左	后	左	左	右	20
后	左	前	前	右	?
19	15	18	22		

前 =

后 =

左 =

右 =

⑥

嘴	眼	眼	嘴	眼	嘴	27
耳	鼻	头	头	脸	脚	31
鼻	脸	头	鼻	鼻	脚	31
脸	耳	头	脚	手	手	24
脚	脚	眼	脚	嘴	手	20
手	鼻	头	手	脚	鼻	23
眼	脸	眼	耳	脸	脸	27
30	32	27	31	33	30	

嘴 =

眼 = 

耳 = 

鼻 = 

手 =

脚 =

头 =

脸 =

42 汉字推理A 观察手写类 | 任意汉字

练习汉字： 4个

仔细观察，找出规律，猜猜空格里的是什么字。

Observe carefully and find the pattern. Guess what the characters are in the blanks.

①

上	下	左	右
左	?	上	下
下	上	?	左
右	左	下	上

②

四	三	二	一
二	一	三	四
三	四	?	二
一	?	四	三

③

东	西	南	北
?	北	东	西
北	东	西	南
西	南	?	东

④

多	大	小	少
大	少	多	?
小	多	少	大
?	小	大	多

⑤

?	日	月	星
月	星	天	?
星	天	日	月
日	月	星	天

⑥

奶	妈	爷	爸
妈	?	奶	爷
爷	奶	爸	妈
爸	爷	?	奶

COPY PAGE

43 汉字推理B 观察类 | 任意汉字

练习汉字：12个

仔细观察，找出规律，猜猜空格里的是什么字。

Observe carefully and find the pattern. Guess what the characters are in the blanks.

①

灯	订	顶	厅
很	跟	银	根
你	他	休	住
放	房	旅	?

A 访　B 牧　C 启

②

二	三	木	目
十	干	什	田
丁	于	日	禾
人	土	天	?

A 本　B 夫　C 方

③

干	土	王	丰
人	八	入	爻
木	本	末	未
千	午	牛	?

A 个　B 生　C 禾

④

一	二	土	王
口	日	白	百
人	大	夫	失
十	干	王	?

A 丰　B 玉　C 土

⑤

人	江	杏	这
国	口	打	宝
起	回	手	杨
花	建	园	?

A 包　B 休　C 日

⑥

二	土	王	丰
口	日	旧	北
人	八	牛	夕
主	订	字	?

A 近　B 江　C 玉

教学小提示

根据此练习的思路，教师可以根据教学需求设计题目，可以利用的汉字规律有：

复印时请遮盖→

❶ 笔画数相同；
❷ 使用笔画的种类相同；
❸ 第N笔的笔画相同；
❹ 汉字结构形式相同，如左右结构、上下结构等；
❺ 都包含相同的部件。

44 汉字推理C 观察类 | 任意汉字

练习汉字：6 ~ 8个

仔细观察，看看表格中的汉字排列有什么规律，猜猜空格里的是什么字。

Observe carefully and find the arranging pattern of the Chinese characters in the form. Guess what the missing characters are.

①

大	小	多	少	远
近	小	多	少	远
近	多	少	远	近
少	远	近	远	?

②

爸	爸	妈	爸	妈	爷	爸
妈	爷	奶	爸	妈	爷	奶
哥	爸	妈	爷	奶	哥	姐
爸	妈	爷	奶	哥	姐	弟
爸	妈	爷	奶	哥	姐	弟
妹	爸	爸	妈	爸	妈	爷
爸	妈	爷	奶	爸	妈	?

45 汉字推理D 趣味观察类 | 任意汉字

仔细观察，看看表格中的汉字排列有什么规律，猜猜缺失的表格是什么样的。

Observe carefully and find the arranging pattern of the Chinese characters in the form. Guess what the missing characters in the form are.

哪	谁	怎	什	么	哪	谁	怎	什	么	哪	谁	怎	什	么
哪	谁	怎	什	么	哪	谁	怎	什	么	哪	谁	怎	什	哪
么	什	么	哪	谁	怎	什	么	哪	谁	怎	什	么	么	谁
什	怎	什	么	哪	谁	怎	什	么	哪	谁	怎	哪	哪	怎
怎	谁	怎	哪	谁	怎	什	么	哪	谁	怎	什	谁	谁	什
谁	哪	谁	么	么	哪	谁	怎	什	么	什	么	怎	怎	么
哪	么	哪	什	什	哪	谁	怎	什	哪	么	哪	什	什	哪
么	什	么	怎	怎	么					哪	谁	么	么	谁
什	怎	什	谁	谁	什					谁	怎	哪	哪	怎
怎	谁	怎	哪	哪	怎					怎	什	谁	谁	什
谁	哪	谁	么	么	什					什	么	怎	怎	么
哪	么	哪	什	怎	谁	哪	么	什	怎	谁	哪	什	什	哪
么	什	么	什	怎	谁	哪	么	什	怎	谁	哪	么	么	谁
什	怎	谁	哪	么	什	怎	谁	哪	么	什	怎	谁	哪	怎
怎	谁	哪	么	什	怎	谁	哪	么	什	怎	谁	哪	么	什

COPY PAGE

46 汉字推理E 观察类 | 任意汉字

根据每组汉字的特点，选出空格中的汉字。

Choose the Chinese characters for the blanks based on the characteristics of the characters in each group.

例：三 大 小 土 门 ● A 子 B 木

（选A，因为该组汉字都为3画。）

1. 本 去 占 白 玉 ● A 田 B 心
2. 解 品 想 湖 望 ● A 戏 B 做
3. 边 区 间 送 同 ● A 国 B 远
4. 来 天 教 两 声 ● A 音 B 面
5. 画 丰 田 一 出 ● A 中 B 多

复印时请遮盖 →

教学小提示

此练习的灵活性较大，教师可以根据教学需要，围绕汉字笔画、结构等方面出题。

COPY PAGE

47 找不同 观察类 | 区别形近字 | 任意汉字

找一找，这两组汉字有几处不同，把不同之处圈出来。

Look and find the differences between the two groups of Chinese characters and mark out these differences.

A

热 冷 环 姐 骑 自
装 经 科 凉 白 受
侯 室 谁 时 国 实

B

热 冷 坏 姐 骑 目
装 轻 科 凉 白 爱
候 屋 谁 对 国 买

复印时请遮盖 →

教学小提示

此练习可以制作成PPT，组织全班学生分组进行比赛。

今 晴 天 风 | 今 清 天 风
雨 雾 冷 气 | 雨 霜 冷 气
昨 热 刮 电 | 昨 热 刮 用
闪 打 伞 雷 | 门 打 伞 雷

48 汉字配对A 观察类 | 任意汉字

仔细观察，找找看表格中有哪些汉字是能配对的（有和它相同的汉字），有哪些是不能配对的。

Observe carefully and find which Chinese characters in the form can be matched (the same characters as themselves) and which can't be matched.

日	申	旱	中	田
电	旦	甲	由	百
百	田	口	中	白
白	目	甲	旧	目
口	由	电	申	日

能配对的字 (Matchable characters)：

不能配对的字 (Unmatchable characters)：

49 汉字配对B 观察类 | 任意汉字

仔细观察，找出三个不能配对的汉字。

Observe carefully and find the three unmatchable characters.

猫 鼠 兔 羊 猴 鸟 鸡 羊 牛 虎 龙

蛇 鱼 象 鸟 虫 虎 鸟 犬 虫 马 蛇

兔 象 马 鸡 鱼 龙 猴 犬 鼠 狗

(　　)　(　　)　(　　)

双胞胎蜗牛

观察类 | 区别形近字 | 任意汉字

哪些蜗牛是完全一样的？把它们圈出来。

Which snails are identical? Circle them if they are.

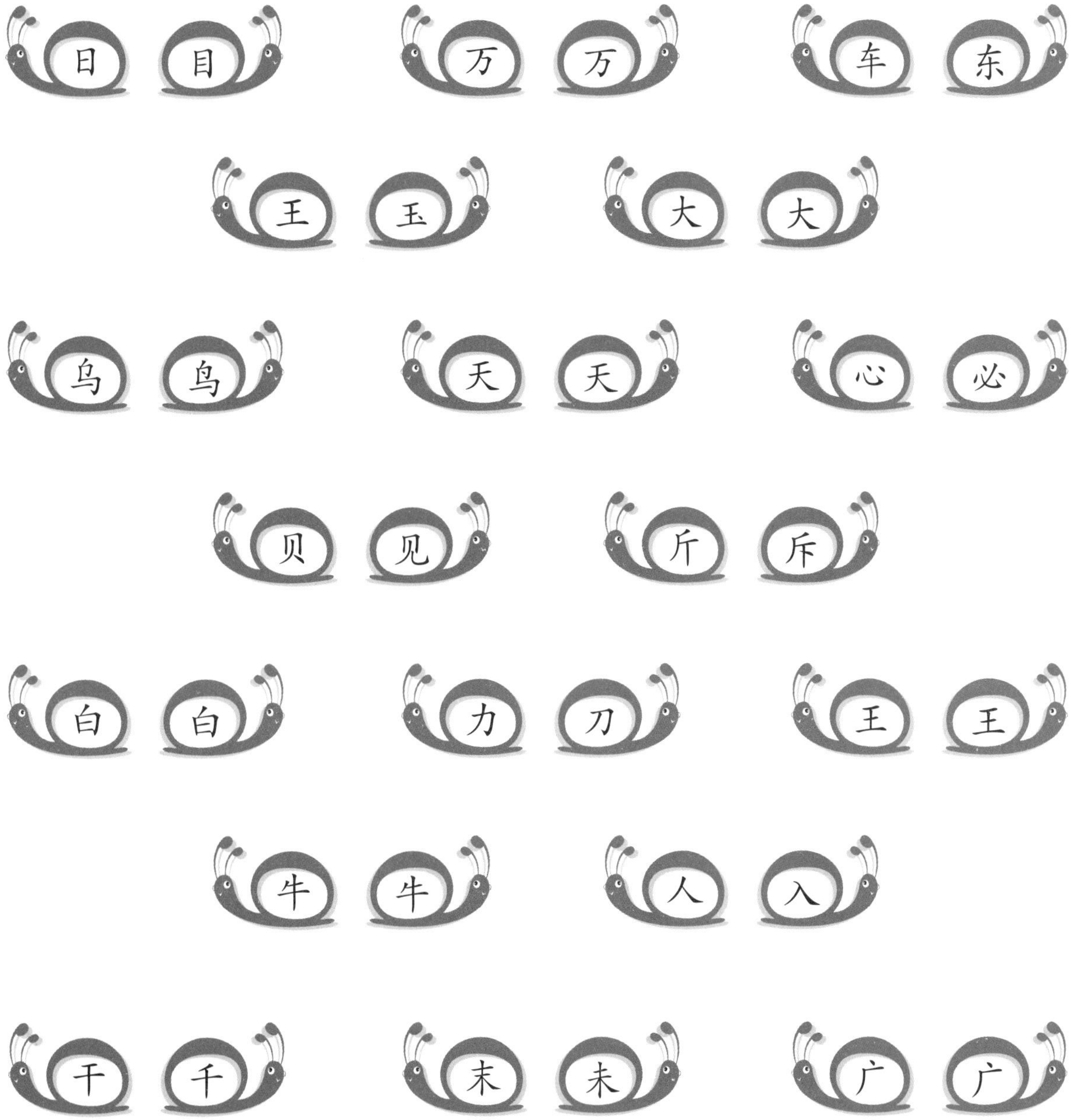

日 目　　万 万　　车 东

王 玉　　大 大

乌 鸟　　天 天　　心 必

贝 见　　斤 斥

白 白　　力 刀　　王 王

牛 牛　　人 入

干 千　　末 未　　广 广

神秘的留言条 观察类 | 区别形近字 | 任意汉字

通过比较，在第二行找到留言内容。

Find the idea of the message in the second line through comparison.

留言

妈	见	砚	什	们	让	他	地	机	左	团	师	年	网	体
妈	见	现	什	们	让	他	地	机	在	团	师	年	网	休

打	达	江	收	房	到	导	来	意	更	组	足	别	作	打
打	达	江	收	房	到	导	来	息	更	组	足	别	作	打

教学小提示

教师可以根据自己的教学需要制作这样的“留言条”，具体步骤是：

复印时请遮盖→

❶ 先确定留言条的内容，即答案，如“现在休息”。

❷ 将答案内容分散填在第二行的格子里。

❸ 在第一行与答案内容平行的格子里填上与之对应的形近字。

❹ 在其他格子里任意填上汉字，注意其他格子中第一行与第二行的汉字要一致。

COPY PAGE

52 走迷宫A 观察类 | 字音 | 任意汉字

快速找到与图中汉字对应的拼音。

Find the correct *pinyin* for the Chinese characters in the picture quickly.

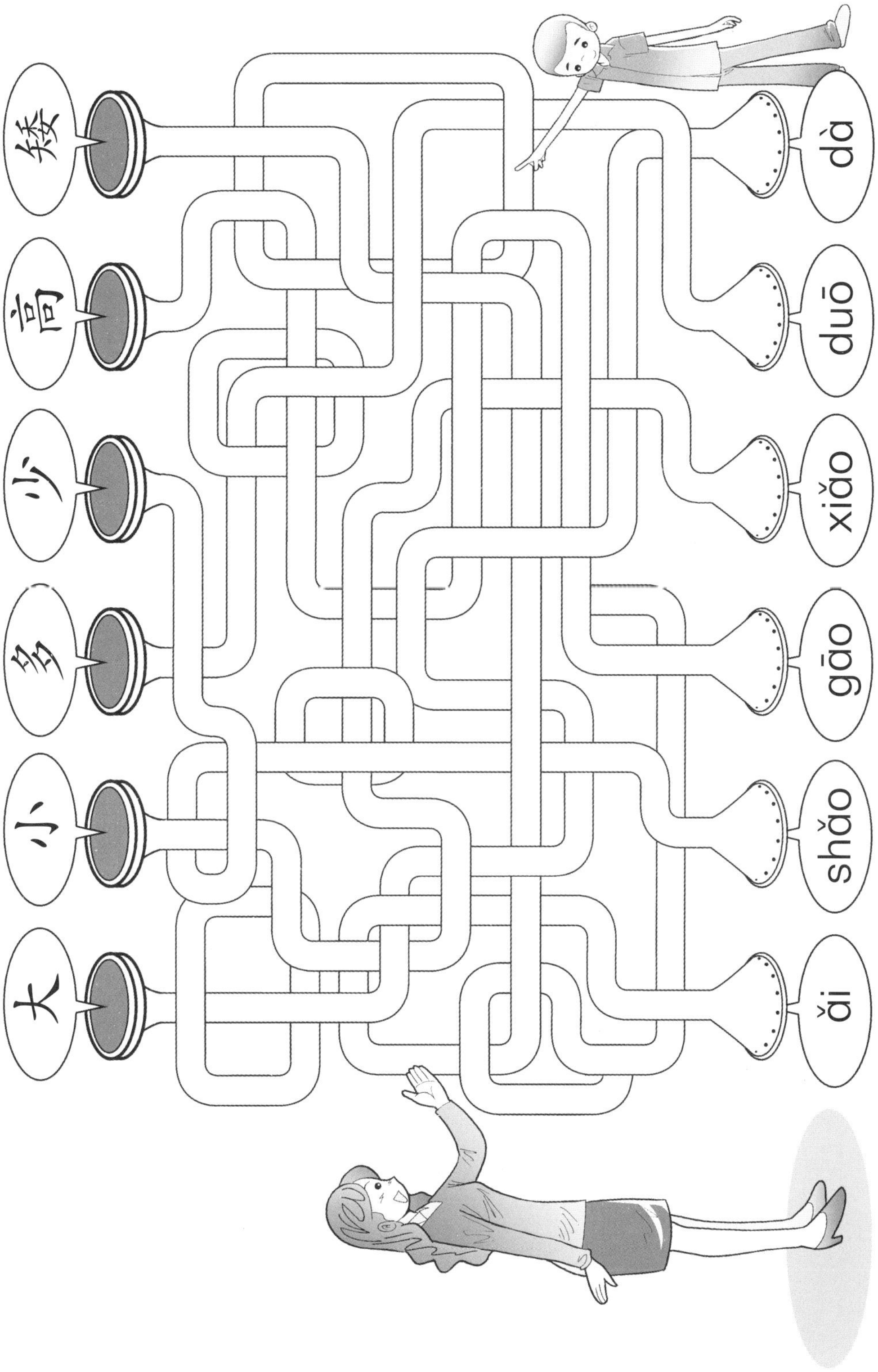

矮
高
少
多
小
大
dà
duō
xiǎo
gāo
shǎo
ǎi

COPY PAGE

53 走迷宫B 观察类 | 字音 | 任意汉字

快速找到出口，注意路上的汉字和拼音要对应。

Find the exit quickly. Make sure the Chinese characters and the *pinyin* are matched.

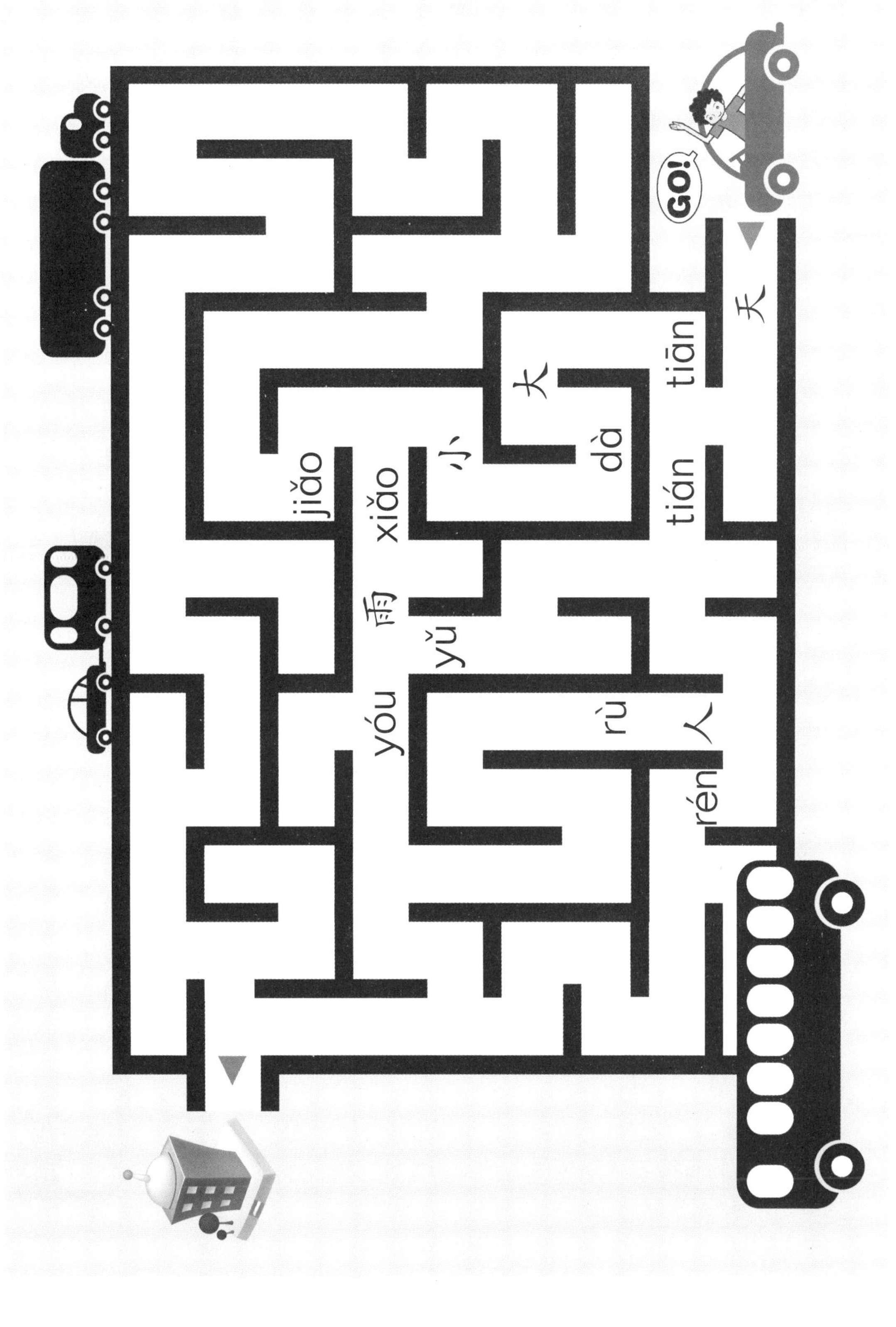

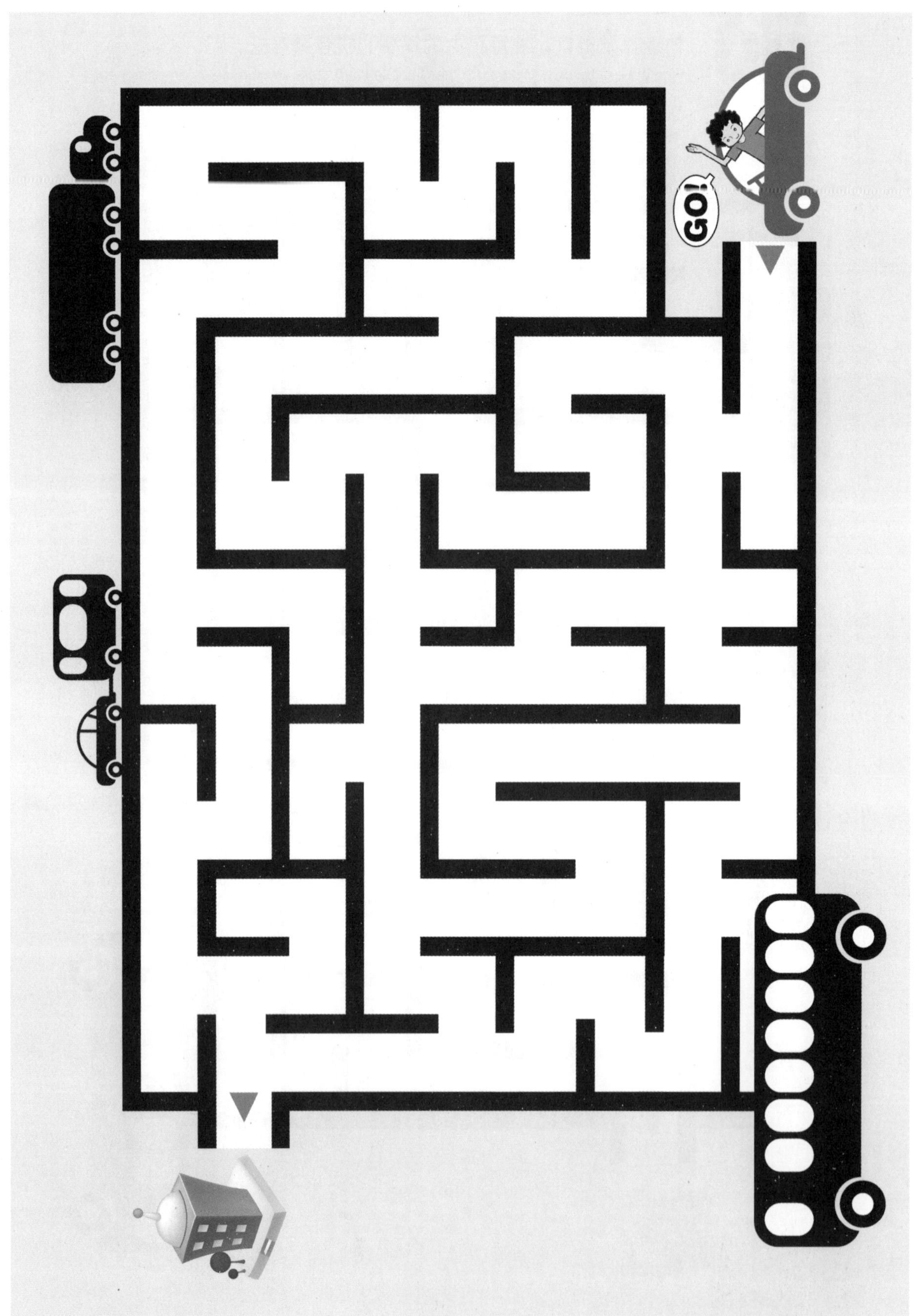
GO!

54 走迷宫C 观察类 任意汉字

按照词语首尾相连的规律找到正确的路径。

Find the right passage according to the rules over the connections of the words by the head with the tail.

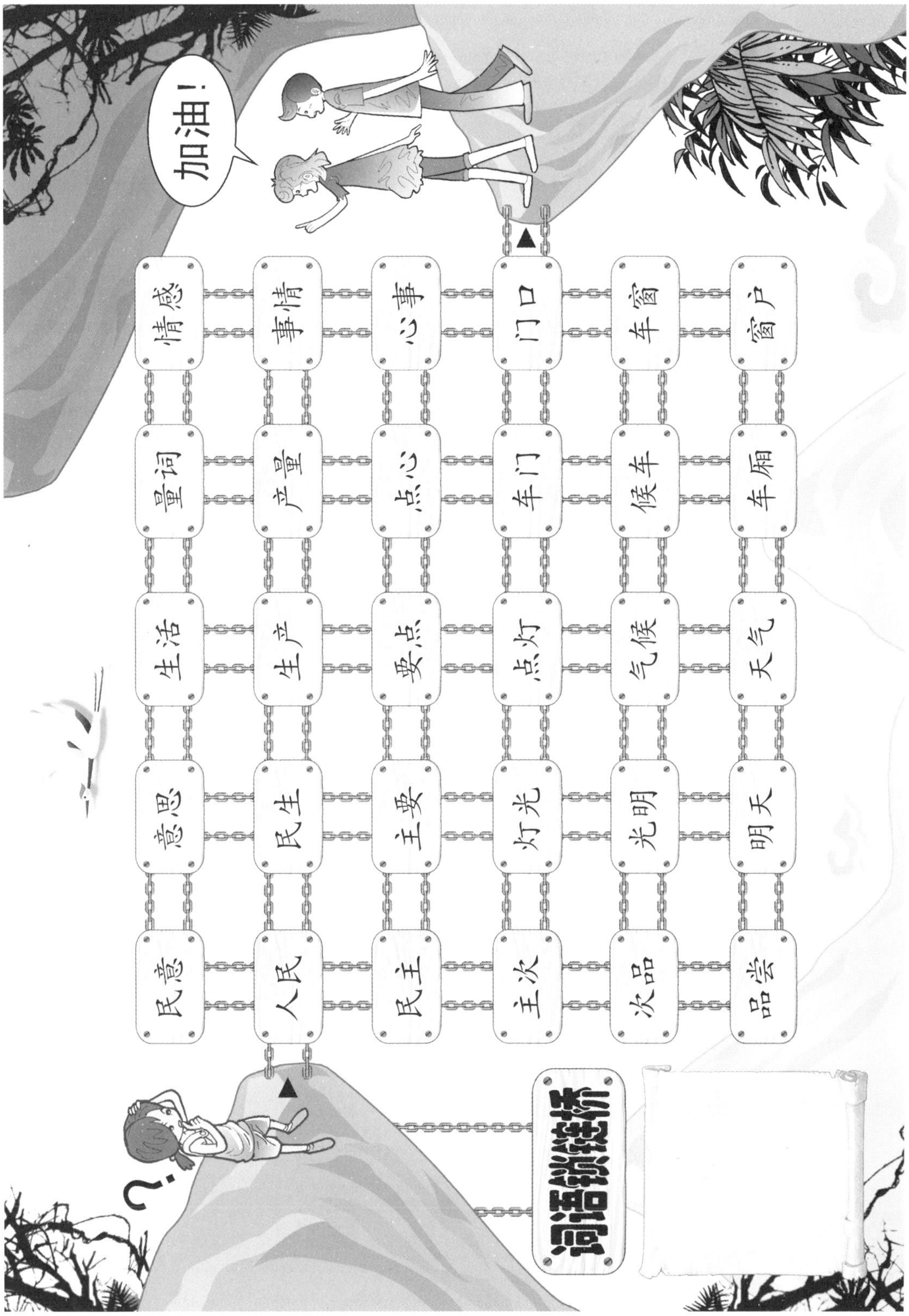

加油！

民意	意思	生活	量词	情感
人民	民生	生产	产量	事情
民主	主要	要点	点心	心事
主次	灯光	点灯	车门	门口
次品	光明	气候	候车	车窗
品尝	明天	天气	车厢	窗户

词语锁链桥

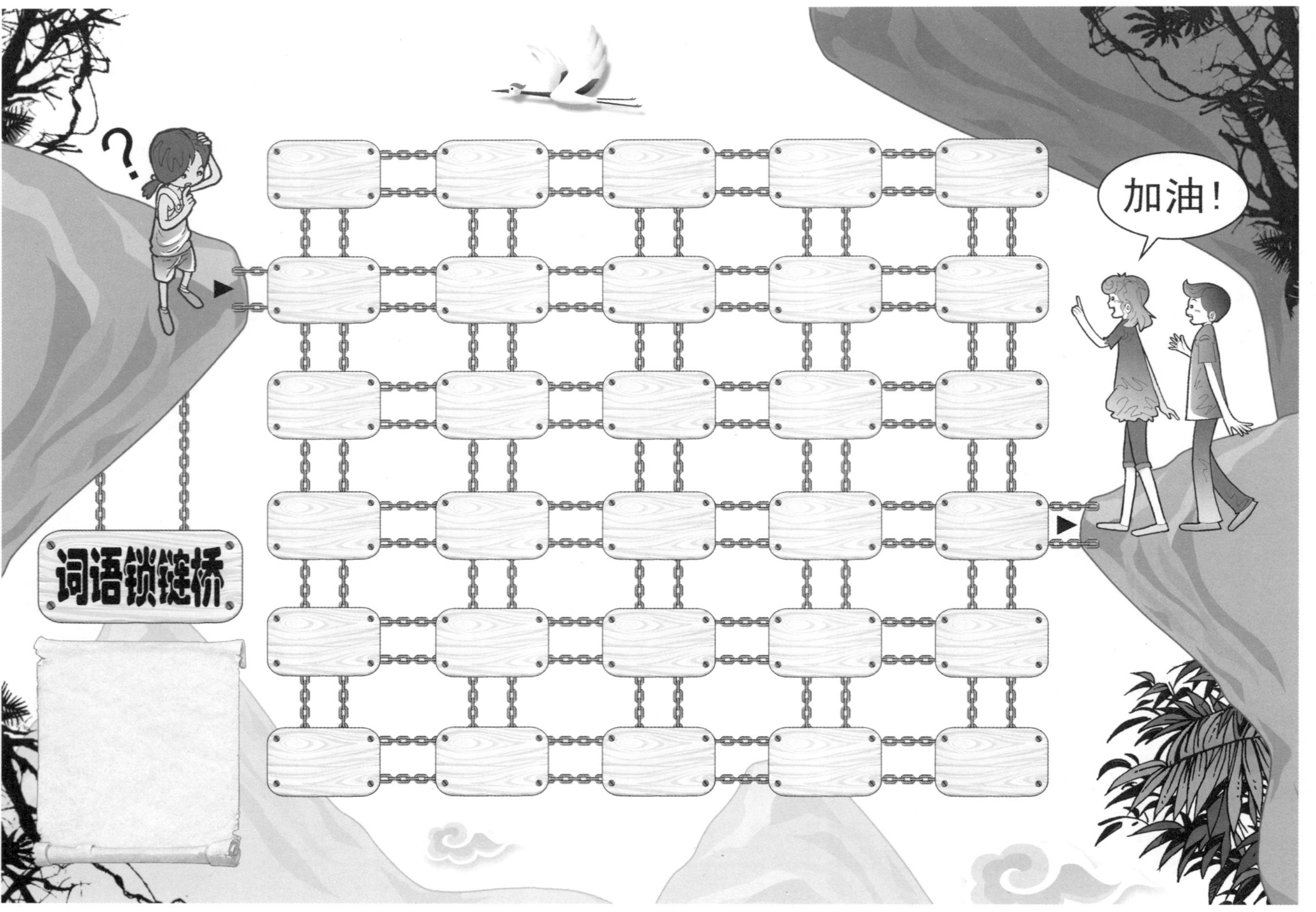
词语锁链桥
加油！

55 走迷宫D 观察类 | 任意汉字

从"转"出发，到"务"结束，快速找到路线，注意可以横着或竖着走，但不可以斜着走，而且所走的相邻两个汉字必须组成一个词语。

Find the way quickly, starting from "转" to "务". You can walk either horizontally or vertically but not diagonally. Moreover, the two characters on either side of the passage must be able to form a word.

大人 校长 转变 化学 作业 变化
学校 长大 人民 工作 民工 业务

转	变	转	变	化	字	化
变	化	字	化	长	郊	变
转	太	校	学	大	人	转
八	大	长	较	工	民	工
转	人	民	工	昨	业	作
变	化	学	作	业	各	业
大	长	校	亚	务	业	转

走迷宫E 观察类 部件 任意汉字

从“队”开始，快速找到出口，注意可以横着或竖着走，但不可以斜着走，而且所走的相邻两个汉字必须有相同的部件（如“要—姑”，“姑—吐”），看看你能找到几个出口。

Find the way quickly, starting form “队”. Make sure you can walk either horizontally or vertically but not diagonally. Moreover, the two characters on either side of the passage must share the same component (such as “要—姑”，“姑—吐”). See how many exits you can find.

↓起点

林	松	休	队	阴	朋	服	报	把	爸	爷	节	花	华	古
森	贫	杨	从	众	会	动	加	喝	够	外	占	吹	博	树
够	购	扬	场	企	此	旨	明	肚	圾	极	古	含	颂	顶
名	战	站	垃	合	厅	旷	贮	坝	赌	都	防	冷	领	题
住	伐	找	昌	唱	启	庐	富	贫	堵	防	放	各	叨	召
颂	颁	盼	晶	阳	吊	咬	略	咬	较	族	旗	期	胖	判
栈	贱	贫	早	草	帕	皎	郊	校	姣	知	智	星	甥	别
桌	条	支	古	姑	帛	帜	分	会	树	吕	品	哭	夺	奋
对	双	驭	吗	妈	皂	织	召	叫	时	呆	林	李	孩	刻
处	各	骑	吃	好	酝	酒	沼	收	间	吊	和	季	该	删

57 发音百宝箱 观察类 | 字音 | 同音字

将下面的汉字放到与它同音的箱子中（声调可以不同）。

Put the following Chinese characters that sound alike into the corresponding box (the tones can be different).

行 醒 兴 辛 鑫 方

原 远 放 房 形 杏

愿 院 圆 园 缘 新

心 信 欣 薪 芳 姓

幸 元 纺 员 星 防

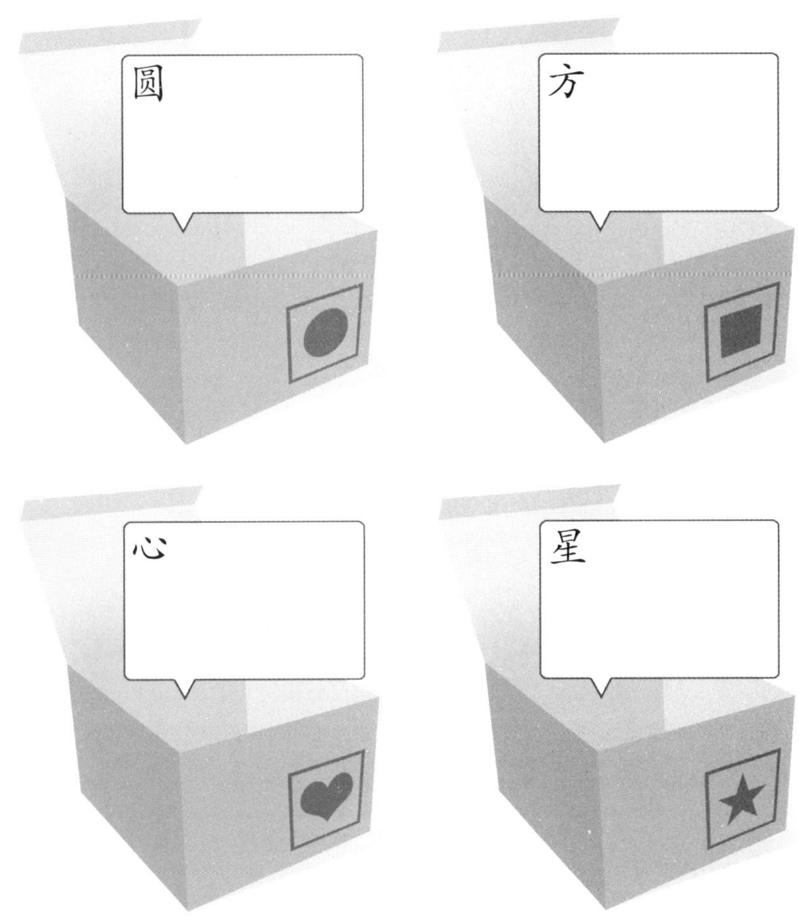

复印时请遮盖 →

☛ 教学小提示

此练习考查的是学生对汉字读音的掌握，教师可以替换箱子上的标志，以便练习其他的同音字。

COPY PAGE

58 汉字爬楼梯 观察书写类 | 笔画数 | 任意汉字

根据要求，为汉字加笔画组成新的汉字，全部做对则赢得奖杯。

According to the requirements, add the strokes to the Chinese characters to make new words. He/She who has done all correctly wins the trophy.

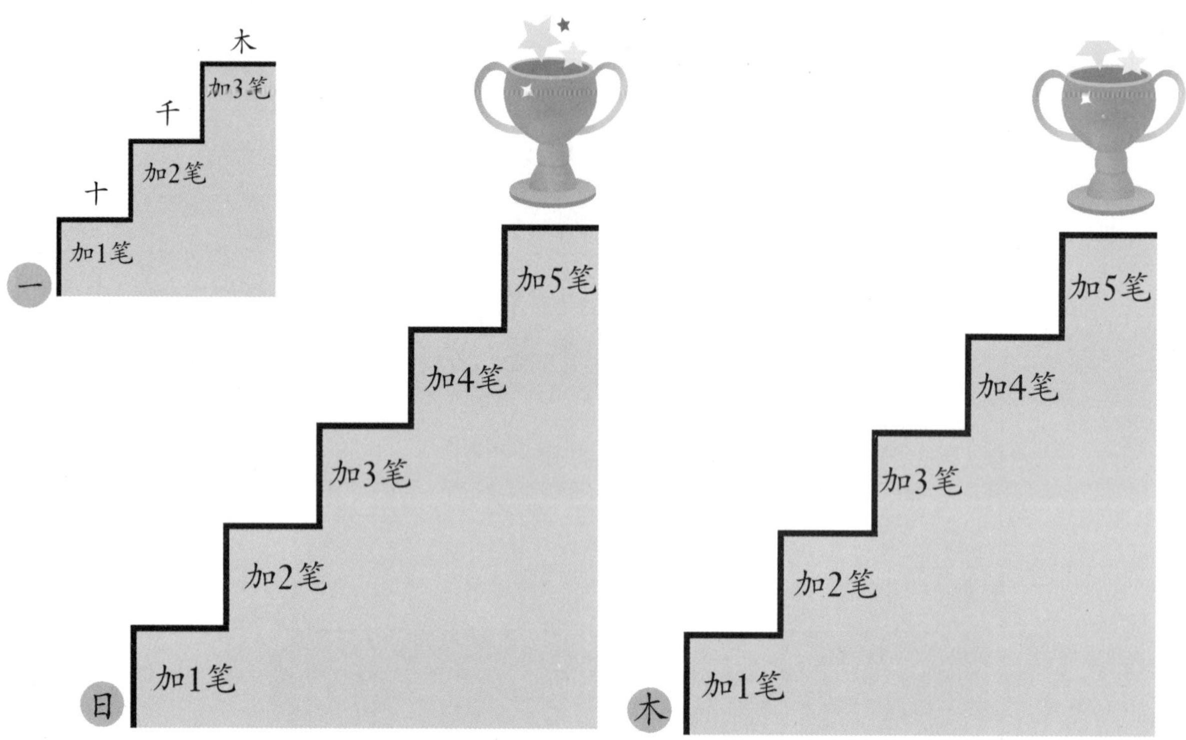

复印时请遮挡→

☛ 教学小提示

❶ 此练习应该选取笔画简单、组合性强的汉字进行练习；有时练习的答案不是唯一的，教师最好在进行练习前对可能出现的答案有所考虑，也可以把备选的汉字放在一边供学生选择。

❷ 此练习还可以变成以“下楼梯”的形式进行。

☛ 资料库

❶ “口”字加一笔：日、中、曰；加两笔：只、四、田、目、甲、由、电、申、白、旧、旦、囚、古、石、右、史、司、可、另、台、占、召、号、兄、句、加、叹、叶、叫、叮、叻、叽、卟、叱、叭、叵、叨、叩；加三笔：百、因、早、吏、囡、吕、仲、自、吉、吁、吐、吓、同、吊、吸、向、吆、后、合、名、各、回、吃、团、吗。

❷ 以下汉字连续加一笔变另外的汉字：

一→二→工/三/干/土→王→玉	一→十→干/土→王→玉
人→大→夫→失	人→大→木→未→末
口→日→白→百	口→日→目→自
口→日→旦→亘→車（车）	口→日→旦→早

COPY PAGE

59 字族文A 青 辨析类 声音与义符 同声符汉字

根据提示内容，在空格内填入正确的汉字。

Choose the correct Chinese characters according to the given contents.

A 猜	B 晴	C 精	D 静	E 请
F 清	G 蜻	H 情	I 睛	

河水 ① ______，天气 ② ______，

有 ③ ______ 神，好心 ④ ______，

睁大眼 ⑤ ______ 要安 ⑥ ______，

⑦ ______ 你 ⑧ ______ ⑧ ______ 我是谁，

我是河边小 ⑨ ______ 蜓。

① clear	② (weather) fine	③ vigor, spirit	④ mood	⑤ eye
⑥ quiet	⑦ please	⑧ guess	⑨ dragonfly	

复印时请遮挡→

☛答案

河水清，天气晴，

有精神，好心情，

睁大眼睛要安静，

请你猜猜我是谁，

我是河边小蜻蜓。

复印时请遮挡→

☛教学小提示

字族文部分的设计，主要目的是帮助学生理解义符与字义之间的关系，熟悉常见义符。教师教学中可以利用这些练习帮助学生建立通过义符猜测字义的思维习惯，使学生能够在学习过程中有意识地识别义符，熟悉常见义符代表的意义类别，提高识字效率。

为充分展示义符在表意方面的作用和义符的丰富性，本书此类练习中包含了一部分非初等汉字，教师在使用中可以引导学生把关注点放在相同声符、不同义符、不同意义上，对于非初等汉字的识记不做强制要求。

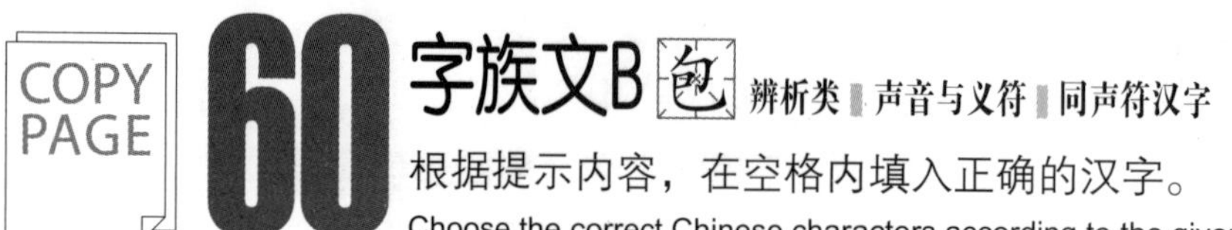

根据提示内容，在空格内填入正确的汉字。

Choose the correct Chinese characters according to the given contents.

A 苞　B 饱　C 抱　D 袍　E 跑
F 炮　G 泡

宝宝吃 ① ______ 到处 ② ______，
身穿红 ③ ______ 要放 ④ ______，
赶忙 ⑤ ______ 起看花 ⑥ ______，
河里小鱼吐 ⑦ ______ ⑦ ______。

宝宝 baby　到处 everywhere　身 body　穿 wear
放 set off　赶忙 quickly　鱼 fish　吐 spit

① full　② run　③ robe　④ firecracker
⑤ hold or carry in the arms, pick up　⑥ bud　⑦ bubble

复印时请遮挡→

☛答案

宝宝吃饱满地跑，
身穿红袍要放炮，
赶忙抱起看花苞，
河里小鱼吐泡泡。

COPY PAGE

61 字族文C 皮 辨析类 | 声音与义符 | 同声符汉字

根据提示内容，在空格内填入正确的汉字。

Choose the correct Chinese characters according to the given contents.

A 被	B 波	C 玻	D 菠	E 跛
F 披	G 坡	H 婆	I 破	J 皮

昨日 ① ________ 上 ② ________ 擦 ③ ________，

④ ________ 脚 ⑤ ________ 衣盖 ⑥ ________ 坐，

⑦ ________ 璃窗外 ⑧ ________ 连 ⑧ ________。

外 ⑨ ________ 带来甜 ⑩ ________ 萝。

① slope	② skin	③ scraped	④ lame	⑤ drape over one's shoulders
⑥ quilt	⑦ glass	⑧ water wave	⑨ grandma	⑩ pineapple

复印时请遮挡→

☛答案

昨日坡上皮擦破，

跛脚披衣盖被坐，

玻璃窗外波连波。

外婆带来甜菠萝。

COPY PAGE

62 字族文D 喿 辨析类 | 声音与义符 | 同声符汉字

根据提示内容，在空格内填入正确的汉字。

Choose the correct Chinese characters according to the given contents.

A 燥　B 躁　C 操　D 澡　E 噪

今天天气真干 ① ________，

我的心情很烦 ② ________，

洗洗 ③ ______，做早 ④ ______，

公园散步 ⑤ ________ 音少。

① dry　② whiny　③ bath　④ physical exercise　⑤ noise

复印时请遮挡→

☛答案

今天天气真干燥，

我的心情很烦躁，

洗洗澡，做早操，

公园散步噪音少。

COPY PAGE

63 字族文E 肖

辨析类 声音与义符 同声符汉字

根据提示内容，在空格内填入正确的汉字。

Choose the correct Chinese characters according to the given contents.

A 悄	B 俏	C 捎	D 梢	E 稍	F 哨
G 逍	H 消	I 宵	J 销	K 霄	L 削

坐树 ① ________，吹口 ② ________，

紧 ③ ________ 货物要热 ④ ________。

⑤ ______ 来 ⑥ ______ 息忙通 ⑦ ______，

⑧ ________ 微休息真 ⑨ ________ 遥，

⑩ ________ ⑪ ________ 个大苹果，

所有烦恼抛九 ⑫ ________________。

① treetop	② whistle	③ hard-to-get	④ sell	⑤ bring	⑥ news
⑦ all night	⑧ a little	⑨ leisurely	⑩ quietly	⑪ peel	⑫ sky

复印时请遮挡→

☛答案

坐树梢，吹口哨，

紧俏货物要热销。

捎来消息忙通宵，

稍微休息真逍遥，

悄悄削个大苹果，

所有烦恼抛九霄。

COPY PAGE

64 字族文 丁

辨析类 | 声音与义符 | 同声符汉字

根据提示内容，在空格内填入正确的汉字。

Choose the correct Chinese characters according to the given contents.

A 打	B 灯	C 叮	D 盯	E 顶	F 钉
G 订	H 厅	I 宁	J 狞	K 拧	

①______电话来要预②______，

客③______彩④______挂屋⑤______，

⑥______⑥______当，当当⑥______，

邻居⑦______着要安⑧______，

面目狰⑨______真可怕，

⑩______子改成用手⑪______。

挂 to hang　邻居 neighbor　面目 the face　可怕 terrible　改成 change　用 use

① to call	② to book	③ the living room	④ lights
⑤ roof	⑥ jingle bells (onomatopoeia)		⑦ to stare at
⑧ the peace	⑨ hideous	⑩ nail	⑪ twist, screw

复印时请遮挡→

☛答案

打电话来要预订，

客厅彩灯挂屋顶，

叮叮当，当当叮，

邻居盯着要安宁，

面目狰狞真可怕，

钉子改成用手拧。

65 标牌识字A 观察类 | 标牌上出现的汉字

看一看，下列图片中出现了哪些汉字，出现的画√，没出现的画×。

Find out which Chinese characters have appeared in the following pictures. Mark √ for the characters appeared and mark × for the ones that have not.

复印时请遮挡→

☛教学小提示

汉字学习依靠学生们一点一滴地积累，让学生建立“生活识字”的意识非常重要。

一方面，我们可以鼓励学生积极利用身边的资源，如标牌。对于有机会来中国学习的学生，标牌随处可见，教师稍加利用和引导就可以提示学生加以关注。对于国外的学生，老师可以自己拍摄、积累相关资料或者通过网络收集一些，以合适的形式展示给学生，不仅可以帮助学生识字，也可以帮助学生熟悉中国的社会生活。本书中设计的有关标牌的练习只是一个示例，老师们可以根据需要自己设计，如按照“银行、学校、医院、饭店”等给标牌分类，在若干标牌中找到认识的字，选择感兴趣的标牌和老师同学交流等等。

另一方面，我们可以主动创造学习汉字的环境和氛围，如用汉字布置教室，给身边的物件贴上汉语名称，起临时名字，用汉字分组等，部分活动的具体做法参见本书27页的“汉字教学小贴士”。

标牌识字B 观察类 | 标牌上出现的汉字

看一看，下列图片中出现了哪些汉字，出现的画√，没出现的画×。

Find out which Chinese characters have appeared in the following pictures. Mark √ for the characters appeared and mark × for the ones that have not.

店☐　两☐　去☐　自☐　免☐　快☐

八☐　车☐　门☐　人☐　地☐　水☐

标牌识字C 观察类 | 标牌上出现的汉字

下面图片中出现了哪些汉字？每个汉字出现了几次？

Which Chinese characters have appeared in the following pictures? How many times has each one appeared?

68 标牌识字D 观察类 | 标牌上出现的汉字

用给出的部件拼汉字，看看能完整拼出哪些标牌上的汉字，在图片下方画√或×（部件可以重复使用）。

Spell out the Chinese characters with the components given. See which Chinese characters can be fully spelled on the sign. Mark √ or × under the pictures (The components can be used repeatedly).

讠	力	门	日	羊	电	木	弟	片	口
士	衣	丬	果	元	开	主	卜	礻	亻
七	鱼	衤	田	卫	生	艹	彳	卂	乚

☐

☐

☐

☐

☐

☐

69 标牌识字E

观察类 | 标牌上出现的汉字

看一看，下列图片包含了哪些中国地名，在相应的地名下画√。

Find out which of the following pictures contain the Chinese names of places. Mark √ under the corresponding pictures.

北京 □　上海 □　山西 □　广州 □　云南 □　海南 □

桂林 □　陕西 □　兰州 □　新疆 □　南京 □　成都 □

70 标牌识字F

观察类 | 标牌上出现的汉字

猜猜下面的标牌上被遮挡住的汉字。

Guess the Chinese characters blocked by the signs below.

A.口　　B.自　　C.车　　D.小

E.心　　F.水　　G.安　　H.间

参考答案

1 汉字与汉字教学

P13 练习

横钩　竖提　竖折　横折
竖折撇　横折弯　撇折　横撇
横折折　竖弯钩　竖折折　竖折折钩
横折提　横折折撇　竖弯　横折钩
竖钩　横折弯钩　撇点　横撇弯钩
横折折折　弯钩　横折折折钩

2 笔画与笔顺

P47 汉字训练营一

1. 十二　四十五　八十九　六十七
   一百　二百五十　三千　五万
2. 略
3. 四　几　千　五　六
   十　二　百　万　八
4. 三　八　七
   八　九　九
   二　四　七
   三十一　七十四
   七十八　八十五
   七十四　七十九
   一百五十四　一百一十二
   一百三十四　一百零七
   一百六十一　二百九十五
5. 一（7）次　二（7）次　三（3）次
   四（7）次　五（7）次　六（7）次
   七（6）次　八（10）次　九（8）次
   十（8）次　几（7）次　百（7）次
   千（4）次　万（6）次　亿（6）次

P54 汉字训练营二

1. 右　下　后
   上　前　左
   南　西　东　北
2. 内（6）次　反（12）次　前（8）次
   后（11）次　中（9）次　里（13）次
   外（8）次　正（9）次
   方（13）次　向（11）次

3.

出口

南	东	北	西	北	西	西南	西北	东	东北
西南	西北	南	北	北	东	东南	东北	西南	北
北	东	东北	东南	东北	南	东	西南	西北	南
西南	西北	东	西北	南	西南	西	西南	西北	东
东南	东北	南	北	西	北	西北	东南	东北	西南
南	东	西南	北	东南	东北	西南	西北	南	东
北	东	东南	东	南	东南	东北	北	东	东南
南	东	东北	西	东南	东	北	东南	东北	南
东南	东北	南	北	东	东	北	西南	西北	东南
南	东	东北	东南	东北	西南	北	东	东南	东

入口

3 形象识字教学

P64 汉字训练营三

2. 牛（8）次　鱼（9）次　龙（12）次
   角（15）次　毛（4）次　鸟（5）次
   马（8）次　羊（14）次　象（10）次
   皮（6）次　乌（3）次　飞（6）次

6 汉字练习与活动

P238 2. 写汉字

① 五　三　六　十　大　二
② dà　wǔ　sān　shí　xiǎo　èr
③ ˋ　亅　氵　氶　永
④ 大（3）　五（4）　三（3）
   十（2）　小（3）　二（2）

P239 3. 找汉字

① 上　下　大　三
② 五　东　万　来　元
③ 汗　清　沙　汉
④ 清　轻　青
⑤ **独体字：**　才　上　手　正
   左右结构：　听　打　就　洗
⑥ 上（午）　看（见）
   时（间）　老（师）

（七）十　（自）己
我　在　洗　衣　服

P241 5. 拆汉字
① 明=日+月　问=门+口
字=宀+子　病=疒+丙
② 扌丁　亻木　士心　宀子　疒丙　辶车
③（参考）沐 清 何 倩 话

P242 6. 排汉字
①（由少到多）一　十　大　太
四　米　来　的
（由多到少）的　来　米　四
太　大　十　一
② 今　天　星　期　三

P242 7. 补缺笔
书　画　汉　前　师　字

P253 23. 连连看

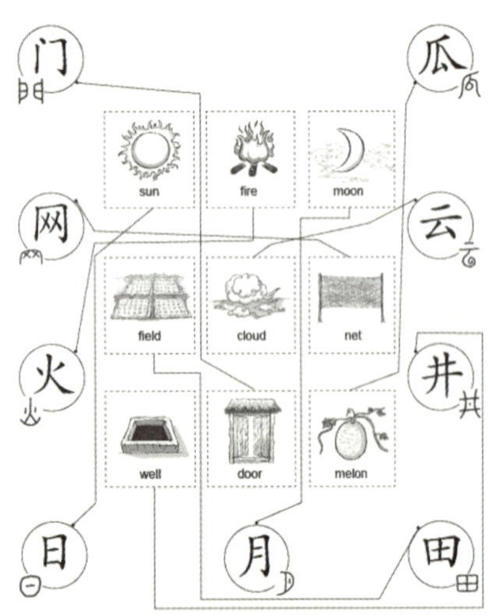

P255 25. 汉字找家A
左右结构：
① 认　② 吃　⑥ 饱　⑦ 朋
⑭ 你　⑲ 张　⑳ 行　㉑ 现
上下结构：
④ 字　⑨ 完　⑩ 花　⑪ 点
⑬ 空　⑰ 忘　㉒ 早　㉓ 笑
包围结构：
③ 团　⑤ 因　⑧ 回　⑫ 困
⑮ 园　⑯ 国　⑱ 囚　㉔ 图

P256 26. 汉字找家B
氵：③ 海　⑥ 法　⑬ 济
⑮ 渴　㉒ 河　㉔ 湖
艹：② 茶　⑧ 菜　⑩ 草
⑫ 花　⑰ 苗　⑲ 药
木：④ 树　⑦ 根　⑪ 楼
⑭ 椅　⑱ 桥　㉓ 林
扌：① 打　⑤ 提　⑨ 拉
⑯ 推　⑳ 批　㉑ 掉

P257 27. 汉字找家C
独体字：
③ 月　⑨ 日　㉑ 山　㉜ 水
上下结构：
⑩ 字　⑰ 花　㉔ 李　㉕ 幸
上中下结构：
⑧ 算　⑱ 赛　㉓ 意　㉚ 赢
“品”字结构：
④ 森　⑪ 品　㉖ 众　㉙ 磊
左右结构：
② 冷　⑮ 师　⑲ 好　㉛ 你
左中右结构：
⑥ 树　⑦ 游　⑫ 街　⑯ 谁
半包围结构：
⑤ 向　⑳ 闻　㉒ 问　㉗ 肉
全包围结构：
① 国　⑬ 回　⑭ 园　㉘ 围

P258 28. 汉字归类
第一笔是“一”：
① 干　③ 十　⑫ 工　⑭ 玉　⑮ 夫
⑰ 天　⑱ 太　⑲ 元
第一笔是“丿”：
② 千　⑤ 人　⑦ 几　⑩ 手　㉒ 全
㉔ 风　㉗ 牛
第一笔是“丶”：
④ 主　⑨ 羊　⑬ 文　⑯ 交　⑳ 言
㉑ 头　㉕ 高　㉘ 立
第一笔是“丨”：
⑥ 四　⑧ 上　⑪ 巾　㉓ 山　㉖ 出

P259 29. 汉字数独

四	九	三	七	六	一	五	二	八
五	八	二	九	四	三	一	六	七
七	一	六	五	二	八	三	四	九
一	三	九	六	七	四	八	五	二
六	五	八	二	一	九	七	三	四
二	四	七	八	三	五	六	九	一
九	七	五	三	八	二	四	一	六
八	二	一	四	五	六	九	七	三
三	六	四	一	九	七	二	八	五

P260 30. 涂色

休—你—住　　吹—吃—喝

推—把—打　　妈—妹—好

P261 31. 点石成金

方：	放	防	旅	访	房
女：	奶	姐	她	好	妈
日：	明	白	旧	星	早
口：	加	吃	古	问	吹
工：	功	空	巧	左	红

P264 34. 智力填汉字A

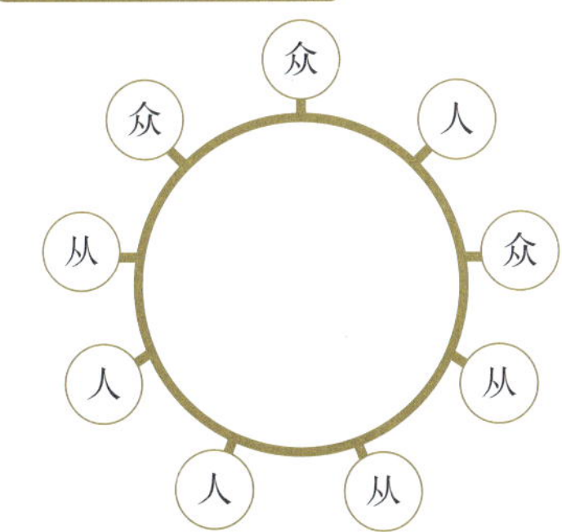

P264 35. 智力填汉字B

水	火	土	木	金
木	土	金	火	水
土	金	火	水	木
火	木	水	金	土
金	水	木	土	火

P265 36. 趣味找汉字A

① 一二三四

三	二	三	四	二	一
三	一	二	三	一	四
四	三	一	二	三	四
二	四	一	二	二	三
四	三	二	三	四	二
三	二	二	四	三	一

② 你我他她

的	你	他	她	是	你
好	我	你	的	有	大
它	她	我	它	我	小
你	是	他	是	你	不
好	他	她	你	我	她
我	们	有	我	她	没

③ 我喜欢小狗

小	喜	欢	吗	他	也	喜	欢
狗	他	欢	鱼	不	喜	你	吗
小	她	我	鸟	喜	欢	喜	我
鱼	四	喜	欢	鸡	小	欢	喜
你	她	不	有	我	猫	鸡	欢
是	小	鸟	猫	是	小	鱼	小
不	我	喜	欢	小	狗	猫	狗
喜	欢	她	个	高	大	小	的

④ 白色的裤子

红	色	的	白	色	的	花	日
色	蓝	黄	色	不	黑	巴	色
的	白	色	的	裤	子	黄	的
裙	色	喜	裤	白	绿	色	毛
子	的	蓝	子	色	黄	紫	衣
白	鞋	色	衬	绿	色	的	黑
蓝	子	帽	衫	的	蓝	色	的
色	的	子	黑	色	的	皮	鞋

⑤ 日月山水月人口手人月

日	月	日	月	水	月	人	日	口	手	人	月	山	月	日	月
月	月	月	月	人	山	水	月	人	日	月	山	水	月	人	口
山	日	山	日	月	手	日	山	口	月	山	水	月	人	口	手
水	月	水	水	日	月	口	水	手	人	月	人	月	日	日	日
月	山	月	日	人	口	人	月	人	月	山	手	人	人	人	月
人	水	人	月	山	口	月	人	月	水	人	日	月	月	手	山
日	月	口	山	水	日	手	口	口	水	口	水	口	水	口	水
人	人	手	水	月	月	人	手	口	山	山	日	月	水	人	月
月	口	人	月	人	口	月	人	月	月	日	月	口	月	月	人
手	人	月	人	口	山	日	月	日	山	月	口	日	人	水	口
日	月	山	口	水	月	人	口	手	人	月	口	日	口	山	手
日	月	山	水	月	人	口	手	人	月	人	月	人	手	月	口
月	日	山	月	手	日	月	山	水	月	人	口	手	人	月	日
日	月	口	月	人	人	手	口	人	月	水	山	月	日	口	月
山	日	月	人	月	手	口	人	手	水	山	月	日	月	日	口
日	月	山	水	月	人	日	人	手	口	人	月	水	山	月	日

P267 37. 趣味找汉字B

①

一	二	三	四	一	五	七	四
三	四	六	八	五	三	二	五
五	四	三	二	一	十	七	一
一	二	十	九	一	二	九	二
五	六	七	八	三	四	十	八
三	四	五	一	九	一	二	四
五	六	四	二	五	五	四	六
七	一	三	四	十	九	七	三

②

大	少	小	多	大	火	大	小
小	多	太	人	火	小	多	少
火	多	小	少	大	天	不	大
大	少	天	水	太	少	水	少
火	太	不	人	小	多	天	人
大	小	火	大	水	大	少	多
多	少	多	少	火	不	多	太
不	大	小	多	天	水	不	小

③

人	口	手	日	月	山	人	口	人	口	手
目	月	山	人	日	丰	山	月	日	月	山
手	日	白	月	山	人	口	丰	人	日	月
八	口	手	人	口	日	月	山	大	口	手
日	月	山	日	月	入	口	手	日	月	山
人	人	口	手	山	手	入	口	手	人	口
日	日	月	山	口	山	日	月	山	日	月
人	口	手	人	月	日	月	山	人	口	手
人	口	手	日	人	口	手	口	日	目	山
白	月	山	口	日	月	川	人	中	手	人
日	月	山	月	日	月	山	日	月	山	日

P269 38. 趣味找汉字C

B3　　C1

P270 39. 趣味找汉字D

① √　　② √　　③ ×　　④ √

P271 40. 填字游戏

			牛								羊			
	牛	毛	毛	龙	马	羊	鱼	象	皮	鸟	鱼	角	牛	
			龙								象			
	马	羊	马	龙	象	鸟	鱼	龙	毛	皮	皮	鸟	角	
			皮								鸟			
龙	马	鱼	龙	皮	鸟	牛		马	羊	鱼	角	象	皮	鸟
马						角		毛						羊
牛	毛	毛	马	鱼	毛	皮		龙	毛	羊	象	牛	羊	马
			羊								马			
	毛	马	马	鱼	皮	角	鸟	象	羊	龙	羊	毛	牛	
			龙								龙			
龙	马	鱼	牛	皮	毛	羊		皮	龙	龙	毛	马	马	鸟
龙						象		鱼						龙
马	羊	象	角	鸟	龙	毛		象	羊	羊	鱼	鱼	象	羊

P272 41. 汉字推算

① 日=7　月=6　明=5

② 上=3　中=5　下=9

③ 大=5　夫=8　天=9

④ 东=3　西=5　南=4　北=7

⑤ 前=4　后=2　左=5　右=3

⑥ 嘴=8　手=2　眼=1　脚=3　耳=4　头=6
鼻=5　脸=7

P273 42. 汉字推理A

①

上	下	左	右
左	右	上	下
下	上	右	左
右	左	下	上

②

四	三	二	一
二	一	三	四
三	四	一	二
一	二	四	三

③

东	西	南	北
南	北	东	西
北	东	西	南
西	南	北	东

④

多	大	小	少
大	少	多	小
小	多	少	大
少	小	大	多

⑤

天	日	月	星
月	星	天	日
星	天	日	月
日	月	星	天

⑥

奶	妈	爷	爸
妈	爸	奶	爷
爷	奶	爸	妈
爸	爷	妈	奶

P274 43. 汉字推理B

① A 访（规律：每一行汉字都有相同的部件。）

② A 本（规律：每一行汉字从左到右笔画数依次为：2、3、4、5，该列汉字都为5画。）

③ B 生（规律：每一行汉字的笔画种类相同。）

④ B 玉（规律：每一行汉字都是依次加一笔变成下一个字。）

⑤ C 日（规律：这些汉字按照独体字、左右结构、上下结构、半包围结构、全包围结构

的顺序循环排列。）

⑥ B 江（规律：每一行汉字的第一笔都相同，该组字第一笔都是“、”。）

P275 44. 汉字推理C

① 近（规律：六个汉字从左到右不断重复，每次重复都去掉首个汉字，即：大小多少远近、小多少远近、多少远近、少远近、远近。）

② 爷（规律：这些汉字按照1、12、123、1234、12345、123456、1234567、12345678的顺序重复循环，即：爸、爸妈、爸妈爷、爸妈爷奶、爸妈爷奶哥、爸妈爷奶哥姐、爸妈爷奶哥姐弟、爸妈爷奶哥姐弟妹、爸、爸妈、爸妈爷、爸妈爷奶、爸妈爷。）

P276 45. 汉字推理D

什	么	么	谁
怎	谁	哪	怎
谁	哪	么	什
怎	谁	哪	么

（规律：这些汉字从左上角开始，呈顺时针螺旋排列，顺序是：哪、谁、怎、什、么。）

P277 46. 汉字推理E

① A 田（规律：这组字笔画数相同，都是5画。）

② B 做（规律：这组字都是由三个部件组成的。）

③ B 远（规律：这组字都是半包围结构。）

④ B 面（规律：这组字的第一笔的笔画相同，都是“一”。）

⑤ A 中（规律：这组字都是左右对称的汉字。）

P277 47. 找不同

A

热 冷 环 姐 骑 自
装 经 科 凉 白 受
侯 室 谁 时 国 实

B

热 冷 坏 姐 骑 目
装 轻 科 凉 白 爱
候 屋 谁 对 国 买

P278 48. 汉字配对A

能配对的字：

日　中　中　田　电　甲　由

百　白　目　口

不配对的字：

早　旦　旧

P278 49. 汉字配对B

猫　牛　狗

P280 51. 神秘的留言条

现在休息

P285 54. 走迷宫C

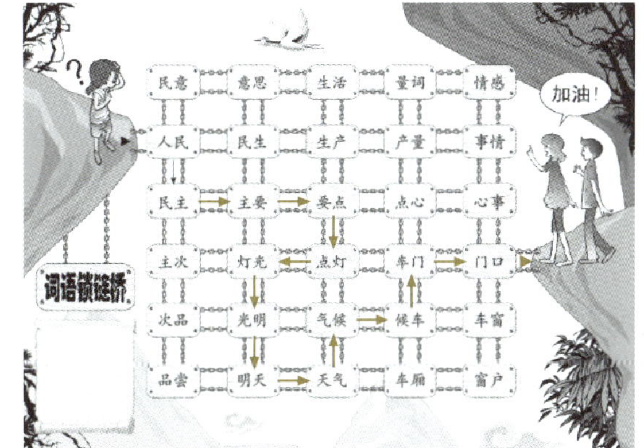

P287 55. 走迷宫D

转	变	转	变	化	字	化
变	化	字	化	长	郊	变
转	太	校	学	大	人	转
八	大	长	较	工	民	工
转	人	民	工	昨	业	作
变	化	学	作	业	各	业
大	长	校	亚	务	业	转

P288 56. 走迷宫E

共能找到三个出口，分别是“对、收、刻”。

林	松	休	队	阴	朋	服	报	把	爸	爷	节	花	华	古
森	贫	杨	从	众	会	动	加	喝	够	外	占	吹	博	树
够	购	扬	场	企	此	旨	明	肚	圾	极	古	含	颂	顶
名	战	站	垃	合	厅	旷	贮	坝	赌	都	防	冷	领	题
住	伐	找	昌	唱	启	庐	富	贫	堵	防	放	各	叨	召
颂	颁	盼	晶	阳	吊	咬	略	咬	较	族	旗	期	胖	判
栈	贱	贫	早	草	帕	皎	郊	校	姣	知	智	星	甥	别
桌	条	支	古	姑	帛	帜	分	会	树	吕	品	哭	夺	奋
对	双	驭	吗	妈	皂	织	召	叫	时	呆	林	李	孩	刻
处	各	骑	吃	好	酝	酒	沼	收	间	吊	和	季	该	删

P289 57. 发音百宝箱

● 圆　原　愿　院　园　缘　元　员

■ 方　放　房　芳　防

❤ 心　辛　鑫　新　信　欣　薪

★ 星　行　醒　兴　形　杏　幸

P290 58. 汉字爬楼梯

（参考）

日：（加1笔）白　旦　田　旧

（加2笔）早　旭　旬　旨

（加3笔）旱　时　旷　更

（加4笔）者　昌　易　明

（加5笔）春　是　星　昨

木：（加1笔）禾　本　未　术

（加2笔）休　朵　朴　权

（加3笔）沐　杏　极　李

（加4笔）林　松　杯　杰

（加5笔）某　查　标　树

P297 65. 标牌识字A

一☑　二☑　三☑　四☑　五☑　六☑

七☑　八☒　九☒　十☒　百☑　千☒

P298 66. 标牌识字B

店☑　两☑　去☒　自☑　免☒　快☑

八☒　车☑　门☑　人☒　地☑　水☑

P299 67. 标牌识字C

东6次　西5次　南2次　北1次

前1次　后1次　上1次　下3次

左☒　右☒　中☒

P300 68. 标牌识字D

男卫生间☑　鲜花礼品☑

电梯☑　品牌男装☒

开往苹果园☒　补票/问讯☒

P301 69. 标牌识字E

北京☑　上海☑　山西☑

广州☒　云南☑　海南☑

桂林☑　陕西☒　兰州☒

新疆☑　南京☒　成都☑

P302 70. 标牌识字F

① D 小　② G 安

③ H 间　④ B 自

⑤ A 口　⑥ E 心

⑦ C 车　⑧ F 水

检字表

A

B

C

D

E

F

读者意见反馈

为收集对教材的意见建议，进一步完善教材编写并做好服务工作，读者可将对本教材的意见建议通过如下渠道反馈至我社。

咨询电话　0086-10-58581350

反馈邮箱　xp@hep.com.cn

通信地址　北京市西城区德外大街 4 号

高等教育出版社海外出版事业部（国际语言文化出版中心）

邮政编码　100120